Wien

29 August 1997

»Osiris … Groß ist die Ehrfurcht vor ihm in den Herzen der Menschen, der Geister und der Toten … und vielfältig sind seine Gestalten am Orte der Reinheit.«

Totenbuch, Vers 185

Nicholas Reeves und Richard H. Wilkinson

Das Tal der Könige

Geheimnisvolles Totenreich der Pharaonen

ECON

Schmutztitel: *Osiris, Vornehmster der Westlichen Götter. Die hier auf einem Bild im Grab Thuthmosis' IV. dargestellte höchste Gottheit der Unterwelt spielte zur Zeit des Neuen Reiches eine Hauptrolle in der Ideologie des königlichen Weiterlebens im Jenseits.* Titelseiten: *Blick auf den östlichen Hauptzweig des Tals der Könige.* Inhaltsverzeichnis: *Thuthmosis IV. auf seinem Streitwagen. Details der Gipsrelief auf dem im Grab des Königs gefundenen Streitwagen; nach Zeichnungen von Howard Carter.*

Titel der englischen Originalausgabe:
The Complete Valley Of The Kings. Tombs and Treasures of Egypt's Greatest Pharaohs.

Übersetzt von:
Hermann Kusterer (Haupttext) und Peter Klumbach (Kästen und Bildlegenden).

Die Deutsche Bibliothek – CIP-Einheitsaufnahme
Reeves, Nicholas:
Das Tal der Könige: Geheimnisvolles Totenreich der Pharaonen/Nicholas Reeves und Richard H. Wilkinson. – Düsseldorf: ECON, 1997
ISBN 3-430-17664-6
NE: Wilkinson, Richard H.:

Lektorat: Peter Klumbach und Hermann Kusterer.
Gesetzt aus der Century Old Style, Linotype
Satz: Formsatz GmbH, Diepholz
Printed in Slowenien
ISBN 3-430-17664-6

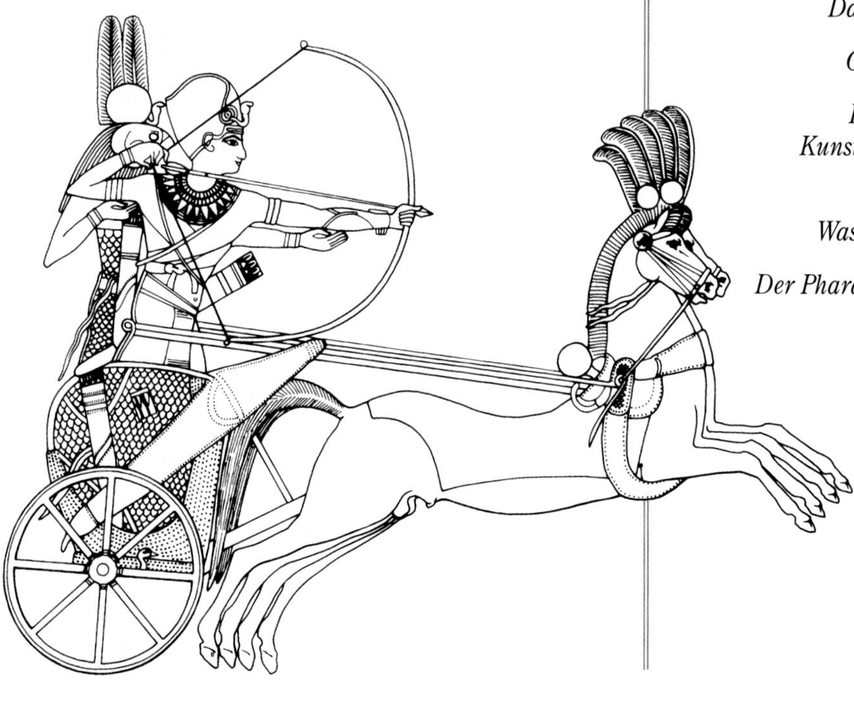

INHALT

I
VORBEREITUNGEN FÜR DAS LEBEN NACH DEM TODE

II
DIE ENTDECKER

III
DIE GRÄBER DER KÖNIGE

IV
DER NIEDERGANG EINER KÖNIGLICHEN NEKROPOLIS

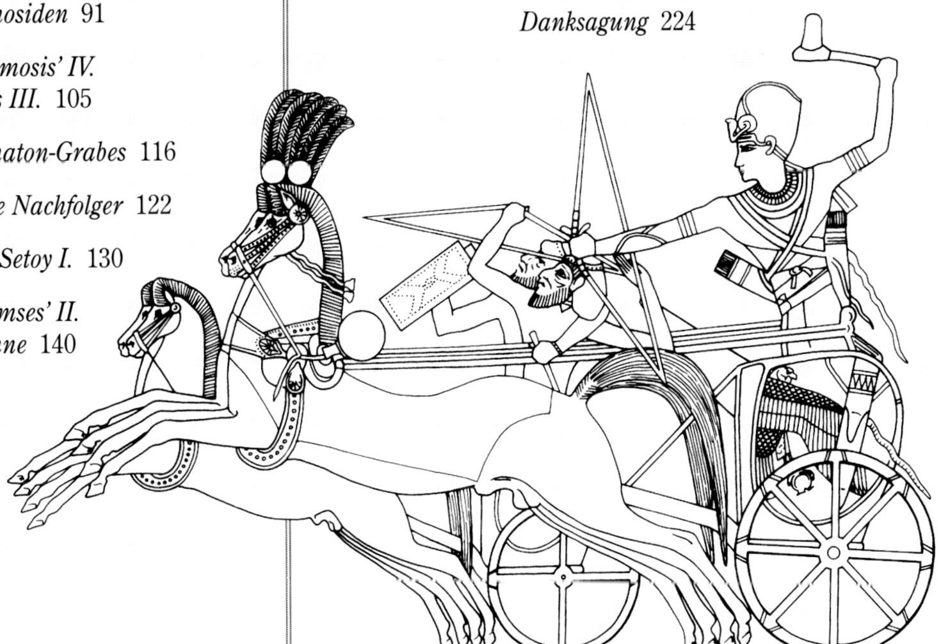

Einleitung

Tutanchamuns Goldmaske, der Inbegriff der Entdeckungen im Tal der Könige. Sie wiegt 10,23 Kilogramm und besteht aus dickem, mit Glas, Fayence und Halbedelsteinen eingelegtem Goldblech.

(Gegenüber) Ramses I. bringt Nefertum ein Opfer dar; Detail der ausgemalten Grabkammer des Königs in KV16.

Der Wadi Biban el-Muluk – das »Tal der Könige« – erweckt seit Jahrtausenden das Interesse zahlloser Besucher und regt ihre Phantasie aus dem einzigartigen Grund an, daß er den herrlichsten Friedhof der Welt beherbergt. In diesem ausgetrockneten Flußtal haben ägyptische Arbeiter unter der sengenden Wüstensonne im zweiten Jahrtausend v. Chr. im Schatten eines der Göttin Hathor geweihten pyramidenförmigen Naturgipfels Gräber von berückender Schönheit und ehrfurchtgebietender Größe in den Fels geschlagen. Die Wände dieser Grabbauten waren von oben bis unten mit geheimnisvollen Führern durch die Unterwelt verziert, und ihre Kammern quollen über von Schätzen des täglichen und religiösen Lebens. In diesem Tal wurde die sterbliche Hülle der größten Herrscher des Neuen Reiches zur ewigen Ruhe gebettet, und als Friedhof der Pharaonen – der Mittler zwischen den Göttern und den Menschen – gehörte es zu den geheiligtsten Stätten Ägyptens.

Der massive rote Granitdeckel des Sarkophags von Ramses III. zeigt die mumifizierte Gestalt des Königs, getragen von den Göttinnen Isis und Nephtys.

Noch heute, 3000 Jahre nachdem es aufgegeben wurde, ist das Tal der Könige ein feierlicher und heiliger Ort. Seine leeren Gräbern spiegeln noch immer die Macht und Größe der Pharaonen und einen schwachen, aber atemberaubenden Abglanz der Seele der alten Ägypter wider. Das karge und abweisende Tal der Könige strahlt Wandellosigkeit, Leere und Tod aus, doch mit etwas Glück steckt es voller Überraschungen. Nach Beginn der ernsthaften Ausgrabungsphase im Jahre 1898 standen das Tal und die sensationelle Entdeckung immer neuer Könige und Höflinge jahrzehntelang fast unentwegt im Rampenlicht der Öffentlichkeit. Ihren Höhepunkt erreichte die Verzückung, nachdem an einem späten Novembernachmittag des Jahres 1922 im Flackerschein der Kerze von Lord Carnarvon und Howard Carter »jene wundervollen Dinge« aufgetaucht waren.

Als Lohn ihrer Mühe hatten Carnarvon und Carter das Grab eines halbwüchsigen Knabenkönigs entdeckt – Tutanchamuns, des fast vergessenen Sohns des Häretikerpharaonen Echnaton –, und es war bis zum Überfluß gefüllt mit »Gold – Gold, wohin man blickte«. Ob dieses gewaltigen Reichtums ist Tutanchamun auch noch 70 Jahre nach seiner Entdeckung der berühmteste Sohn des Tales. Und doch war seine Grabstätte im Tal nur eine von vielen; mittlerweile kennt man über 80 Gräber und Gruben, und es läßt sich ohne Übertreibung behaupten, die Ruhestätten einiger *wirklich* großer Könige Ägyptens – Thutmosis' III., Amenhoteps III., Setoys I., Ramses' II. »des Großen« – hätten das des Kindkönigs weit in den Schatten gestellt.

Drei Jahrtausende des Plünderns, Forschens und der Touristenbesuche haben die Gold- und Silberschätze der größeren Gräber längst in alle Winde verstreut. Doch anderes ist in Massen erhalten geblieben: die wunderschön ausgemalten Grabkammern selbst, Tausende winziger Spuren der einst spektakulären Schätze der Gräber, ungezählte Darstellungen und Texte auf Tonscherben und Papyri und natürlich die herrlich erhaltenen Königsmumien selbst, die beim Abbruch der Gräber um 1000 v. Chr. eingesammelt und versteckt wurden. Dieses Material wurde jahrzehntelang vernachlässigt, weil es so komplex und nur fragmentarisch war. Nun, da man es noch einmal und immer detaillierter untersucht und die weitere Arbeit vor Ort unablässig Neues zutage fördert, beginnen wir das Königstal in all seinen Aspekten allmählich besser zu verstehen.

Viele Fragen sind bis heute unbeantwortet, und weitere Untersuchungen und Forschungen werden zweifellos neue Fragestellungen aufwerfen. Wer hätte sich vor 20 Jahren träumen lassen, welch ungewöhnliches Potential die seit langem bekannte Fundstätte KV5 enthält – die Kent Weeks mittlerweile als Begräbnisort der riesigen Nachkommenschaft Ramses' des Großen identifiziert hat? Und wer vermöchte zu sagen, welche Schätze in den von der Schaufel des Archäologen noch unberührten Teilen des Tales der Entdeckung harren?

Chronologie

Über die präzise Datierung der ägyptischen Dynastien und einzelnen Regierungszeiten streiten sich die Gelehrten noch. Die nachstehenden Daten basieren auf der von Professor John Baines und Dr. Jaromir Málek entwickelten und in ihrem »Atlas of Ancient Egypt« veröffentlichten Chronologie. Die Herrscher der in diesem Buch behandelten 18. bis 21. Dynastie sind einzeln aufgezählt. Desgleichen werden die wichtigsten Amun-Hohenpriester der späten 20. und der 21. Dynastie genannt.

Späte vordynastische Periode
um 3000 v. Chr.

Frühzeit

1. bis 3. Dynastie	***2920–2575***

Altes Reich

4. bis 8. Dynastie	***2575–2134***

Erste Zwischenzeit

9. bis 11. Dynastie	***2134–2040***

Mittleres Reich

11. bis 14. Dynastie	***2040–1640***

Zweite Zwischenzeit

15. bis 17. Dynastie	***1640–1532***

Neues Reich

18. Dynastie	***1550–1319***
Ahmose	1550–1525
Amenhotep I.	1525–1504
Thutmosis I.	1504–1492
Thutmosis II.	1492–1479
Thutmosis III.	1479–1425
Hatschepsut	1473–1458
Amenhotep II.	1427–1401
Thutmosis IV.	1401–1391
Amenhotep III.	1391–1352
Amenhotep IV./Echnaton	1353–1333
Semenchkare (Nofretete?)	1335–1333
Tutanchamun	1333–1323
Aja	1323–1319
19. Dynastie	***1319–1196***
Haremhab	1319–1307
Ramses I.	1307–1306
Setoy I.	1306–1290
Ramses II.	1290–1224
Merenptah	1224–1214
Amenmesse	1214–1210
Setoy II.	1210–1204
Siptah	1204–1198
Tausret	1198–1196
20. Dynastie	***1196–1070***
Sethnacht	1196–1194
Ramses III.	1194–1163
Ramses IV.	1163–1156
Ramses V.	1156–1151
Ramses VI.	1151–1143
Ramses VII.	1143–1136
Ramses VIII.	1136–1131
Ramses IX.	1131–1112
Ramses X.	1112–1100
Ramses XI.	1100–1070
(Amun-Hohepriester: Herihor, Pianchi)	

Dritte Zwischenzeit

21. Dynastie	***1070–945***
Smendes	1070–1044
(Amun-Hohepriester: Pinodjem I., Masaharta)	
Amenemnisu	1044–1040
Psusennes I.	1040–992
(Amun-Hoherpriester Mencheperre)	
Amenemope	993–984
Osorkon I.	984–978
Siamun	978–959
(Amun-Hoherpriester Pinodjem II.)	
Psusennes II.	959–945
22. Dynastie	***945–712***
23. Dynastie	***um 828–712***
***24. Dynastie* (Sais)**	***724–712***
25. Dynastie (Nubien und Theben)	***770–712***

Spätzeit
25. Dynastie – Zweite Persische Ära
712–332

Gräko-Romanische Periode
Makedonische Dynastie bis Römische Kaiser
332 v. Chr. bis 395 n. Chr.

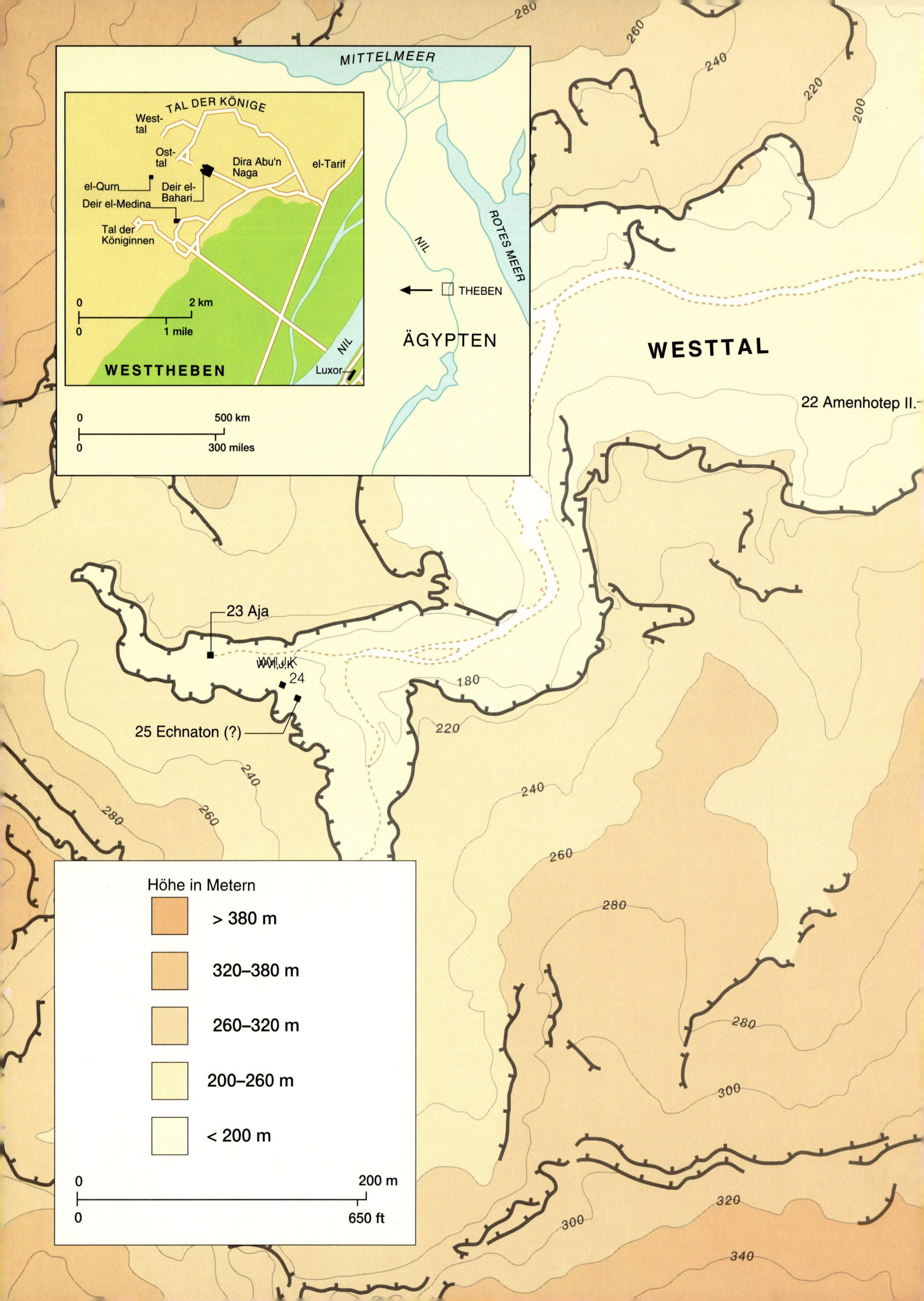
MITTELMEER
TAL DER KÖNIGE
West-
tal
Ost-
tal
Dira Abu'n
Naga
el-Tarif
el-Qurn
Deir el-
Bahari
Deir el-Medina
Tal der
Königinnen
0
2 km
0
1 mile
NIL
Luxor
WESTTHEBEN
NIL
ROTES MEER
THEBEN
ÄGYPTEN
0
500 km
0
300 miles
WESTTAL
22 Amenhotep II.
23 Aja
24
25 Echnaton (?)
180
200
220
240
260
280
300
320
340
Höhe in Metern
> 380 m
320–380 m
260–320 m
200–260 m
< 200 m
0
200 m
0
650 ft

DAS TAL DER KÖNIGE
N
OSTTAL
WV A
1 Ramses VII.
2 Ramses IV.
3 Sohn Ramses' III.
46 Juja und Tuja
41 →
4 Ramses XI.
7 Ramses II.
8 Merenptah
5 Söhne Ramses' II.
KVC
62 Tutanchamun
6 Ramses IX.
9 Ramses V./VI.
55 Teje/Echnaton Vorstock
35 Amenhotep II.
12
KVL,M
58
56 »Goldgrab«
45 Userhet
57 Haremhab
16 Ramses I.
44
48 Amenemope
17 Setoy I.
49–52
53
28
27
KVP,Q
KVN
36 Maherpra
KVO
10 Amenmesse
18 Ramses X.
21
KVG
61
11 Ramses III.
13 Baja
KVR,T
29
54 Balsamierungsdepot d. Tutanchamun
47 Siptah
KVS
20 Hatschepsut/Thutmosis I.
60
14 Tausret/Sethnacht
40
26
38 Thutmosis I.
19 Mentuhirkhopshef
30
59
43 Thutmosis IV.
15 Setoy II.
31
37
32
42 Hatschepsut-Meritre
KVF
KVB
34 Thutmosis III.
33
Amenhotep I. (?) 39↓
160
180
200
220
240
260
280
300

»Meine Geburt ist die Geburt des Re im Westen!«

Litanei des Re

Das stete Ansammeln archäologischer Informationen und die immer genauere Analyse der Bilder und Texte hat viele Erkenntnisse über die im Neuen Reich gültige Theologie des Todes erbracht. Für den Pharao war das Ende seines Lebens lediglich der erste Schritt des Übergangs von der Herrschaft auf Erden zum zeitlosen und unwandelbaren Königtum im Jenseits. Das Grab des Königs war nicht nur ein Portal zu dieser anderen Welt, sondern selbst eine eigenständige Unterwelt – eine Art Lebenserhaltungsmaschine, die nach althergebrachten Regeln entworfen, erbaut und ausgestattet wurde.

Jenseits des gemeinsamen Zwecks – doch im Rahmen der festgelegten Muster – war jedes dieser Monumente einzigartig und spiegelte den Reichtum der philosophischen Vorstellungen wider, welche die antiken Priester hegten. Diese Vorstellungen wurden mit einer Schönheit umgesetzt, die alle Zeiten überdauert hat, und so stellen die Pharaonengräber und ihr Schmuck nicht nur eine Art Testament des jeweiligen Gottkönigs, sondern auch der Hunderte von Künstlern, Handwerkern und Arbeitern dar, die sie unter beträchtlichen Anstrengungen schufen. Die Einblicke, die wir ins Leben und die Arbeit dieser alles andere als gesichtslosen Mannschaft gewinnen konnten, helfen uns, das Tal und seine »göttlichen« Bewohner in einem weit menschlicheren Licht zu sehen.

Detail der »astronomischen Decke« in der Grabkammer Setoys I.

I VORBEREITUNGEN FÜR DAS LEBEN NACH DEM TODE

Die Königsgräber nach den Pyramiden

»Die Schriften der Verborgenen Kammer, des Ortes, wo die Seelen, Geister und Götter weilen. […] Das Tor zum westlichen Horizont.«

Aus dem Amduat

Zu Beginn des ägyptischen Neuen Reiches leitete eine Reihe thebanischer Prinzen eine Ära ein, in der Ägypten zu bislang unerreichter, 500 Jahre dauernder und praktisch ungebrochener Macht aufstieg. Beginnend mit Ahmose (um 1500 v. Chr.), dem die Gründung dieser Herrschaftsperiode in Theben zugeschrieben wird, herrschten in Ägypten über dreißig Monarchen in drei aufeinanderfolgenden Dynastien. Selbst als die Erfordernisse der damaligen Realpolitik eine Verlagerung des politischen Schwerpunkts nach Norden in die altehrwürdige Stadt Memphis und später in die Königsstädte im Delta verlangten, blieb Theben weiterhin die geistige Hauptstadt und dynastische Heimat des ganzen Zeitalters, und hier, in der damals »Waset« genannten Stadt im Süden, wurden praktisch alle Monarchen des Neuen Reiches begraben.

Die Gräber des Ersten Zwischenreichs

Tatsächlich war die Gegend von Theben schon während der Ersten Zwischenzeit (2134–2040 v. Chr.) als königliche Nekropolis benutzt worden. In dieser Zeit erbauten sich mindestens drei Könige der 11. Dynastie (Antef I., II. und III.) ein Grab auf dem Westufer des Nils in der Region el-Tarif im Nordosten dessen, was schließlich zur thebanischen Gräberstadt werden sollte. Zwar ähnelten diese Grabmale den während dieser Zeit auch anderswo in Ägypten üblichen Provinzgräbern, doch hoben sie sich von diesen durch ihre monumentale Größe und Architektur ab. Die Grabmale dieser thebanischen Fürsten bestanden aus einem großen Hof (der größte ist etwa 300 Meter lang), der in die Wüstenabhänge eingelassen und mit einer Reihe von torähnlichen Öffnungen versehen war, weshalb man diese Bauten (nach dem arabischen Wort für »Reihe«) *Saff*-Gräber nannte. Diese Tore führten in offenbar als Begräbniskapellen für den König und die Mitglieder seiner Familie sowie für hohe Hofbeamte gedachte Kammern; von diesen aus führten Schächte zu den Felsgrabkammern hinunter. Ein aus Ziegelsteinen gemauerter »Tal«-Tempel vervollständigte den Grabkomplex der *Saff*-Gräber, denen zwar der Pyramidenüberbau fehlte, die aber dennoch den wesentlichen Elementen des klassischen ägyptischen Pyramidenkomplexes schon sehr nahe kamen.

Das Mittlere Reich und danach

Mentuhotep I. (2061–2010 v. Chr.), der erste Herrscher des Mittleren Reiches, errichtete im amphitheaterähnlichen Becken von Deir el-Bahari in Westtheben ebenfalls eine höchst innovative Grabstätte. Sie bestand aus einem terrassenförmigen und mit Säulen versehenen Totentempel über zwei unterirdischen Korridorgräbern, die vielleicht die königlichen Doppelbestattungen und -kenotaphen symbolisierten, wie sie viele ägyptische Könige schon seit alters benutzten. In früheren Rekonstruktionen wurde Mentuhoteps Grab mit einem pyramidenförmigen Überbau dargestellt, aber neuere Untersuchungen ergeben, daß es (wie schon die früheren *Saff*-Gräber) keine Pyramide besaß – eine Entwicklung, die möglicherweise spätere Königsgräber in Theben beeinflußt hat. Nur in Nordägypten hielt sich die Tradition des Alten Reiches, königliche Grabstätten mit Pyramiden auszustatten, bis ins Mittlere Reich.

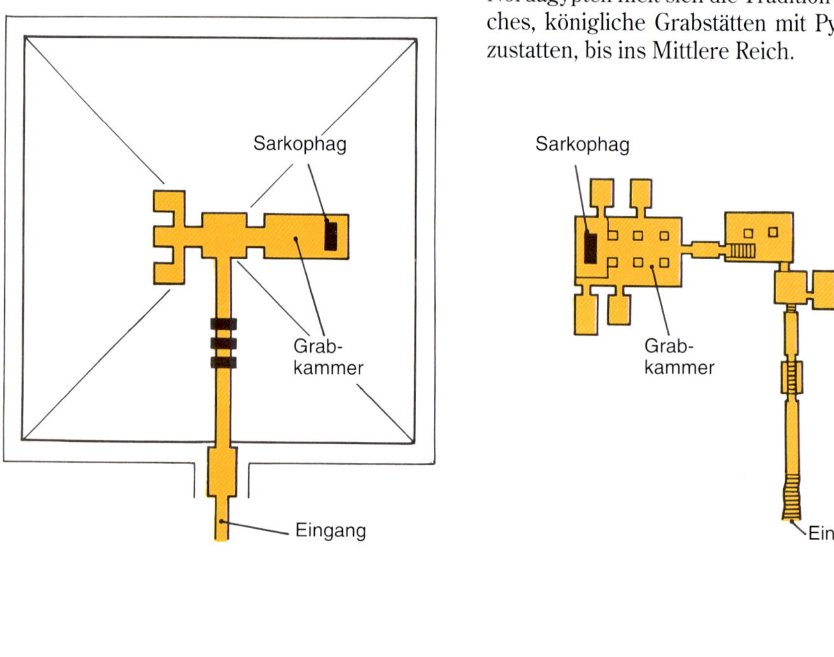

(Rechts) Ein Vergleich zwischen den inneren Kammern der Unas-Pyramide in Saqqara (links) und dem Grab Amenhoteps III. (rechts) zeigt die grundlegende Ähnlichkeit der geknickten Achsen, die sich in den meisten Pyramiden des Alten Reiches und den frühen Königsgräbern des Neuen Reiches finden.

Der Terrassentempel Mentuhoteps I. in Deir el-Bahari verband den Totentempel der früheren Pyramiden mit einer unterirdischen Grabanlage.

Gegen Ende des Mittleren Reiches war die Herrschaft über einen Großteil Ägyptens an die asiatischen Hyksos übergegangen, die ins Delta einfielen und sich dort niederließen. Einige thebanische Fürsten behielten jedoch eine gewisse Unabhängigkeit, und Theben wurde von mehreren Königen der 17. Dynastie regiert. Aus dem Papyrus Abbott, der eine offizielle Inspektion dieser Gräber zur Ramessiden-Zeit belegt, wissen wir, daß sich diese südlichen Fürsten als Ort für ihr Begräbnis Dira Abu'n Naga zwischen el-Tarif und Deir el-Bahari erwählten. Obwohl die Gräber heute nicht mehr zu sehen sind, wurden die Särge dreier Herrscher – Antefs V., VI. und VII. – in diesem Gebiet gefunden; heute befinden sie sich im Louvre und im British Museum.

Das Neue Reich

Nach der Vertreibung der Hyksos behielten die thebanischen Herrscher der 18. Dynastie die Tradition bei, sich in Theben begraben zu lassen, begannen aber mit dem Bau von Grabstätten neuen Stils, der ihrem Status als Könige ganz Ägyptens entsprach. Sind auch der genaue Ort und die präzise Identität dieser frühesten Gräber der 18. Dynastie ungewiß, so ist doch wahrscheinlich, daß sich ihr Begründer Ahmose I., der in Abydos ein Grab oder einen Kenotaphen erbaut hat, auch in der thebanischen Nekropolis ein Grab anlegen ließ. Die Grabstätten von Ahmoses Nachfolger Amenhotep I. und seiner Mutter, Königin Aahotep, sind noch nicht eindeutig identifiziert, wenngleich Gräber im Tal der Könige und bei Abu'n Naga darauf Anspruch erheben. Die besondere Verehrung, die diesem Paar von den späteren Erbauern von Königsgräbern entgegengebracht wurde, könnte darauf hindeuten, daß die beiden Monarchen entweder als erste Mitglieder der Dynastie im Tal der Könige begraben wurden oder diesen Ort erstmals offiziell zur königlichen Nekropolis bestimmt haben. Dennoch wird derzeit Amenhoteps Nachfolger Thutmosis I. als derjenige angesehen, der als erster eindeutig sein Grab ins Königstal schlagen ließ.

(Oben) Die Tempel Mentuhoteps I. (links) und der Hatschepsut (Mitte rechts) in Deir el-Bahari; dahinter das Tal der Könige.

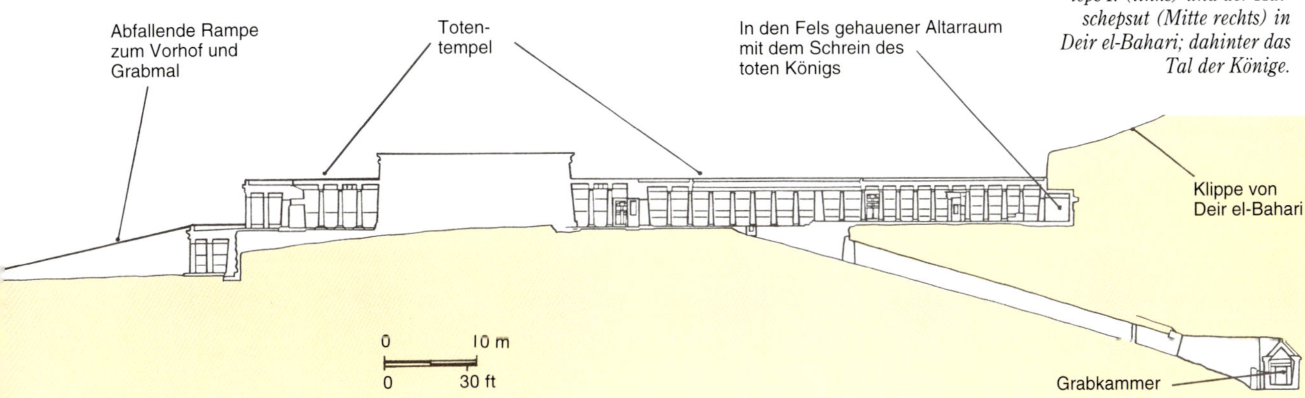

Die Topographie Westthebens

»Lobpreiset den Gipfel des Westens, küsset den Boden zu seiner *ka*. […]. Denn wer sie anruft, besänftigt den Gipfel des Westens.«

Hymne an Meretseger, Göttin des Gipfels über dem Tal der Könige

Für die Beherrschung des ganzen Landes lag Theben zwar geographisch wenig günstig, aber seine natürliche Topographie ließ dieses Gebiet als königliche Nekropolis geradezu ideal erscheinen. Vom Westufer des Nils – jenem Landstrich also, den die Ägypter mit der sinkenden Sonne und dem Leben nach dem Tode in Verbindung brachten – erstreckt sich eine flache Ebene zu einer Bergkette mit zahlreichen abgeschiedenen Tälern, die sich zwischen hohen Klippen aus weichem Gestein durchwinden. Die Ebene eignete sich ideal für die königlichen Begräbnistempel – eine natürliche Weiterentwicklung der Bauten, in denen schon seit dem Pyramidenzeitalter der Beisetzungsritus für den verstorbenen König abgehalten wurde –, während die abgeschiedenen Täler viele Plätze bargen, die sich zum Anlegen der kunstvoll in den Fels geschlagenen Grabkammern anboten.

Die heute als Tal der Könige bekannte Schlucht wählten die Ägypter aus praktischen und symbolischen Gründen als wichtigsten Beisetzungsplatz aus. Die Gegend war relativ abgelegen, und ihre engen Zugänge ließen sich leicht bewachen, aber noch zwingender könnten symbolische Gründe ge-

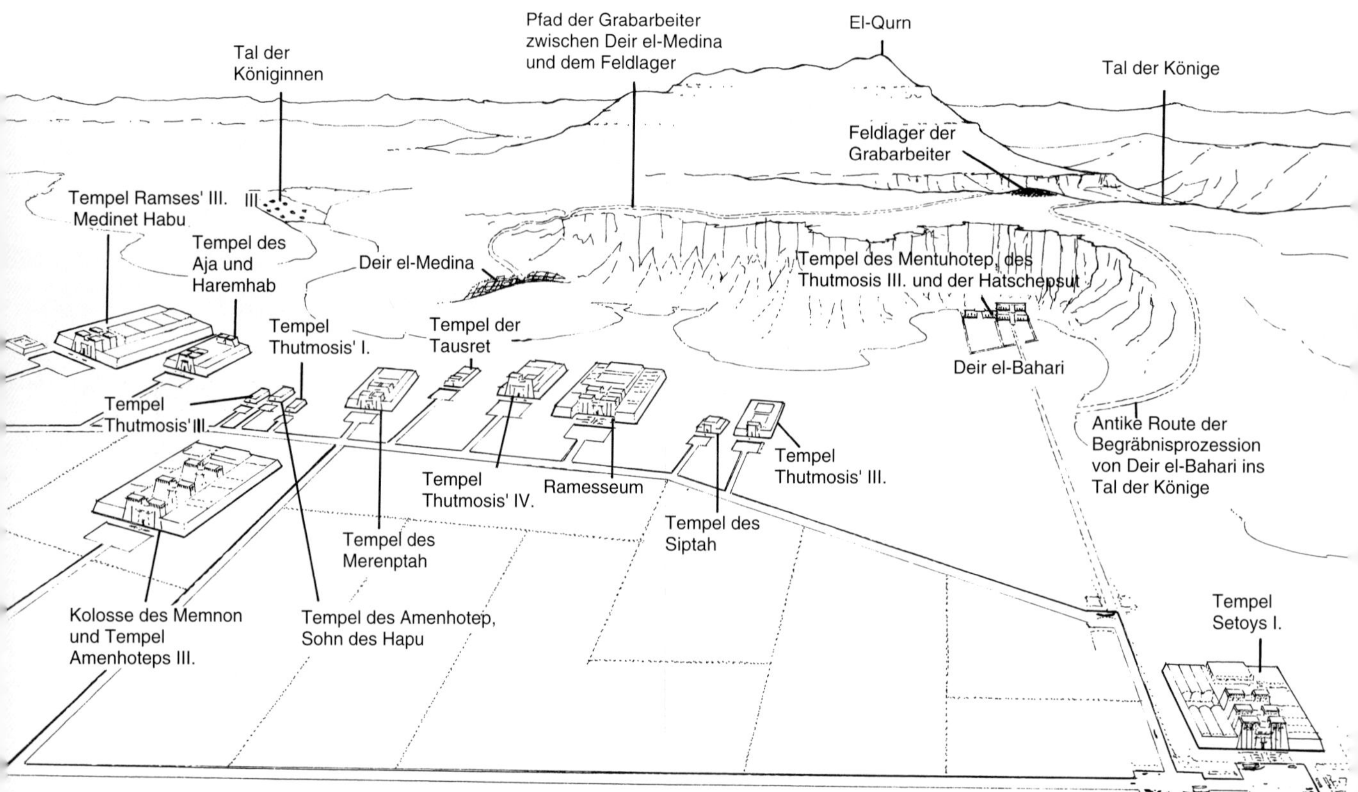

Westtheben zur Zeit des Neuen Reiches, vom Nil her gesehen. Die Klippen des thebanischen Bergmassivs ähneln der Form der achet *– oder »Horizont«-Hierogplyphe, und hier, wo die Sonne unterging, errichteten die Pharaonen des Neuen Reiches ihre Nekropolis.*

Obwohl jedes Grab scheinbar eine Einheit für sich bildet, sollte man nicht vergessen, daß die Gräber genaugenommen nur eine Komponente der königlichen Begräbnismaschinerie waren. Der eigentliche Totenkult für den verstorbenen König wurde in einiger Entfernung vom Tal der Könige in seinem Totentempel auf der thebanischen Ebene gefeiert, wo – zumindest theoretisch – täglich Speiseopfer dargebracht wurden, um seinen Geist bei Kräften zu halten. Die königlichen Totentempel wurden als »Häuser der Millionen Jahre« bezeichnet und erhielten Namen wie »Heiligstes der Heiligtümer« (der Tempel der Hatschepsut in Deir el-Bahari) und »Mit der Ewigkeit vereint«. Manche Totentempel übernahmen im Laufe der Zeit zusätzliche Funktionen – der Tempel Ramses' III. diente beispielsweise zu unterschiedlichen Zeiten als Heiligtum, Verwaltungszentrum oder Festung.

wesen sein. Blickt man von der Stadt Theben über den Nil auf das thebanische Bergmassiv, dann ähnelt es in der Gestalt einer gigantischen *achet-* oder »Horizont«-Hieroglyphe (𓈌) – dem ägyptischen Symbol für das Gebiet der auf- und untergehenden Sonne –, und von Theben her gesehen geht die Sonne tatsächlich dort unter. Im Neuen Reich folgte der königliche Begräbniszug meist diesem westgerichteten Sonnenlauf; vom Totentempel im Niltal aus stieg die Prozession über die thebanischen Grate und jenseits des westlichen Horizonts ins Tal der Könige hinunter und fügte so den König in den Kreislauf der Sonne ein. Deir el-Bahari, wo Mentuhotep seinen Totentempel errichten ließ, und das unmittelbar dahinter gelegene Tal der Könige liegen in der Mitte dieses topographischen *achet* – bilden gewissermaßen dessen Horizontpunkt. Einige Einzelgräber scheinen am Fuß *achet*-förmiger Spalten der zerklüfteten Seitentäler angelegt worden zu sein. So bestand eine unmittelbare Verbindung zwischen der Topographie der königlichen Nekropolis und ihrer Symbolfunktion.

Die Topographie Westthebens

Eine weitere symbolische Anziehungskraft des Tals mag darin bestanden haben, daß es am Fuße eines pyramidenförmigen Gipfels lag, der einst *dehenet* hieß und heute den Namen el-Qurn trägt. Der 450 Meter hohe Berg war der Hathor und später einer eigenen Berggöttin, der Meretseger (»Die das Schweigen liebt«) geweiht. Seine Gestalt dürfte die Ägypter an die früheren Königsgräber, die Pyramiden, erinnert haben. Man bemühte sich jedoch kaum einmal, in den Berg, wie bei den von Menschenhand errichteten Pyramiden üblich, von der Nordseite her vorzudringen, und die rund um ihn eingehauenen Gräber waren nicht mit den Totentempeln im Niltal verbunden oder auch nur auf sie hin orientiert. Insoweit brachen die Königsgräber des Neuen Reiches eindeutig mit der Vergangenheit.

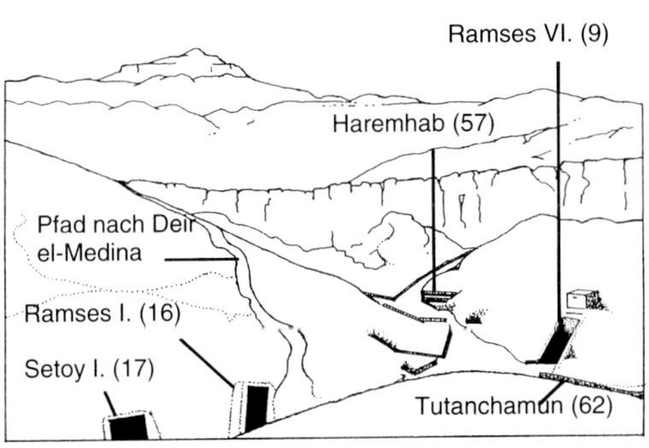

(Links und links unten) Der Hauptarm des Königstals und el-Qurn, der pyramidenförmige Gipfel im Herzen des Tals. Bei den alten Ägyptern als Meretseger – »Sie, die das Schweigen liebt« – bekannt, wurde dieser Berg als bedeutende Göttin der Nekropolis verehrt, der man Hymnen widmete und Grabaltäre weihte.

(Unten) Das Westtal. In diesem Zweig des Königstals wurde eine Reihe von Gräbern der späten 18. Dynastie angelegt.

Die Topographie des Tals der Könige

Topographisch besteht das Tal der Könige eigentlich aus zwei getrennten Tälern: dem östlichen Hauptzweig, in dem die meisten Königsgräber liegen, und dem breiteren Westzweig, in dem bislang nur wenige Gräber gefunden wurden. Am nilnächsten Punkt, rund fünf Kilometer vom Ufer, schneidet das Tal ins thebanische Bergmassiv ein und steigt von der Ebene aus gesehen nach Westen und Nordwesten an, bis es sich dann wendet und kurz vor der Verzweigung in die zwei Hälften nach Süden schwingt. Der Ostzweig mit der Mehrzahl der Gräber wurde von den Ägyptern *ta sat aat* – »Großer Platz« – oder einfacher *ta int* – »Das Tal« – genannt. Heute ist dieser Zweig als Wadi Biban el-Muluk – »Tal der Tore der Könige« – bekannt. Der innere Talkern ist nicht sehr breit, läßt aber immerhin für eine Reihe kleinerer Nebentäler und Schluchten Platz, die vielen Königsgräbern den erwünschten Schutz lieferten.

Der zweite Arm des Tals der Könige, heute als Westtal bekannt, geht vom Hauptzweig nach Westen ab, verläuft danach südwestlich durch hochaufragende Felsformationen hindurch und endet in einem großen, natürlichen Halbrund, dessen Fels-

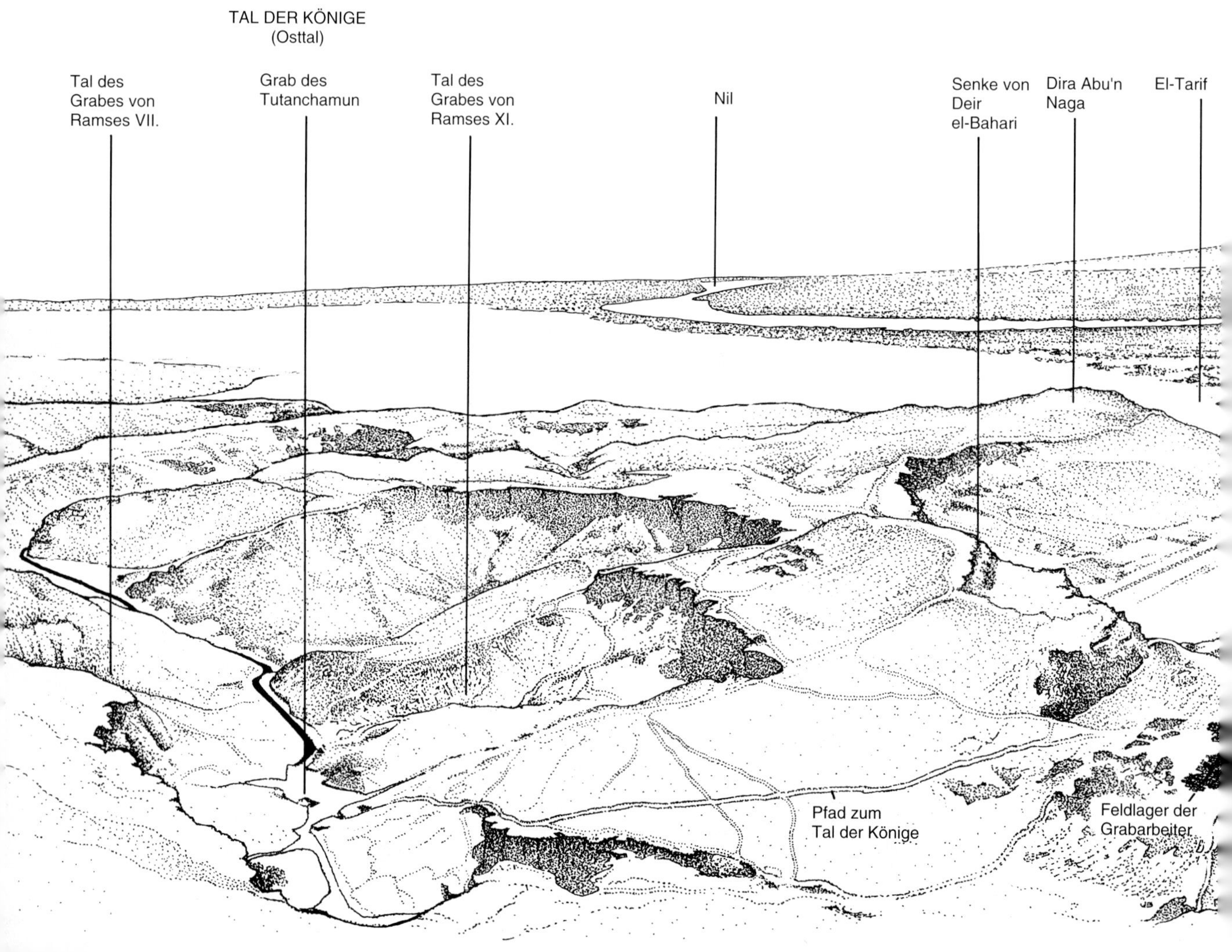

wände viele Meter hoch zum darüberliegenden Wüstenplateau ansteigen. In den Klippen des Westtales gibt es Hunderte abgelegener Winkel und kleiner Schluchten, die einen idealen Platz für geheime Königsgräber abgegeben hätten. Wäre dieser Wadi nicht weiter entfernt und – vielleicht wichtiger noch – nicht mit den Monarchen der häretischen Amarna-Zeit assoziiert worden, dann hätten im späteren Neuen Reich vielleicht mehr Könige den Westzweig des Tals der Könige zum Begräbnisort gewählt.

Folgte man den natürlichen Windungen der Route durchs Tal der Könige, dann lagen zur Zeit der Pharaonen die nächsten Zivilisationszentren viele Fußstunden entfernt. Doch an den niedrigsten Stellen ragen die Ausläufer des thebanischen Bergmassivs, welches das Tal von der Nilebene trennt, nur 130 Meter über diese empor. Benutzte man also die von Deir el-Bahari oder vom Dorf der Grabarbeiter in Deir el-Medina ausgehenden steilen Bergpfade, ließ sich der »Große Ort« zu Fuß in einer halben Stunde erreichen. So war, wie die Geschichte zeigen sollte, das Tal der Könige zwar von Bergen umringt und verschlossen, aber doch alles andere als unzugänglich.

Die Topographie Westthebens

(Gegenüber) Das Osttal und seine Nebenarme vom el-Qurn aus gesehen. Das kleine Rechteck in der Mitte der unteren Bildhälfte ist die Einfriedung des Tutanchamun-Grabs.

(Links) Das Tal des Grabes von Ramses VII. Zahlreiche kleinere Nebenarme wie dieser durchschneiden den östlichen Hauptzweig des Tals der Könige.

(Unten) Panoramablick vom el-Qurn, dem höchsten Punkt des thebanischen Bergmassivs, aus auf Westtheben. Zur Linken der Hauptzweig des Tals, etwa in der Mitte das Feldlager der Grabarbeiter und zur Rechten ihre feste Ansiedlung in Deir el-Medina.

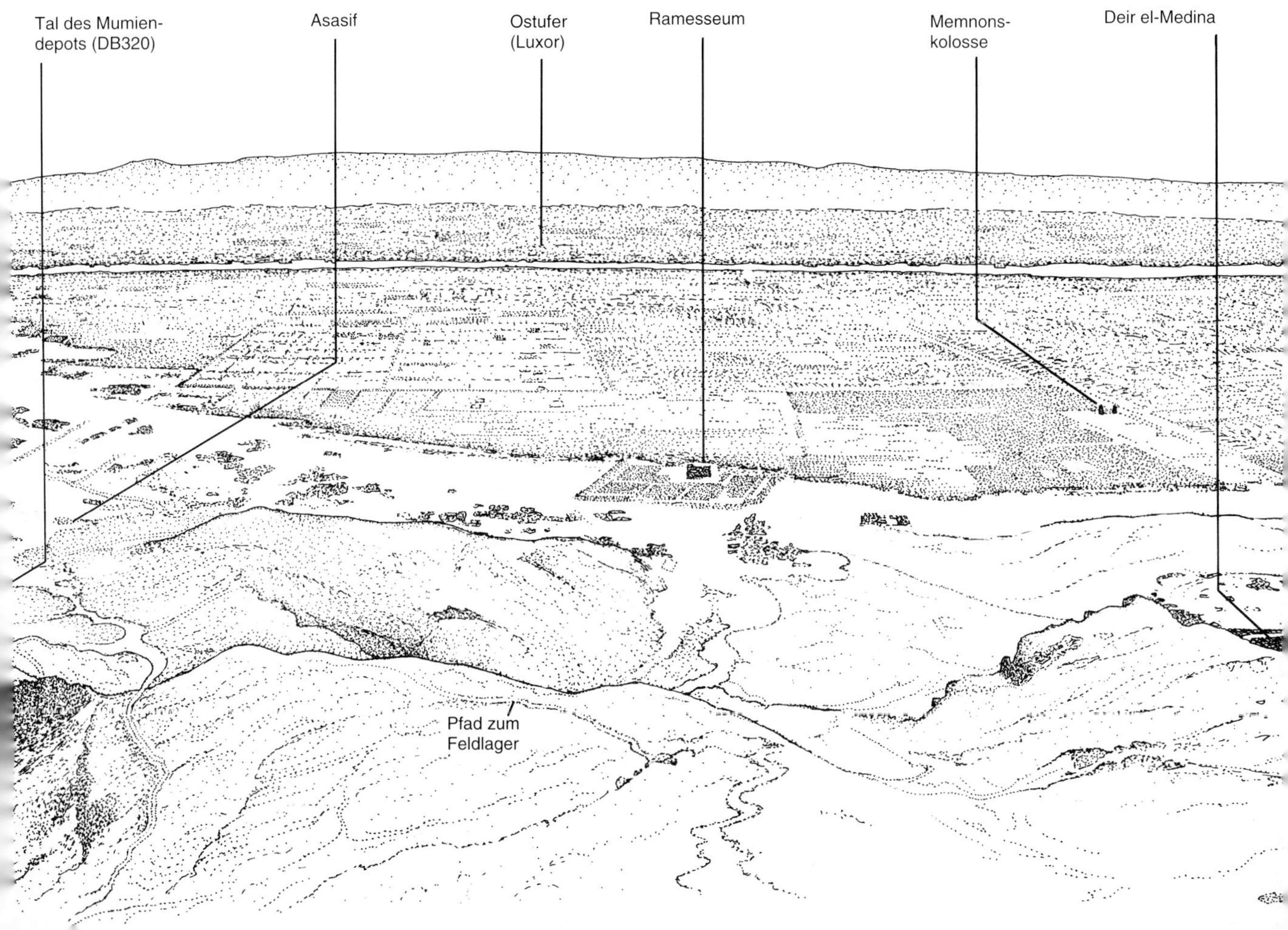

Die Geologie des Königstals

»Die Hügel zu beiden Seiten bestehen aus hohen, steilen Felsen, und der ganze Ort ist übersät mit grobem Geröll, das offenbar von ihnen heruntergestürzt ist.«

Richard Pococke

Die Entstehung des Tals der Könige

In ferner Vorzeit war das Niltal ein Gebiet intensiver Landentstehung und Landbewegungen. Über die Jahrtausende hatten schwankende Meereshöhen zur Folge, daß das Mittelmeer wiederholt ins Tiefland eindrang und einen Großteil des heutigen Ägypten bis zum heutigen Assuan im Süden bedeckte. Dies führte zur Ablagerung von drei aufeinanderfolgenden Schichten von Sedimentgestein, die die Geologen Dachlakreide, Isnaschiefer und thebanischen Kalkstein nennen. Vor allem die beiden letzteren sind im Tal der Könige zu sehen, wobei die Kalksteinschicht von ihrer höchsten Stelle bis zu dem Punkt, an dem sie in das darunter liegende, 60 Meter mächtige Schieferband übergeht, etwa 300 Meter dick ist. Der Übergang zwischen den verschiedenen Gesteinsschichten ist an mehreren Stellen im Tal der Könige zu sehen, teilweise sogar in bestimmten Gräbern wie etwa dem von Setoy I., dessen Grabkammer im oberen Teil in den thebanischen Kalksteinfelsen gehauen und im unteren Teil aus dem darunterliegenden Schiefer ausgeschachtet worden ist.

Die verschiedenen Gesteinsformationen unterlagen im späten Tertiär beträchtlichen geologischen Verwerfungen, dazu kam im Frühpleistozän in Zeiten starker Regenfälle die Erosion durch den Nil und kleinere Nebenflüsse. In derartigen Regenperioden wuschen Tausende von Strömen und Flüssen die thebanische Kreide aus und häuften Millionen Tonnen Felsbrockengeröll und Sand auf. So entstanden die zerklüfteten Kalksteinklippen, Geröll- oder Schutthalden des Tals sowie die jetzt ausgetrockneten Flußbetten, die sich zwischen ihnen durchschlängeln.

Dieselben Prozesse, die das Tal einst schufen, drohen jedoch jetzt die Gräber zu zerstören. In die verhältnismäßig weichen Felsformationen, die sich ideal zum Anlegen von Gräbern eigneten, dringt auch sehr leicht Wasser ein und breitet sich aus. Zwar regnet es in der Gegend nur selten, aber gelegentliche Wolkenbrüche auf dem umliegenden Wüstenplateau verursachten in den tieferliegenden Tälern riesige Überschwemmungen. Diese raren, aber zerstörerischen Katastrophen haben viele Königsgräber ausgewaschen und verstopft und den umliegenden Fels durch Penetration, Expansion und ungleichmäßiges Trocknen beschädigt.

Wo liegen die Gräber?

Der furchtlose Forscher Giovanni Belzoni scheint im 19. Jahrhundert als erster die grundlegende Geologie und Topographie des Tals der Könige beschrieben zu haben – einschließlich der Entwässerungsmuster, die zur konkreten Positionierung einiger Gräber geführt haben. Neuere Untersuchungen haben gezeigt, daß sich anhand dieser geologischen und hydrologischen Faktoren drei Gräbergruppen unterscheiden lassen; sie entsprechen fast genau den drei Dynastien, die das Tal als Nekropolis nutzten. Die Gräber der frühen bis mittleren 18. Dynastie sind meist in die Felswände der Talklippen gehauen, oft in oder nahe bei Felsspalten und versiegten Wasserfällen. Die Grabeingänge wurden nach der Beisetzung mit Wänden aus trockenem Gestein vermauert, die mit Gips verputzt und versiegelt waren. Später begruben die Überschwemmungsfluten sie endgültig unter mitgeführtem Geröll.

(Unten) Diese geologische Karte des Königstals zeigt die Oberflächenverteilung der wichtigsten Felsarten in dieser Region. (Ganz unten) Der vertikale Schnitt durchs Tal entlang der Linie A–B verdeutlicht, wie die verschiedenen Felstypen übereinandergeschichtet sind.

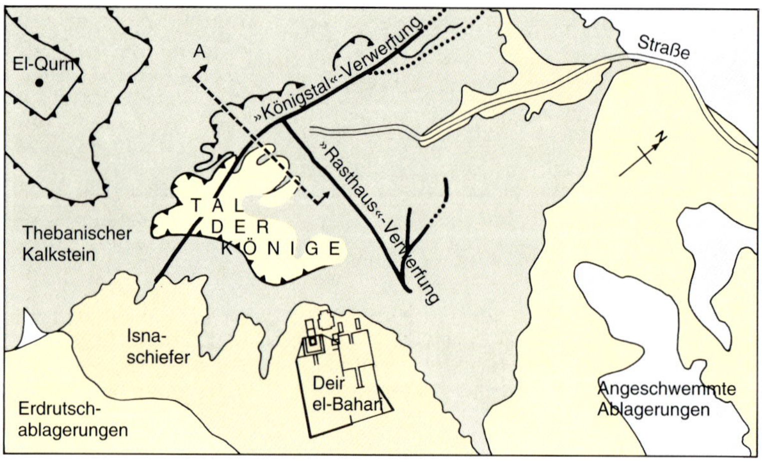

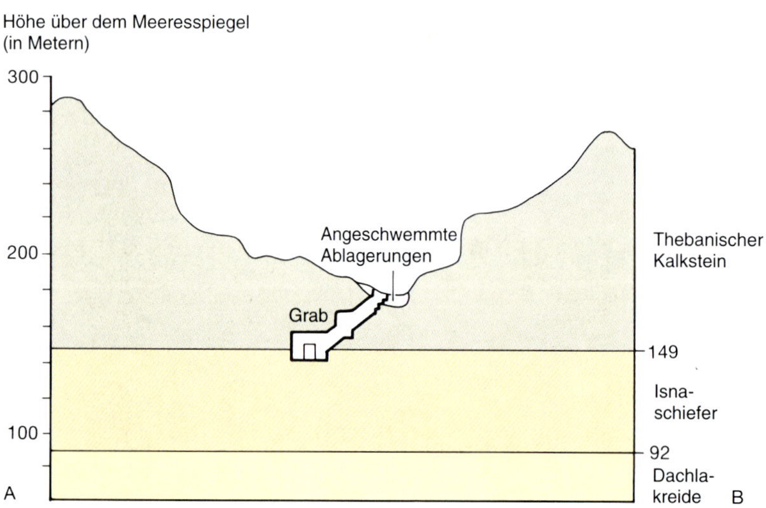

Die gegen Ende der 18. und während der ganzen 19. Dynastie angelegten Gräber liegen meist weiter unten im Tal in einiger Entfernung von den Felswänden und sind oft durch die Geröllhalden gehauen (zum Beispiel das Grab Amenhoteps III.). Da sie aufgrund ihrer Lage wasseranfälliger waren, haben viele Monumente dieser Zeit – etwa das Grab Ramses' III. – schwer unter den Überschwemmungen gelitten. Sie liegen tief im Talgrund und haben somit Kontakt mit der Schieferschicht, was sie sehr anfällig für Expansionsschäden macht.

Die dritte Gräbergruppe bilden hauptsächlich die Bauten der 20. Dynastie, die oft zu ebener Erde und ohne jede Tarnung am Ende von Felsspornen liegen, die entstanden, als sich das zu beiden Seiten abfließende Wasser tief eingrub. Damit waren sie in etwa vor Überschwemmungen geschützt, und dies mag auch ein Grund für die Wahl solcher Plätze gewesen sein; zudem gehörten sie zu den wenigen Bereichen, die zu diesem späten Zeitpunkt in der Geschichte des Tals noch unbenutzt waren. Trotz ihrer günstigeren Lage ist dennoch auch in viele dieser Gräber Wasser eingedrungen, entweder durch den Eingang oder durch Risse im umgebenden Felsgestein.

Geologische Verwerfungen

Aufgrund des Absinkens des Grundwasserspiegels im Altertum und der daraus folgenden, allmählichen Erdverschiebungen werden die Felsformationen des Tals von einer Reihe geologischer Verwerfungen unterbrochen. Die bekannteste (passenderweise »Verwerfung des Tals der Könige« genannt) verläuft fast in Nord-Süd-Richtung entlang der Westseite des Tales und zerreißt die Oberfläche an mehreren Stellen, so etwa auf dem Hügel über dem Grab Ramses' III. Diese Verwerfung ist auch der dramatischste Taleinbruch; die Verschiebung beträgt an einigen Punkten fast 30 Meter, wenngleich der Durchschnittswert weit geringer ist. Es gibt weitere und kleinere senkrechte Verwerfungen, die manchmal die Gräber, durch die sie verlaufen, stark bedrohen. Im Grab Ramses' III. sind durch einen solchen Bruch in der linken Wand der Grabkammer riesige Wassermassen eingedrungen und haben in den ersten Jahrzehnten unseres Jahrhunderts die untere Grabhälfte überschwemmt, was verständlicherweise ebenfalls zu schweren Schäden geführt hat.

(Oben) Die Ortswahl für das Anlegen der Gräber änderte sich im Lauf der Zeit. Die frühen Gräber waren in die Klippen gehauen (z.B. jenes des Thutmosis III., links). Ab der Zeit Amenhoteps III. (Mitte) wurden die Gräber weiter unten am Hang oder im Talboden angelegt, und in der Ramessiden-Zeit befanden sie sich in Felspornen, die aus den Seiten des Tals hervorragten (z.B. jenes Ramses' VI., rechts).

Aufgeweitete Felsfuge über dem Grab Ramses' III.

Die Arbeitskolonnen des Pharaos: Die Bewohner von Deir el-Medina

»[An jenem Tag] kam der Wesir [...] und verlas einen Brief, der besagte, daß sich Neb-maat-re Ramesses Amun-hir-chopsch-ef Meriamun (Ramses VI.) [...] als der große Herrscher des ganzen Landes erhoben habe [...] und er sagte: Laßt die Kolonne antreten.«

Tonscherbe im Ägyptischen Museum in Kairo

Es ist eine Ironie der Geschichte, daß wir über die einfachen Arbeiter, die die Königsgräber des Neuen Reiches anlegten, mehr wissen als über die Gottkönige, für die sie bestimmt waren. Zu den besterhaltenen antiken Siedlungen ganz Ägyptens gehört das südöstlich des Tals der Könige auf der Nilseite der Westberge in einer unfruchtbaren, wasserlosen Senke gelegene Arbeiterdorf Deir el-Medina. In einer großen Grube außerhalb des Dorfes sowie in den Überresten von Steinhäusern wurden Tausende von Ostraka (zum Schreiben benutzte Tonscherben und kleine Kalksteinplättchen) sowie zahlreiche Papyri gefunden, die mit Briefen, Notizen, Aufzeichnungen und anderen Aussagen über das Leben dieser Männer und ihrer Familien beschriftet sind. Aufgrund der Ausplünderung durch die Forscher und Sammler des 19. Jahrhunderts finden sich Gegenstände aus Deir el-Medina heute in praktisch jedem größeren Museum der Welt.

Die Erforschung von Deir el-Medina

Die erste wissenschaftliche Ausgrabung des Ortes begann unter dem italienischen Archäologen Ernesto Schiaparelli von 1905 bis 1909; vollendet wurde sie zwischen 1922 und 1951 durch die Franzosen unter Leitung von Bernard Bruyère und mit Unterstützung des brillanten tschechischen Ägyptologen Jaroslav Černý. Seither sind die Funde von vielen Gelehrten bearbeitet worden. Die Siedlung wurde irgendwann in der frühen 18. Dynastie gegründet, aber unter welchem Monarchen, ist unbekannt. Die Mauer um das Dorf enthält viele Ziegel, die deutlich den Namen Thutmosis' I. tragen – des ersten Pharaos, der mit Bestimmtheit im Tal der Könige begraben wurde –, aber man weiß, daß sein Vorgänger Amenhotep I. und dessen Mutter Ahmose Neferati von den Arbeitern in Deir el-Medina als Schutzgötter angesehen und verehrt wurden. Der größte Teil der erhaltenen Zeugnisse aus Deir el-Medina stammt jedoch aus der 19. und 20. Dynastie, als sich die Größe des Dorfes fast verdoppelte. Neben den Namen der Wesire und anderer hoher Beamter, die den Bau der Königsgräber von Theben aus beaufsichtigten, sind auch Namen, Familienverhältnisse und andere Details aus dem Leben der Schreiber, Vorarbeiter und Arbeiter bekannt, die in Deir el-Medina wohnten.

Eine kosmopolitische Gemeinschaft

Aus den vielen in dem Dorf gefundenen Dokumenten und Inschriften geht hervor, daß es während eines Großteils seiner Geschichte von mindestens 100 Personen (einschließlich Kindern)

(Unten) Blick auf das Arbeiterdorf von Deir el-Medina.

(Ganz unten) Feldlager auf dem Grat zwischen Deir el-Medina und dem Tal der Könige. Die Grabarbeiter nächtigten normalerweise hier und kehrten nur übers Wochenende und an Feiertagen ins Dorf zurück.

bewohnt war und es sich um eine erstaunlich kosmopolitische Gemeinschaft handelte – über 30 ausländische Namen sind dort entdeckt worden. Viele Einwohner konnten lesen und schreiben und hinterließen neben ihren alltäglichen Aufzeichnungen auch Texte, die von der Satire über humorige Skizzen bis zu frommen Inschriften reichen. Daß die Religion für diese Menschen eine äußerst wichtige Rolle spielte, beweisen die vielen den Göttern gewidmeten Votivstelen, aber auch die mindestens 16 kleinen Tempel und Kapellen der Gemeinde. Verehrt wurde eine Vielzahl von Gottheiten, die von nationalen Göttern wie Osiris, Hathor und Ptah bis zu Ortsgottheiten wie Meretseger, der Göttin des Gipfels über dem Tal der Könige, und vergöttlichten Königen und Königinnen wie Amenhotep I., Königin Ahmose Neferati und König Ramses II. reichten. Zahlreiche Schreine und Stelen wurden zudem zu Ehren der Vorfahren der Arbeiter errichtet.

Die Arbeiterhäuschen waren meist klein, doch an der Größe und Anlage vieler läßt sich der relative Status des Besitzers ablesen. Nicht wenige Einwohner besserten ihr Einkommen durch die Herstellung von Mobiliar und Grabbeigaben für die umliegenden Gemeinden auf. Während ihrer Arbeit an den Gräbern waren die »Diener des Ortes der Wahrheit«, wie man die Arbeiter nannte, oft in einem kleinen, auf dem Grat über dem Tal der Könige errichteten Feldlager untergebracht (das ebenfalls über 50 Tempelchen aufweist) und kehrten nur übers »Wochenende« und zu Feiertagen, aber auch zur Erledigung notwendiger Familiengeschäfte ins Dorf zurück. Nominell unterstanden die Arbeiter der Leitung eines Wesirs und waren (je nach der Grabseite, an der sie jeweils arbeiteten) in eine »rechte« und eine »linke« Kolonne aufgeteilt, deren Größe nach dem jeweils erreichten Baustand variierte. Der Begriff *iswt* oder »Kolonne« bezeichnete eine Heeres- oder Marineeinheit, wobei jede Kolonne einem Vorarbeiter unterstand, der die täglichen Bauarbeiten überwachte, und mehrere Schreiber enthielt, die den Baufortschritt, die Abwesenheit von Arbeitern, die Zahlungen, den erhaltenen Nachschub usw. festhielten.

Ab der 19. Dynastie gingen diese Männer ihrer Arbeit auch im Tal der Königinnen nach und gestalteten die schönen Gräber der bedeutendsten Königsfrauen und -kinder. Aufgegeben wurde das Dorf schließlich am Ende des Neuen Reiches, als das Tal der Könige nicht länger als Nekropolis benutzt wurde. Beim Weggang entfernten die Dorfbewohner die wertvollen Holztüren und Trägersäulen der zweigeschossigen Häuser, so daß diese einstürzten.

Die Frauen von Deir el-Medina

Da die Männer während der 10tägigen Arbeitswoche meist weg waren, stellte das Dorf weithin eine reine Frauengemeinschaft dar. Den Frauen oblagen nicht nur ihre üblichen Pflichten, son-

Der Streik der Grabarbeiter

Der gewaltige Umfang des thebanischen Bauprogramms von Ramses III. scheint die Getreidevorräte, mit denen die Arbeiter der königlichen Nekropolis entlohnt wurden, nahezu erschöpft zu haben, so daß die Rationen der Arbeiter nachhaltig und in unerträglichem Maß gekürzt wurden. In einem Brief, den der Schreiber Neferhotep ungefähr im 25. Regierungsjahr des Ramses verfaßte, heißt es: »Anderthalb *khar* (rund 75 Kilogramm) Getreide hat man uns weggenommen … wir sterben, wir können nicht leben…« War die Situation vielleicht auch nicht ganz so verzweifelt, wie der Brief unterstellt, so scheinen die Verspätungen und Verknappungen bei der Bezahlung doch den ersten bekannten Arbeitskampf der Weltgeschichte ausgelöst zu haben.

Im Sommer von Ramses' 29. Regierungsjahr, um 1165 v. Chr., lieferte der Schreiber Amenacht persönlich ein förmliches Beschwerdeschreiben im Tempel des Haremhab ab, der Teil des großen Verwaltungskomplexes von Medinet Habu war. Obwohl bald darauf eine Zahlung erfolgte, setzten sich die schlechten Bedingungen fort, und später in diesem Jahr legten die Männer zweier Kolonnen die Arbeit nieder und marschierten zusammen zu einem der königlichen Totentempel, wo sie – wie man heute sagen würde – ein Sit-in veranstalteten. Diese Aktion wurde am nächsten Tag auf dem Gelände eines anderen Tempels wiederholt, bis die Priester die Beschwerden der Männer schließlich aufzeichneten und sie über den Fluß an die Verwaltung in Theben schickten. Erst danach wurden die überfälligen Rationen endlich an die wütenden Arbeiter ausgeteilt.

Zimmerleute fertigen ein schreinartiges Holzobjekt an. Detail aus dem Privatgrab des Nebamun und der Ipuky in Theben.

Grabstele des Vorarbeiters Baki. Oben sieht man Baki und seinen Sohn bei der Verehrung von Ptah und Hathor, der »Herrin des Westens«, darunter eine Gruppe weiterer Arbeitsleute einschließlich des Dorfarztes Amenmose.

dern es ist mindestens ein Fall belegt, in dem die Frau eines Vorarbeiters in dessen Abwesenheit die Löhne der Männer ausgezahlt hat. Da die Frauen auch zu Zeiten, in denen wohl kaum irgendwelche Schreiber unter ihnen weilten, schriftliche Mitteilungen erhielten, wird angenommen, daß viele von ihnen mindestens lesen konnten. Nicht wenige dokumentierte Frauen trugen religiöse Titel wie Chorsängerin, Vorsängerin oder Priesterin und hatten folglich mit diversen Kulten zu tun – darunter auch größeren Tempelkulten außerhalb des Dorfes.

Stele aus Deir el-Medina; sie zeigt eine Frau namens Henut beim Darbringen eines Opfers vor einer Ahnenbüste. Die Frauen spielten in der Dorfgemeinschaft eine wichtige Rolle und erfüllten viele religiöse Pflichten, darunter als Vorsängerinnen, Sängerinnen und Priesterinnen.

Die Männer, die die Gräber schufen

Über die Rolle, die Lebensgeschichten und sogar den Charakter vieler der Männer, welche die Gräber im Tal der Könige anlegten, wissen wir recht genau Bescheid, wie die folgenden Kurzporträts dreier repräsentativer Persönlichkeiten zeigen:

Paser, Wesir: Paser war der Sohn eines Hohenpriesters des Amun und der Hauptfrau aus dem Harem dieses Gottes. Er wurde unter der Regierung Setoys II. Wesir von Oberägypten und behielt diese Position auch unter Ramses II. bei. Er wurde zusammen mit seiner Frau Tiy in einem eindrucksvollen Grab in Theben beigesetzt, dessen Inschriften zeigen, daß Paser als ranghöchstem Berater des jungen Ramses die Titel »Liebling des Gottes« (nämlich des Königs) und »Vater des Gottes« verliehen wurden. Als Wesir organisierte und leitete er bedeutende Staatsprojekte, beaufsichtigte den Handel, die Produktion und das Rechtswesen und amtierte bei wichtigen religiösen Festen. Wie der Pharaoh selbst schrieb Paser sogar an ausländische Herrscher wie den Hethiterkönig Hattusil und dessen Gemahlin Puduchepa. Zu seinen zahlreichen Pflichten gehörte auch die Errichtung des Grabes von Setoy I., einer der bedeutendsten Leistungen im Tal, und Paser war es auch, der die Kolonnen der königlichen Grabarbeiter vergrößerte und neu organisierte. Dabei übernahm er die unmittelbare Kontrolle über das Projekt und teilte die Verantwortung für die eigentliche Arbeit zwischen dem obersten Schreiber und dem Vormann jeder Kolonne auf.

Die Familie des Wesirs Paser nimmt an einem Opferritual teil. Detail des Paser-Grabs in Theben; nach J. G. Wilkinson.

Hay, Vorarbeiter: Als Vorarbeiter der »linken« Kolonne (siehe Haupttext) und Dorfältester scheint Hay sein gesamtes langes Leben im Königstal verbracht zu haben. Als Sohn des Vormanns Inherkau arbeitete er schon als Knabe unter seinem Vater und erbte schließlich mit ungefähr 35 Jahren dessen Amt, als Inherkau im letzten Regierungsjahr des Merenptah starb. Hay behielt diese Position rund 40 Jahre (zirka 1214–1174 v. Chr.) bei und diente unter fünf Königen der 19. und 20. Dynastie – Amenmesse, Setoy II., Siptah, Sethnacht und Ramses III. Der von seinen Arbeitern respektierte Hay scheint ein freundlicher und frommer Mensch gewesen zu sein; eine mit Inschriften versehene Stele zeigt ihn in Anbetung der Götter. Hay lebte größtenteils in unruhigen Zeiten und hatte das zusätzliche Pech, mit dem berüchtigten und menschlich schwierigen Paneb zusammenarbeiten zu müssen, der einige Jahre lang Vorarbeiter der »rechten« Kolonne war. Hay wurde während dieser Zeit angeklagt, den König kritisiert zu haben – vermutlich auf Betreiben Panebs hin –, aber er widersprach den Beschuldigungen standhaft, und schließlich wurde der Prozeß gegen ihn eingestellt. Er erreichte ein gesegnetes Alter von rund 75 Jahren und konnte ein Grab für sich selbst auf der Nilseite der Westberge anlegen. Seine Tochter wurde die Gemahlin des Schreibers Amenacht.

Amenacht, Schreiber: Amenacht war der Sohn des Vorarbeiters Amenemope oder »Ipy«, doch statt in die Fußstapfen seines Vaters zu treten, ergriff er den Beruf des Schreibers. Unter der Regentschaft Ramses' III. wurde er der Arbeit an den Königsgräbern zugeteilt – eine Position, die sich als dauerhaft erweisen sollte, denn Amenacht diente unter vier Monarchen und wurde zum Urvater sechs aufeinanderfolgender Generationen von Schreibern. Die Schriften dieses wichtigen Mannes enthalten viele Einzelheiten über die Dispute und Widrigkeiten, in die er während seiner langen Karriere verwickelt war, speziell zu den Streiks gegen Ende der Regierungszeit Ramses' III.

(Unten) Eheschließungen und Wechselbeziehungen zwischen ausgewählten Mitgliedern dreier Familien in den Jahren von 1224 (Merenptah) bis 1163 (Ramses III.) v. Chr. Obschon viele Positionen mit der Zeit erblich wurden, erhielt – und nutzte – doch der eine oder andere die Chance, Beruf und Status zu wechseln.

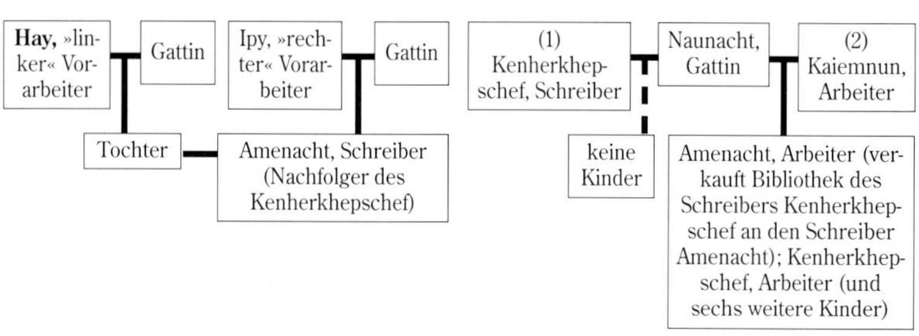

»[Die Gräber] sind in den freiragenden Fels geschlagen; wie es scheint, nach einem Generalplan, obschon sie sich in Teilen voneinander unterscheiden.«

William George Browne

Die Planung eines Königsgrabes: Gestaltung und Symbolik

Zwar weisen die Grabanlagen gewisse grundlegende Gemeinsamkeiten auf, aber dennoch ist im Tal der Könige kein Grab dem anderen gleich, und bei der Planung jedes Baues wurde sehr auf die Einmaligkeit der Anlage oder ihrer Ausschmückung geachtet. So kam es während des gesamten Neuen Reiches zu einer komplexen und fortlaufenden Weiterentwicklung. Sehr grob lassen sich jedoch drei Hauptphasen feststellen: die Frühgräber mit gekurvten oder geknickten Achsen (zum Beispiel das Grab Amenhoteps II.); die Zwischengräber mit parallelen Achsen, bei denen der Eingangskorridor in der ersten Säulenhalle, etwa auf halbem Wege zum Grab, nach einer Seite »zackt«, dann aber in derselben Richtung weiterläuft (so zum Beispiel im Grab des Haremhab); und die Spätgräber mit geraden Achsen (ab dem Merenptah-Grab). Die drei Phasen verteilen sich mit einigen Überschneidungen auf die 18., 19. und 20. Dynastie.

Die Entwicklung in der Achtzehnten Dynastie

Ab relativ früh in der 18. Dynastie bestand das Königsgrab aus vier Passagen (beginnend mit der Eingangstreppe), deren Boden abwechselnd von Treppen und abfallenden Gehrampen gebildet wurde. Jeder Teil des Zugangs zum unterirdischen Grab galt als ein Abschnitt des »Sonnenpfades« und suggerierte damit die nächtliche Sonnenbahn unter der Erde – eine Symbolik, die durch die Dekoration im Grab noch verstärkt wurde. Die dritte Passage enthielt beidseits eingehauene Nischen, die man die »Sanktuarien, in denen die Götter des Ostens und des Westens ruhen«, genannt hat; die vierte Passage mündete in eine Kammer mit einem Brunnen oder Schacht (»Halle des Wartens« oder »Halle der Verzögerungen« genannt). Jenseits des Brunnens lag eine kleine Säulenhalle (die »Wagenhalle«), von der aus weitere Durchgänge in eine zweite, größere Säulenhalle (das »Haus des Goldes«) und ihre Nebenräume führten, in denen die Grabbeigaben des Königs ruhten. Im Laufe der Zeit wurde dieser Plan zu einer Abfolge sich praktisch wiederholender Durchgänge und Hallen erweitert, aber die Grundaspekte blieben konstant.

Die Knicke der Achsen in den Gräbern der 18. Dynastie waren möglicherweise eine Fortsetzung der gekrümmten Korridore der Pyramiden des Mittleren Reiches, die vielleicht die gewundenen Straßen der Unterwelt in der Vorstellung der ägyptischen Mythologie darstellen sollten, wie sie uns das aus dem Mittleren Reich stammende »Buch der Zwei Wege« und die vierte und fünfte Stunde des Amduat (oder »Buch von dem, was in der Unterwelt ist«) aus dem Neuen Reich vermitteln. Der Ägyptologe Erik Hornung schrieb: »Die Grabarchitektur ist somit durch die Topographie des Jenseits bedingt, bei der die Texte und Darstellungen oft das Thema der ›gebogenen‹ oder ›gewundenen‹ Wasser in der Landschaft des Totenreichs behandeln.« Denkbar ist auch, daß einige der frühesten Gräber der 18. Dynastie mit ihren Windungen den natürlichen Spalten des unterirdischen Felsens folgten oder man brüchige Stellen umgehen wollte und diese Kurvenkonstruktion ihre symbolische Bedeutung erst mit der Formalisierung der geknickten Achsen in den Thutmosis-Gräbern der späten 18. Dynastie erhielt.

Viele zunächst aus praktischen Gründen eingeführte architektonische Merkmale wurden symbolisch auch dann noch weitergeführt, als der ursprüngliche Anlaß bereits entfallen war. Der in die Königsgräber ab Thutmosis III. eingelassene »Brunnen« mag zunächst als Schutz vor Überschwemmungen oder Grabräubern gedacht gewesen sein, scheint aber mit der Zeit mythologische

Die drei grundlegenden Grabpläne in zeitlicher Abfolge. Daß die Hauptachse begradigt wurde, könnte seinen Ursprung im Echnaton-Grab von Amarna haben und eine wachsende Ausrichtung auf den Sonnenkult widerspiegeln.

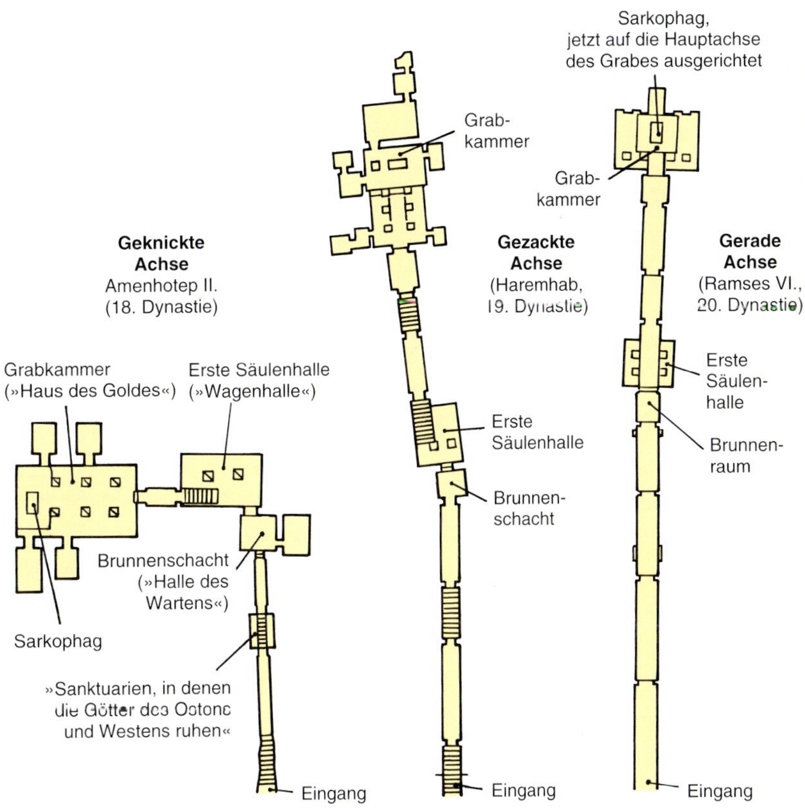

Bedeutung als symbolischer Grabschacht erlangt zu haben, der mit dem Totengott Sokar in Verbindung gebracht wurde, und der »Brunnenraum« wurde nach der Zeit Ramses' III. auch dann noch beibehalten, wenn der Brunnenschacht selbst gar nicht mehr ausgehoben wurde. Die Nischen an der Ost- und Westseite der dritten Passage könnten in den Gräbern der frühen 18. Dynastie ebenfalls einen funktionalen Ursprung gehabt haben, denn in diesen Gräbern geht es steil nach unten, und die ursprünglich entlang der ersten Stufen innerhalb des Grabes angebrachten Nischen dienten vielleicht als Hilfe bei der schwierigen Aufgabe, den Sarkophag in die Grabkammer hinunterzulassen – eine Funktion, die sich später dadurch erledigte, daß sich der Senkwinkel verflachte.

Die Bedeutung vieler Anlagedetails der Grabkammern der 18. Dynastie ist bis heute nicht eindeutig geklärt. Die deutliche Ovalform mehrerer sehr früher Grabkammern soll – je nach Theorie – die Form der »Kartusche« mit dem Königsnamen aufgreifen (so, wie es einige Sarkophage dieser Gräber tun) und eine geöffnete Papyrusrolle repräsentieren (die die Wanddekoration mit Sicherheit jedenfalls nach Farbe und Inschriftenstil widerspiegelt); nach anderer Lesart symbolisiert sie entweder den Kreislauf der Sonne oder die Topographie der Unterwelt.

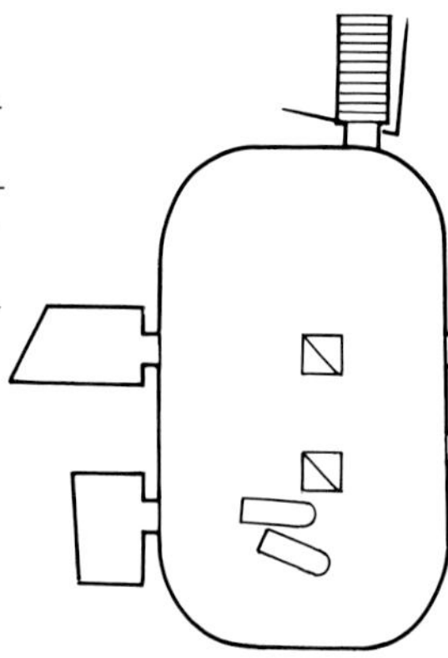

Kartuschenförmige Grabkammer Thutmosis' III. und Kartusche mit dem Namen des Königs.

Neunzehnte Dynastie: Wandel

Mit Beginn der 19. Dynastie verändern sich viele Aspekte der königlichen Monumente. Am auffälligsten ist – mit einer Ausnahme: dem Grab Ramses' II. – der Wegfall der geknickten Achse ab der Zeit des Haremhab. Den Anstoß dazu, die Grabpassagen zu einer einzigen, linearen Achse zu begradigen, könnte der Einfluß des Amarna-Grabes von Echnaton gegeben haben, aber so eindeutig, wie oft geglaubt wird, ist diese Verbindung nicht. Der Abstieg in die Gräber wird in dieser Zeit weniger steil, die Form der Sarkophaghalle wurde auf mehrerlei Weise verändert, und ab Ramses II. wurden zunehmend Holztüren zum Verschließen der Gräber verwendet, statt die Eingänge und Passagen wie früher zu vermauern und zu versiegeln. In gewissem Maße dienten zwar auch diese Türen dem Schutz gegen unerlaubten Zutritt, aber die Wächter der Nekropolis konnten sie zu Routinekontrollen aufschließen. Eine interessante Neuentwicklung dieser Periode ist der neben die erste Säulenhalle gehauene Nebenraum. Er tritt erstmals im Grab Setoys I. auf, wo er vielleicht als Täu-

(Unten) Gräber der 18. Dynastie, wie jenes des Haremhab, besitzen steil abfallende Passagen, in denen Treppenfluchten mit abschüssigen, rampenähnlichen Böden abwechseln. In seltenen Fällen wurden hölzerne Türen verwendet.

(Unten rechts) Spätere Gräber der 19. und 20. Dynastie, wie etwa das hier abgebildete Grab Ramses' IV., hatten weniger steil oder sogar eben verlaufende Korridore. Von der Zeit Ramses' II. an wurden gelegentlich in der gleichen Passage Treppen und Rampen kombiniert, und spätere Anlagen wiesen dort, wo man früher die Treppen plaziert hatte, oft nur noch Rampen auf. In diesen Gräbern wurden am Eingang und an diversen Stellen innerhalb der Anlage hölzerne Türen angebracht.

Der Grabplan Ramses' IV.

Diese Zeichnung des Grabes von Ramses IV. ist der detaillierteste antike Plan eines Königsgrabs, den wir bislang kennen. Sie findet sich auf einem Papyrus, der heute im Ägyptischen Museum, Turin, aufbewahrt wird. Der Plan ist im Maßstab 1:28 gehalten und zeigt in Doppellinien eingeschlossen das (weiße) Innere des Grabes auf braunem Hintergrund. Der Sarkophag des Königs mit den vier ihn einschließenden Schreinen und dem Katafalk ist deutlich abgebildet; eine ähnliche Anordnung fand sich im Grab Tutanchamuns. Die meisten Teile des Grabes sind benannt, und ihre Maße werden in hieratischer (Schreib-)Schrift angegeben. Ganz abgesehen von den Eigentümlichkeiten der ägyptischen Architekturdarstellung, die in bezug auf Grundlinien und Türen eine »geknickte« Perspektive entstehen lassen, weist der Plan eine Reihe von Fehlern auf – so stimmen weder das Längen-Breiten-Verhältnis der Räume noch die Größe der Türen und des Sarkophags mit den Abmessungen des Grabs überein, einige Nischen und Nebenräume wurden an der falschen Stelle eingezeichnet und als »fertig« bezeichnete Teile sind in Wirklichkeit undekoriert.

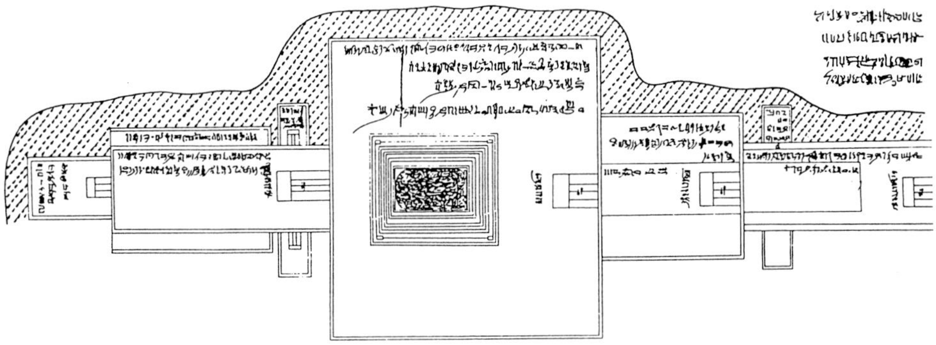

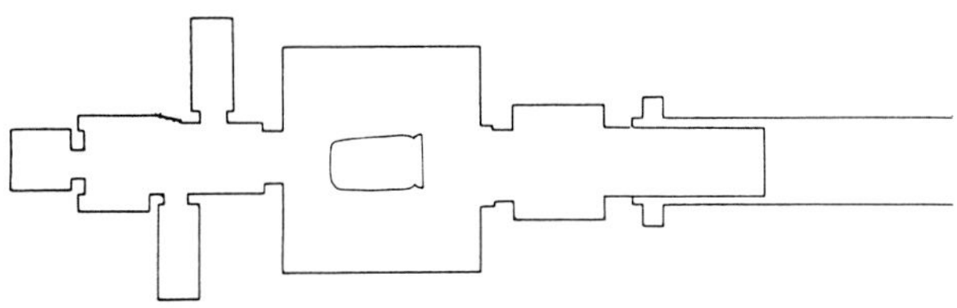

(Oben) Der antike Plan vom Grab Ramses' IV. gibt zwar einen recht brauchbaren Überblick, weicht aber in vielen Details von den tatsächlichen Verhältnissen ab – mag sein, daß er ein Vorentwurf war oder nachträglich aus dem Gedächtnis gezeichnet wurde. (Darunter) Zum Vergleich ein moderner Aufriß des Grabes.

schungsgrabkammer gedacht war, findet aber (mit Ausnahme des unvollendeten Grabs Setoys II.) fast bis zum Ende der Dynastie seine Fortsetzung und taucht später sogar im Grab Ramses' III. erneut auf.

Unbeschadet der tatsächlichen Lage ist bekannt, daß die Erbauer der Königsmonumente in der 18. Dynastie oft davon ausgingen, daß der Eingang zum Königsgrab im Süden und die Grabkammer im Norden liege, so daß die Grabrückseite symbolisch den Nadir der nächtlichen Reise der Sonne durch die Unterwelt darstellte, während mittags die Sonne ja im Süden am höchsten steht. Die in die Durchgangsseiten eingelassenen Nischen – die »Sanktuarien, in denen die Götter des Ostens und Westens ruhen« – ergaben eine vierfache symbolische Orientierung: die Nord-Süd-Achse der Grabdurchgänge und die Ost-West-Achse der Seitenmauern. Doch beginnend mit der 19. und durch die 20. Dynastie hindurch treffen wir auf eine Entwicklung, die sich wie eine symbolische, der Sonnenbahn nachempfundene Ost-West-Orientierung der Grabhauptachse ausnimmt. In der zweiten Hälfte der 19. Dynastie wurde die Grabgestaltung regelmäßiger und symmetrischer, was durchaus mit der Betonung der symbolischen Achsenrichtungen zu tun haben mag.

Zwanzigste Dynastie: Vereinfachung

Der grundlegende Grabplan wurde in der 20. Dynastie beträchtlich vereinfacht, und aus wirtschaftlichen oder anderen Gründen wies keines der Gräber, die nach dem Ramses' III. angelegt wurden, eine diesem vergleichbare Größe auf – abgesehen vom Grab Ramses' VI., das aber für zwei Könige erbaut wurde. Die von den Grabarchitekten benutzten Dimensionen erweiterten sich jedoch zusehends, so daß die letzten sechs Gräber im Tal allesamt über 3 Meter breite und 4 Meter hohe Gänge aufweisen.

Am bemerkenswertesten ist, daß ab dieser Dynastie der königliche Sarkophag entlang der Hauptachse des Grabes aufgestellt wurde, wobei das Kopfende nunmehr auch dort in der Nähe des Grabendes stand, wo die Grabkammer durchaus genug Platz bot, den Sarkophag wie früher quer zur Achse auszurichten. Damit folgte er jetzt immer der Ost-West-Orientierung des Grabes, so daß der tote Monarch stets nach dem symbolischen Osten und der aufgehenden Sonne blickte.

Kalkstein-Ostrakon mit der Arbeitsskizze eines unidentifizierten Grabs; Ägyptisches Museum, Kairo.

Das Anlegen der Gräber

»Vierter Monat der Jahreszeit *peret*, 21. Tag, Tag der Ausgabe der Meißel an die Kolonne.«

Notiz auf einer Tonscherbe

Standortwahl

Wir wissen, daß nach der Krönung Ramses' IV. ein ganzes Jahr verstrich, ehe die Suche nach einem Standort für sein Grab begann. Eine solche Verzögerung war wohl ungewöhnlich; für die meisten früheren Könige wurde der Ort wahrscheinlich eher ausgewählt. Tatsächlich deuten am Eingang zum Grab Amenhoteps III. (WV22) gefundene Fundamentreste und Hieroglyphen mit dem Namen Thutmosis' IV. darauf hin, daß gelegentlich noch zu Lebzeiten eines Königs bereits mit dem Bau des Grabes für seinen Erben begonnen wurde.

Den genauen Ort für ein neues Königsgrab scheint der Wesir in Begleitung der obersten Steinmetzen und Architekten ausgewählt zu haben, wobei jedoch der König selbst ihn irgendwann besichtigt und gutgeheißen haben dürfte. Für die Auswahl galten in unterschiedlichen Perioden auch unterschiedliche Kriterien. Wir sagten bereits, daß während des größten Teils der 18. Dynastie gewöhnlich recht hoch in den Klippenwänden rings ums Tal gelegene Plätze oft innerhalb natürlicher Felsspalten und unter versiegten Wasserfällen bevorzugt wurden. Beim während der zweiten Hälfte der 18. Dynastie zum ersten Mal angelegten Grab Amenhoteps III. wurde der Eingang nach unten an den Geröllhang unterhalb der Klippe verlagert, und dabei blieb es auch fast während der ganzen folgenden Dynastie. Als dann viele dieser niedrigen Trümmerhalden erschöpft waren (man hatte inzwischen auch ihre Anfälligkeit für Überschwemmungen erkannt), wurden schließlich in der 20. Dynastie die meisten Gräber in die Enden solider Felssporne gehauen, die aus den Talseiten hervorragten.

Bei den frühen Gräbern war sicher die Möglichkeit, sie leicht zu verbergen, ein Kriterium für die Standortwahl; spätere Könige rückten von dieser Praxis ab und ließen größere Gräber mit eindrucksvollen und sichtbaren Eingängen errichten. Zu allen Zeiten dürften jedoch gewisse symbolische und rituelle Faktoren bei der Standortwahl mitgespielt haben; die äußere Topographie vieler Gräber deutet darauf hin, daß sie in natürlicher, die unter- und aufgehende Sonne symbolisierender *achet-*

Objekte aus den »Grundstein«-Depots am Grab Amenhoteps III.

(gefunden von Howard Carter und Archäologen der Waseda-Universität)

Kupferne/bronzene Werkzeugmodelle:
- Meißel (8)
- Breitbeilklingen (2)
- Messerklingen (2)
- Axtköpfe (2)

Hölzerne Objekte:
- Symbolische (Ast)knoten (3)
- *Mshtyw*-Objekte (3)
- Kufen (3)
- Hacken (3)
- Ziegelform (1)
- »Keil« (1)

Pflanzen- und Tierprodukte:
- Binsensiebe (2)
- Binsenschale (1)
- Binsenkorb (1)
- Bündel von Papyrusfasern (1)
- Bündel von Lederstreifen (1)

Fayence-Objekte:
- Kartuschenplaketten mit dem Thronnamen (53)
- Kartuschenplaketten mit dem Geburtsnamen (45)
- Unbeschriftete Kartuschenplakette (1)
- Perlen (diverse)

Modellobjekte aus Stein:
- Kalksteinkrüge (2)
- Alabasteruntertasse (1)
- Eiförmiges Alabasterobjekt (1)

Modelle von Töpferwaren:
- Becher (97)
- Untertassen (19)
- Krüge (29)

Speiseopfer:
- Kalbsköpfe und -vorderhaxen (4)
- Früchte und andere Lebensmittel (diverse)

Eine Auswahl von bei der »Grundsteinlegung« deponierten Objekten, die Howard Carter vor dem Eingang zu WV22 entdeckte.

(𓉔) oder »horizont«ähnlicher Umgebung liegen sollten; auf alten Darstellungen sind in der Tat auch derart angelegte Privatgräber zu erkennen.

Die Ägypter müssen zahlreiche Karten des Tals hergestellt haben (von denen allerdings nichts erhalten ist), um Überschneidungen mit bereits vorhandenen Gräbern zu vermeiden. Dennoch kam es zu Kollisionen, beispielsweise als die Arbeiter beim Heraushauen des Korridors zum Grab Ramses' III. versehentlich ins nahe Amenmesse-Grab durchstießen. Desgleichen mußte der Abhang von KV9, dem Grab Ramses' VI., hastig verändert werden, um eine ähnliche Überschneidung mit dem früheren Grab KV12 zu vermeiden.

Das Ritual der Grundsteinlegung

Sobald die Standortwahl getroffen war, fanden offenbar ähnliche rituelle Zeremonien wie bei der Grundsteinlegung für einen Tempel statt. Möglicherweise wurden dabei in kleinen, vor und manchmal neben den Grabeingängen ausgehobenen Gruben rituelle Depots eingelagert. Diese Gruben sind symmetrisch angeordnet, mit einem zentralen Depot davor oder dahinter. Das kann durchaus der Grundsteinlegung für Tempel entsprechen, wo je ein Grundstein an den vier Ecken des Tempelbezirks, ein fünfter entlang der Hauptachse des Gebäudes gelegt wurde. Die Gruben enthielten diverse Opfergaben sowie Modelle von Werkzeugen, die beim Tempel- oder Grabbau Verwendung fanden, und weitere rituelle Objekte. Wahrscheinlich besaßen alle Königsgräber derartige Depots; entdeckt wurden sie freilich nur in wenigen Fällen.

Grabbau

Nach Beendigung der Grundsteinfeierlichkeiten beseitigten die Arbeitskolonnen zunächst den Oberflächensand und die herumliegenden Gesteinstrümmer. Dann drangen sie in den darunterliegenden Kalkstein vor; hatte man sich tief genug in den gewachsenen Fels gemeißelt, daß ein solider Türsturz angelegt werden konnte, der vielleicht noch etwas Überhang über dem Eingang besaß, wurde dieser gewöhnlich als erstes gehauen. Das anschließende Herausbrechen der Durchgänge und Kammern verlangte beträchtliches Können, denn im Gegensatz zum Tempel- oder Palastbau ließen sich ja keine Linien und Markierungen im voraus anbringen, sondern man mußte sich ohne solche Hilfen geradeaus und planmäßig in den Fels vorarbeiten.

Mit Kupfer- und Bronzemeißeln, auf die mit Holzhämmern geschlagen wurde, trieb man sich voran; der weiche weiße Kalkstein splitterte zwar leicht ab, aber immer wieder verlangsamten sehr viel härtere Kieseleinschlüsse deutlich den Arbeitsfortschritt. Diese Einschlüsse waren manchmal so groß und widerspenstig, daß die Arbeiter jede Hoffnung aufgaben und sie einfach stehenließen, so etwa den großen Felsbrocken, der noch immer aus der Seite der ersten Säulenhalle im Grab des Merenptah herausragt.

Als Werkzeuge und Zubehör wurden neben den Kupfermeißeln und Holzhämmern auch kupferne Stichel und Vorschlaghämmer sowie Flechtkörbe oder Ledereimer zur Beseitigung der Felsbrocken

Die Eingangspassagen früher Gräber – hier jenes Amenhoteps II. – sind nur grob behauen, folgen aber dennoch sorgfältig ausgerichteten Plänen.

(Rechts) In WV24 gefundener Holzhammer des Typs, den die Steinhauer beim Anlegen der Königsgräber benutzten. (Unten) Lebhafte Skizze eines Steinmetzen, der einen vergleichbaren Hammer benutzt; auf einem Ostrakon aus Deir el-Medina.

(Rechts) In die erste Säulenhalle des Merenptah-Grabes vorspringender Kieselsteinbrocken. Die Arbeiter mühten sich tagelang, den widerspenstigen Fels wegzuhauen, und ließen ihn schließlich stehen.

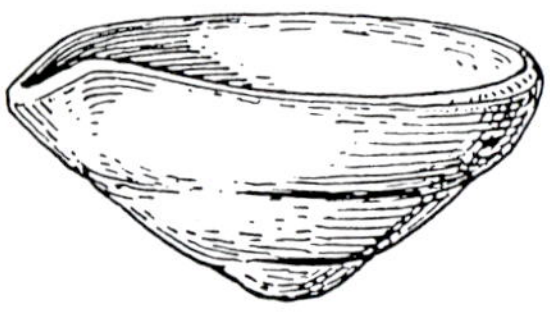

(Oben) In KV20 gefundene Öllampe aus roter Keramik. Dazu gehörte ein Docht aus gedrehtem Leinen.

(Unten) Nur teilweise verputzte Wand in der Grabkammer des Haremhab. Man beachte die Unregelmäßigkeiten im Verputz der unteren Wandhälfte und auch das Graffito des Steinmetzen oder Zeichners im Zentrum.

(Unten rechts) Der Vergleich zweier Gräber, deren Bau vorzeitig abgebrochen wurde, zeigt, wie man die Pläne so anpaßte, daß ein Begräbnis in der »ersten« Säulenhalle (links – Grab des Aja) oder in einer Passage (rechts – Grab Setoys III.) möglich wurde.

eingesetzt. Außerdem wurden beträchtliche Mengen an Öl und Dochten aus gedrehtem Leinen gebraucht, die als »Kerzen« zum Beleuchten der Arbeitsstelle dienten, wenn man erst einmal tief in den Felsen vorgedrungen war. Zur Rauchminderung wurde dem Öl oder Fett möglicherweise Salz beigemischt. Hinter den Steinhauern glätteten andere Arbeiter die Böden, Wände und Decken der Gänge und Kammern mit Hilfe harter Poliersteine, einfacher Wasserwaagen und Winkelmesser. Stukkateure besserten beschädigte oder unebene Stellen aus und verputzten das Ganze, so daß nunmehr die Wände dekoriert werden konnten.

Die diversen Arbeitsgänge sind in einer Reihe von Gräbern zu sehen, darunter dem Ramses' XI. (KV44) und des Fürsten Mentuhirkhopshef (KV19), die unerwartet früh starben, als einige Korridore erst zum Teil fertiggestellt waren. Über die tagtägliche Arbeit im Grab wissen wir wenig. Die Schreiber hielten lediglich fest, an welchen Tagen gearbeitet wurde und welche besonderen Probleme dabei auftraten. Dennoch läßt sich einiges vermuten. Aus der Zahl der verbrauchten »Kerzen« läßt sich beispielsweise schließen, daß in zwei Schichten – einer »Morgen«- und einer »Nachmittags«-Schicht von etwa gleicher Dauer – gearbeitet wurde, zwischen denen eine Mittagspause zum Essen und Ausruhen lag. Solange die Eingangskorridore ausgehauen wurden, konnten wohl nur relativ wenige Männer unmittelbar »vor Ort« arbeiten, dafür wurden umso mehr zum Abtransport der Körbe mit den abgeschlagenen Steinbrocken benötigt. War man erst bei den Hallen und Seitengrabkammern angelangt, dürften mehr Steinbrecher und noch mehr Transportarbeiter zum Einsatz gelangt sein; mithin muß die Zahl der Arbeiter je nach Bauabschnitt erheblich geschwankt haben. Die Angaben in den antiken Aufzeichnungen reichen von nur 30 bis zu 120 gleichzeitig eingesetzten Arbeitskräften.

Die für das Grab abgestellten Schreiber fertigten regelmäßige Berichte über den Fortgang der Arbeit an. Desgleichen notierten sie periodische Besichtigungen durch den Wesir oder dessen Abgesandte. Ein Ostrakon im Ägyptischen Museum in Kairo besagt, der Wesir habe bei seinem Besuch einen Plan von einem Grab angefertigt, wahrscheinlich, um die tatsächliche Arbeit mit den Originalunterlagen des Architekten vergleichen zu können. Stand mehr Zeit und Geld als ursprünglich erwartet zur Verfügung, wurden Gräber gelegentlich auch erweitert oder im ursprünglichen Entwurf nicht vorhandene Elemente hinzugefügt. Das gilt sicherlich für die kleinen nischenähnlichen Räume, die vom dritten Korridor im Grab Ramses' III. abgehen, denn ihre Türen wurden durch schon fertige Beschriftungen auf den Gangwänden durchgebrochen.

Häufig jedoch fand die Arbeit durch den Tod des Königs ein vorzeitiges Ende: Die Mehrheit der Gräber im Königstal ist in gewissem Maße unvollendet. Wenn der König starb, blieb für den Abschluß der Steinbruch- und Verzierungsarbeiten sowie für die Ausstattung des Grabes im Hinblick auf das Nachleben des Monarchen sehr wenig Zeit – letztlich die 70 Tage, die zum Einbalsamieren des Verstorbenen benötigt wurden, und ein klein wenig mehr. Mit dem Thronantritt des neuen Monarchen begann ein neues Zeitalter, und bald darauf setzte in der Regel auch schon der Bau eines neuen Königsgrabes ein, womit sich der Kreis schloß.

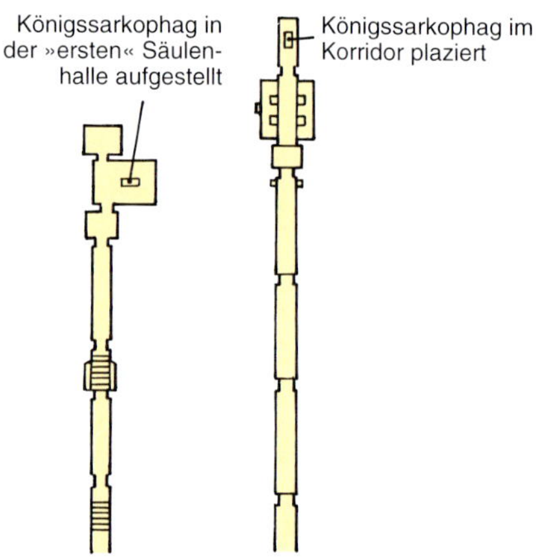

Graffiti und Ostraka

(Links) Viele Graffiti, wie etwa dieses aus einem Gebiet nördlich des Tals der Könige, unterstreichen die Frömmigkeit der Handwerker und anderer, die mit dem Anlegen der Königsgräber zu tun hatten. Die kniende Figur bringt einer widderköpfigen Manifestation des Gottes Amon-Re ihre Verehrung dar.

»Der Wesir Neferrenpe kam, [...] desgleichen der Königsdiener Hori und der Königsdiener Amencha, [...] um einen Ort für das Grab von Hega-maat-re Setep-en-amun [Ramses IV.] [...] zu suchen [...]«

Notiz auf einer Tonscherbe

In den Bergen Westthebens wurden Graffiti zu Tausenden gefunden; häufig stammen sie von an der Arbeit im Tal der Könige beteiligten Personen – vom einfachen Arbeiter bis zu wichtigen Besuchern wie etwa Wesiren oder Hohenpriestern. Infolgedessen reichen sie nach Länge und Förmlichkeitsgrad von grob gekritzelten Namen bis zu säuberlich geschriebenen Aufzeichnungen über offizielle Inspektionen.

Oft beschreiben die Verfasser ihr eigenes Tun und Dasein oder halten auch nur ihre Anwesenheit in der Region fest. Manchmal wurden auch unbeabsichtigt ganze Stammbäume aufgeschrieben. So nannte beispielsweise an einer Stelle der Handwerker Kenherkhepschef seinen eigenen Namen und die seiner Kinder gleich neben einem Graffito, das der kinderlos verstorbene erste Mann seiner Mutter hinterlassen hatte, dessen Namen jetzt der jüngere fortsetzte. Der ältere Kenherkhepschef wiederum hatte seine Abstammung vom Schreiber Panachte notiert, so daß sich ein Familienstammbaum ergab.

Zu vielen Graffiti gehört eine Skizze der Götter, denen sie gewidmet sind, und oft zeigen sie auch eine Darstellung des Künstlers selbst in frommer Anbetung vor der Gottheit. Manchmal sind die Skizzen allerdings weniger ernsthaft und andächtig, so bei dem berühmten, gleich vor dem Tal der Könige in einer kleinen Höhle über dem Hatschepsut-Tempel in Deir el-Bahari gefundenen Graffito, das einen weiblichen Pharao (zweifellos Hatschepsut selbst) beim Geschlechtsverkehr mit einem unidentifizierten Mann zeigt. Andere Graffiti sind rein zweckgebunden. In der Siedlung auf dem Kamm zwischen dem Tal der Könige und Deir el-Medina sowie an einigen Stellen im Umkreis der Gräber im Tal selbst stellen die Einritzungen lediglich fest, dieser oder jener Steinsitz oder zum Sitzen benutzte Felsbrocken sei diesem oder jenem Vorarbeiter vorbehalten – ein Graffito kann auch einfach den Besitz kennzeichnen. Jaroslav Černý hat über zwanzig Jahre seines Lebens darauf verwendet, Hunderte von Graffiti aus den Thebaner Bergen zu sammeln und zu studieren, und die Ergebnisse zwischen 1956 und 1974 veröffentlicht.

Dank der Graffiti ließen sich auch einige Monumente im Tal der Könige oder in dessen Umkreis auffinden, und Howard Carter hat mindestens ein Grab – das der Hatschepsut-Tochter Neferure – anhand eines Graffitos in der Nähe seines Eingangs identifizieren können. Die Graffiti der antiken Schreiber und Arbeiter geben auch Hinweise über den Arbeitsprozeß beim Anlegen der Gräber, und viele Monumente enthalten noch Steinmetzzeichen und andere Signaturen einzelner Arbeiter sowie Notizen und allerlei sonstige Angaben. Bei einigen in der Antike offenen Gräbern sind Graffiti gefunden worden, die von der Zeit der Pharaonen bis in die griechische, römische und christliche Zeit reichen. Nahezu tausend wurden allein im Grab von Ramses VI. (das die an-

Koptisches Graffito an der Wand von KV2, dem Grab Ramses' IV. Viele solcher Texte wurden von den frühen Christen hinterlassen, die einige der Königsgräber bewohnten. Merkwürdigerweise blieben – im Gegensatz zu den Götterbildern der ägyptischen Tempel, die vielfach von Christen verunstaltet oder zerschlagen wurden – die Darstellungen der alten Götter in den Königsgräbern weitgehend unbehelligt.

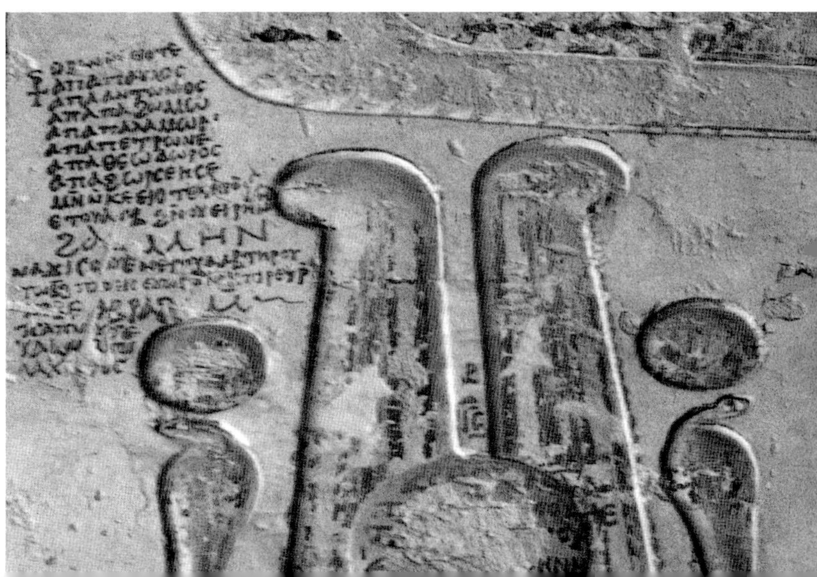

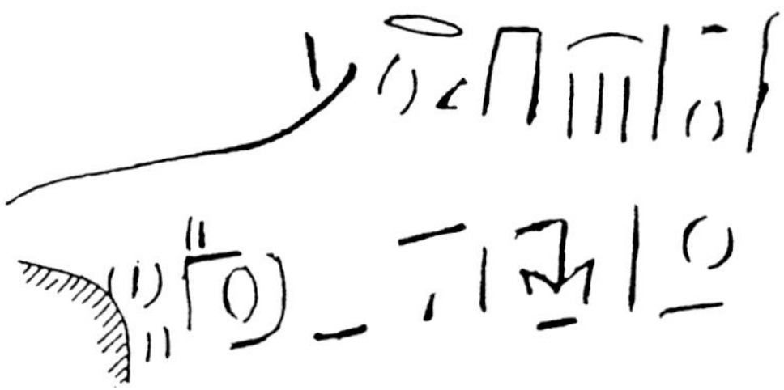

Graffito mit dem Begräbnisdatum Setoys II. über dem Eingang zu KV14. Der Text lautet: »Jahr 1, 3. Monat der Jahreszeit peret, *Tag 11, der Tag der Beisetzung des Userchepru-re [Meri-amun].«*

tiken Schriftsteller das Grab des Memnon nennen) gezählt, und eine vergleichbare Anzahl findet sich in anderen Ramessiden-Gräbern, die antiken Touristen zugänglich waren.

Inzwischen sind viele dieser Graffiti ebenso wie die Zierwände, auf denen sie stehen, vom Ansturm der Touristen bedroht. Sie müssen unbedingt akkurat aufgezeichnet werden, denn oft liefern sie entscheidende historische Hinweise. Sie sind eine wichtige Quelle zur Umbettung der Königsmumien am Ende des Neuen Reiches und nicht selten sogar für das Verständnis der ursprünglichen Bestattung. So lieferte beispielsweise ein erst kürzlich am Eingang zum Tausret- und Sethnacht-Grab (KV14) gefundenes Graffito das bislang unbekannte Datum der Bestattung Setoys II. in seinem nahegelegenen Grab.

Ostraka: Beschriftete Steinplättchen und Tonscherben

Die Aussagen der Graffiti werden ergänzt von den vielen tausend Ostraka – beschrifteten Kalksteinplättchen und Tonscherben –, die im Tal der Könige und seiner Umgebung gefunden wurden. Diese Plättchen wurden für Briefe, Listen, Berichte und Quittungen sowie für allerlei Notizen oder Bemerkungen benutzt. Auf den Ostraka ist alles mögliche zu finden, von Skizzen der formalen Königsmotive und Grabplänen – in den Gräbern von Setoy II. (KV15), Ramses IV. (KV2) und Ramses IX. (KV6) sind ausführliche Darstellungen des Arbeitsfortschritts, gelegentlich mit Maßangaben und anderen Beschriftungen, welche die Zuordnung bestätigen, entdeckt worden – bis hin zu beiläufigen und oft munteren Äußerungen der Künstler. Nicht zuletzt deswegen offenbaren die Ostraka (ebenso wie gewisse Graffiti) in Wort und Bild die Gedanken und Gefühle ihrer Verfasser, die sich viel direkter und freiherziger auslassen als die förmlichen autobiographischen Texte ihrer Zeit.

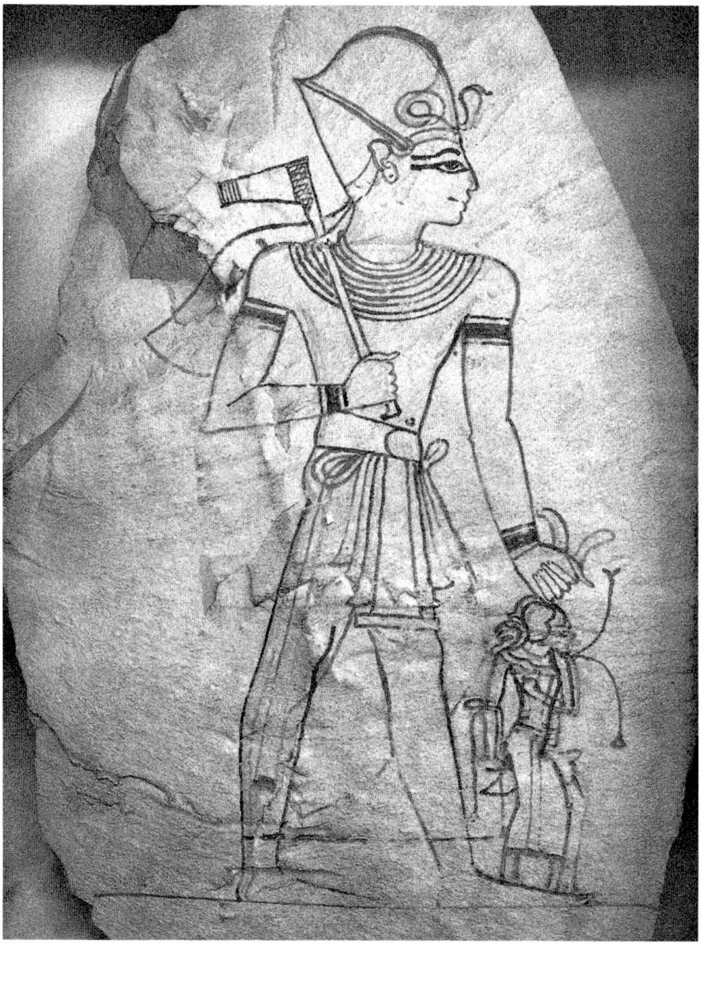

Die Skizze auf diesem Ostrakon zeigt einen Ramessiden-König mit zwei Gefangenen – ein Motiv, das sich in der Ausschmückung der Gräber selbst nicht findet. Wie es gelegentlich der Fall ist, wurden die Proportionen der Königsfigur (und ihrer winzigen Gefangenen) so angepaßt, daß sie auf der begrenzten Fläche des Steinsplitters Platz fanden.

»An der Deckenbemalung und den Tiefreliefhieroglyphen der nicht von Erde bedeckten Stellen erkannte ich sofort, daß dies der Eingang zu einem großen und herrlichen Grab sein mußte.«

Giovanni Battista Belzoni

Die Wandverzierungen: Kunst, Religion und Symbolik

Die Wand- und Deckenverzierung der Königsgräber waren weit mehr als bloß farbenfroher Schmuck, denn die Künstler schufen für den verstorbenen König effektiv eine ganze ewige Unterwelt. Gewiß, dieses Vorhaben wurde in vielen Fällen zunichte, weil der vorzeitige Tod des Pharaos dazu zwang, die Arbeiten am Grab abzubrechen oder in aller Hast zu beenden, aber dennoch finden sich im Tal der Könige einige der bedeutendsten künstlerischen Leistungen der antiken Welt.

Wie die Verzierungen zustande kamen, wissen wir recht gut. In einigen, wenngleich nicht allen Fällen rasterten Zeichner die Darstellungen mit Hilfe an der Wand befestigter Meßlatten und farbiger Fäden vor. Danach wurden die Bilder und Inschriften in roter Farbe umrissen und nötigenfalls schwarz korrigiert. Die auf diese Phase verwendete Sorgfalt zeigt sich darin, daß bei mangelhaften Textvorlagen auf der Grabwand manchmal *gem wesh* (»als fehlerhaft befunden«) notiert wurde. Ab der Zeit des Haremhab wurde, wenn es sich um ein erhabenes Relief handelte, der Stein um die Darstellungen vor dem Bemalen zurückgeschnitten; andernfalls wurden die Hieroglyphen oder Figuren in den Stein gehauen. Die erstere, kostspieligere Methode wurde bei den Gräbern der 19. Dynastie durchgehend benutzt, bei späteren Monumenten jedoch meist nur am Eingang.

Als nächstes füllten Maler die Umrisse und ihren Hintergrund sorgfältig aus, wobei sie die Pigmente in Eingangsnähe im einfallenden Sonnenlicht und im Grabinnern im Schein der Öllampen aufbrachten. Gemeinhin wurden im Tal der Könige nicht mehr als sechs Farben benutzt – Schwarz, Rot, Blau, Gelb, Grün und Weiß –, die aber gelegentlich zur Farbabstufung oder Schattierung gemischt wurden. Bei den frühen Gräbern scheint die Dekoration erst nach Abschluß aller Steinmetzarbeiten und kurz vor der Bestattung angebracht worden zu sein. Bei späteren Grabanlagen müssen der größeren Ausmaße und der umfangreicheren Ausschmückung wegen der Bau und die Bemalung parallel gelaufen zu sein. Selbst dann dürften sich Steinmetze und Maler aber abgewechselt haben, damit es in den engen Räumlichkeiten keine Staus gab und die frischbemalten Oberflächen nicht unter dem aufgewirbelten Staub litten. Gegen Ende der Geschichte des Tals mögen schwindende Mittel gelegentlich dazu geführt haben, daß man an-

(Unten links) Hieroglyphen aus dem Grab des Haremhab; man sieht die (rote) Vorzeichnung und die in Schwarz ausgeführte korrigierte Endfassung.

(Unten) Göttin aus dem Grab Thutmosis' III. Die Streifen in der Perücke sind einzelne Pinselstriche, die Farbtupfer entlang der Vorderkante sollen Locken darstellen. Über dem Auge und der Augenbraue sowie unter dem Kinn sind noch die Linien der Vorskizze des Künstlers zu erkennen.

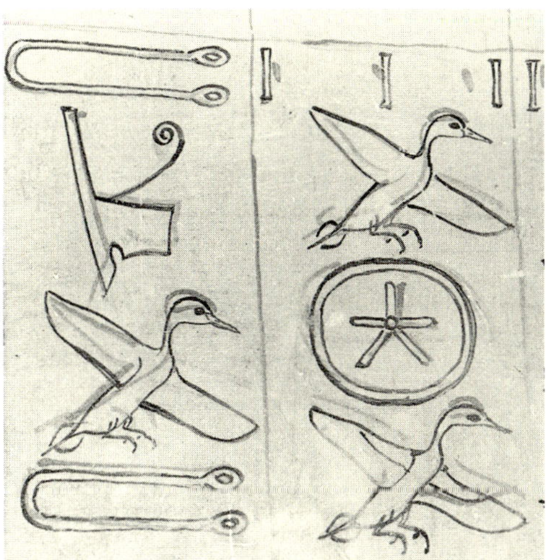

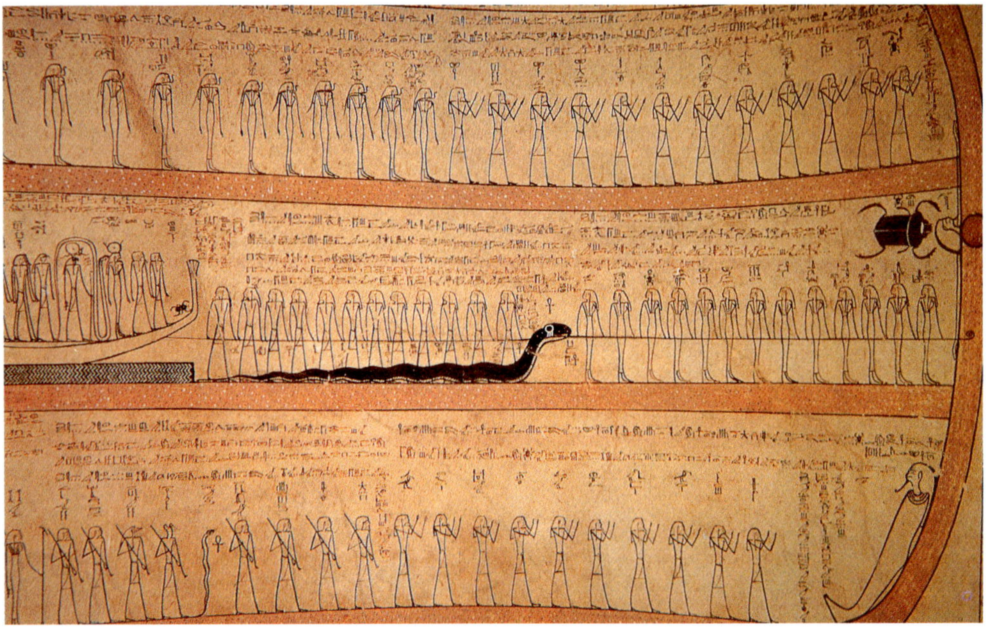

(Oben) Der Vergleich von Darstellungen aus den Gräbern Amenhoteps II. (links, ca. 1247 v. Chr.) und Ramses' III. (rechts; ca. 1184 v.Chr.) zeigt die Entwicklung der künstlerischen Technik: Im älteren Grab wurde einfach auf den Verputz gemalt, im jüngeren Monument finden wir ausgemalte Tiefreliefs. Die unterschiedliche Behandlung einzelner anatomischer Details läßt gewöhnlich auf die jeweilige Epoche schließen.

(Links) Grabkammer Thutmosis' III. In den frühen Gräbern der 18. Dynastie wand sich die Dekoration wie eine Schriftrolle über die Wände der Grabkammer und war mit Strichfiguren und Text in der gleichen Schrift ausgefüllt, die man zum Beschreiben von Papyrus benutzte.

ders vorging: Mit der Dekoration des Grabes von Ramses IX. wurde offensichtlich schon während der Regierungszeit des Königs begonnen, aber fertiggestellt wurde sie anscheinend erst nach seinem Tod.

Sinn und Zweck der Dekorationen

Die Wandmalereien der Königsgräber bilden in gewissem Sinn das herausragendste Merkmal dieser Monumente, denn sie heben diese Gräber nicht nur von den Beisetzungsstätten rangniedrigerer Angehöriger des Königshauses und anderer Personen ab, sondern liefern auch eine visuelle Darstellung des Jenseits, die sich so detailliert nirgendwo sonst in den Aufzeichnungen der Ägypter findet. Zunächst stellte dieses Modell des Lebens nach dem Tode nur die Unterwelt dar, später jedoch auch die Himmel und damit den gesamten Kosmos. Die Hauptthemen der Dekoration sind den drei aufeinanderfolgenden Dynastien zugeordnet worden, die das Tal der Könige benutzten: die Bahn der Sonne unter der Erde (18. Dynastie); gleichmäßige Betonung der Himmelsbahn der Sonne und der Bedeutung Osiris und verschiedener Erdgötter in der Unterwelt (19. Dynastie); gleiche Betonung der Sonnenbahn unter und über der Erde (20. Dynastie).

Diese allmähliche Akzentverlagerung läßt sich an der unterschiedlichen Wahl und Lage der Begräbnisbücher – oder der Abbildungen daraus – im Grab ablesen. In der frühen 18. Dynastie wurde nur die Grabkammer dekoriert, und zwar so, daß sie in Gestalt, Farbe und Beschriftungsstil einer geöffneten Papyrusrolle des Amduat-Buches ähnelte, aber ab Thutmosis III. wurden auch auf den Wänden der Vor- und der Brunnenkammer diverse Gottheiten abgebildet. In der 19. Dynastie breitete sich die Dekoration auf sämtliche Teile des Grabes aus; dabei scheint die Vorstellung im Vordergrund gestanden zu haben, daß die Grabachse die Ost-West-Bahn der Sonne ins Grab (und ihre West-Ost-Rückkehr) symbolisierte.

Ab der Zeit Ramses' II. wurde über dem Eingang der Königsgräber die Sonnenscheibe des Re mit Darstellungen der Morgen- und Abendmanifestationen des Gottes angebracht. An dieser äußeren Stelle ist die Scheibe durchweg gelb – in der Tagesfarbe der Sonne bemalt; im Grabinnern jedoch wird das gleiche Bild rot – als Hinweis auf den

Grab des Merenptah. Ab der 19. Dynastie wurden die oberen Bereiche des Königsgrabs mit Texten geschmückt, die sich in erster Linie auf die Sonne bezogen – beispielsweise der »Litanei des Re« mit ihrem bekannten Frontispiz, das den König vor Re-Harachte zeigt.

Detail aus dem Eingang zum Grab Ramses' X. (KV18). Der kniende König überreicht das – Opfergaben symbolisierende – »Auge des Horus« dem Sonnengott in seinen abendlichen (widderköpfigen) und morgendlichen (Käfer-) Gestalten. Die beiden Königsdarstellungen werden von den Göttinnen Isis und Nephtys flankiert.

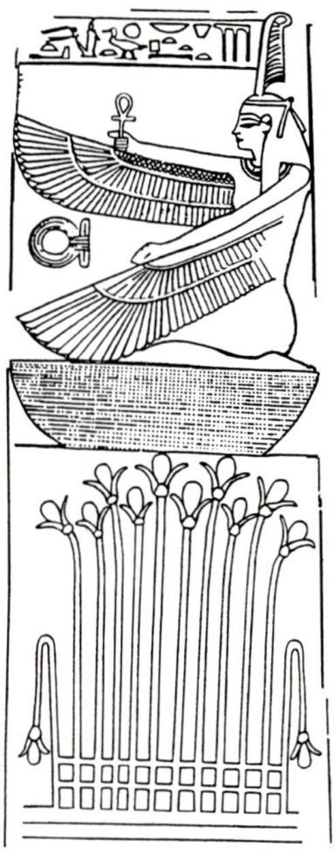

Die Göttin Maat, Tochter des Re, sitzt auf einer Lilienstaude, der heraldischen Symbolpflanze Ober-(Süd-)Ägyptens. Aus dem Grab der Tausret.

Abend- und Nachtweg entlang der Ost-West-Achse des Grabes – dargestellt. Unmittelbar innerhalb des Eingangs (jetzt im ersten und manchmal zweiten Korridor) ist der Pharao dargestellt, wie er den Sonnengott Re-Harachte vor der Litanei des Re begrüßt – einer Aufzählung und Darstellung der zahlreichen Gestalten des Sonnengottes auf seiner täglichen Bahn. Die den Süden beziehungsweise Norden symbolisierenden Göttinnen Isis und Nephtys flankierten jetzt die Sonnenscheibe über dem Grabeingang und wurden entlang der Innenpassagen abgebildet, so im Grab Setoys I. Ab dem Grab Ramses' II. finden wir zwei gegenüberliegende Figuren der Göttin Maat auf den Pfosten der Eingangstür dargestellt; jede kniet auf einem Korb, der auf der linken (südlichen) Wand auf einer Lilienpflanze, rechts (nördlich) auf einem Papyrusbüschel ruht. Daß diese heraldischen Pflanzensymbole für Ober- (oder Süd-) und Unter- (oder Nord-)Ägypten zu beiden Seiten des Grabes angebracht wurden – und damit die Bahn der Sonne von Ost nach West flankieren –, scheint ebenfalls die symbolische Ost-West-Ausrichtung der Hauptachse dieser Königsgräber zu betonen.

Osiris und Re

Ein weiterer Aspekt dieser in der 19. Dynastie entwickelten symbolischen Orientierung ist die logische Aufteilung des Grabes in eine Vorder- oder Eingangshälfte (die den Osten symbolisiert) und eine rückwärtige Hälfte (die für den Westen steht), bei der im vorderen Teil Re und im hinteren Osiris (der »Vornehmste der westlichen Götter«) dominieren. Diese bewußte Trennung wird besonders deutlich am sogenannten »Osirisschrein« mit seinen einander gegenüberstehenden Bildern des Unterweltgottes am hinteren Ende der ersten Säulenhalle – dem Trennpunkt des Grabes – über den zu den unteren Teilen des Mausoleums führenden Stufen. Dort taucht der Sonnengott zwar weiterhin auf, aber seine Abbildungen sind oft weit kleiner als die des Osiris. Tatsächlich sind es Osiris und die Unterweltgottheiten, die ab Haremhab im unteren Bereich der Gräber aus der 19. Dynastie vorherrschen, und auf den nach Ramses I. geschaffenen

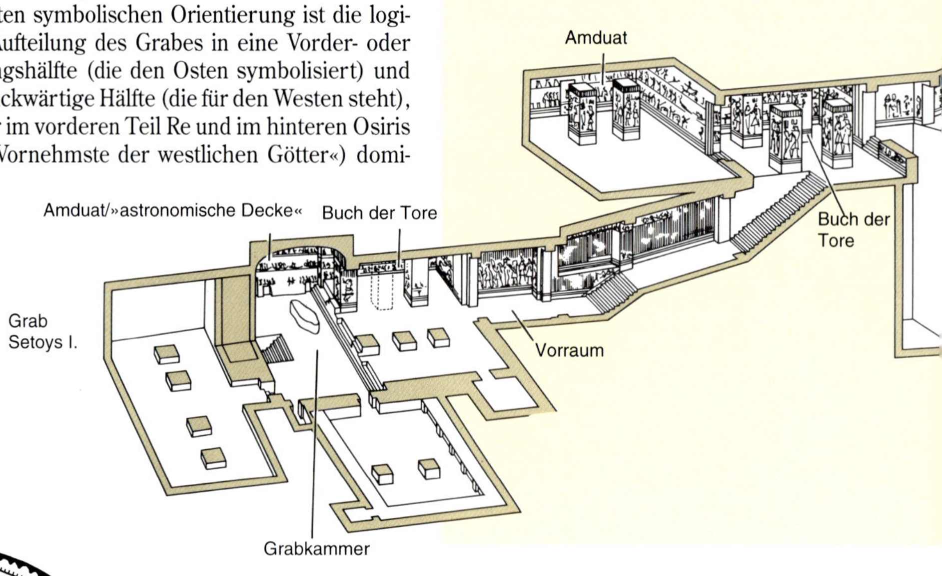

(Links) Der Name Ramses' III. innerhalb einer Darstellung des endlosen Sonnenkreislaufs, die den Namen des Königs sprachlich und symbolisch mit der Sonnengottheit verschmilzt.

Seit der frühen 19. Dynastie erscheinen in den unteren Bereichen der Königsgräber verstärkt Darstellungen des Osiris und anderer Unterweltgottheiten. Dies beginnt mit dem sogenannten »Osiris-Schrein« (links) auf halbem Wege in die Tiefe des Grabs. Detail aus dem Grab Setoys I.

Bücher des Jenseits

Die theologischen Werke, mit denen die Königsgräber ausgeschmückt waren, stellten detaillierte Karten oder Modelle des Jenseits bereit. Die meisten dieser »Bücher« waren letztlich von den älteren »Pyramidentexten« abgeleitet, welche die Könige der 5. und 6. Dynastie benutzt hatten, aber jedes von ihnen entwickelte ganz eigene Aspekte. Kein einziges Grab enthält das gesamte Korpus dieser Bücher, und gewöhnlich beschränkte man sich auf ausgewählte Stellen – so wie bei einem christlichen Begräbnis von heute zwar bestimmte Kirchenlieder gesungen werden, aber eben nicht das gesamte Gesangbuch.

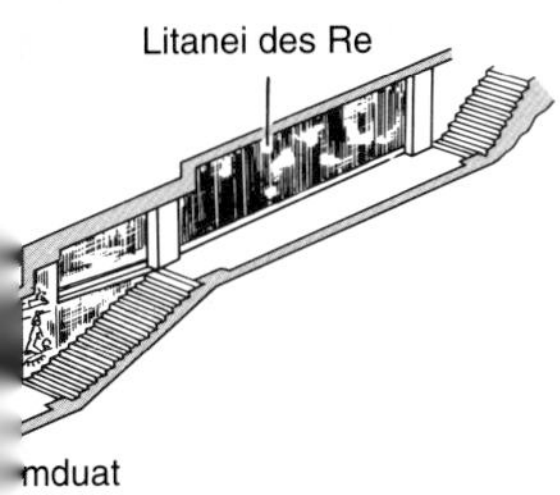

Die wichtigsten Begräbnisbücher

Während das »Amduat«, das älteste der königlichen Begräbnisbücher, über den größten Teil der Geschichte des Tals in Gebrauch blieb, kamen im Lauf der Zeit immer wieder Werke hinzu, die manchmal andere ersetzten. In den späteren Ramessiden-Gräbern wurde dann der Schwerpunkt auf bestimmte Texte gelegt, die sich mit der Unterwelt und dem Himmel befassen.

ca. 1504 v. Chr. ------------------► ca. 1070 v. Chr.

—18. Dynastie ► —19. Dynastie ► —20. Dynastie ►

Grab des/der:	Thutmosis I.	Hatschepsut	Thutmosis III.	Amenhotep II.	Thutmosis IV.	Amenhotep III.	Tutanchamun	Aja	Haremhab	Ramses I.	Setoy I.	Ramses II.	Merenptah	Amenmesse	Setoy II.	Siptah	Tausret/Sethnacht	Ramses III.	Ramses IV.	Ramses V./VI.	Ramses VII.	Ramses IX.	Ramses X.	Ramses XI.
Amduat: Das Buch »Von dem, was in der Unterwelt ist« wurde von den Ägyptern »Die Schrift der Verborgenen Kammer« genannt. Es ist das früheste Werk, das ausführlich die Reise des Sonnengotts durch die den zwölf Nachtstunden entsprechenden zwölf Abteilungen der Unterwelt beschreibt. Vollständige Abschriften davon finden sich an den Wänden der Grabkammern von Thutmosis III. und Amenhotep II.; Auszüge daraus in den meisten anderen Gräbern.	●	●	●	●		●	●	●			●	●	●		●	●		●		●		●		
Litanei des Re: Die aus der 18. Dynastie stammende zweiteilige Sonnenlitanei feiert den Sonnengott Re in 75 verschiedenen Gestalten und preist obendrein den mit dieser und anderen Gottheiten vereinten König. Dieses Werk erscheint zuerst auf Pfeilern der Grabkammer Thutmosis' III. und wurde von der Zeit Setoys I. an in den Eingängen der meisten Gräber verwendet.			●								●	●	●	●	●	●		●	●			●		
Buch der Tore: Das gelegentlich auch als »Pfortenbuch« bezeichnete Werk taucht gegen Ende der 18. Dynastie auf und wurde in die Grabkammern und ersten Säulenhallen der meisten späteren Gräber eingemeißelt. Sein Name bezieht sich auf die zwölf Tore, welche die Stunden der Nacht voneinander trennen. Die vollständigsten Versionen finden sich im Grab Ramses' VI. und auf dem Alabastersarkophag Setoys I.									●	●	●	●	●		●		●	●	●	●	●			
Totenbuch: Dieses von den Ägyptern »Buch des Heraustretens bei Tage« genannte Werk ist eigentlich eine Sammlung von Zauberformeln, die vielfach aus den älteren Sarg- und Pyramidentexten stammen. Auszüge daraus wurden zuerst in den Gräbern von Bürgerlichen verwendet, fanden dann aber auch in die Vorhallen vieler Ramessiden-Gräber Eingang.													●				●	●	●	●				
Buch der Höhlen: In diesem Werk wird die Unterwelt als eine Abfolge von Höhlen oder Gruben dargestellt, über die sich der Sonnengott hinwegbewegt. Es legt großen Nachdruck auf Belohnungen und Strafen im Jenseits und die letztendliche Vernichtung der Feinde des Sonnengotts. Es wurde gelegentlich in den oberen Bereichen der späteren Gräber angebracht; eine vollständige Version findet sich im Grab Ramses' VI.																			●	●	●	●		
Bücher des Himmels: In der Spätzeit des Neuen Reichs verfaßte Texte, die den Weg der Sonne über den Himmel beschreiben. Drei der bekannteren sind das »Buch des Tages«, das »Buch der Nacht« und das »Buch der Himmelskuh«. Diese Bücher sind in einer Reihe ramessidischer Grabkammern und auch in diversen Passagen des Grabes von Ramses VI. zu finden.																			●	●		●		
Buch der Erde: Ein religiöses Traktat aus der 20. Dynastie, das in vier Teilen die nächtliche Reise der Sonne durch die Unterwelt beschreibt. Es taucht in den Grabkammern einiger später Ramessiden-Könige und auf anthropomorphen Sarkophagen aus der gleichen Zeit auf.																				●	●	●		

Sarkophagen befindet sich auf dem Außendeckel stets ein Reliefbild des Königs als Osiris.

In der 20. Dynastie entwickelte sich die Symbolik der Königsgräber weiter und brachte den verstorbenen König vor allem mit dem Sonnengott und dessen Vorherrschaft im Himmel wie in der Unterwelt in Verbindung. So stand beispielsweise in der Grabkammer Ramses' III. der Name des Königs auf einer aus den verschlungenen Leibern zweier Schlangen gebildeten Scheibe. Damit identifizierte sich Ramses unmittelbar mit der Sonnengottheit und trat in ihren Tageskreislauf ein.

Wegen ihrer Lage und ihrer Bedeutung wurden die unteren Bereiche der Gräber aus der 20. Dynastie so dekoriert, daß sie die gesamte Sonnenbahn bei Tag und Nacht repräsentierten. Auf der Decke der Sarkophagkammer standen Auszüge der Himmelsbücher, die Wände trugen Inschriften aus den Büchern der Erde und Unterwelt. Im voll entwickelten Verzierungsprogramm des späten Neuen Reiches stellt das ägyptische Königsgrab den Kosmos dar, der nicht nur in Bildern und Texten, sondern auch durch die konkrete Anordnung dieser Symbolelemente beschrieben wird.

Die Grabausstattung: Was die Toten mitnahmen

Heil dir, Osiris! [...] Bewahre die Beigaben derer, die in ihrem Grabe ruhn. [...] Mögest du bei ihnen weilen in ihrer Mumienform.«

Totenbuch

Tutanchamun als Osiris: (Unten) der zweite Sarg des Königs. In der Grabkammer stand er eingeschachtelt in den äußersten, anthropomorphen Sarg, der wiederum von einem rechteckigen Quarzitsarkophag (rechts) umschlossen war.

Obwohl fast alle Königsgräber schon in der Antike ausgeplündert wurden, läßt sich die Liste der ursprünglich in ihnen gelagerten Gegenstände relativ gut rekonstruieren. Unser Wissen basiert auf dem Inhalt des im wesentlichen unversehrten Grabes von Tutanchamun, ergänzt durch die Überreste in den Gräbern von Thutmosis III. (KV34), Amenhotep II. (KV35), Thutmosis IV. (KV43) und Haremhab (KV57) sowie einigen kleineren Gegenständen aus anderen Königsgräbern. Desgleichen finden sich auf den Wänden des Grabes Setoys II. (KV15) und anderer Gräber bildliche Darstellungen von Grabbeigaben. Insgesamt weist dieses Material darauf hin, daß ab der Mitte der 18. Dynastie die typische Grabausstattung wie folgt aussah: Der mumifizierte Leichnam des Königs ruhte in mehreren ineinandergeschachtelten Särgen, die nun in einen Steinsarkophag gestellt wurden, den wiederum mehrere vergoldete Holzschreine umgaben. In der Grabkammer wurden auch zahlreiche weitere Gegenstände deponiert, die der Zehrung, dem Schutz des Königs und der Nutzung durch ihn in der Ewigkeit dienten. Bei einigen Monumenten, so dem Merenptah-Grab (KV8), läßt sich nachweisen, daß das Bestücken des Grabes bereits Jahre vor dem Tod des Königs begann.

Die Mumie

Die ungeplündert gebliebenen Überreste Tutanchamuns (KV62) zeigen, daß auch die königliche Mumie selbst mit Dingen ausgerüstet wurde, die sie im Jenseits schützen und erhalten sollten. Die sorgsam angefertigte Gesichtsmaske bewahrte das Antlitz des verstorbenen Herrschers und brachte ihn mit bestimmten Gottheiten in Verbindung, deren Kräfte oder Attribute ihm im Nachleben nützlich sein würden, während die auf ihn gelegten Insignien seine Herrschaft im Jenseits garantierten. Die diversen Amulette, die mit in die Mumienbinden eingewickelt wurden, lieferten ebenfalls magische Hilfen verschiedener Art; einige davon – beispielsweise die am Hals angebrachten Geier-Amulette – waren offensichtlich allein Königsmumien vorbehalten. Verständlicherweise sind in den ausgeplünderten Gräbern Objekte dieser Art nur selten erhalten geblieben.

Der Sarg

Die Königsmumie wurde in einen Sarg aus vergoldetem Holz oder Edelmetall gelegt, der gewöhnlich in einen bis zwei weitere Särge eingeschlossen war. Viele frühägyptische Särge waren so gestaltet, daß sie Gräbern oder Häusern ähnelten, aber zur Zeit des Mittleren Reiches tauchte ein menschenförmiger Sarg auf, der die Gestalt der Mumie nachahmte und symbolisch einen »Ersatzleib« für den Geist des Verstorbenen verkörperte; diese Form wurde auch im Neuen Reich benutzt. Wie beim Sarkophag ergänzten Figuren der Göttinnen Isis und Nephtys, die vier Söhne des Horus und andere mit Osiris

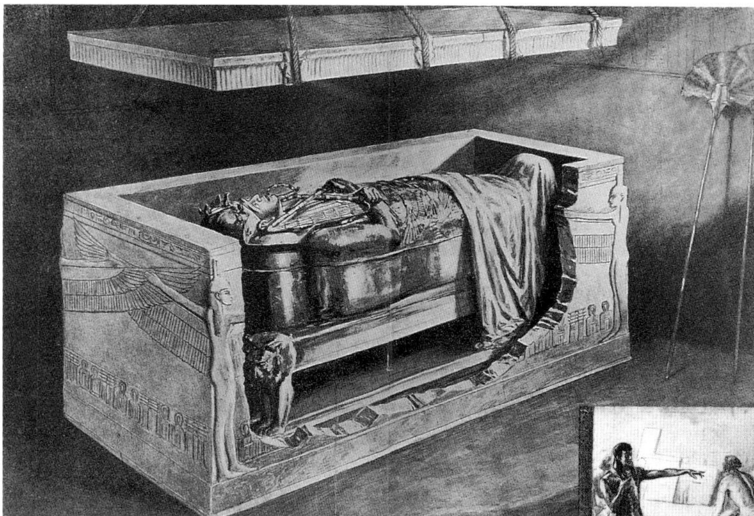

Diese zur Zeit der Entdeckung des Tutanchamun-Grabs – des vollständigsten, das je gefunden wurde – angefertigten Zeichnungen veranschaulichen die drei Hauptstufen beim Begräbnis des Königs: Die drei ineinandergeschachtelten und mit einem leinenen Leichentuch drapierten Särge werden auf eine vergoldete hölzerne Bahre innerhalb des Quarzitsarkophags gestellt (oben); nachdem um den Sarkophag die ersten drei Schreine aus vergoldetem Holz errichtet sind, wird das sternenbesetzte Sargtuch über seinem vergoldeten Holzrahmen ausgerollt (Mitte); schließlich wird um das Ganze herum stückweise der vierte Schrein aus reich mit blauer Fayence eingelegtem vergoldetem Holz zusammengesetzt (unten).

(Gegenüberliegende Seite) Eine Auswahl der verschiedenen Arten von Grabbeigaben, die Tutanchamun ins Jenseits begleiteten.

verbundene Gottheiten routinemäßig die Verzierung der Sargwände und bildeten einen ganzen Schutzring um den verstorbenen »Osiris«. Der Form des königlichen Sarges konnten viele Attribute des Gottes Osiris hinzugefügt werden – so sein geschwungener Bart, die dreiteilige »göttliche« Perücke und die auf der Brust gekreuzten Hände. Ein weiterer Typ von anthropoidem Mumienschrein, der sich in der Zweiten Zwischenzeit im thebanischen Gebiet herausbildete, war der sogenannte *rischi*-Sarg (arabisch für »Feder«), der seinen Namen dem Muster auf einem Großteil des Deckels verdankt. Dieses Federmuster stellt die Mumie als vogelartige *ba* oder »Seele« des Verblichenen dar; verstärkt wird es oft durch die den Sarg umschließenden Flügel von Göttinnen wie Isis, Nephtys, Nut und Nechbet. Dieser Sargtypus wurde zwar schon früh in der 18. Dynastie bei Privatbestattungen aufgegeben, jedoch für Königsbeisetzungen im ganzen Neuen Reich weiterbenutzt, so zum Beispiel für die Särge im Grab Tutanchamuns, die die Symbolik der grundlegenden Menschenform mit der der Osiris- und *rischi*-Typen vereinen.

Der Sarkophag

Mindestens ab der Zeit Hatschepsuts wurden Steinsarkophage benutzt, die den Innensarg oder die Innensärge aufnahmen. In der 18. Dynastie wurden die Sarkophage zunächst aus Quarzit hergestellt; die frühesten bekannten Modelle waren steinerne Nachbildungen der im ganzen Mittleren Reich benutzten Holzsärge, wobei die Deckeloberfläche jedoch in Form der Königskartusche gestaltet war. Später wurden die Ecken abgerundet, und der ganze Sarkophag folgte der Form der Kartusche. In dieser Zeit waren in die Seiten die Gestalten des Anubis und der vier Söhne des Horus eingemeißelt, während Isis und Nephtys das Kopf- und Fußende zierten. In der zweiten Hälfte der 18. Dynastie kam es zu radikalen stilistischen Veränderungen. Die Sarkophage des Tutanchamun, Aja (WV23) und Haremhab sind sämtlich viereckige, schreinartige Behältnisse mit einer die Oberkante umlaufenden Kehlung. Die Schutzgestalten der Göttinnen Isis, Nephtys, Neith und Selket zierten die vier Ecken, obschon Anubis und die vier Söhne des Horus auch weiterhin auf den Seiten abgebildet wurden. In der 19. Dynastie wurden die königlichen Sarkophage gewöhnlich aus rotem Granit hergestellt – eine Entwicklung, die unter Amenhotep III. begonnen hatte – und waren beträchtlich größer als bisher: bis zu 3,70 Meter lang und bis zu 2,70 Meter hoch. Damit wogen sie viele Tonnen und wurden somit selbst Teil der Grabsicherung. In einige dieser Riesenboxen wurden noch menschenförmige Innensarkophage aus Calcit eingeschlossen. Die Sarkophage der Ramessiden-Könige waren mit Szenen und Texten aus Büchern der Unterwelt beschriftet, und ab Merenptah war die Oberseite des Sarkophagdeckels mit einem Bildnis des Königs verziert, das in erhabenem Relief zwischen Isis und Nephtys lag, während die Deckelunterseite die ausgestreckte Gestalt der Göttin Nut trug. Unter Ramses VII. (KV1) gingen die Ansprüche zurück, und die – vermutlich eingesargte – Königsmumie wurde einfach in einer in den Boden der Grabkammer gehauenen Grube beigesetzt, die mit Hilfe eines riesigen Granitdeckels verschlossen wurde.

Vergoldete Holzfigur des Königs als auf einem Papyrusboot stehender Horus mit erhobenem Speerarm.

Kanopenbehälter aus Alabaster mit den einbalsamierten inneren Organen (Leber, Lunge, Magen und Gedärm).

Die Göttin Selkis, eine der Schutzgottheiten des vergoldeten hölzernen Kanopenschreins.

Eine der beiden lebensgroßen ka-Statuen, die hinter dem vermauerten Eingang zur Grabkammer plaziert waren.

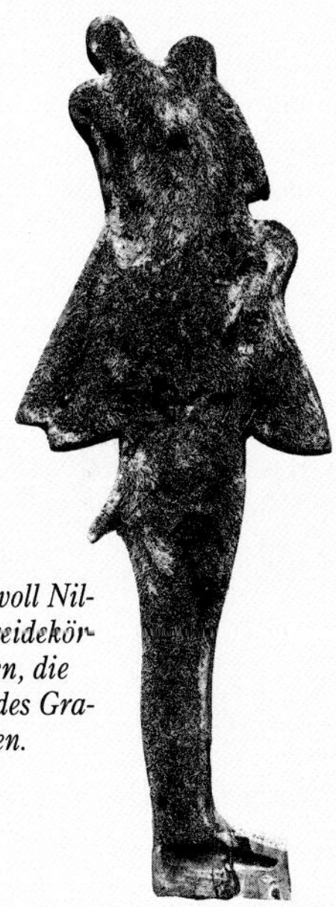

Osirisförmige Schale voll Nilschlamm, in den Getreidekörner gepflanzt wurden, die nach dem Versiegeln des Grabes keimen sollten.

Hölzernes Bildnis des Anubis – des Wächters der Toten – vom Deckel eines mit Tragestangen versehenen vergoldeten Schreins.

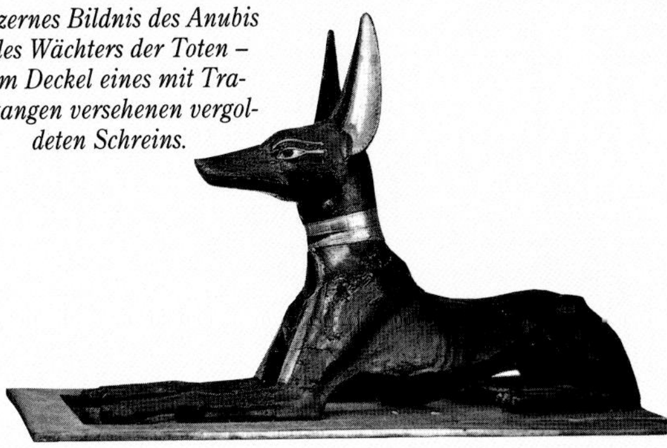

Modell des auf einer löwenfüßigen Bahre ruhenden mumifizierten Königs – ein von dem Nekropolis-Beamten Maya zur Grabausstattung beigesteuertes Geschenk.

Tutanchamuns elfenbeinerne Kopfstütze. Sie ist mit einer Figur des Luftgottes Shu und den »Löwen des gestrigen und morgigen Tages« verziert.

Holztruhe mit Elfenbein-Einfassungen und vergoldeten, durchbrochenen Paneelen aus dem Grab des Tutanchamun.

Große uschebti-*Figur Setoys I. aus blauer Fayence; eine von mehreren, die im Grab des Königs beigesetzt wurden, um ihm im Jenseits dienstbar zu sein.*

Die Grabschreine

Die größten Objekte im Königsgrab waren die vergoldeten Holzschreine, die den Sarkophag umschlossen. Der bereits erwähnte Turiner Plan des Grabes von Ramses III. zeigt eine ähnliche Anordnung wie jene, die man in der Begräbnisstätte des Tutanchamun tatsächlich vorfand: vier ineinandergeschachtelte Schreine, wobei sich zwischen dem äußersten und dem zweitäußersten ein Holzgestell befand, das mit einem paillettenbestickten Sargtuch bedeckt war. Die Ausmaße einer Reihe von Grabkammern im Tal sowie die Entdeckung mehrerer Pailletten aus vergoldeter Bronze und Fragmenten der eigentlichen Schreine deuten darauf hin, daß derartige Strukturen die Norm waren. Die Überreste eines vergoldeten Holzschreins, den Theodore Davis aus dem – von Echnaton in Amarna für das Begräbnis seiner Mutter Teje angelegten – Grab 55 barg, legen darüber hinaus nahe, daß sie nicht ausschließlich für den König selbst verwendet wurden. Während die Schreine des Tutanchamun mit Texten und Szenen aus den Unterweltbüchern dekoriert sind, war jener der Teje im reinen Amarnastil gehalten und zeigte Bilder der Königsfamilie im schützenden, lebenspendenden Licht der Sonnenscheibe.

Die Kanopentruhen und -krüge

Zum Mumifizierungsprozeß gehörte das Entfernen der Eingeweide – der Leber, der Lunge, des Magens und der Gedärme. Diese Organe wurden einzeln einbalsamiert und umwickelt und in vier Behältnisse – die sogenannten »Kanopenkrüge« – gelegt, die ihrerseits in einer »Kanopentruhe« standen. (Der Terminus »Kanope« wurde fälschlich von frühen Altertumsforschern geprägt, die diese Krüge in Verbindung mit dem Lotsen des Menelaos brachten, der in Kanopus im Nildelta in Gestalt eines menschenköpfigen Kruges verehrt wurde.) Aus dem Tal der Könige sind einige vollständige oder auch nur fragmentarische Sätze von Kanopenobjekten bekannt.

Die königlichen Kanopentruhen des frühen Neuen Reiches wurden zunächst – wie die Sarkophage, denen sie ähnelten – aus Quarzit gefertigt; zumindest von der Regierungszeit Amenhoteps II. (KV35) an bevorzugte man Alabaster. Dekoriert wurden sie (ausgenommen die Kanopentruhe des Echnaton aus Amarna, die mit Figuren des falkenköpfigen Re-Harachte verziert war) mit den Schutzgöttinnen Isis, Nephtys, Selket und Neith, die gewöhnlich an den Ecken angebracht waren. Die Kanopentruhen hatten die Form eines Schreins und waren im Innern in Fächer unterteilt, welche die vier Krüge aufnahmen, oder sie wiesen vier zylindrische Bohrlöcher im massiven Stein auf, in die mumienförmige Kanopensärgchen (die möglicherweise aus Gold bestanden, wie im Grab des Tutanchamun) mit den Eingeweiden darin eingeschoben werden konnten. Die Krüge oder Höhlungen wurden mit Stöpseln von der Form eines menschlichen Kopfes verschlossen.

Der Kanopenschrein konnte in eine am Fußende des Sarkophags ausgeschachtete Grube gestellt oder in einer eigenen Nische oder einem kleinen Nebenraum der Grabkammer aufbewahrt werden – wie beispielsweise im Grab des Tutanchamun, wo das Kanopen-»Mobiliar« in der Schatzkammer stand. Die Ausstattung des Knabenkönigs war darüber hinaus in einen großen Schrein aus vergoldetem Holz eingeschlossen, und Fragmente anderer Schreine hat man, wenn auch noch nicht endgültig, im Grabe Amenhoteps III. (WV22) identifiziert. Die Verwendung von Kanopentruhen wurde offensichtlich während der 20. Dynastie aufgegeben, als wieder getrennte Krüge von erheblicher Größe in Mode kamen. Ein erhalten gebliebenes Beispiel ist der Krug im Grab Ramses' IV. (KV2).

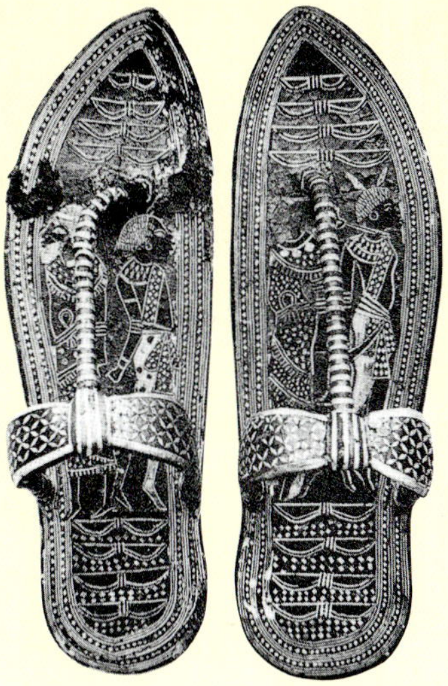

Ein Paar Sandalen Tutanchamuns. Bei jedem Schritt wurden die Feinde Ägyptens symbolisch unter den Füßen zermalmt.

Waffen aus dem Arsenal des Tutanchamun – ein goldener Dolch und zwei Beispiele des ägyptischen chepesch *oder Sichelschwerts.*

Rituelle Statuen, Figuren und Modelle

Das Grab des Tutanchamun hat – gelagert in aufrechtstehenden, mit Harz bestrichenen Holzschreinen – die größte und spektakulärste Ansammlung ritueller Figuren bewahrt, die je gefunden wurde. Viele dieser Figuren sind dick vergoldet, anders als die unvollständigeren und bescheideneren Sätze, die aus geplünderten Gräbern im Königstal (darunter die Amenhoteps II. – KV35 –, Thutmosis' IV. – KV43 – und Haremhabs – KV57) geborgen wurden. Die zwei wichtigsten Statuen in Tutanchamuns Grabstätte waren die beiden lebensgroßen Statuen, die den versiegelten Eingang zur Grabkammer des Königs bewachten. Unter den kleineren Darstellungen des Königs finden sich Figurinen, die ihn schreitend, mit erhobenem Speer oder auf dem Rücken eines Leoparden zeigen. Die ungefähr 28 Götterstatuen schließen neben unbedeutenderen Gottheiten wie Mamu und Menkeret auch Atum, Duamutef und Sechmet ein.

Tutanchamun wurde zusammen mit der verblüffenden Anzahl von 413 *uschebtis* begraben – magischen Figürchen aus Stein, Fayence oder Holz, die dem König im Jenseits als Feldarbeiter dienen sollten. Die meisten anderen Königsgräber scheinen nicht so viele dieser Figürchen (Hatschepsut hatte nur eines) oder überhaupt keine enthalten zu haben (beispielsweise im Falle Thutmosis' III. und Ajas), obschon das Grab Setoys I. (KV17) angeblich 700 bis 1000 davon barg, als Belzoni es entdeckte. Zusammen mit den *uschebtis* wurden oft Miniaturmodelle von Hacken und anderem Gerät beigesetzt, ihrem Handwerkszeug.

Eine andere Klasse von Ritualobjekten, die sich in Königsgräbern der 18. Dynastie häufig finden, sind die »Osiris-Betten« – hölzerne Schalen in der Form dieses Gottes, in die man Getreidekörner einpflanzte, die nach dem Verschließen des Grabes keimen und so die Fortdauer des Lebens über den Tod hinaus symbolisieren sollten. Zur Grabausstattung gehörten auch Modelle von Schiffen und Streitwagen – die dem toten König vielleicht als symbolische Transportmittel durch die Unterwelt dienen sollten – und große rituelle Liegesofas, die ebenfalls symbolischen Zwecken dienten.

In den Königsgräbern wurde noch eine Fülle weiterer Ritualobjekte gefunden, deren Bedeutung zumeist recht unklar ist, darunter Vorderhaxen aus Fayence, Amulette, Amulettgefäße und andere mysteriöse Opfergaben. Die meisten großen Königsgräber enthielten auch schützende Depots von mit Götterbildnissen bedeckten »Zauberziegeln«, die in Wandnischen der Grabkammer plaziert wurden. Das Grab des Tutanchamun besaß vier dieser Nischen, jenes Amenhoteps III. sogar elf.

Alltagsgegenstände

Obschon ein großer Teil des zusammen mit dem Pharao begrabenen Materials rituellen Charakter hatte, wurde auch eine Unzahl von Alltagsgegenständen im Grab deponiert, damit sich das jenseitige Leben des Gottkönigs nicht allzusehr von dem auf Erden unterschied. In dieser Hinsicht glich das Königsgrab im wesentlichen dem eines wohlhabenden Bürgerlichen. Das Inventar schloß typischerweise persönliche Kleidung und wertvolle Schmuckstücke, Parfums und Kosmetika, Spiele und Spielebehälter, Musikinstrumente und Schreibmaterialien, Erbstücke und andere persönliche Andenken, elegantes Geschirr aus Edelmetall, Stein, Keramik und Glas sowie umfangreiche Lebensmittelvorräte ein. Dazu gehörten beispielsweise Behälter mit konserviertem Fleisch, Getreide, Obst sowie großzügig bemessene Wein- und Biervorräte. Auch alltägliches Mobiliar wurde gefunden, darunter Stühle, Schemel, Feld- und normale Betten, Kisten, Truhen, Körbe und Lampen.

Der Pharao gesellt sich den Göttern zu

»Mein Sitz bei Geb ist weit, hoch leuchtet mein Stern bei Re, ich wandere durch die Gefilde der Weihegaben, denn ich bin das Auge des Re, der [...] jeden Tag neu empfangen und geboren wird.«

Pyramidentexte

Der Tod jedes ägyptischen Monarchen und die Thronbesteigung seines Nachfolgers wurden im Neuen Reich mit einer ehrerbietigen Ankündigungsformel begrüßt: »Der Falke ist gen Himmel geflogen, und [sein Nachfolger] ist an seiner Statt erstanden.« Diese Doppelaussage war der Wendepunkt, an dem der neue König tatsächlich die Herrschaft antrat und der Leichnam des verstorbenen Pharaos für das Begräbnis aufbereitet wurde.

Die Mumifizierung

Traditionell wurde der königliche Leichnam zuerst gewaschen und gesalbt; danach entnahmen Totenpriester durch einen kleinen Einschnitt am linken Unterleib die Eingeweide. Ab der 18. Dynastie wurde üblicherweise auch das Gehirn entfernt, meist durch die Nasenlöcher, gelegentlich aber auch auf andere Weise (die Gehirnmasse von König Ahmose wurde durch einen Einschnitt im Nacken entnommen). Leber, Lunge, Magen und Gedärme wurden herausgeholt, behandelt und in Kanopenbehälter gelegt, der Leichnam mit feuchtigkeitsaufsaugendem Material ausgestopft, das die Austrocknung beschleunigte. Sodann wurde er auf einem schrägstehenden Bett aufgebahrt und mit kohlensaurem Natronpulver bedeckt. Nach 40 Tagen hatte er durch die Entwässerungswirkung dieses salzähnlichen Stoffes rund 75 Prozent seines Gewichts verloren, wurde dann erneut gewaschen, getrocknet, bandagiert und mit Schutzamuletten versehen, wobei das Rezitieren einschlägiger Zaubersprüche und Anrufungen jeden Arbeitsgang begleiteten.

Besondere Sorgfalt galt der Erhaltung des natürlichen Erscheinungsbildes der Mumie, wie wir an

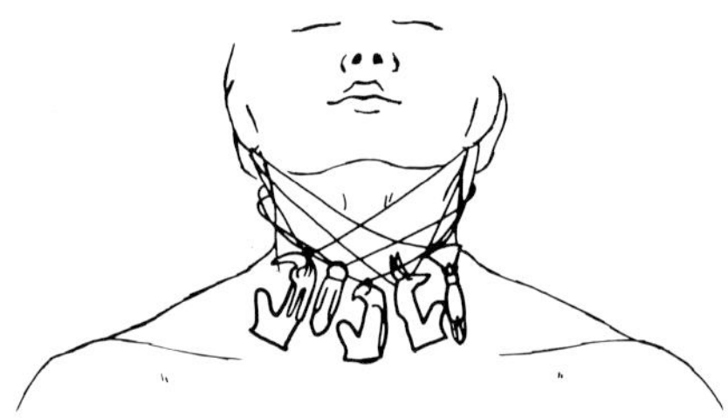

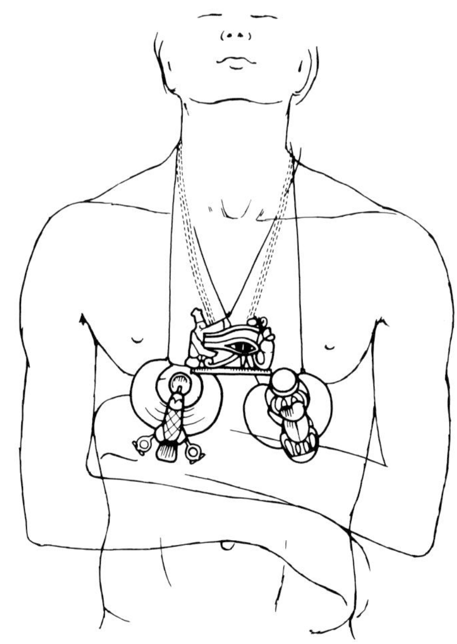

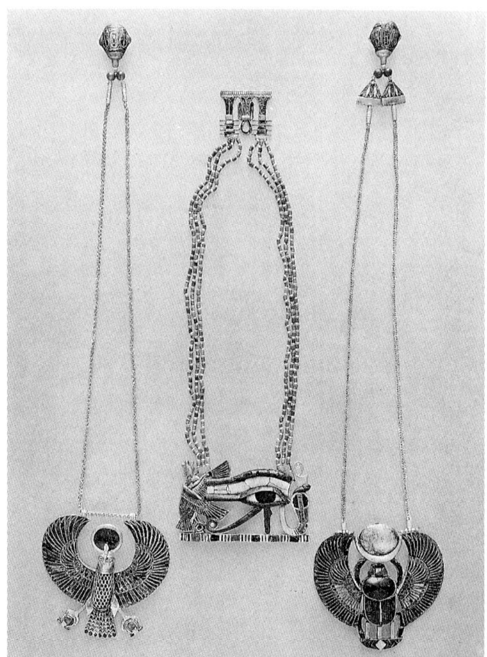

(Oben) Die Identität dieser Mumie steht nicht eindeutig fest; vermutlich handelt es sich um Thutmosis II. Gewöhnlich gab man sich beim Einbalsamieren große Mühe, das tatsächliche Aussehen des Königs zu bewahren – speziell im Neuen Reich. Obschon sie also wohl aus der frühen 18. Dynastie stammt, sind die Züge der Mumie bemerkenswert gut erhalten.

(Rechts) Beim Auswickeln der Mumie des Tutanchamun zählte Carter rund 150 Schmuckstücke und Amulette, die auf dem Körper lagen oder in die Binden eingefaltet waren. Jedes Amulett hatte seinen bestimmten Platz am Körper (Hals und Brust waren sehr wichtige Bereiche) und spielte eine spezifische schützende und stärkende Rolle.

der Mumie von Ahmoses Frau, Königin Ahmose Neferati, erkennen können. Da letztere einen Großteil ihres natürlichen Haarwuchses verloren hatte, wurden am Kopf der Mumie zusätzliche Zöpfe aus Menschenhaar befestigt. Man gab sich auch Mühe, die Finger- und Zehennägel zu bewahren; sie wurden entweder am Körper festgebunden oder mit röhrchenförmigen Metallhüllen fixiert. Während des gesamten Neuen Reiches wurde das Mumifizierungsverfahren immer wieder verändert und verbessert. Bei der Mumie Amenhoteps III. wurden Leinen und Harzpackungen unter die Hals-, Arm- und Beinhaut gepackt, so daß diese Körperteile auch nach der Austrocknung ihre natürliche Fülle bewahrten; allgemein üblich wurde dieses Verfahren allerdings erst etwas später. Die Körperhöhlen späterer Pharaonen wurden anstatt der bislang üblichen harzgetränkten Leintücher mit getrockneten Flechten (Siptah, Ramses IV.) oder Sägemehl (Ramses V.) ausgestopft, und in der Mumie Ramses' III. – die auch als erste von mehreren mit künstlichen Augen versehen wurde – sind kleine Figuren der vier Söhne des Horus gefunden worden.

Auch die rituell vorgeschriebene Pose der Mumie hat sich weiterentwickelt und verändert. Zu Anfang der 18. Dynastie wurden die Arme längs des Körpers plaziert oder so angeordnet, daß die Hände die Genitalien bedeckten. Diese Haltung wurde später unter Amenhotep I. dahin gehend geändert, daß nunmehr die Arme mit zur Faust geballten Händen über der Brust gekreuzt lagen – diese Pose hielt bis zum Ende der 20. Dynastie an. Bei den Mumien Setoys I. und seiner Nachfolger ruhten die Hände dann flach auf den Schultern.

Der Pharao gesellt sich den Göttern zu

Die Füße des Tutanchamun mit Zehenhüllen und Sandalen aus Goldblech.

Die Vorbereitungen auf die Beisetzung dauerten insgesamt 70 Tage (eine rituell bedeutsame Zeitspanne: so lange stehen die meisten Sterne unter dem Horizont verborgen). Solange die Könige hauptsächlich in Theben residierten, wurde die Mumifizierung natürlich dort vorgenommen, doch als sich die Residenz weiter nordwärts verlagerte, fand zweifellos auch die Einbalsamierung dort statt, bevor der Leichnam des Königs flußaufwärts in die königliche Nekropolis verbracht wurde.

Begräbnisriten und Jenseitsvorstellungen

Zur eigentlichen Beisetzung gehörten diverse rituelle Handlungen entlang der Prozessionsroute von Theben zum Totentempel des Königs (sofern ein solcher errichtet worden war) auf dem Westufer des Nils und von dort weiter zum Tal der Könige.

Tutanchamuns Leichenzug, dargestellt auf der Ostwand der königlichen Grabkammer. Nach der Mumifizierung wurde der Körper des Königs in einer feierlichen Prozession zu seinem Totentempel am westlichen Nilufer geleitet und von dort in das im Tal der Könige vorbereitete Grab gebracht.

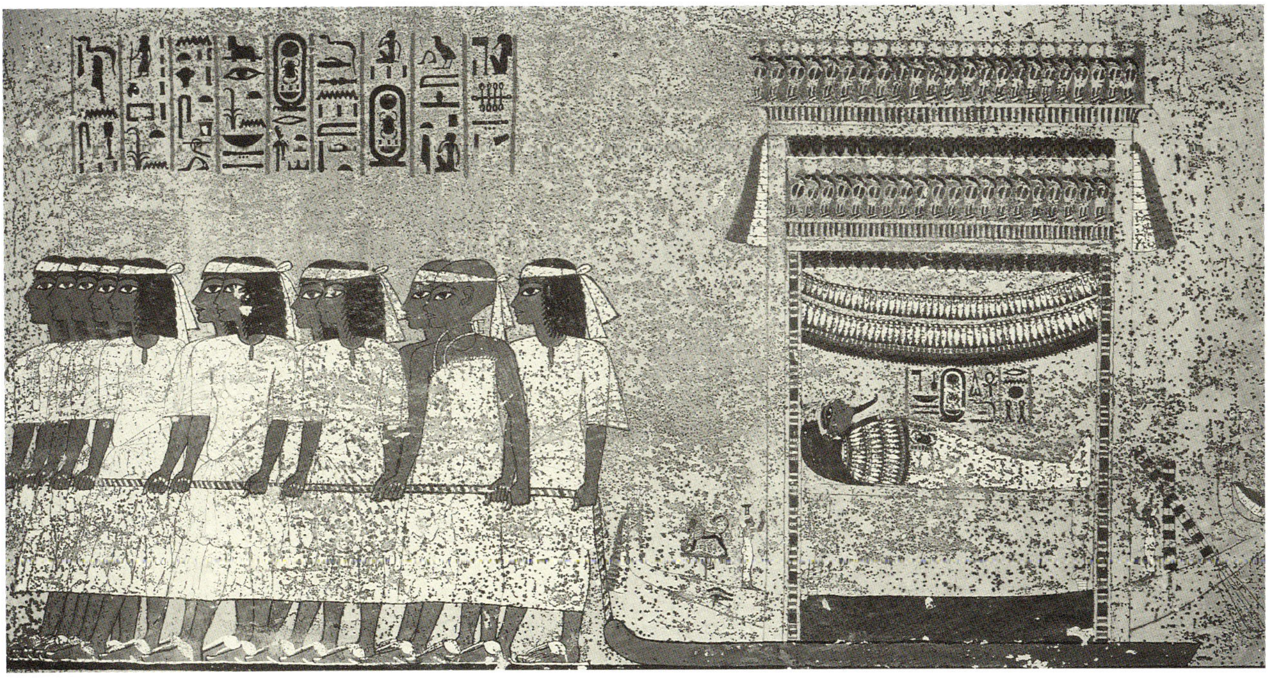

Der Pharao gesellt sich den Göttern zu

Tutanchamuns Nachfolger Aja vollzieht an der Mumie des Königs das wiederbelebende Ritual der »Mundöffnung«. Diese in den Königsgräbern einzigartige Szene zeigt eine der letzten rituellen Handlungen, bevor der verstorbene Herrscher tatsächlich beigesetzt wurde.

Aus Darstellungen im Grab Tutanchamuns und anderen Hinweisen läßt sich schließen, daß der Leichenzug vom neuen König angeführt und von mehreren hohen Beamten – darunter den beiden Wesiren – und Priestern begleitet wurde, die als Leichenträger und Trauernde fungierten. Der eingesargte Leichnam des toten Königs wurde auf einem ochsenbespannten Schlitten gezogen, dem ein zweiter Schlitten mit der Kanopentruhe folgte. Maskierte und entsprechend gewandete Priester und Priesterinnen stellten die Totengottheit Anubis und die Schutzgöttinnen Isis und Nephtys dar. Bei der Ankunft am Grab begannen die abschließenden Rituale: das »Öffnen des Mundes«, womit die physischen Sinne der Mumie »wiederhergestellt« wurden, und das rituelle Leichenbankett. Sodann wurde der tote König in den Sarkophag gelegt, der nun ebenso versiegelt wurde wie das Grab selbst. Der Endgültigkeitscharakter dieser Handlung wurde jedoch durch den Glauben gemildert, der König habe nunmehr die Gefilde des Jenseits betreten.

Bei Beginn des Neuen Reiches hatten sich die ägyptischen Vorstellungen von der Natur dieses Nachlebens gegenüber der Pyramidenzeit beträchtlich weiterentwickelt. Doch die neuen Vorstellungen verdrängten keineswegs die älteren, so daß die im Neuen Königreich herrschende Theologie ein seltsames Gemisch von Ideen über die Verbindung des toten Königs mit dem Sonnengott Re, den Sternen des Himmels und der Unterweltgottheit Osiris darstellten. In gewissem Umfang durchdrangen sich diese Vorstellungen auch gegenseitig. Am Ende des Neuen Reiches verschmolzen Re und Osiris miteinander, wobei Osiris als Leib und Re als Seele des Gottes galt. Somit wurde der tote König mit beiden Gottheiten zugleich eins.

Diese herausragenden Götter von Himmel und Unterwelt waren jedoch nicht die einzigen, mit denen sich der König nach damaligem Glauben vereinte. In den Gräbern gibt es diverse Darstellungen von Erdgöttern wie etwa Geb und Sokar; oft werden sie zwar ebenfalls mit dem Bereich der Unter-

Zwei Darstellungen des Sonnengottes Re in der Sonnenbarke; aus dem Grab Ramses' IX. Man glaubte, daß der Sonnengott allnächtlich die Unterwelt durchquerte und ihre Gefahren überwand, um dann jeden Tag erneuert aus dem Totenreich zurückzukehren.

welt oder mit Osiris assoziiert, aber ihre separate Identität ist doch so ausgeprägt, daß ihre individuelle Bedeutung erkennbar wird. Dasselbe gilt für Himmelsgöttinnen wie Nut und Hathor, die zwar in gewisser mythologischer Beziehung zu Osiris oder Re stehen, aber doch ihre Identität als göttliche Mutter oder ewige Geliebte des Königs beibehalten. Hathor ist zwar in den früheren Königsgräbern etwas hervorstechender, taucht aber während der ganzen 19. und 20. Dynastie auf, und die Gestalt Nuts nimmt in einigen der allerspätesten Gräber eine hervorragende Stellung ein.

So stand der verstorbene König nicht einfach nur in der Ahnenreihe seiner Vorgänger, sondern gesellte sich zu ihnen, indem er mit Osiris und Re eins wurde – gewissermaßen als Aspekt dieser herausragenden Götter. Auf noch abstrakterer Ebene lag der Glaube, daß der König mit Himmel und Erde – dem Kosmos selbst also – eins werde und dennoch seine Individualität behalte.

Die königlichen Gemahlinnen und die Kinder des Pharaos

Das Tal der Könige war nicht nur der Begräbnisort der Pharaonen; eine Reihe von Gräbern wurden zur Beisetzung adliger Günstlinge sowie einiger Königsgemahlinnen und ihrer Nachkommenschaft benutzt. Als regierende Königin traf Hatschepsut Vorbereitungen für ihr Begräbnis in der Ruhestätte ihres Vaters Thutmosis I. (KV20). Thutmosis III. ließ für seine Hauptfrau Hatschepsut-Meritre ein prunkvolles Grab (KV42) ganz in der Nähe seines eigenen anlegen – obschon sie dann am Ende offenbar in KV35 beigesetzt wurde. Amenhotep III. traf Vorsorge für das Begräbnis zweier seiner Gemahlinnen – Teje und wahrscheinlich Sitamun – in WV22, aber auch hier ist anzunehmen, daß keine von ihnen dort jemals gelegen hat. Die Form der zusätzlichen Kammern für die Königinnen in WV22 ist recht charakteristisch: jede hat eine einzige Mittelsäule und einen kleinen Nebenraum. Diese Konfiguration findet sich auch in KV21, und wir dürfen annehmen, daß dieses Grab ebenfalls für jemanden aus der nächsten Verwandtschaft eines Königs bestimmt war.

Die Anwesenheit von Mitgliedern der Königsfamilie hat man auch in einer Reihe anderer Pharaonengräber festgestellt, darunter denen Amenhoteps II. (KV35), Thutmosis' IV. (KV43) und Tutanchamuns (KV62). Von der Regierungszeit Ramses' I. an wurde für die engeren Angehörigen der königlichen Familie eine neue Nekropolis bestimmt – das Tal der Königinnen. Das Königstal behielt jedoch weiterhin seine Anziehungskraft, und während der 19. Dynastie scheint Merenptah die letzte Ruhestätte (KV8) mit seiner Hauptfrau Isisnofret geteilt zu haben, während Tausret als amtierende Königin anfänglich im Tal für sich und ihren verstorbenen Gatten Setoy II. ein Doppelgrab vorbereiten ließ (KV14). Tachat, die Mutter des Amenmesse, und möglicherweise auch seine Gattin Baktwerel wurden anscheinend in seinem eigenen Grab (KV10) beigesetzt, und eine ähnliche Ehre widerfuhr den beiden ramessidischen Prinzen, die im später aufgegebenen KV13 bestattet waren und den zahlreichen Söhnen Ramses' II., die im gewaltigen und noch immer nicht gänzlich freigelegten Familienmonument KV5 ihre letzte Ruhestätte fanden. Das berühmte »Goldgrab« könnte dagegen ein Kind von Setoy II. und Tausret geborgen haben.

»Es ist ein hoffnungsloses Unterfangen, die Eindrücke beschreiben zu wollen, die das Betreten eines ägyptischen Grabmals zu einem so aufregenden Erlebnis machen: die Stille, das Echo der Schritte, die dunklen Schatten, die heiße, stickige Luft lassen sich ebensowenig in Worte fassen wie das Gefühl der gewaltigen Zeit und des Eintritts in sie, das einen so tief aufwühlt.«

Arthur Weigall

Seit Jahrhunderten hat das Tal der Könige einen ununterbrochenen Strom von Abenteurern, Touristen und Gelehrten angezogen. Sie alle bewegte eine meist romantisch angehauchte Neugierde, die in einigen Fällen bis zur fatalen Besessenheit reichte. In die glanzvollen, reichverzierten Gräber der thebanischen Königsnekropole vorzudringen wirkte wie eine unwiderstehliche Droge: es winkte ein möglicherweise gewaltiger Lohn – zugleich drohte aber auch nicht minder große Enttäuschung. Im Tal der Könige, schrieb Lord Carnarvon, »findet man entweder Großes oder gar nichts«.

Vor dem 19. Jahrhundert gab es nur vereinzelte und höchst verstreute Hinweise auf das Potential dieses pharaonischen Goldgräberlandes – die mit Knochen, Bandagen und zerbrochenen Holz- und Steinbildern übersäten Gräber selbst, den gelegentlichen Goldglanz auf den bemalten Grabwänden, und Scherben, die einem zu Tausenden unter den Füßen knirschten. Das waren die einzigen, mageren Hinweise auf den einst über die ägyptischen Könige und ihre Lieblingshöflinge ausgegossenen Reichtum, aber sie reizten zu tieferem Graben. Mit der Zeit wurden besser erhaltene Gräber entdeckt: jene Setoys I., Amenhoteps II., Maherpras, des Juja und der Tuja, das geheimnisvolle Grab 55, das juwelenbeladene »Goldgrab«, und natürlich die unvergleichlichen Schätze des Knabenkönigs Tutanchamun.

In den unfruchtbaren Wadis des Tals der Könige in Ägypten sollte sich eines der erregendsten und ungewöhnlichsten Kapitel der Geschichte der Archäologie entfalten.

Howard Carter öffnet die Türen der Schreine um Tutanchamuns Sarkophag.

II DIE ENTDECKER

Touristen in antiker Zeit

»Es scheint, daß zur Zeit der Ptolemäer vierzehn der von Diodorus genannten siebzehn Gräber offenstanden, nämlich die Nummern 1, 2, 3, 4, 6, 7, 8, 9, 10, 11, 12, 14, 15 und 18…«

John Gardner Wilkinson

Kaiser Hadrian ließ in einen der Memnonskolosse einen Bericht über seinen Besuch in Ägypten einmeißeln.

»Ich, Philastrios der Alexandriner, der ich nach Theben kam und mit eigenen Augen die Arbeit an diesen schreckgebietenden Gräbern sah, habe einen herrlichen Tag verbracht.«

Griechisches Graffito

Griechen und Römer

Als vor 1000 v. Chr. das letzte Begräbnis im Tal der Könige stattgefunden hatte, verflüchtigte sich der Bedarf für die ständige Arbeiterkolonne, die der Nekropolis ein halbes Jahrtausend lang gedient hatte; die Arbeiter zerstreuten sich und die Steinmetzarbeiten wurden eingestellt. Die folgenden 500 Jahre lang sollte das Tal der Könige ein totes Haff der Untätigkeit sein – bis die Griechen kamen. Seit jeher war Ägypten ein von Fremden gern besuchtes Land gewesen, aber das erste ernsthafte touristische Interesse daran und insbesondere an Theben und seinen Monumenten erwachte erst im Gefolge Alexanders des Großen.

Seinen Höhepunkt als Reiseziel der Neugierigen erreichte Ägypten zwischen dem Ende des 3. Jahrhunderts v. Chr. und des 2. Jahrhunderts n. Chr. In dieser verhältnismäßig geregelten und wohlhabenden Zeit wagten sich Reisende aus der antiken Welt (darunter auch Kaiser Hadrian im Jahre 130 n. Chr.) den Nil hinauf, um – Fremdenführer in der Hand – die Monumente der sagenhaften Vergangenheit Ägyptens zu besichtigen. Ganz oben auf der Liste standen die berühmten »Memnonskolosse« – die gigantischen Sitzstatuen vor dem zerstörten Totentempel Amenhoteps III., deren eine unheimliche Töne von sich gab, wenn die frühe Morgensonne auf sie traf – und die Gräber der »Memnonia«, wie die Griechen das gesamte Gebiet Westthebens nannten. Und innerhalb der »Memnonia« mußte man vor allem die »Syrinxes« (wie Pausanias und andere klassische Autoren die röhrenförmigen Korridore im Wadi Biban el-Muluk nannten) gesehen haben: Gräber, in die der furchtlose Schaulustige mit Fackel oder Kerze bewaffnet hinabklettern konnte, um die Wandverzierungen zu bewundern und sich am makabren Ambiente zu berauschen.

Die Kopten im Tal der Könige

»Ich flehe dich an, o Herr Jesus Christus, laß mich nicht folgen meinem Verlangen, und laß mein Trachten nicht Herrschaft haben über mich; laß mich nicht sterben in meinen Sünden, sondern nimm auf Deinen Diener für alle Zeit.«

Koptisches Graffito in KV2 (Ramses IV.)

Das Christentum kam relativ früh nach Ägypten und hatte um das 4. Jahrhundert n. Chr. festen Fuß gefaßt. Als im 6. Jahrhundert n. Chr. der Statthalter Orion das Tal besuchte und seine Graffiti hinterließ, war die verlassene Königsnekropolis von einer kleinen Koptengemeinde besiedelt. In mehreren Gräbern finden sich Spuren dieser Gemeinschaft. In jenem Ramses' IV. (KV2) sind unter den rund 50 erhaltenen christlichen Graffiti auch zwei koptische – »Apa Ammonios, der Märtyrer«, und ein anderer – auf die rechte Wand hinter dem Eingang skizziert. Weitere koptische Graffiti finden sich im Grab Ramses' XI. (KV4) und vor allem im Fürstengrab KV3, das die christlichen Bewohner der Gegend zur Kapelle umgestaltet hatten. Auch an anderen Orten im Tal der Könige finden sich Klagegebete und weltliche Kritzeleien dieser frühen Christen als Graffiti und auf Tonscherben oder Papyrus, zusammen mit allgemeineren Zeugnissen ihres Alltagslebens, darunter zumindest ein Grabstein (er war für eine Frau namens Souaei bestimmt und ist heute im British Museum, London), Haushaltsmüll und Schalen der halluzinogenen *Balinites*-Nuß, mit deren Hilfe sich die Kopten möglicherweise über ihr alles in allem wohl recht trübes Los hinwegzutrösten versuchten.

Koptischer Teller (teilrestauriert) aus KV3.

Die Memnonskolosse. In römischer Zeit gab die nördliche der beiden Statuen zu Anbruch jedes Tages einen unheimlichen Ton von sich – einen klagenden Gruß des Kriegerkönigs an seine Mutter Eos, die Göttin der Morgenröte.

Griechische und lateinische Graffiti in den Königsgräbern

Griechische Graffiti (Nr. 514–515) in KV2.

Grab	Lage: Zahl der Graffiti	Am Eingang	Im ganzen Grab
Ramses VII. (KV1)	132		●
Ramses IV. (KV2)	656		●
Ramses XI. (KV4)	58	●	
Ramses IX. (KV6)	46		●
Ramses II. (KV7)	4	●	
Merenptah (KV8)	121	●	
Ramses V./VI. (KV9)	995		●
Amenmesse (KV10)	7	●	
Ramses III. (KV11)	19	●	
Setoy II. (KV15)	59		●

Gesamtzahl von Baillet entdeckter griechischer und lateinischer Graffiti: 2105

Eingangskorridor von KV1 (Ramses VII.) mit Touristenkritzeleien in griechischer Schrift (Nr. 67–72).

Graffiti

Hier im Tal der Könige hinterließ der Besucher – mehr noch als anderswo – häufig seinen Namen, seinen Herkunftsort und gelegentlich ein Datum, eingekratzt in Gips oder Stein oder mit Pinsel oder Feder in Tinte aufgebracht. Viele hinterließen uns auch ihre Kommentare: »Ich habe die höchst exzellente Arbeit dieser Gräber gesehen; eine solche Qualität ist für uns unvorstellbar.«

Bei der letzten Zählung fand der französische Gelehrte Jules Baillet über 2000 griechische und lateinische Scraffiti und Graffiti antiker Globetrotter, daneben eine geringere Zahl von Texten in Phönizisch, Zyprisch, Lykisch und anderen exotischen Sprachen, sowie eine Unzahl bislang nicht gezählter Kritzeleien in demotischer Schrift (die der Ägyptologe Georges Bénédite zwar untersucht, aber nie veröffentlicht hat) und von Koptisch sprechenden Besuchern aus Ägypten selbst hinterlassener Notizen. Fast die Hälfte der antiken Texte findet sich im Grab Ramses' VI., den die Griechen (vielleicht aufgrund einer verballhornten Aussprache des Thronnamens *meri-amun* – »Geliebter des Amun«) für Memnon selber hielten.

Das früheste datierbare Graffito im Tal der Könige (im Grab Ramses' VII.) läßt sich auf 278 v. Chr., das jüngste – das Orion, Statthalter Oberägyptens, hinterließ – auf 537 n. Chr. festlegen. Dazwischen liegen in den Chroniken erwähnte Besuche zu den Regierungszeiten der römischen Kaiser Augustus, Claudius, Vespasian, Trajan, Hadrian, Antoninus Pius, Mark Aurel und Lucius Verus, Commodus, Septimius Severus, Caracalla und Diokletian.

Die »Reisehandbücher«: Diodorus Siculus und Strabo

Alle zehn Gräber, in denen Graffiti gefunden wurden, stammen aus der Ramessiden-Zeit und hatten in der Antike große, deutlich sichtbare Eingänge, die wie heute leicht zugänglich waren. Die Gräber ohne Graffiti datieren meist aus der 18. und frühen 19. Dynastie; ihre Eingänge lagen tiefer und wurden leicht übersehen. Daß ihre Existenz dennoch bekannt war, läßt sich aus den Werken des Diodorus Siculus (der Ägypten zwischen 60 und 56 v. Chr. besuchte) und des Strabo ableiten, der das Land von 25 bis 24 v. Chr bereiste. Ihre Berichte beziffern die thebanischen Königsgräber anhand der Aufzeichnungen der ägyptischen Priesterschaft auf insgesamt »47« beziehungsweise »um die 40«. Die Neuentdeckung dieser für verloren gehaltenen, aber keineswegs vergessenen Gräber sollte späteren Generationen vorbehalten bleiben.

Jahreszeitliche Verteilung der antiken Touristenbesuche

(Die Tabelle basiert auf den griechischen und römischen Graffiti.)

Herbst (September–Dezember)
11 datierte Besuche,
Winter (Januar–April)
24 datierte Besuche,
Sommer (Mai–August)
10/11 datierte Besuche.

Frühe Reisende

»Von dort stammt der größte Teil der Mumien oder des im Sand vergrab'nen Fleischs ...«

Vincent le Blanc aus Marseille

Der Schleier lüftet sich

Die christlichen Bewohner des Tals der Könige scheinen sich für den Friedhof, auf dem sie beheimatet waren, nur wenig interessiert zu haben, und diese Apathie übernahmen auch die arabischen Invasoren von 641/642 n. Chr. Die weiter nördlich gelegenen Fundorte tauchten immerhin noch sporadisch in den Tagebüchern der Pilger und Händler auf, aber nach Südägypten wagten sie sich kaum noch; so dauerte es über tausend Jahre, bis der Wadi Biban el-Muluk bei den Neugierigen wieder ernsthaftes Interesse weckte. Ende des 16. Jahrhunderts begann sich der Schleier dann zu lüften.

Anfänglich war den wenigen Wagemutigen, die durch Luxor kamen, offenbar seine wahre Identität unbekannt – obwohl es auf der Karte des Abraham Ortelius von 1595 deutlich als Homers »hunderttoriges Theben« verzeichnet war. Zu ihnen gehörte Pater Charles François, der 1668 den »Ort der Mumien namens Biban el Melouc« besuchte, ohne freilich seine Bedeutung zu erkennen.

Als erstem fiel sie einem weiteren Franzosen auf: dem Leiter der Jesuitenmission in Kairo, Pater Claude Sicard, der Ägypten zwischen 1714 und 1726 ausführlich bereiste. 1708 besuchte auch er das Tal der Könige und erkannte nun sein wahres Wesen. Sicard entdeckte zehn offene, »in den Fels gehauene und erstaunlich tiefe« Gräber (darunter offenbar auch das für Ramses IV. vorbereitete KV2). Sie waren bemerkenswert erhalten: »Hallen und Räume – alles ist von oben bis unten bemalt. Die Vielfalt der Farben, die so frisch wirken wie am ersten Tag, ergibt einen wundervollen Effekt ...«

Richard Pococke: »Beobachtungen über Ägypten«

Obwohl Sicard eine komplette Liste aller besuchten Stätten hinterließ, sind seine Überlegungen und Schlußfolgerungen zum größten Teil mit seinen Reisenotizen verlorengegangen; wir besitzen ledig-

(Unten) Richard Pocockes »Karte« vom Hauptteil des Königstals. Anhand der dazugehörigen Pläne (rechts) konnten die Gelehrten von heute die meisten der Gräber identifizieren, die der Forscher besuchte.

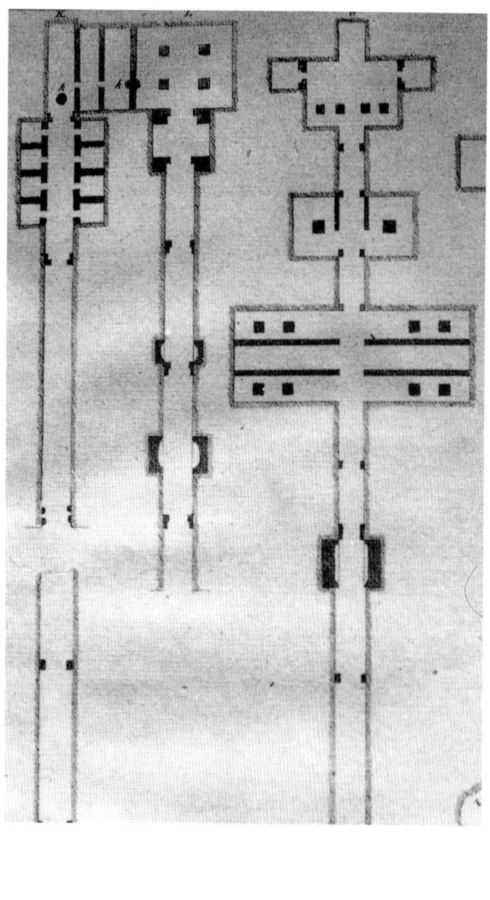

Pocockes Gräber

Bezeichnung bei Pococke	KV Nr.	Besitzer
A, verfüllt?	KV1	Ramses VII.
B, Plan A	KV2	Ramses IV.
C, Plan B?	KV7?	Ramses II.
D, verfüllt ?	KV8	Merenptah
E, Plan C	KV9	Ramses V./VI.
F, verfüllt	KV12	
G, verfüllt	KV13?	Baja
H, Plan G	KV14	Tausret/Sethnacht
I, Plan H	KV15	Setoy II.
K, Plan K	KV11	Ramses III.
L, Plan L	KV10	Amenmesse
M, Plan M	KV18	Ramses X.
N, verfüllt	KV6?	Ramses IX.
—, verfüllt	KV4?	Ramses XI.
O, Plan N	KV3?	Sohn Ramses' III.

Außerdem könnte Pococke die Lage von KV5 (Söhne Ramses' II.), KV 20 (Thutmosis I./Hatschepsut) und eventuell KV27 und/oder KV28 bemerkt haben.

(Links) Bruces romantisierte »Kopie« eines der Harfner im Grab Ramses' III. wurde 1790 veröffentlicht und ist in hohem Maße ein Produkt ihrer Zeit, das herzlich wenig mit dem Original gemein hat. Man vergleiche dazu die spätere Champollion-Rosellini-Kopie auf S. 64.

James Bruce, der schottische Forscher aus dem 18. Jahrhundert.

lich noch ein paar Briefe und Karten. So verdanken wir den ersten bedeutenden Bericht über das Tal der Könige einem englischen Reisenden namens Richard Pococke; der erste Band seiner »Description of the East, and some other countries« erschien 1743 unter dem Titel »Observations on Egypt«.

Pococke, der später Bischof von Ossory und danach von Meath in Irland wurde, besuchte Ägypten Ende der dreißiger Jahre des 18. Jahrhunderts. Er folgte dem Beispiel der antiken Besucher und kritzelte am 16. September 1739 seinen Namen hin, bevor er eilig den Rückzug antrat; ein späterer Reisender, William Hamilton, sah das Graffito, aber wo es sich genau befand, weiß man nicht mehr. Bei seinem Besuch im Tal der Könige notierte Pococke »Anzeichen für etwa 18 [Gräber], [...] wenn ich mich nicht vertan habe, [...] [obschon] jetzt nur noch neun davon betreten werden können«.

James Bruce

1768 trat James Bruce, ein aus Kinnaird stammender Schotte, in die Fußstapfen Pocockes, besichtigte Luxor und nahm ebenfalls das Tal der Könige in näheren Augenschein. Er schilderte die Königsgräber als »glanzvolle, beeindruckende Grabdenkmäler, gelegen an einsamen Orten«. Er besuchte wie seine Vorgänger das Grab Ramses' IV.; bleibenden Ruhm errang er indes vor allem mit der Beschreibung – Entdeckung kann man es nicht nennen, da das Grab bereits offen war – der Grabstätte Ramses' III. (KV11), die von nun an »Bruces Grab« hieß. Als Hauptmerkmal dieses Grabes bezeichnete Bruce die »Freskodarstellungen dreier Harfen, die äußerste Aufmerksamkeit verdienen, ob wir nun die Eleganz der Form dieser Instrumente bewundern [...] oder uns auf die Überlegung beschränken, welchen Grad der Vollkommenheit die Musik erlangt haben mußte, ehe einem Künstler ein so vollständiges Abbild eines Instruments gelingen konnte«.

Angesichts ihrer Berühmtheit ist es schon eine Ironie der Kunstgeschichte, daß die Darstellungen der hochgelobten königlichen Harfenisten in Bruces erstmals 1790 in Edinburgh veröffentlichten »Travels to Discover the Source of the Nile« einen derart schlechten Eindruck von den Originalen vermitteln; ein späterer Talbesucher, der 1813 auf dem Weg nach Samarkand brutal ermordete William George Browne, bemerkte dazu trocken, »seine gravierten Gestalten scheinen aus dem Gedächtnis gezeichnet«. Doch gleich, ob genau oder nicht – sie machten Bruces Namen unsterblich.

William George Browne

Browne selbst kam 1792 nach Biban el-Muluk und hinterließ seinen Namen in einem der Nebenräume zur Grabkammer Ramses' III. (KV11). Sein Buch »Travels in Africa, Egypt and Syria« ist schon deshalb von Bedeutung, weil es einen der wenigen Berichte über ein Interesse der Araber am Königstal enthält – in der Tat den ersten Bericht über eine Ausgrabung an diesem Ort. Nach Browne war die Gegend »innerhalb der letzten dreißig Jahre« von dem Sohn eines gewissen Scheich Hamam »in der Hoffnung, Schätze zu finden«, erforscht worden. Ob der Sohn des Scheichs dabei Erfolg hatte, ist unbekannt. Browne meint allerdings, drei der von ihm selbst betretenen Gräber hätten anscheinend nicht gänzlich mit den seinerzeit von Pococke gelieferten Beschreibungen übereingestimmt, und das könne möglicherweise ein Ergebnis der arabischen Bemühungen gewesen sein.

Sammler und Gelehrte

»Wißbegier und Passion für die Gelehrsamkeit.«

Jean de Thévenot

Der Sammlerdrang

Mit dem ab der Renaissance neuerwachenden Interesse an Ägypten ging die Sammelwut für alles Antike, Seltsame und Künstlerische Hand in Hand. Eine der ersten organisierten Expeditionen nach Ägypten zur Beschaffung von Altertümern leitete der deutsche Geistliche J. B. Vansleb. Ludwig XIV. wies ihn an, »für die Bibliothek Seiner Majestät [...] nach möglichst vielen guten Manuskripten und alten Münzen zu suchen. Findet er in diesen alten Monumenten auch irgendwelche Statuen oder Basreliefs guter Meister, soll er ihrer habhaft zu werden versuchen.« Die 1672 beauftragte Expedition verlief zwar alles andere als erfolgreich, war jedoch wegweisend.

Schon 1693 forderte der französische Konsul in Ägypten, Benoît de Maillet, anstatt einer bloßen Sammlerreise eine gründliche Erforschung des Landes »durch weise, wißbegierige und geschickte Personen«. Diesen Ruf nach einer wissenschaftlicheren Untersuchung der Altertümer im Lande machte sich Paul Lucas (Vanslebs Nachfolger als Proto-Ägyptologe Ludwigs XIV.) zu eigen. Lucas wurde nach Ägypten gesandt, um unter anderem die Ruinen von Theben detailliert zu erforschen – ein Auftrag, der vielleicht erfolgreicher verlaufen wäre, wenn Lucas den (von Sicard erst Jahre später identifizierten Ort) tatsächlich hätte finden können.

Der Künstler Vivant Denon begleitete Napoleons Ägyptenfeldzug von 1789 bis 1799.

Gelehrte

»Vielleicht habt Ihr schon von einer Geheimexpedition gehört, deren Zweck der Öffentlichkeit völlig unbekannt ist und den ich nur ahnen kann. Es handelt sich um ein höchst bedeutendes wissenschaftliches, politisches und militärisches Unternehmen.«

Prosper Jollois in einem Brief an seinen Vater

Am 1. Juli 1798 ging Napoleon Bonaparte mit seinem Heer in Ägypten an Land, um über den Isthmus von Sues einen neuen Weg nach Indien und zur Beherrschung des Ostens zu sichern. Angesichts des früheren Interesses Frankreichs an Ägypten überrascht es nicht, daß die 40 000 Mann starke Armee von 139 Gelehrten begleitet wurde, die alle physischen Aspekte des Landes – die modernen wie die antiken – untersuchen sollten. Darunter befand sich, obwohl nicht offiziell Teil der Mannschaft, auch der Künstler und Schürzenjäger Baron Vivant Denon. Denons 1802 veröffentlichte »Voyages dans la Basse et la Haute Egypte« weckten den Appetit der Öffentlichkeit auf die bevorstehende offizielle Untersuchung und machten Ägypten zum Tagesgespräch.

Die Expedition begann jedoch deprimierend. Nach seinem Sieg in der Schlacht bei den Pyramiden zog Napoleon im Triumph in Kairo ein, aber schon acht Tage später vernichtete Nelson in der Bucht von Abukir die französische Flotte, so daß der Armee die Transportmittel für die Heimkehr nach Europa fehlten. Nun blieb nichts anderes übrig, als den Vormarsch fortzusetzen, was die Expedition drei gefährliche und unerquickliche Jahre lang auch tat, wobei ein Drittel der Gelehrten auf der Strecke blieb.

Doch bald schon wich die Verzagtheit der Franzosen ehrfürchtigem Staunen, als die französische Streitmacht unter General Desaix stromaufwärts vorrückte. Selbst den gemeinen Soldaten gingen die Augen über, und als sie am 26. Januar 1799 erstmals Theben erreichten, klatschten die Truppen begeistert Beifall. Kurz darauf gelangten sie, Vivant Denon im Schlepptau, ins Tal der Könige.

Die Gräber der französischen Expedition

Grab	Bezeichnung in der *Descr. de l'Égypte*	Grabinhaber
KV1	Ier Tombeau	Ramses VII.
KV2	IIe Tombeau	Ramses IV.
KV3	1er Tombeau	Sohn Ramses' III.
KV4	2e Tombeau	Ramses XI.
KV5	Commencement d'excavation ou grotte bouchée	Kinder Ramses' II.
KV6	3e Tombeau	Ramses IX.
KV7	Commencement d'excavation ou grotte fermée	Ramses II.
KV8	IIIe Tombeau	Merenptah
KV9	IVe Tombeau	Ramses V./VI.
KV10	4e Tombeau	Amenmesse
KV 11	5e Tombeau	Ramses III.
KV13	Commencement d'excavation ou grotte fermée	Baja
KV14	Ve Tombeau	Tausret/Sethnacht
KV15	VIe Tombeau	Setoy II.
KV18	Excavation commencée	Ramses X.
KV20	Commencement de grotte tailée circulairement dans le rocher	Thutmosis I./Hatschepsut
WV22	Tombeau isolé de l'Ouest	Amenhotep III.

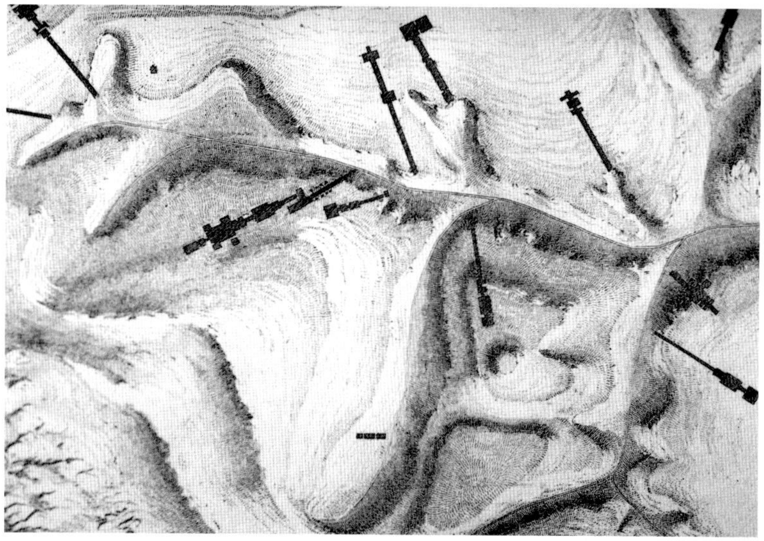

(Rechts) Ausschnitt der von der französischen Expedition angefertigten Karte des Königstals. Man staunt, welche Fortschritte die Kartographie seit Pocockes rund ein halbes Jahrhundert zurückliegenden Tagen gemacht hatte.

(Links) Prosper Jollois, der zusammen mit Édouard de Villiers 1799 im Westtal über das offene Grab Amenhoteps III. stolperte.

»Die Zeit reichte gerade aus, um von einem Grab zum nächsten zu eilen; am Ende der Galerien standen die Sarkophage [...] aus massivem Granit gehauen ...; aber [...] diese gewaltigen Steinblöcke [...] konnten die Überreste der Monarchen nicht vor den Anschlägen der Habgier retten; sämtliche Gräber sind geschändet ...« Vivant Denon

In den »Reisen« beschreibt Denon seine Enttäuschung, daß er für die Besichtigung der ihm zugänglichen sechs Gräber nur drei Stunden Zeit hatte: »Wie konnte man derart wertvolle Funde verlassen, ohne wenigstens eine Zeichnung angefertigt zu haben? Wie heimkehren, ohne zumindest eine Skizze aufweisen zu können? Ich bat dringend um wenigstens eine Viertelstunde Gnadenfrist; man gewährte mir zwanzig Minuten. Einer gab mir Licht, ein anderer hielt eine Kerze gegen jedes Objekt, auf das ich deutete, und ich vollendete meine Aufgabe hochgemut und präzise in der vorgeschriebenen Zeit.«

»Bei dieser Gelegenheit wie auch bei allen späteren stellte ich fest, daß ein Besuch in Theben wie ein Fieberanfall war; es war eine Art Krise, die den Eindruck unbeschreiblicher Ungeduld, Begeisterung, Verärgerung und Müdigkeit hinterließ.« Vivant Denon

Jollois und de Villiers

Denon kehrte 1799 mit Napoleon heim nach Frankreich; die jetzt als »Institut d'Égypte« organisierten Gelehrten der französischen Expedition blieben zur weiteren Erforschung und Dokumentierung des königlichen Wadi zurück. Unter ihnen waren zwei junge und begeisterte Ingenieure, Prosper Jollois und Édouard de Villiers du Terrage.

Die Karte der französischen Expedition war der erste genau vermessene Überblick über das Tal der Könige und unterschied sich himmelweit von der primitiven Darstellung Pocockes. In ihrer Karte kennzeichneten Jollois und Villiers die Lage von 16 Gräbern. Überdies berichteten sie erstmals von der Existenz eines westlichen Anhangs zum Königstal: dem abgelegenen und selten besuchten Westtal. Ebendort bemerkten sie eines der schönsten und wichtigsten aller Königsgräber – das Grab Amenhoteps III. (WV22).

Zugänglich wurden die Ergebnisse der Arbeit von Jollois und de Villiers im Tal der Könige durch die Veröffentlichung des Mammutwerkes »Description de l'Égypte«, das zwischen 1809 und 1828 in Fortsetzungen erschien. Der insgesamt 19bändige Bericht sollte das Gesicht der Ägyptologie auf Dauer verändern.

(Oben) Kopf einer die Weiße Krone tragenden uschebti-*Figur aus Calcit, die Jollois und de Villiers 1799 im Grab Amenhoteps III. fanden, nach der Darstellung in der Description.*

(Links) Bei den Bildtafeln der »Description de l'Égypte« gewinnen zeichnerisches Können und Sinn fürs Dramatische gelegentlich die Oberhand über die archäologische Integrität – wie etwa in dieser phantasievoll zusammengesetzten Darstellung des Eingangs zum Grab Ramses' III.

Belzoni, der »patagonische Samson«

»Das Land am Nil war damals wie heute ein Gebiet für Plünderer; mit dem Graben nicht nach Gold, sondern nach Altertümern, wurden Vermögen gemacht, und die Archäologie wurde zum Schlachtfeld zweier Heere, der Dragomanen und der Fellachen-Grabräuber. Die einen wurden von dem gefürchteten Salt angeführt, die anderen hörten auf Drovettis Kommando ...«

Richard F. Burton

Drovetti und Salt

Napoleons Expedition und die zufällige Entdeckung des Steins von Rosette als schließlichem Schlüssel zur Entzifferung der Hieroglyphen waren der Auftakt zu einem erstmals wissenschaftlich fundierten Verständnis Ägyptens und seiner antiken Schätze. Eine systematische Untersuchung lag allerdings noch in ziemlicher Ferne.

Eine weitere, ganz andere Hinterlassenschaft der französischen Expedition war Bernardino Drovetti. Der im Piemont geborene Oberst Drovetti hatte in Bonapartes Heer gedient und wirkte in den folgenden 30 Jahren mit Unterbrechungen als französischer Generalkonsul in Ägypten. Drovettis Leidenschaft galt den Altertümern, mit deren Sammeln er seine Zeit in Ägypten verbrachte; dabei scheute er vor keinem Mittel zurück, auch nicht vor Dynamit, und nahm auf die Umgebung wenig Rücksicht.

(Unten) Henry Salt, der britische Generalkonsul in Ägypten, und (darunter) sein ehemaliger Angestellter Giovanni Battista Belzoni.

Drovettis britisches Pendant war Henry Salt, der 1816 nach Ägypten kam. Er war zwar eher ein Gelehrter als Drovetti, mußte aber, um beim Sammeln mit seinem Rivalen mithalten zu können, wohl oder übel mit denselben Mitteln vorgehen. Die beiden Generalkonsuln teilten sich den Anspruch auf alle Hinterlassenschaften der Pharaonen als ihre persönliche Habe:

»... durch jeden Tempel wird eine Demarkationslinie gezogen, und die Bauten, welche die Angriffe von *Barbaren* überstanden haben, werden der Spekulation zivilisierter Raffhälse, Virtuosen und Sammler nicht widerstehen.«

Sir Frederick Henniker

Die Suche nach Gräbern

»... es ist sofort ersichtlich, daß die Eingänge [zu den Gräbern] von losem Geröll versperrt sind, das im Laufe der Zeit die Berghänge herunterkam, [...] [und] sollten sie dank der Mühe der Neugierigen und Liberalen je erneut erforscht werden, müssen die in ihnen enthaltenen Skulpturen und Gemälde unberührt und die [...] Sarkophage unverletzt sein ...«

William Hamilton

»... viele [Gräber] sind noch unberührt [...] [und] es ist nicht unwahrscheinlich, daß weitere Ausgrabungen viele Gegenstände von beträchtlicher Bedeutung zutage fördern.«

Thomas Legh

Salts Mann vor Ort in diesem englisch-französischen Imbroglio war Giovanni Battista Belzoni, ein in Padua geborener und gut zwei Meter großer Wasserbauingenieur, der seinen Lebensunterhalt (zu seinem späteren Unbehagen) zunächst im Zirkus als »patagonischer Samson« verdient hatte. Als der damalige Kraftmensch 1802 nach London kam, wurde gerade der Stein von Rosette erstmals im British Museum der Öffentlichkeit gezeigt; es besteht allerdings kein Grund zu der Annahme, daß dieses Ereignis den Italiener damals interessierte. Nach Ägypten reiste er nämlich erst 1815, weil er dort ein Vermögen mit einer neuartigen Wasserhebevorrichtung zu machen hoffte, die er dem Manne zu verkaufen gedachte, der damals das Land nach Kräften zu modernisieren versuchte: Mohammed Ali. Diese Hoffnung trog jedoch, und so mußte sich Belzoni anderswo nach einer Erwerbsquelle umsehen. Er fand sie bei Henry Salt.

Salt erkannte sofort den Wert von Belzonis Fachkenntnissen, wenn es darum ging, seinen französischen Rivalen zu überrunden, und beauftragte ihn mit dem Transport eines kolossalen Kopfes Ramses' II. aus dessen Totentempel (dem Ramesseum) an den Fluß zur schließlichen Weiterverschiffung nach London. Dieser Aufgabe, die Salts Rivale unlösbar gefunden hatte, entledigte sich Belzoni fast reibungslos binnen zweier Wochen.

Salt war begeistert und wies Belzoni an, seine Aufmerksamkeit unter Aufsicht seines Sekretärs Henry William Beechey nunmehr dem Tal der Könige zuzuwenden – genauer gesagt dem Grab Ramses' III., dem sogenannten Bruce-Grab, aus dem er das Sarkophagbehältnis des Königs herausholen sollte, das Bruce 1769 gesehen hatte. Unter sorgfältiger Planung und mit viel Schieben und Zerren wurde auch dieses Stück zur allgemeinen Zufriedenheit aus der Wüste zum Fluß geschafft, um zu gegebener Zeit als Teil von Salts zweiter Kollektion an König Ludwig XVIII. von Frankreich verkauft und später im Louvre aufgestellt zu werden; der Deckel gelangte schließlich 1823 ins Fitzwilliam Museum in Cambridge. Alles in allem hatte Belzoni gezeigt, daß er sein Geld wert war, und Salt wollte ihn unbedingt in seinen Diensten behalten.

Erste Entdeckungen: Das Westtal

Doch Belzoni scheint höhere Ambitionen gehegt zu haben. Diese sollten ihn letztlich seinem englischen Arbeitgeber entfremden, dem er nun – wie Salt das sah – seinen Anteil an den Entdeckungen absprach, die jener finanziert hatte. Als sich Belzoni in den Kopf setzte, Biban el-Muluk näher zu erkunden, konnte er zunächst »neun oder zehn [...]

Plan und kolorierter Schnitt des Grabes von Setoy I. Aus den Bildtafeln zu Belzonis »Narrative of the Operations and Discoveries in Egypt and Nubia«.

(Unten) Dieses Detail von »Belzonis Grab« zeigt die Position des Alabastersarkophags, der bei der Entdeckung über dem Eingang zum geheimnisvollen »Nun-Korridor« stand. Der komplexe Wandschmuck ist – obschon er formal und inhaltlich eine flüchtige Ähnlichkeit mit dem Original aufweist – offensichtlich aus dem Gedächtnis gezeichnet.

Belzoni,
der »patagonische Samson«

hochwertige [Gräber] und fünf oder sechs geringeren Ranges« ausmachen. Der Italiener wußte, daß die antiken Autoren die Gesamtzahl auf nicht weniger als 47 geschätzt hatten; er wollte sich nun um die übrigen kümmern und schaffte es auch, den damals bekannten Gräbern schließlich acht weitere hinzuzufügen.

Seine erste Entdeckung machte Belzoni schon früh, nämlich Ende 1816: das Grab des Pharaos Aja (WV23) im Westtal etwas oberhalb vom Grab Amenhoteps III. (WV22), das Jollois und de Villiers 1799 »entdeckt« hatten. Dem folgte im August/September 1817 die Entdeckung eines weiteren Grabes im Westtal – das unvollendete und unbeschriftete WV25, das später in der 22. Dynastie als vorgefertigte Familiengruft Verwendung fand.

Diese Funde brachten ihm amüsante Abwechslung. »Die Ergebnisse meiner Forschungen boten mir die schönste Befriedigung, die ich mir wünschen konnte; ich fand Mumien in ihren Behältnissen in ihrer ursprünglichen Lage.« Aber, vom Aja-Grab einmal abgesehen, handelte es sich um Privatgräber, während Belzoni auf die Könige selbst aus war. Dazu mußte er freilich in den Haupt-Wadi zurück.

Auf Belzonis Karte des Tals sind seine Neuentdeckungen ausgewiesen.

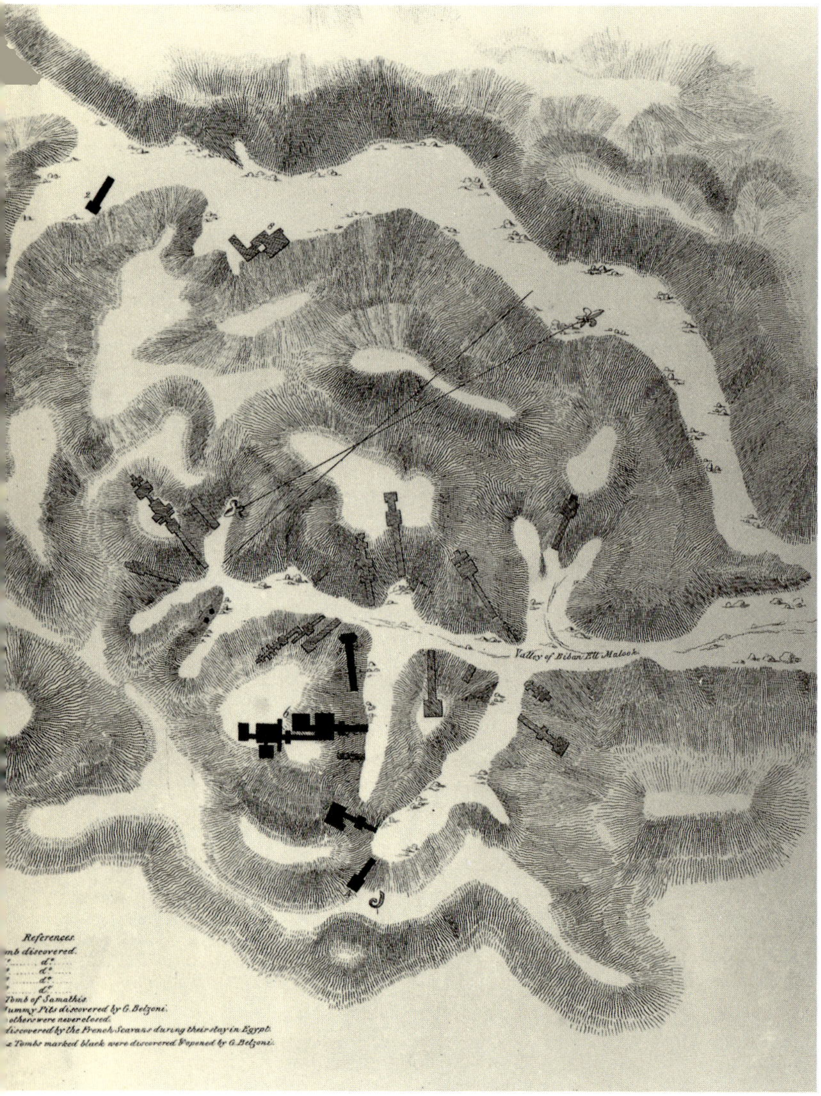

Ausgrabungen im Haupttal

Im Gegensatz zu seinen Vorgängern und den meisten seiner Nachfolger vor Ort besaß Belzoni die seltene Fähigkeit, eine Landschaft lesen zu können; daraus erklärt sich die schon beunruhigende Leichtigkeit, mit der er wieder und wieder »neue« Gräber aufspürte. Das erste war KV19, das herrlich ausgestattete Grab des Fürsten Mentuhirkhopshef, das wie WV25 mit zwei nachgeschobenen Mumien aus dem Dritten Zwischenzeit belegt war. Belzonis zweite Entdeckung war das Königinnengrab KV21, in dem er wiederum zwei Mumien vorfand, »weiblichen Geschlechts, mit ziemlich langem und gut erhaltenem Haar, wenngleich es sich leicht vom Kopf trennen ließ, wenn man ein bißchen daran zog«.

Aber mit Ausnahme Ajas hatte er noch immer keinen Pharao. Um so größer war darum die Freude, als er am 10./11. Oktober 1817 erfuhr, seine Leute hätten ein ausgemaltes Grab – jenes Ramses' I. (KV16) – entdeckt, das noch den verzierten Sarkophag und eine Reihe hölzerner Totenstatuetten enthielt, wie wir sie heute von den vergoldeten Beispielen her kennen, die Howard Carter 1922 im Grab Tutanchamuns fand. Wie beim Aja-Grab war die ursprünglich geplante Anlage vereinfacht worden, da der König offenkundig starb, ehe sie vollkommen fertiggestellt werden konnte. Wiederum fand Belzoni zwei Mumien – aber auch sie waren nachgeschoben und nicht königlichen Ursprungs, sondern Ende des 2. Jahrtausends v. Chr. nach Entfernung der Überreste des Herrschers in das Grab gelegt worden.

»Belzonis Grab«

Wenige Tage nach Entdeckung des Grabes von Ramses I. wies Belzoni seine Leute an, an einer

Belzonis Entdeckungen im Tal der Könige

Grab	Nr. b. Belzoni	Grabinhaber	Anmerkungen
KV16	3	Ramses I.	
KV17	6	Setoy I.	
KV19	5	Mentuhirkhopshef	
KV21	4		
WV23	1	Aja	
WV25	2		
KV30	7		Lord Belmores Grab
KV31	7		Lord Belmores Grab

Die ägyptische Grabausstellung

(Unten) Die eindrucksvolle Fassade der Egyptian Hall am Londoner Piccadilly Circus, des Schauplatzes von Belzonis Ausstellung. Die gezeigten Objekte wurden später versteigert (rechts).

»Der Erfindergeist und der unermüdliche Fleiß, welche Mr. Belzoni in den Stand gesetzt haben, die ansonsten unbeweglichen Altertümer Ägyptens in die Arena der europäischen Diskussion zu transportieren, gereichen ihm als Künstler nicht weniger zur Ehre als seine Klugheit und sein Erfolg beim Aufspüren der Stücke dieser außergewöhnlichen Ausstellung, die ihn über alle europäischen Reisenden der Neuzeit herausheben.«

The Times

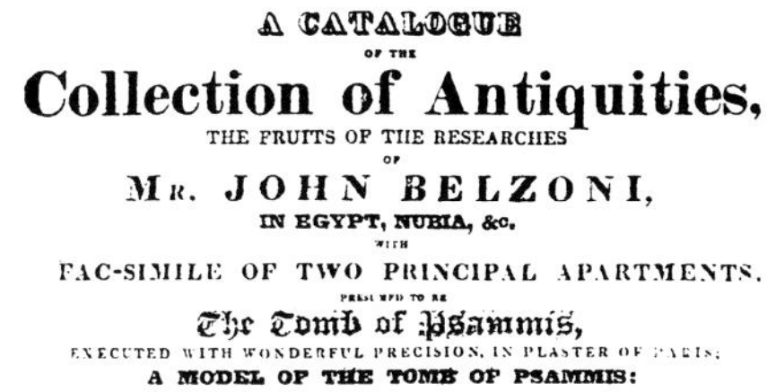

A CATALOGUE
OF THE
Collection of Antiquities,
THE FRUITS OF THE RESEARCHES
OF
MR. JOHN BELZONI,
IN EGYPT, NUBIA, &c.
WITH
FAC-SIMILE OF TWO PRINCIPAL APARTMENTS,
PRESUMED TO BE
The Tomb of Psammis,
EXECUTED WITH WONDERFUL PRECISION, IN PLASTER OF PARIS;
A MODEL OF THE TOMB OF PSAMMIS:

Zur Zeit von Belzonis Entdeckung der Gräber von Ramses I. und Setoy I. konnten die Hieroglyphen natürlich noch nicht gelesen werden, obschon Dr. Thomas Young, der berühmte Physiker und Autor der Wellentheorie des Lichts, erste Schritte in dieser Richtung unternommen hatte. Sein Versuch, die in den zahlreichen Kartuschen von »Belzonis Grab« stehenden Zeichen zu entziffern, ergab »Psammis«. Und unter diesem Namen (der später in »Ousirei« geändert wurde, ehe man sich auf die heutige Version »Setoy« oder »Sethos« einigte) war der Inhaber des Grabes bekannt, als Belzoni 1821 am Londoner Piccadilly Circus seine Ausstellung »Das ägyptische Grab« in der passend benannten »Egyptian Hall« eröffnete.

Hier stellte Belzoni nicht nur ein (über 15 Meter langes) Modell des gesamten Grabes im Maßstab 1:6 aus, sondern auch lebensgroße Reproduktionen von Szenen aus zwei der eindruckvollsten Kammern. Diese Szenen waren mittels Wachsabdrücken der Originalreliefs – bei deren Anfertigung sich ein Großteil der antiken Pigmente abgelöst hatte – aus Gips gegossen und nach Gemälden koloriert, die Belzoni und ein Landsmann namens Allesandro Ricci vor Ort angefertigt hatten.

Die Ausstellung in der Egyptian Hall öffnete am Dienstag, dem 1. Mai 1821, ihre Pforten. 1900 Besucher zahlten jeder eine halbe Krone für das Privileg, die Schau besuchen zu dürfen, die von der Times als »einzigartige Kombination von Objekten, die so neuartig und jedes für sich so eindrucksvoll sind«, gelobt wurde. Unter dem ausgestellten Krimskrams war auch das Seil, das man benutzt hatte, als das Grab Setoys I. in antiker Zeit zum letztenmal betreten worden war.

Belzonis kuriose Entscheidung, die Ausstellungsstücke und einen Großteil der Altertümer im Juni 1822, zu versteigern, beeinträchtigte den Erfolg einer Nachfolgeveranstaltung in Paris, die zudem in vollkommen ungeeigneten Räumlichkeiten ausgerichtet wurde. Mit dem Tod des Forschers wurden Pläne, die Schau auch in anderen europäischen Hauptstädten zu zeigen, aufgegeben, aber seine Witwe Sarah veranstaltete im Frühjahr 1825 am Londoner Leicester Square 28 eine letzte Ägyptenausstellung »zugunsten vom Mr. Belzonis betagter Mutter und zahlreicher Verwandter in Padua«.

Stelle am östlich anschließenden Hügelabhang zu graben. Und wieder hatte er Glück: Hier entdeckte er das Grab Setoys I. (KV17) – das schönste der bisher im Tal der Könige gefundenen Gräber. Die architektonischen Proportionen waren vollkommen, die Wände herrlich verziert (sie befanden sich damals noch in ihrem strahlenden ursprünglichen Zustand), und die Fußböden waren noch übersät mit der Original-Begräbnisausstattung des Königs (die abgenutzte Höhle von heute würde Belzoni nicht wiedererkennen). Das Zentralstück war der Sarkophag des Königs »aus feinstem orientalischem Alabaster, [...] [der] durchsichtig ist, wenn man ein Licht hineinstellt«. Er wurde nach England verschifft und dem British Museum zum Preis von 2000 Pfund angeboten; das Museum lehnte das Angebot jedoch unverständlicherweise ab. Im Mai 1824 erwarb der Architekt Sir John Soane den Sarkophag und stellte ihn in der »Krypta« seines Hauses auf, wo er noch heute steht.

Belzoni staunte über »sein« Glück – Salt hatte er längst vergessen – und die Herrlichkeit des Gra-

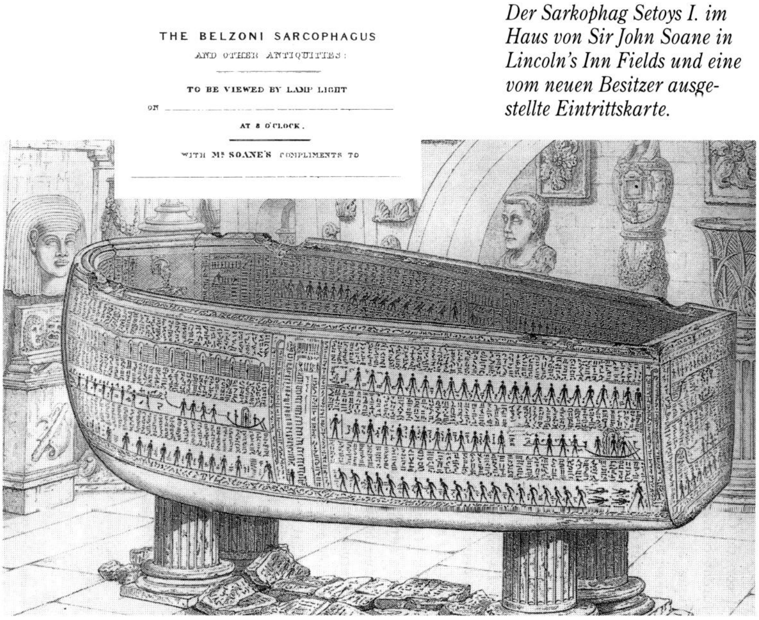

Der Sarkophag Setoys I. im Haus von Sir John Soane in Lincoln's Inn Fields und eine vom neuen Besitzer ausgestellte Eintrittskarte.

Belzoni, der »patagonische Samson«

bes: »Nie hätte ich eines wie dieses zu entdecken geträumt.« Die Reaktionen in Ägypten waren höchst unterschiedlich. Das anfängliche Interesse des türkischen Statthalters von Qena erlahmte schnell, als er hörte, die Gerüchte von einem mit Juwelen gefüllten Hahn aus Gold seien zumindest etwas übertrieben, während Drovetti, der seine möglichen Ansprüche auf das Tal der Könige an Belzoni abgetreten hatte, »sprachloses Erstaunen« bekundete. Im Ausland verursachte das Grab einen Sturm der Begeisterung und brachte Belzoni einen Ruhm ein, mit dem er gewiß nie gerechnet haben konnte.

Niedergang und Fall

»Salt war wie vom Donner gerührt. [...] Er sagte zu Belzoni, [...] er betrachte ihn mit derselben Hochachtung wie ein Gentleman einen Architekten, den er mit dem Bau eines Hauses beauftragt habe: Das ganze Verdienst gehöre dem einen, aber der andere habe die Mittel dazu geliefert, und ihm gehöre das Haus. Doch Giovanni wollte von der Analogie nichts wissen ...« Stanley Mayes

Etwas naive, von Belzoni angefertigte Kopie einer Szene im Grab Setoys I. Sie zeigt den König vor einem Opfertisch sitzend, auf dem sich Brotlaibe türmen; die Hieroglyphen darüber halten seine beiden wichtigsten Namen und seine göttliche Abkunft fest – »Sohn des Amun und geboren von Mut«.

Kurz nach der Entdeckung des Grabes Setoys I. suchten Lord und Lady Belmore mit ihrer Begleitung Belzoni im Tal auf und äußerten Interesse an eigenen Grabungen, worauf ihnen ihr Gastgeber zwei weitere wahrscheinliche Fundstellen nannte. »Sie erwiesen sich als zwei kleine Mumiengruben«, die man heute vielleicht als die mit KV30 und KV31 gekennzeichneten Privatgräber identifizieren kann; in einem der beiden fand sich ein großer anthropoider Sarg aus bemaltem Sandstein, der heute im British Museum steht. Nach Belzonis Abreise forschte Henri Salt im Königstal weiter. Ihm ging es vor allem darum, selber berühmt zu werden, und so rackerte er sich weitere vier Monate lang auf der Suche nach noch mehr Gräbern ab. Daß er dabei Erfolg gehabt hätte, ist nirgends ersichtlich, aber möglicherweise sind einige der heute im British Museum befindlichen Grabgegenstände (vor allem aus dem Grab Ramses' IX., KV6) diesen Aktivitäten zu verdanken. John Gardner Wilkinson war zudem der Meinung, Salt habe – entweder allein oder mit Hilfe von Giovanni (»Yanni«) d'Athanasi, seinem Grabungsgehilfen in Theben zwischen 1817 und 1827 – das Grab Ramses' II. (KV7) bis in rund 55 Meter Tiefe freigelegt; falls dem so war, ist über die Resultate nichts bekannt.

Belzoni, der dieser frenetischen Aktivität mit gewissem Amüsement zusah, äußerte sich über die zukünftigen Aussichten im Tal der Könige so: »Ich bin der festen Meinung, daß es im Tale Biban el-Muluk über die bislang bekannten hinaus keine Gräber mehr gibt.« Das sollte sich als ebenso falsch erweisen wie die 1912 von Theodore Davis geäußerte Auffassung.

Giovanni Battista Belzoni starb am 3. Dezember 1823 auf dem Weg nach Timbuktu und zu seinem nächsten Abenteuer – der Entdeckung der Quellen des Niger – in Gwato, Benin, an der Ruhr.

Sein früherer Arbeitgeber Salt überlebte ihn nur um vier Jahre: er starb am 29. Oktober 1827, erst 48jährig. Bitterkeit und Eifersucht wegen der rücksichtslosen Inbesitznahme dessen, was er für sein rechtmäßiges Eigentum hielt, durch Belzoni verdüsterten seine Erinnerungen an den Giganten aus Padua bis zuletzt. Über ein mittlerweile unerfreuliches Thema – den Verkauf des Sarkophags Setoys I. – schrieb er Bingham Richards, seinem Agenten in London:

»Nichts ärgert mich mehr als die Umstände, die Sie [...] zu der Annahme führten, [...] ich hätte die ganze Zeit mit jenem Fürsten der Undankbarkeit [Belzoni] unter einer Decke gesteckt. [...] Ich habe nur noch den einen Wunsch: daß mein Name niemals mit dem seinen in Verbindung gebracht wird.«

»Sir G. Wilkinson, Mr. Hay und Mr. Burton [...] untersuchten und skizzierten penibel die Figuren auf den Wänden im trüben Licht von Wachskerzen, um die Gemälde nicht mit dem Rauch von Fackeln zu beschädigen.«

Alexander Henry Rhind

Die Dilettanten

John Gardner Wilkinson

»In der Tat habe ich hier noch nie jemanden gesehen, der das Studium der Hieroglyphenschrift mit soviel Elan aufgenommen hat wie Mr. W., und [...] er kann gar nicht umhin, beträchtliche Fortschritte zu erzielen; insbesondere, weil er arbeitet wie ein Pferd.«

Henry Salt

Zwei üppig gepolsterte Throne (oben) und zwei Nilbarken (unten) – Details von Szenen im Grabe Ramses' III., die von Wilkinson kopiert und (unter hohem Qualitätsverlust) in seinen »Manners and Customs of the Ancient Egyptians« reproduziert wurden.

John Gardner Wilkinson, einer der Väter der modernen Ägyptologie, wurde am 5. Oktober 1797 in Chelsea geboren und besuchte Harrow und Oxford. Der junge Wilkinson, dem ursprünglich eine Karriere in der Armee zugedacht war, wurde vom Altertumsforscher Sir William Gell, der lange Zeit in Neapel residierte und die neuentstehende Disziplin der Ägyptologie kräftig förderte, zu einer Reise nilaufwärts ermuntert. Großer Überredungskunst bedurfte es dazu offenbar nicht. Er verbrachte den größten Teil seines Lebens in Ägypten, wo er insbesondere die Szenen und Inschriften in den thebanischen Gräbern kopierte und studierte sowie 1824 und 1827/28 auch einige Ausgrabungen vornahm – all das, wie die meisten Forschungsarbeiten zu Zeiten Napoleons und Champollions, auf eigene Kosten. Die Notizen und Kopien des Gelehrten liegen heute in 56 großformatigen Bänden wohlverwahrt in der Bodleian Library in Oxford und werden wie seine Veröffentlichungen immer noch mit Gewinn konsultiert.

Wilkinsons Aufenthalt in Ägypten fiel in eine ungemein anregende Zeit, als die rasch voranschreitende Entzifferung der Hieroglyphen eine Würdigung der Monumente erlaubte, die über ihre bloße Architektur oder künstlerische Form hinausging. Allmählich öffnete sich die Tür zur Erforschung der Geschichte und des Denkens Ägyptens, und Wilkinson trat als einer der ersten über die Schwelle.

Wilkinson erkannte augenblicklich, wie wertvoll das Tal der Könige für eine Chronologie des Neuen Reiches war, und malte 1827 als erstes eine bis heute sichtbare Nummer an jeden Grabeingang; dieses Numerierungssystem wurde mit Ausnahme

*Grob modelliertes und mit schwarzem Wachs bemaltes Calcit-*uschebti *Ramses' VI., das John Gardner Wilkinson im Grab des Königs fand.*

des Westtales (das Wilkinson mit einer getrennten Sequenz, W1 bis W4, numerierte) bis heute fortgesetzt. Auf der Karte des Haupttals in Wilkinsons »Topographical Survey of Thebes« von 1830 sind die Gräber KV1 bis 21 eingezeichnet; nehmen wir jedoch die zusätzlichen Angaben in seiner unveröffentlichten Kartenskizze des Tales hinzu, so dürfen wir davon ausgehen, daß damals 28 Gräber bekannt waren.

James Burton

Wie Wilkinsons gesamte Tätigkeit zeigt, neigte er eher zum Kopieren als zum Ausgraben. Der zur gleichen Zeit in Theben aktive James Burton war hingegen viel praktischer veranlagt. Mit mehreren Ausgrabungen im Tal der Könige wollte Burton das vorhandene Wissen konsolidieren. Er kam auf eine Gesamtzahl von 24 oder 25 Gräbern, die er sich eins nach dem anderen vornahm. Er numerierte sie allerdings nicht, sondern versah sie mit Buchstabenkombinationen: B-I, K-T, V-X; hinzu kamen diverse weitere ohne Kennung. Größte Weitsicht bewies er in der Umgebung von KV17 (»Belzonis Grab«). Dort entleerte er zunächst den Brunnenschacht wieder, den Belzoni zugeschüttet hatte, damit man das Grab leichter betreten und verlassen konnte, und vollendete (vielleicht zusammen mit Robert Hay) die Deiche, mit deren Bau Belzoni am Eingang zur Ableitung der Überschwemmungswasser begonnen hatte.

Burtons Wissensdurst ließ ihn mit der Freilegung des außergewöhnlichen KV20 beginnen, aber die Arbeit mußte, wie Wilkinson schreibt, »wegen der Gefahr der Stickluft« aufgegeben werden; erst 80 Jahre später sollte Howard Carter im Auftrag von Theodore Davis unter größten Schwierigkeiten die Freilegung vollenden. Ähnliche Neugier trieb Burton zur, freilich nur oberflächlichen, Untersuchung von KV5. Diese Anlage, die derzeit Kent Weeks von der Amerikanischen Universität in Kairo freilegt, offenbart sich nach und nach als das größte Grab, das je in Ägypten gefunden wurde. Es war offensichtlich als Mausoleum für die Familie Ramses' II. gedacht; auch die Verbindung des Grabes mit diesem König hat Burton als erster festgestellt.

Einzelheiten über seine Arbeiten im Tal hat James Burton nicht veröffentlicht, aber nach seinem Tod wurden 1862 dem British Museum dankenswerterweise 63 Bände der ungeheuer wertvollen Zeichnungen, Pläne und Notizen vermacht, die er in Ägypten angefertigt hatte. Das ganze Potential dieses Archivs ist noch kaum ausgelotet.

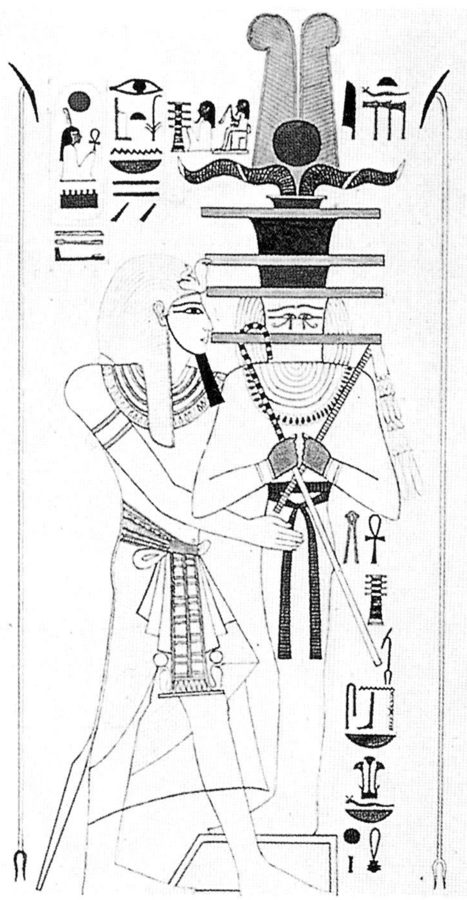

Setoy I. umarmt die anthropomorph geformte djed-*Säule des Osiris; von James Burton angefertigte Aquarellkopie einer Säule im Grab des Herrschers.*

Robert Hay

»Mr. Hays Mappe ist die herrlichste, die je einer aus diesem Land heimgebracht hat.«

George Hoskins

In den zwanziger und dreißiger Jahren des 19. Jahrhunderts war auch Robert Hay, nebenbei ein entfernter Verwandter von James Burton, häufiger Gast in Theben. Hier im königlichen Wadi schlug

(Rechts) Ein frühes Foto von Robert Hay in türkischer Tracht, ca. 1855.

Die Numerierungssysteme auf den Karten von Wilkinson, Burton und Hay

Grab	Wilkinsons Skizze	Wilkinson	Burton	Hay
KV1	1	1	O	1
KV2	2	2	N	2
KV3	3	3	P	3
KV4	4	4	Q	4
KV5	5	5	M	8
KV6	6	6	L	9
KV7	7	7	K	10
KV8	8	8	I	14
KV9	9	9	H	15
KV10	10	10	G	16
KV11	11	11	F	17
KV12	●	12	—	18
KV13	—	13	E	19
KV14	S	14	D	20
KV15	T	15	C	21
KV16	16	16	X	11
KV17	17	17	W	12
KV18	18	18	V	13
KV19	19	19	S	6
KV20	20	20	R	7
KV21	●	21	T	—
KV26	—	—	●	22
KV27	●	—	—	—
KV28	●	—	—	—
KV29	—	●	●	—
KV30	—	—	●	23
KV31/32	—	—	●	24
KV33	—	—	●?	—

● Existenz verzeichnet, aber keine Nummer zugewiesen.

Hay eine Zeitlang sein Hauptlager im Grab Ramses' IV. auf, von wo aus auch das Grab Ramses' VI. (KV9) und andere für Gäste und Mitarbeiter zugänglich waren; dazu gehörten: 1826/27 Edward William Lane (der später mit seinen 1836 erschienenen »Manners and Customs of the Modern Egyptians« sowie 1838/40 mit seiner Übersetzung von »Tausendundeiner Nacht« Berühmtheit erlangte); ab 1824 der Bildhauer und Zeichner Joseph Bonomi (der 1861 Kurator des Museums von Sir John Soane wurde); 1832 Francis Arundale (später mit Bonomi Koautor der »Gallery of Antiquities Selected from the British Museum«, 1843–1845); und schließlich von 1832 bis 1834 Frederic Catherwood (der später mit seinen Bänden über die Altertümer Mittelamerikas berühmt wurde). Sie führten ein idyllisches Dasein, wie sich der Altertumssammler und Reisende George Hoskins, in seinen Memoiren erinnert:

»Nachdem ich fast von Sonnenaufgang bis Sonnenuntergang gezeichnet hatte, verbrachte ich die Abende mit Lesen und Schreiben. Manchmal rauchte Mr. Hay […] sein Pfeifchen bei mir, und sonntags legten wir, obwohl es keine Kirche gab, in die wir hätten gehen können, stets einen Ruhetag ein, und ich aß mit ihm zu Abend. Auch donnerstagabends versammelten sich die Künstler und Reisenden in Theben regelmäßig in seinem Haus oder besser gesagt: Grab; freilich hat nie eine Stätte des Todes fröhlichere Szenen gesehen. Wir trugen zwar Landestracht, aber an die Ernsthaftigkeit der Türken hielten wir uns keineswegs immer, und obwohl unser Wohnzimmer einstmals als Grabstätte gedient hatte, warf es nie einen Schatten auf unsere Fröhlichkeit …«

Zwei von Hays Aquarellen: (oben) eine Szene aus dem Grab Ramses' IX., die den König beim Opfern einer Statuette der Göttin Maat (»Wahrheit«) zeigt; (unten) Ramses III. mit kunstvoller atef-*Krone vor Re-Harachte.*

Die großen Expeditionen

(Rechts) In dem halben Jahrhundert seit Bruce war das Verständnis für die ägyptische Kunst stark gewachsen; man vergleiche diese von Champollion und Rosellini angefertigte Kopie eines der Harfner im Grab Ramses' III. mit S. 53.

(Unten rechts) Setoy I. wird von der Göttin Hathor in der Unterwelt willkommen geheißen; ein von Rosellini entferntes Relief, das sich heute in Florenz befindet.

(Unten) Dieses Detail eines von Rosellini angefertigten Stiches zeigt den Sonnengott in Gestalt eines widderköpfigen Falken

»Welche Wendung diese Expeditionen häufig zu nehmen pflegten, wurde weitgehend dadurch bestimmt, daß sie auch – oder gerade – dann, wenn sie unter der Schirmherrschaft von Regierungen standen, eher von den Wirtschaftlichkeitszwängen einer Bodenspekulation als von der wissenschaftlichen Freiheit eines Forschungsprojekts geprägt waren – ausdrücklich oder implizite wurde für eine bestimmte Ausgabenhöhe ein entsprechender Erlös an greifbaren Ergebnissen erwartet.«

Alexander Henry Rhind

Champollion und Rosellini

»... zwei der Angestellten [Champollions] sind weggegangen, weil sie keine Lust hatten, länger als vertraglich verpflichtet bei einem Mann seines Naturells zu verharren. Seine Ausbeute ist unendlich ärmer als die Rosellinis, und dies ist ein weiterer Grund für sein Mißvergnügen.« Joseph Bonomi

Jean-François Champollion (siehe Kasten auf der gegenüberliegenden Seite) weilte von 1828 bis 1829 in Ägypten, denn er wollte natürlich unbedingt das Land, das er schon so lange aus der Entfernung studiert hatte, auch sehen und zugleich seine philologischen Theorien vor Ort auf die Probe stellen. So organisierten Champollion und Ippolito Rosellini (letzterer war seit 1824 Professor für Orientalische Sprachen an der Universität Pisa) eine gemein-

same, teils vom Großherzog der Toskana finanzierte französisch-toskanische Expedition. Als Führer wurde Alessandro Ricci verpflichtet, der zuvor schon Belzoni beim Kopieren der Szenen im Grab Setoys I. behilflich gewesen war. Zu den zwölf Architekten und Künstlern der Expedition, die in zwei Nilbarken stromaufwärts fuhr, gehörte auch Champollions junger Schüler Nestor L'Hôte. Dessen ausgezeichnete Zeichnungen und Notizen liegen heute im Louvre und in der Pariser Nationalbibliothek und geben viel Aufschluß über die Expedition und deren Arbeit.

Champollion ging nach einem dreimonatigen Aufenthalt in Nubien im März 1829 in Theben an Land und schlug, wie vor ihm schon Hoskins, im Grab Ramses' VI. (KV9) sein Lager auf. Von hier aus verbrachte die Expedition zwei Monate in der Nekropolis mit dem Kopieren der Szenen in allen Details – nicht immer mit großer Begeisterung. L'Hôtes Briefe nach Hause offenbaren eine sehr menschliche Seite der Arbeit: »Gott, was sind die Hieroglyphen langweilig und deprimierend! Wir alle haben sie ja so satt!«

Die Champollion-Rosellini-Mannschaft scheint Zugang zu 16 Gräbern im Haupttal gehabt zu haben: KV1 bis 4, KV6 bis 11 und KV14 bis 19; die Freilegungsarbeit geschah in KV16 (Ramses I.) und vielleicht auch KV7 (Ramses II.). Anhand der Gräber zeichnete die Expedition ein veritables »Who Was Who« der im Tal Ruhenden und weitere

Die Entzifferung der Hieroglyphen

Das 1799 bei Fort Raschid im Nildelta entdeckte Dekret des Ptolemaios V. Epiphanes aus dem Jahre 196 v. Chr. – heute besser bekannt als »Stein von Rosette« – lieferte endlich den langgesuchten Schlüssel zum Verständnis der Hieroglyphen und erweckte so das Altägyptische aus über zweitausendjährigem Schlaf, denn es enthielt denselben Text in drei Notationssystemen und zwei Sprachen: Hieroglyphen, demotischer Schrift und Griechisch.

Entschlüsselt wurde der »Code« schließlich von dem brillanten französischen Junggelehrten Jean-

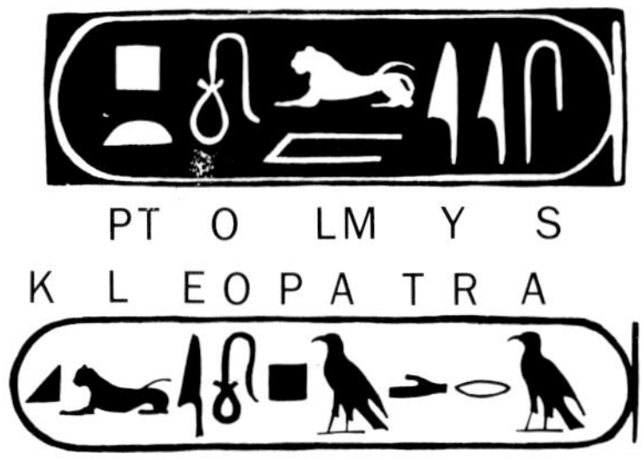

François Champollion, aber davor hatte Thomas Young entscheidende Grundlagenarbeit geleistet. Ihm nämlich war schon 1816 aufgegangen, daß der demotische Teil des Steins von Rosette lediglich eine kursive Version des darüberstehenden, formelleren Hieroglyphentexts darstellte, und 1819 hatte er in einer der Kartuschen den Namen »Ptolemaios« entziffern und ein mögliches Alphabet vorschlagen können. Davon ausgehend regte William Bankes, ein Mitglied von Salts archäologischem Zirkel, an, eine zweite Kartusche, die auf dem (von Belzoni für ihn nach England geschafften) Obelisken von Philae im Zusammenhang mit dem Namen »Ptolemaios« auftauchte, als »Kleopatra« zu lesen. Das war ein solider Anfangserfolg, aber danach kamen die Engländer nicht mehr weiter.

Trotz seiner notorischen Selbstsicherheit waren auch Champollions erste, 1822 in seinem »Lettre à M. Dacier ... relative à l'alphabet des hiéroglyphes phonétiques« beschriebene Schritte eher stockend. In dieser Studie identifizierte er zwar zehn Zeichen des Alphabets korrekt, irrte sich aber bei der Zuordnung von acht weiteren vollständig oder teilweise und übersah vier weitere ganz. Doch 1824 hatte er es schließlich geschafft. In seinem »Précis du système hiéroglyphique« konnte Champollion die entscheidende Tatsache aufzeigen, daß die ägyptische Schrift eine Kombination von Ideogrammen und phonetischen Zeichen benutzte und ihre Grammatik dem Koptischen eng verwandt war. Die Ägyptologie war geboren.

(Links) Jean-François Champollion knackte als erster den Code der Hieroglyphenschrift und baute dabei auf der Pionierarbeit von Thomas Young und William Bankes auf (oben).

interessante Einzelheiten auf, die schließlich die 44 Bildseiten von Champollions postum erschienenen »Monuments de l'Égypte et de la Nubie« von 1845 und die zahlreicheren in Rosellinis »I Monumenti dell'Egitto e della Nubia« von 1832 füllten. Ganz fleckenlos war die weiße Weste der Gruppe freilich nicht: Im Grab Setoys I. entfernten Champollion und Rosellini nämlich in dem Gang, der zu der von Belzoni als »Halle der Schönheiten« gepriesenen Kammer führt, zwei vollständige, praktisch spiegelbildliche Szenen und verbrachten sie in den Louvre und das Florentiner Museum.

1838, sechs Jahre nachdem Champollion erst 42jährig gestorben war, kehrte L'Hôte zu einem nostalgischen Besuch nach Biban el-Muluk zurück:

»Dieses Tal, in dem so viele teure Erinnerungen in mir wiedererwachen, scheint Verlorenheit zu atmen, eine strengere und tiefere Melancholie denn je. Ich stellte mein Bett dort auf, wo [Champollion] gelagert hatte, und ließ glücklich sein Bild in mir lebendig werden; hätte ich doch auch den Genius beschwören können, der ihn unsterblich machte!«

In gewissem Sinn gelang ihm das. Denn sein Besuch überzeugte L'Hôte, daß das Tal der Könige noch längst nicht alle Geheimnisse preisgegeben hatte und es noch andere Gräber gab, die es zu entdecken galt, wenngleich Belzoni alles bereits als erledigt betrachtet hatte. Das Ironischste war, daß – wie Leslie Greener schrieb – »nur wenige Fuß unter dem Grab Ramses' VI., genau der Stelle, an der L'Hôte dies schrieb, [...] der unvergleichliche Reichtum Tutanchamuns ruhte«.

Ein frühes Foto des großen deutschen Ägyptologen Carl Richard Lepsius.

Carl Richard Lepsius

»Theben, den 25. Februar 1845.
Seit über einem Vierteljahr bewohnen wir nun schon unsere thebanische Akropolis auf dem Hügel Qurna, und jeder ist von morgens bis abends auf seine Weise eifrig damit beschäftigt, die wertvollsten Monumente zu erforschen, zu beschreiben und nachzuzeichnen, Papierpausen von den Inschriften zu nehmen und Baupläne anzufertigen; wir sind noch nicht einmal mit der libyschen Seite durch, wo sich mindestens zwölf Tempel und fünfundzwanzig königliche Gräber befinden, von denen fünfzehn den Frauen oder Töchtern der Könige gehören; hinzu kommen zahllose weitere von Privatpersonen, die noch der Untersuchung harren.«
Carl Richard Lepsius

Bislang waren die Deutschen bei der Erforschung des Tals der Könige nur schwach vertreten gewesen. Das sollten sie jedoch schnell aufholen, als der energische Carl Richard Lepsius, ein ehemaliger Schüler des Freiherrn von Bunsen und Alexander von Humboldts, die Szene betrat.

Dank des Einflusses seiner beiden Lehrer besuchte Lepsius Ägypten erstmals an der Spitze einer von Friedrich Wilhelm IV. bestellten, offiziellen preußischen Expedition, die sich vier Jahre (1842–1845) in Ägypten aufhielt. Die Expedition verfolgte zwei Ziele: eine Bestandsaufnahme der erhaltenen Monumente und das Sammeln von Altertümern, von denen Lepsius alles in allem horrende 15 000 nach Hause schickte. Die Arbeitsergebnisse der Expedition wurden zwischen 1849 und 1859 in zwölf Bänden veröffentlicht: die berühmten »Denkmäler aus Ägypten und Äthiopien«.

Lepsius' Mannschaft, zu der auch Robert Hay gehörte, hielt sich zwischen Oktober 1844 und Februar 1845 im Tal der Könige auf, kopierte die Szenen in KV7 (Ramses II.), KV8 (Merenptah) und KV20 (Thutmosis I./Hatschepsut) und legte diese Gräber weiter frei. Bedauerlicherweise kam es wie zuvor schon unter Champollion und Rosellini zu Exzessen: Rhind beschreibt, wie Lepsius' Mannschaft im Grab Setoys I. »eine verzierte Säule« einfach umwarf, »um sich einen Teil davon zu schnappen, und den Rest als verstreuten Trümmerhaufen auf dem Boden der Grabkammer zurückließ«.

Auf der veröffentlichten Karte der Expedition sind fünfundzwanzig Gräber markiert (21 im Haupttal und weitere vier – WV22 bis 25 – im Westtal), wobei die Zählung auf Wilkinsons System aufbaute und heute noch benutzt wird.

Abenteurer und Gelehrte in Ägypten, 1815–1845

Jahr	Salt	Belzoni	Wilkinson	Burton	Hay	Champ/ Ros	Lepsius
1815	●						
1816	●	●					
1817	●	●					
1818	●	●					
1819	●	●					
1820	●						
1821	●		●				
1822	●		●	●			
1823	●		●	●			
1824	●		●	●	●		
1825	●		●	●	●		
1826	●		●	●	●		
1827	●		●	●	●		
1828			●	●	●	●	
1829			●		●	●	
1830			●	●	●		
1831			●	●	●		
1832			●	●	●		
1833				●	●		
1834				●	●		
1835				●			
1836							
1837							
1838							
1839							
1840							
1841							
1842							●
1843							●
1844							●
1845							●

Die Übergangszeit: 1844–1899

Alexander Henry Rhind

»... seit jeher hatte [ich] geplant, in gewissem Umfang auch darzustellen, unter welchen Bedingungen und mit welchen Mitteln die ägyptischen Altertümer beschafft worden sind.«

Alexander Henry Rhind

Mit Anbruch der zweiten Hälfte des 19. Jahrhunderts begann der Archäologie das Gewissen zu schlagen. Dank so weitsichtiger Personen wie Auguste Mariette, der das ägyptische Nationalmuseum und den »Service des Antiquités« der Regierung begründete, waren nunmehr die Tage des Freibeutertums gezählt. Die architektonische Ausplünderung à la Champollion, Rosellini und Lepsius sollte fortan nicht mehr so bereitwillig geduldet werden.

Zudem setzte sich allmählich die Erkenntnis durch, daß archäologische Funde stets im Kontext ihrer Umgebung betrachtet werden müssen, nicht zuletzt dank eines Schotten namens Alexander Henry Rhind. Der in Wick, Caithness, geborene Rhind kam 1855 erstmals nach Ägypten – wie so viele vor und nach ihm aus Gesundheitsgründen. Seine ersten, beispielhaften Ausgrabungen unternahm er in Qurna und förderte dabei eine interessante Sammlung von Mumienetiketten niedrigerer Mitglieder der Königsfamilien der 18. Dynastie zutage. Anschließend wandte er seine Aufmerksamkeit noch im selben Winter dem Tal der Könige zu.

Zu unserem Bedauern (denn Entdeckungen wären sorgfältig dokumentiert worden) erbrachten seine Probegrabungen mit zwei zwanzigköpfigen Arbeitsmannschaften absolut nichts: »Eine Versuchsgrabung nach der anderen erwies sich als ergebnislos, und der tägliche Ritt über den Berg wurde zur mühseligen, von keinerlei Ertrag versüßten Pflichtrunde.« Einer Entdeckung am nächsten kam Rhind nahe dem Zugang zum Grabmal Setoys I., wo sich der Beginn eines Grabeingangs abzuzeichnen schien. Aber das Glück war ihm nicht hold: Es war nur ein natürlicher Felsspalt. Er versuchte sich mit dem Gedanken zu trösten, daß wohl nichts zu Entdeckendes mehr übriggeblieben sei:

»... nachdem wir wohl an jeder erdenklichen Stelle gegraben hatten, die keine Spuren früherer Suche trug, bin ich einigermaßen sicher, daß innerhalb der eigentlichen Grenzen des Tals neben den bereits bekannten keine weiteren Gräber existieren.«

Im folgenden Jahr wollte er »im Westtal und Umgebung« weitermachen. »Dort dürften höchstwahrscheinlich noch aufzufindende Königsgräber der fraglichen Reihe liegen.« Doch Rhinds ohnehin angeschlagene Gesundheit spielte endgültig nicht mehr mit, und er mußte das Projekt aufgeben. Es sollte noch viele Jahre dauern, bis die Ausgrabungen im Tal wieder in so kompetente und verständnisvolle Hände gelangten.

Auguste Mariette

»1835 gab es im Hauptal einundzwanzig offene Gräber; seit unseren Ausgrabungen sind es fünfundzwanzig.«

Auguste Mariette

Alexander Henry Rhind war nicht der einzige, der sich um die Bewahrung der altägyptischen Vergangenheit Gedanken machte, aber nur wenige ließen ihren schönen Worten auch Taten folgen. Zu diesen gehörte der ungemein begabte Franzose Auguste Mariette. Das Louvremuseum hatte ihn zwar nach Ägypten geschickt, um koptische Papyri zu sammeln, aber Mariette verwandte seine Gelder für Grabungen in der Wüste bei Memphis, wo er über das Serapeion stolperte – die Begräbnisstätte der heiligen Apisstiere. Das erfreute zwar seine Arbeitgeber weniger als ihn, aber die Entdeckung stieß auf gewaltiges Interesse und ermutigte Mariette, seine archäologische Arbeit vor Ort in Ägypten fortzusetzen. 1858 ernannte ihn der Khedive zum Direktor der Ägyptischen Monumente, und 1863 errichtete er in Bulaq das erste ägyptologische Museum.

So hochfliegend Mariettes Pläne auch waren – das Ergebnis seiner massiven Grabungspro-

Auguste Mariette, der erste Direktor der Ägyptischen Monumente und Gründer des Nationalmuseums in Bulaq.

(Links) Rückseite eines goldenen, mit Einlegearbeiten verzierten Pektorals von der 1860 in Theben gefundenen Mumie der Königin Aahotep. Ihre Entdeckung machte die Welt auf das reiche Potential der Nekropolis aufmerksam.

(Rechts) Szene auf einer Wand des Tausret-Sethnacht-Grabs – ein typisches Beispiel für Lefébures grobe, aber informative Kopien von Darstellungen in den Königsgräbern.

gramme, bei denen er insgesamt über 7000 Arbeiter beschäftigte, blieb enttäuschend. Weil die Arbeit schlecht geleitet und beaufsichtigt wurde, waren kaum mehr als ein paar interessante Skulpturen und Inschriften zu erwarten; was das Tal der Könige anlangt, ist sogar ungewiß, welche Gräber Mariette freigelegt hat.

Dennoch leistete Mariette Pionierarbeit, und seiner Energie und Begeisterung verdanken wir den ägyptischen »Service des Antiquités«. Auf den von ihm gelegten Grundlagen baute ein weiterer Franzose, Gaston Maspero, weiter, während dessen beiden Amtszeiten – 1881–1886 und 1899–1914 – die Ausgrabungen im Tal der Könige stürmisch vorangetrieben wurden.

Eugène Lefébure

»Das Interessante [am Mumiendepot von Deir el-Bahari] [...] ist sein theatralischer Aspekt, das dramatische Auftauchen dieser Versammlung von Königen, die uns bislang so fern Geglaubtes mit einem Male nahebringen ...«

Eugène Lefébure

Mariettes berühmteste Entdeckung – genauer: Wiederentdeckung – waren der Sarg und die Schmucksammlung der Königin Aahotep aus der 17. Dynastie, deren intakte Mumie 1860 dem Gouverneur von Qena in die Hand fiel. Die Mumie selbst war zwar ihrem Schicksal überlassen worden, aber die Entdeckung bereitete den Weg für den Fund der Königsmumien in Deir el-Bahari einige Jahre später. Dieser wiederum veranlaßte Eugène Lefébure, 1883 seine Übersicht über das Tal der Könige zu erstellen.

Unser Held war am 11. November 1838 in Prunoy, Yonne, geboren worden und hatte zunächst eine dröge, aber gesicherte Karriere bei der Post verfolgt, ehe er nach dem Tod seiner Frau den Sprung ins kalte Wasser wagte – er gab seine Stellung auf und ging zur französischen Grabungsmission in Kairo. 1881 leitete er sie bereits und war damit der Nachfolger Gaston Masperos, der nach dem Tod Mariettes zurückgetreten war, um Chef des »Service des Antiquités« zu werden.

Der energische, wenn auch unbeliebte Victor Loret. Émile Brugsch, sein Assistent, beschrieb Lorets Vorgänger als »bloßes Teufelchen« verglichen mit dem neuen Direktor, der »20 Teufel« sei.

Der neue Leiter der französischen Mission war wie ein Hund, der seinen Knochen nicht hergibt. Kaum hatte er Ende Januar 1883 mit der Arbeit im Tal begonnen, gönnte er sich keine Pause mehr und überdauerte die meisten seiner Assistenten, die schon relativ früh das Handtuch geworfen zu haben scheinen. Bereits im April hatte Lefébure die Glanzleistung vollbracht, in seinen spinnwebdünnen Hieroglyphen das gesamte Grab Setoys I. zu kopieren, und war beim Dokumentieren von KV2, dem Grab Ramses' IV. (das ihm eine Zeitlang als Stützpunkt diente), schon gut vorangekommen. Außerdem kroch und zwängte er sich in jedes Loch, das er im Tal finden konnte, machte von jedem erdenklichen Grab eine grobe Planskizze und kopierte die wichtigsten Texte und alle sichtbaren Graffiti. Damit nicht genug: Das gesamte Unternehmen wurde binnen vier Jahren in zwei dicken Bänden mit dem Titel »Les Hypogées royaux de Thèbes«, die 1886 und 1889 erschienen, ausführlich publiziert. Zugegeben – das Werk war ein bißchen schnell hingeworfen; die Figurenskizzen entbehrten jedes künstlerischen Anspruchs und sollten nur einen bestimmten Punkt illustrieren. Aber es war genau das, was man brauchte: ein Grundkompendium über die Königsgräber. Hier begegnen wir erstmals den (wenn auch unnumerierten) Plänen von KV26–29, 37, 40 und 59 im Haupttal und WV24–25 sowie WV A im Westtal und zudem einer Masse neuer Informationen, die in vielen Fällen bis heute Gültigkeit haben.

Es ist schon paradox, wenn das heutige biographische Standardlexikon der Ägyptologie den Leiter der französischen Grabungsmission trotz seiner großartigen Leistungen als »für die Arbeit im Gelände körperlich ungeeignet« abtut. 1884 kehrte er wieder auf seinen Ägyptologie-Lehrstuhl in Lyon zurück und setzte danach nie mehr einen Fuß ins Tal der Könige.

Victor Loret

»Im Tal der Königsgräber hat Loret höchst bedeutsame Entdeckungen gemacht. Schon seit mehreren Jahren [...] boten die Araber [hier] reichen Touristen die Enthüllung der Geheimnisse weiterer Königsgräber feil, und der neue Direktor der Altertumsabteilung hatte nun das Glück, die zwei ältesten und in gewisser Beziehung bislang interessantesten königlichen Grabmale im Tal zu entdecken.«

Francis Llewellyn Griffith

In den Jahren unmittelbar nach Lefébures Durchmusterung des Tals setzte das Französische Institut die Aufzeichnungsarbeit fort, wobei Jules Baillet und Georges Bénédite die griechischen, römischen und demotischen Graffiti antiker Talbesucher zu kopieren anfingen. Außerdem leistete Georges Daressy vom Museum in Bulaq 1888 erste Freilegungsarbeiten in den Gräbern Ramses' VI. und Ramses' IX. (KV9 und KV6). Sein bemerkenswertester Fund war eine große Gruppe bebilderter Ostraka, die zumeist Votivcharakter haben dürften. Die bekannteste enthält eine Planskizze für das Grab des späteren Ramessiden-Königs – eine der ganz wenigen Zeichnungen dieser Art, die aus dem alten Ägypten bekannt sind.

Gaston Maspero hatte 1886, zwei Jahre vor Daressys Grabungsarbeiten, die Leitung des »Service des Antiquités« aufgegeben. Ihm folgten zwei weitere Franzosen: bis 1892 Eugène Grébaut und von 1892 bis 1897 Jacques de Morgan, der 1895 möglicherweise selber im Grab Ramses' III. (KV11) gegraben hat. De Morgan wurde von einem weiteren Landsmann abgelöst: Victor Loret, dessen nur kurze Zeit an der Institutsspitze (er war nicht gerade beliebt) dennoch, gemessen an Aufwand und Ertrag, zu einer der produktivsten wurde, die das Tal der Könige je gesehen hatte.

Loret interessierte sich schon lange für das Tal. Er war 1881 auf der Höhe der durch die Entdeckung der Königsmumien entfachten Hysterie nach Ägypten gekommen und einer der Überlebenden von Lefébures manischer Bestandsaufnahme im Jahr 1883, die dem jungen Ägyptologen unvermeidlicherweise Bereiche aufgezeigt hatte, die der Untersuchung wert schienen. Nun konnte er endlich seinen Mutmaßungen nachgehen.

Und Lorets Mutmaßungen trafen zu. Zwischen 1898 und 1899 fügte er der Karte des Haupttales 16 weitere Gräber hinzu, von denen anscheinend nur fünf (KV26–28 und KV30–31) früheren Forschern bekannt waren. Leider war seine Veröffentlichungsarbeit weniger eindrucksvoll; wir besitzen nur einen vorläufigen Bericht über zwei seiner Entdeckungen – das zweite Mumienversteck im Grab

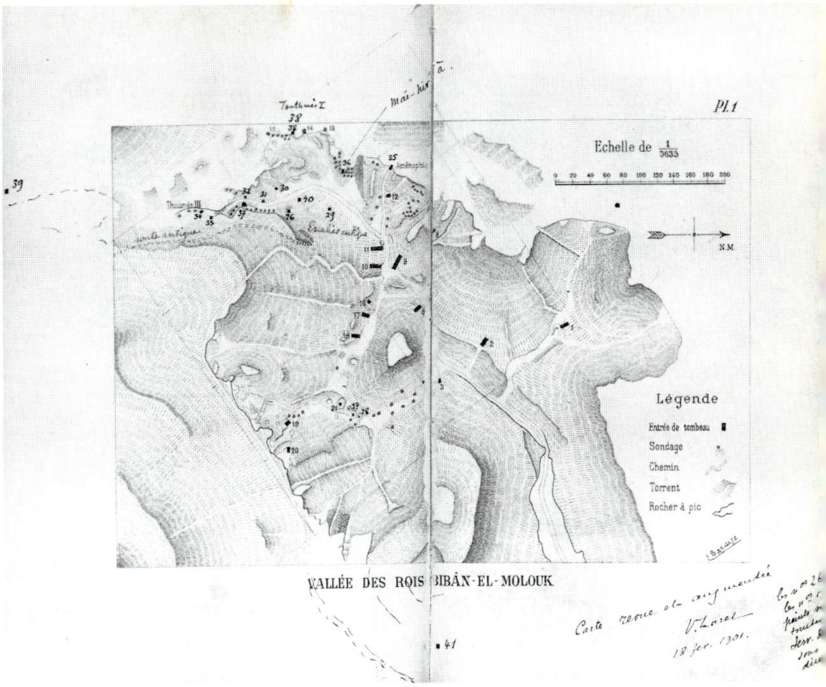

1898	1899
KV26	KV29
KV27	KV36 (Maherpra)
KV28	KV37
KV30	KV38 (Thutmosis I., zweites Grab)
KV31	KV39 (? Amenhotep I.)
KV32	KV40
KV34 (Thutmosis III.)	KV41
KV35 (Amenhotep II.)	
KV L-M	

(Oben) Diese von Loret mit Nachträgen und Randbemerkungen versehene Karte zeigt das Ausmaß seiner Arbeit im Tal in den Jahren 1898 und 1899.
(Unten) Grundriß von KV6 auf einem Kalksteinsplitter, den Georges Daressy 1888 bei der Freilegung dieses Grabes entdeckte.

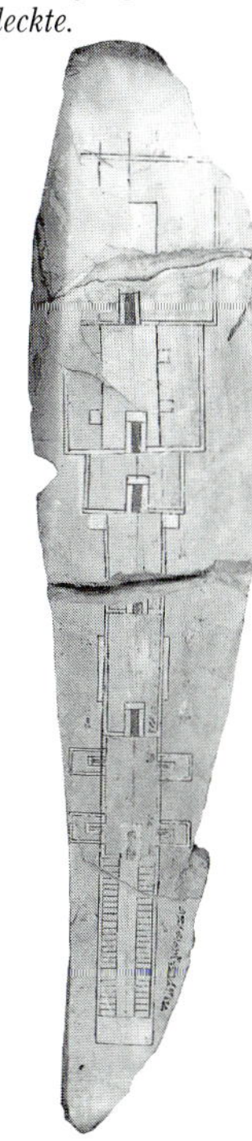

Amenhoteps II. (KV35) und die Entdeckung des Grabes von Thutmosis III. (KV34) –, aber davon abgesehen ist bislang nichts Gehaltvolleres über seine zwei Grabungsjahre zum Vorschein gekommen.

Das Beweismaterial, anhand dessen sich die Vorgehensweise Lorets rekonstruieren ließe, ist mager: Alles, was wir haben, ist eine umfangreiche Serie von (unveröffentlichten) Fotos in seinem Archiv in Lyon und Charles Edwin Wilbours persönliche Kopie einer Karte der Arbeiten Lorets mit Anmerkungen des Autors im Brooklyn Museum. Dieses wichtige, Ende der siebziger Jahre von John Romer wiederentdeckte Dokument läßt die obenstehende Grundchronologie erkennen.

Einträge im »Journal d'Entrée« des Kairoer Museums lassen zudem den Schluß zu, daß Loret, vielleicht in der Saison von 1899, auch einige bereits vorher numerierte Gräber untersucht haben könnte: KV2 (Ramses IV.), KV17 (Setoy I.) und WV22 (Amenhotep III.).

Howard Carter und der »Service des Antiquités«

»... seit dem 26. Dezember bin ich in Luxor und führe Carter ein. [...] Er ist sehr aktiv, ein sehr guter junger Mann, [wenn auch] ein wenig stur...

Gaston Maspero

Gaston Masperos Rückkehr in die Leitung des »Service des Antiquités« nach dreizehnjähriger Unterbrechung im Jahre 1899 markierte einen Wendepunkt in der Archäologiegeschichte des Tals der Könige. Victor Loret hatte zwar vieles erreicht, aber erst die energische Arbeit von Masperos jungem Schützling Howard Carter brachte die Erforschung – und, wichtiger noch, die Konservierung – der königlichen Nekropolis wirklich in Schwung.

Eine Touristengruppe bewundert um die Jahrhundertwende die von Howard Carter zurückgebettete und seit kurzem elektrisch beleuchtete Mumie Amenhoteps II.

»Amenhotep II. und seine drei Gefährten steigen, getragen von vier eingeborenen Arbeitern, wieder in die Gruft hinab. Mit Lorets Plan in der Hand verbrachte Mr. Carter die Mumien wieder in der alten Anordnung in ihre Zelle.«

Gaston Maspero

Als Carter 1899 zum ersten Chefinspekteur für die Altertümer Oberägyptens ernannt wurde, war er noch ein junger Mann Mitte Zwanzig. Hinter ihm lagen bereits acht Jahre praktischer Außenerfahrung beim »Egypt Exploration Fund«, und für die Zukunft beseelten ihn zahllose Ideen und großer Ehrgeiz. Zu seinen ersten Arbeiten für Maspero hatte die Rückbettung Amenhoteps II. und der unidentifizierten Königsmumien gehört, die Loret ein Jahr zuvor in KV35 entdeckt hatte; alles übrige ließ er sorgfältig verpacken und ins Museum von Gise bringen. Das Grab zog sofortige Aufmerksamkeit auf sich – nicht nur seitens der Touristen, denn binnen weniger Monate verwüsteten Diebe auf der Suche nach Wertgegenständen das Grab und die darin Ruhenden. Schuld daran waren die Abd el-Rassuls, professionelle Grabräuber, mit denen Maspero in der Vergangenheit schon mehrfach die Klingen gekreuzt hatte.

Grabungen des »Service des Antiquités«

Seine erste Chance zu Grabungen im Tal der Könige erhielt Carter Ende 1900, als ihn zwei Einheimische, Chinouda Macarios und Boutros Andraos, ansprachen und behaupteten, die Lage eines neuen Grabes zu kennen. Wenn sie den »Service des An-

Howard Carter (1874–1939)

»... stets ein angenehmer Mensch – trotz seines dominanten Wesens.«

Emma B. Andrews

- Geboren am 9. Mai 1874 in Kensington, London, als jüngster Sohn des Tiermalers Samuel John Carter; keinerlei formale Ausbildung.
- Bekommt auf Betreiben von Lady Amherst, einer Freundin der Familie, eine Stelle als Zeichner beim Egypt Exploration Fund, arbeitet in Beni Hasan und el-Berscha, stößt 1892 in el-Amarna zu W. M. F. Petrie, 1893–1899 in Deir el-Bahari erneut für den EEF tätig.
- Von 1899 bis 1904 unter Maspero erster Chefinspekteur für Altertümer Oberägyptens, legt im Winter 1900 Grab KV42 und am 26. Januar 1901 Grab KV44 frei; ermutigt als erster Theodore Davis, im Wadi Biban el-Muluk zu graben, leitet dessen frühe Freilegungen der Gräber Thutmosis' IV. (KV43; 18. Januar 1903) und Hatschepsuts

tiquités« unterrichteten und die Freilegungskosten trugen, stand ihnen nach damaligem Recht ein Teil des Erlöses zu. Die eigentliche Grabung, nicht weit vom Grab Thutmosis' III. (KV34) entfernt, überwachte der Ghaffirhäuptling Achmed Girigar, und schon relativ bald war der Eingang freigelegt. Der Fund erwies sich als ein sauber in den Fels gehauenes Thutmosiden-Korridorgrab für königliche Zwecke; es trägt jetzt die Nummer KV42. Zwar hatte Loret schon vorher einige Gegenstände von hier zutage gefördert, aber das Grab selbst scheint ihm entgangen zu sein. Bis zur Entdeckung von »Grundstein«-Depots im Jahre 1921, die für Königin Hatschepsut Maatkare, die Gattin Thutmosis' III., bestimmte Inschriften enthielten und das Grab eindeutig als das ihrige identifizierten, hatten Weigall und andere es für das »fehlende« Grab von Thutmosis II. gehalten, eine Zuschreibung, die noch immer gelegentlich vorgebracht wird.

»... meine Absprache mit dem Eingeborenen lautete, daß entweder die Hälfte des Wertes oder der Altertumsfunde dem Finder gehören sollte.«

Howard Carter

Der Ausgrabung von KV42 folgte am 26. Januar 1901 die Entdeckung und Freilegung von KV44, einem kleinen Schachtgrab aus der Zeit des Neuen Reiches, das für eine Familienbeisetzung in der 22. Dynastie wiederverwendet worden war. Das Vorhandensein eines weiteren Grabes in der Gegend war offenkundig, wenn nicht Loret selbst, so doch mindestens seinen Arbeitern aufgefallen, seine nähere Erkundung aber bis auf weiteres verschoben worden.

Im Winter 1901/02 unternahm Carter weitere Ausgrabungen im Tal der Könige, so am Eingang zum Grab Ramses' X. (KV18), wo er Teile eines »Grundstein«-Depots freilegte, und an anderen, leider nicht näher bezeichneten Stellen, wo er einen »für den Schreiber

Howard Carter und der »Service des Antiquités«

(Rechts) Bei Carters Grabungen im Tal 1901/1902 entdecktes Ostrakon aus der Ramessidenzeit mit einer Umrißzeichnung des Gottes Osiris.

(Oben) Howard Carter – der junge Künstler als frischgebackener Chefinspekteur, 1899.

(KV20; Anfang Februar 1903 bis Februar 1904) und entdeckt zwei kleinere Gräber: KV45 (25. Februar 1902) und KV60 (1903).

- Wird 1904 in den Norden versetzt und gibt im Jahr darauf nach einem Disput mit einer französischen Touristengruppe in Saqqara seine Stellung beim »Service des Antiquités« auf.

- Zwischenspiel als freischaffender Aquarellmaler (1905–07); dann Anstellung als Archäologe des Earl of Carnarvon; gräbt u. a. in Dira Abu n' Naga und Deir el-Bahari, bis Davis auf seine Konzession für das Tal der Könige verzichtet.

- Gräbt mit Lord Carnarvon im Westtal, am Grab Amenhoteps III. (WV22; Frühjahr 1915) und von 1917 bis 1922 im Hauptwadi.

- Entdeckt am 4. November 1922 das Grab des Tutanchamun (KV62); die Freilegungs- und Konservierungsarbeiten ziehen sich bis 1932 hin.

- Gestorben am 2. März 1939 in Kensington, London.

Von Howard Carter kurz nach der Entdeckung von KV46 für Theodore Davis aquarelliertes Detail vom äußeren Sarg der Tuja.

Ahmose, genannt ›Pensekerty‹ (der ›Zuverlässige‹)«, beschrifteten Sandstein-Türsturz, ein auf den Thronnamen Hatschepsuts lautendes »Sandsteinfragment«, fragmentarische *uschebtis* Setoys I. und Ramses' VI. und eine Reihe von Ostraka sowie »Probestücke« von Künstlern zutage förderte.

Reparatur und Wiederinstandsetzung

Im Gegensatz zu den meisten seiner Vorgänger hielt Carter die Konservierung für eine der wichtigsten Pflichten des Ägyptologen. Deshalb, zum Teil auch für Tourismuszwecke, wurden 1901 und 1902 in einer Reihe von Gräbern – darunter denen Amenhoteps II. (KV35), Ramses' I. (KV16), Ramses' III. (KV11), Ramses' VI. (KV9) und Ramses' IX. (KV6) – die notwendigen Reparaturarbeiten vorgenommen, während »die Zugänge zu jedem Grab erweitert und für einhundert Esel und ihre Treiber Unterkünfte erstellt wurden, denn letztere waren dringend nötig, um Ordnung zu halten und eine Verschmutzung des Tals mit Abfällen zu vermeiden«.

Als die amtlichen Mittel verbraucht waren, sah sich der energische Carter anderswo um. Seine bekannteste Geldquelle war der erfolgreiche amerikanische Anwalt Theodore M. Davis, über den er – ebenso wie Maspero – freilich bald die Kontrolle verlor. Ein handlicherer Mäzen war dagegen der Industriechemiker Robert Mond, an den sich Carter 1903/04 mit der Bitte um die Finanzierung lebenswichtiger Restaurierungsarbeiten im Grab Setoys I. (KV17) wandte, als nämlich in der Grabkammer ein Pfeiler einstürzte und einen Teil der Decke mitriß. Zur gleichen Gruppe gehörte eine gewisse Mrs. Goff, von der man im übrigen praktisch nichts weiß. Offenbar hatte sie an dem jungen Chefinspekteur Gefallen gefunden und sich von ihm überreden lassen, die keineswegs nebensächliche Summe von 10 Pfund Sterling »für die Erhaltung eines speziellen Monuments« einzubringen.

Beleuchtung der Gräber

»Nachdem beschlossen war, sechs der wichtigsten Königsgräber in Biban el-Molouk [...] elektrisch zu beleuchten, übernahm Herr Zimmermann, Elektriker der Hotels in Luxor und Karnak, die Planung der notwendigen Installationen. [...] Der Generator wurde im unbeschrifteten Grab Nr. 18 aufgestellt [...]; es wurden etwa 900 bis 1000 Meter Kabel und Leitungen benutzt, und die Außenkabel wo nur irgend möglich unterirdisch verlegt, um die schöne Aussicht aufs Tal nicht zu verschandeln.« Howard Carter

Zu Carters größten und bekanntesten Leistungen als Chefinspekteur im Tal gehört die elektrische Beleuchtung seiner sechs besten Gräber. Im Grab Amenhoteps II. mit seinen unheimlichen Bewohnern war die neumodische Illumination ein besonderer Erfolg. Theodore Davis' Reisebegleiterin Emma B. Andrews schreibt in ihrem Tagebuch:

»Wir betraten Amenhoteps Grab, das nun mit Elektrizität beleuchtet war, welche die Anlage und Dekoration herrlich erstrahlen ließ. Die ausgeraubte Mumie war in ihren Sarkophag zurückgelegt und mit den zerrissenen Mumientüchern wieder ordentlich umwickelt worden, und Carter hatte das Ganze höchst kunstvoll angeordnet. Am Kopfende des Sarkophags befindet sich eine verdeckte Glühbirne, die das schöne Gesicht in großartigem Relief abzeichnet, und als alle anderen Lichtquellen abgeschaltet waren, ergab sich ein feierlicher und eindrucksvoller Effekt. Carter hat dort drüben [im Tal der Könige] auf verschiedenste Weise großartige Arbeit geleistet. [...] Man braucht nicht mehr mit blakenden Kerzen, die einen mit Wachstropfen übersäen, zwischen gähnenden Gruben durch oder über grobe Steintreppen zu stolpern.«

1903/04 machte sich Carter an die Freilegung der Innenkammern des Merenptah-Grabs (KV8) und vollendete seine Arbeit für Mrs. Goff im Grab Setoys II. Doch nun wurde die Zeit knapp. Ende 1904 endete sein Vertrag für den Süden, und er wurde als Chefinspekteur für Unterägypten nach Norden versetzt. Den Zug nach Kairo bestieg er als geachteter und tüchtiger Diener der ägyptischen Regierung; seine Rückkehr ins Tal 1915 sollte unter ganz anderen Umständen stattfinden.

Die Beleuchtung des Königstals, 1903

Grab	Inhaber	elektrische Lampen
KV6	Ramses IX.	4
KV9	Ramses VI.	12
KV11	Ramses III.	18
KV16	Ramses I.	7
KV17	Setoy I.	37
KV35	Amenhotep II.	21

Insgesamt 99 Lampen von 10, 16 oder 32 Kerzenstärken

Profil und Vorderansicht (samt Maßangaben) des Innensarkophags von König Merenptah auf den beiden Seiten eines Kalksteinsplitters aus seinem Grab.

»Als wir in den Schatten hinabkletterten, erblickten wir in der Ferne eine riesige, reglose Staubwolke, und in der Stille erklang leise der rhythmische Gesang einheimischer Arbeiter. [...] Bald trafen wir auf [Davis], der mit zwei oder drei anderen Herren offenkundig erregt seinen Leuten zusah, die den Eingangsschacht eines nur wenige Stunden zuvor entdeckten Grabes freischaufelten. Er rauchte eine Zigarette nach der andern, löste sich hin und wieder von der Gruppe und ging nervös auf und ab ...«

Charles Breasted

»... ein exzentrischer, schroffer kleiner Mann, aber allen, die er mochte, ein guter Freund ...«

Joseph Lindon Smith

Theodore Davis: Pro Saison ein neues Grab

Der Anfang

Theodore M. Davis, ein nicht mehr junger, aber reicher Finanzmann und Anwalt aus Newport, Rhode Island, ist eine der Schlüsselgestalten in der Geschichte der archäologischen Erforschung des Tals der Könige. Seit 1889 hatte er den Winter regelmäßig in Ägypten verbracht und mit seiner Begleiterin Mrs. Emma B. Andrews auf seiner Privatjacht »Bedawin« auf dem Nil gekreuzt. Zur Archäologie fand er – dankenswerterweise, wie mancher sagen würde – erst spät und eher per Zufall.

Davis' Grabungen gehören zu den wichtigsten, die im Tal der Könige je vorgenommen wurden. Doch ähnlich Lorets veröffentlichten Berichten werden auch die seinigen den Funden, die er machte, bei weitem nicht gerecht; sie strotzen von Unklarheiten, Fehlern und Auslassungen. Die menschliche Seite der Arbeiten ist jedoch weitaus besser dokumentiert, so daß wir zum ersten Mal einen Einblick in den wirklichen Alltag der Ausgrabungen im Tal bekommen.

Das Interesse von Davis an der Archäologie scheint Howard Carter geweckt haben, der wie üblich auf der Suche nach einem Geldgeber war. Carter selbst schreibt in seinen unveröffentlichten autobiographischen »Skizzen« darüber:

»[Davis] sagte oft zu mir, er suche für seine Aufenthalte in Oberägypten nach einer wirklich interessanten Aufgabe. Also [...] machte ich ihm folgenden Vorschlag. Die ägyptische Regierung würde mir gestatten, in seinem Auftrag im Tal der Königsgräber zu forschen, wann immer es meine Pflichten erlaubten; falls er seinerseits bereit sei, die Kosten dafür zu tragen, würde es der Regierung eine Ehre sein, ihm zum Dank für seine Großzügigkeit soweit möglich jegliche Dubletten unter den dabei gefundenen Altertümern zu überlassen. Zugleich erzählte ich ihm von meiner Vermutung, möglicherweise lasse sich das Grab Thutmosis' IV. entdecken ...«

Carter ließ den Köder baumeln – und Davis biß an. Im Januar 1902 begann der junge und unternehmungslustige Chefinspekteur mit dem Geld des Amerikaners im Gebiet zwischen KV2 und KV7 zu graben, doch drei Tage harter Arbeit förderten lediglich Schutt zutage, der beim Ausmeißeln des Grabes von Ramses IV. angefallen war. Danach verlagerte er seine Aufmerksamkeit auf den Bereich zwischen KV5 und KV3 und arbeitete sich »vorsichtig am Fuß des Vorhügels zwischen diesen beiden Punkten entlang und ließ dabei nichts unerforscht«. Diese Mühe wurde mit dem Fund einer Tonscherbe belohnt, in die das Profil eines Königskopfes eingeritzt war.

Ende Februar kam die Sache in Schwung. Carters Leute gruben vom Grab Ramses' XI. (KV4) aus dem Wadi entlang nach Westen in Richtung von KV21 weiter und stolperten dabei über ein kleines Schachtgrab, das nun die Nummer KV45 trägt. Carter öffnete es am 25. Februar und stellte fest, daß es »zu einem Drittel mit Trümmerabfall gefüllt« war, auf dem sich jedoch die Überreste zweier Mumien der 22. Dynastie fanden; jede ruhte zwar in einem Doppelsarg, aber das Ganze war wegen der periodischen Überschwemmungen völlig verfault. In dem darunter liegenden Schutt entdeckte Carter Überreste der ursprünglichen Grabinhaber aus der 18. Dynastie. Das war immerhin etwas, wenn auch kein ganz großer Fund. Der Köder verfing vollends, und nun hing Davis fest am Haken.

Arthur Weigall, der Chefinspekteur der Altertumsverwaltung (zweiter von links), seine Frau Hortense, Theodore Davis (dritter von links) und Edward R. Ayrton, Davis' Ausgräber, vor dem Eingang zum Grab Ramses' IV.

Theodore Davis: Pro Saison ein neues Grab

Auf der Spur Thutmosis' IV.

(Rechts) Carters Arbeiter tragen Fundstücke aus dem gerade entdeckten Grab Thutmosis' IV. weg, 1904.

Carters »Vermutung« wegen des Grabs Thutmosis' IV. verstärkte sich kurz darauf, als er am 25. Februar 1902 in der Nähe des seit langem bekannten KV28 das Fragment eines schönen Kalkspatgefäßes mit einer Inschrift entdeckte, die den Namen des Königs enthielt. Es hatte offenkundig zur königlichen Grabausstattung gehört und schien auf aufregendere Funde hinzudeuten – aufregender jedenfalls als die bisherige Ausbeute: Töpferwaren und Ostraka, eine abgebrochene Hacke und ein Kinderskelett in einem grobgezimmerten Sarg.

Aber ganz so schnell enthüllte sich das Geheimnis des Grabes Thutmosis' IV. doch nicht. Carter, der sich immer noch auf einer heißen Spur wähnte, verlagerte seine Anstrengungen auf den Bereich, in dem Loret im März oder April 1899 das Grab Maherpras (KV36) entdeckt hatte. Ab 26. Februar wurde »diese Stätte gründlich ausgegraben« und die Mühe mit dem Fund einer gelbbemalten Holzkiste »in einer kleinen Felshöhlung über dem Grab des Mai-her-pri« belohnt, auf der in blauer Schrift der Name und die Titel dieses Grabinhabers standen. Darin befanden sich zwei lederne, nach einem komplizierten Netzmuster geschnittene Lendenschurze, die zu den schönsten je in Ägypten gefundenen Lederarbeiten gehören. In der Nähe verstreut lagen Ostraka und Fragmente aus der Ramessiden-Zeit, eine Vielzahl von Glas- und Karneolintarsien und zerbrochene »Fragmente eines Holzkastens oder -sarges, der die Kartusche Amenhoteps III. trug«.

Die Fährte von Thutmosis IV. nahm Carter erst in der nächsten Grabungssaison auf, die von Anfang Januar bis Mitte April 1903 dauerte. Carter holte seine Leute wieder in die Gegend von KV21 zurück und legte systematisch den Bereich frei, der zum südöstlichen Klippenabhang führt, wobei er angestrengt nach den verräterischen Meißelspuren im Kalkstein Ausschau hielt, die auf ein nahes Grab hindeuten konnten. Und mit dem für einen Großteil der von Davis im Tal finanzierten Grabungen charakteristischen Glück stolperten Carter und seine Leute bei der Freilegung des Eingangs zum seit langem bekannten Grab des Mentuhirkhopshef (KV19) über ein kleines und interessantes Ein-Kammer-Korridorgrab (Nr. 60), das »zwei stark entblößte Frauenmumien und ein paar mumifizierte Gänse« enthielt.

Am 18. Januar zeigte sich endlich der Eingang zum Grab Thutmosis' IV., auf den die Entdeckung zweier Höhlungen mit »Grundstein«-Depots hinwies. Beim Weitergraben kamen die vier Seiten einer großen Vertiefung und nach einem weiteren Grabungstag eine unterirdische Treppe zum Vorschein. Carter beschreibt dies so:

> »Ein paar verfallene Stufen führten uns hinunter zum teilweise von Steinen blockierten Eingang. Wir krochen unter dem Türsturz durch in einen steil abfallenden Gang, der ins Herz des Felsens führte. [...] Wir schlidderten hinunter [...] bis zum Rand eines großen, gähnenden Brunnens [...] und stellten [schließlich] in der Düsternis fest, daß die oberen Teile der Wände mit

(Unten) Bemalte und mit dem Namen des Maherpra beschriftete Holzkiste, die Carter am Eingang von KV36 zutage förderte. (Rechts) Detail eines der beiden außergewöhnlichen (und jeweils aus einem einzigen Stück Leder geschnittenen) Lendenschurze, die in der Kiste lagen.

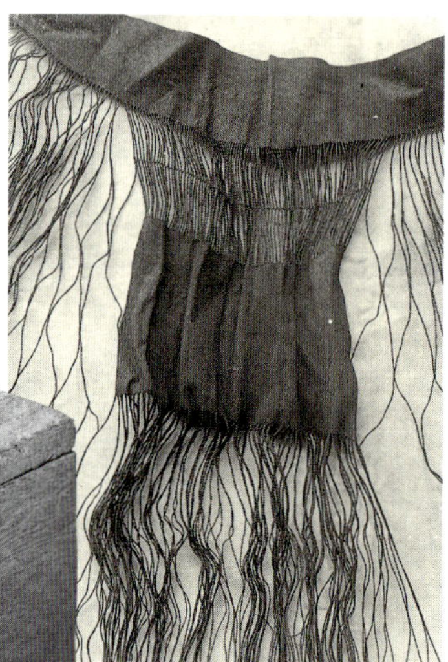

Graben für Davis

(Unten) Theodore Davis' Haus am Eingang des Westtals. Entworfen und erbaut hatte es Edward Ayrton; 1909 wurde es von Harold Jones (wie die nebenstehende Skizze aus einem seiner Briefe nach Hause zeigt) erweitert.

Vor Ort schwelgte man keineswegs nur in Geschmeide und vergrabenen Schätzen, wie der kränkliche Harold Jones – Theodore Davis' vorletzter und wegen ausbleibender Funde höchst verdrossener – Grabungsleiter in diesem zutiefst deprimierten Brief an seine Familie am 6. November 1909 festhielt:

»Wozu schreiben, wenn es nichts zu berichten gibt? Zur Not redet man eben vom Wetter... Also, es ist immer noch heiß, heute ungefähr 30 Grad im Schatten, und nachts kühlt es auch kaum ab. Ihr dürft euch Cyril [Jones' jüngerer Bruder und Assistent während der Arbeiten von 1909 und 1910] und mich mit nichts als Hose, Hemd und Weste bekleidet vorstellen – kragenlos. Nachts schlafen wir unter zwei Decken im Freien – über uns die Sterne und rundum alles voller Insekten. Noch vor Sonnenaufgang wecken mich die Fliegen, die mir in die Nase krabbeln, also stehe ich auf, gehe mit einer Decke nach drinnen, schlafe dort auf einer Matratze weiter und stehe gegen halb neun, neun Uhr zum Frühstück auf. Nach dem Porridge etc. fängt die Tagesarbeit an – sofern ich die Energie dafür aufbringen kann –, und so vergeht dann unter gelegentlichen Ruhepausen der Vormittag, bis es Zeit zum Lunch wird. Nach dem Essen ist es heiß, und irgendwie fühlt man sich schlapp – also mache ich meist ein Nickerchen und arbeite noch ein bißchen, bevor es Zeit für den Nachmittagstee wird, und danach machen wir einen kurzen Spaziergang, und dann kehren wir zurück und sitzen draußen im Sternenlicht bis zum Abendessen, das gegen 7 kommt – noch mehr Zwiebeln und Gurken und Linsensuppe –, und dann setzen wir uns wieder nach draußen ...«

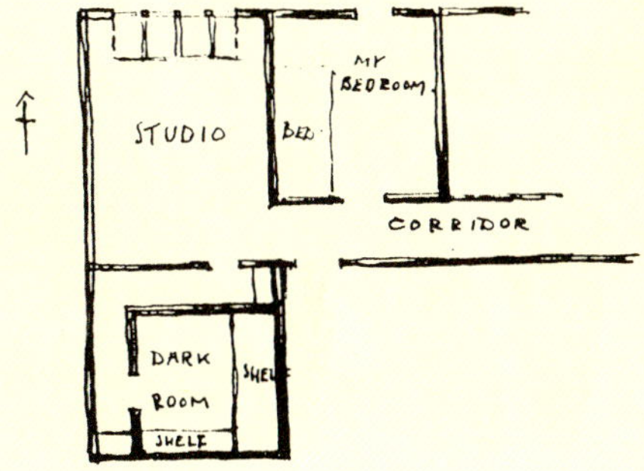

kunstvollen Skulpturen und Malereien versehen waren. Die Szenen stellten den Pharao Thutmosis IV. dar, der diversen Göttern und Göttinnen der Unterwelt gegenüberstand. [...] Damit besaß ich den endgültigen Beweis, daß ich das Grab Thutmosis' IV. gefunden hatte, was mich, wie man sich denken kann, mit beträchtlicher Befriedigung erfüllte ...«

... was natürlich nicht zuletzt darauf beruhte, daß nunmehr die weitere Finanzierung seiner Arbeit gesichert war – Davis war hingerissen.

Hatschepsut

»... Theo sagte, als Carter aus dem Grab auftauchte, habe er schrecklich ausgesehen; der Schweiß troff ihm aus allen Poren, Gesicht und Hände waren mit schwarzem Staub verschmiert, außerdem war ihm schrecklich übel, weshalb er sich eine Zeitlang hinlegen mußte. Er sagte, die Luft sei von einem erstickenden Geruch geschwängert, wie nach Ammoniak, und von den Decken hingen riesige Klumpen irgendeines schwarzen Zeugs herab wie Stalaktiten. Er und seine Leute haben es alles andere als leicht ...«

Emma B. Andrews

Anfang Februar 1903 – der Staub des Grabes Thutmosis' IV. (KV43) hatte sich noch kaum gelegt – überredete Carter seinen Gönner, vielleicht sei es der Mühe wert, sich auch das geheimnisvolle, noch nicht zugeordnete Grab KV20 näher anzusehen, das seit Jahren offenstand, aber von dem man praktisch noch nichts wußte.

Nach dem relativ einfachen Auffinden von Thutmosis IV. erwies sich die Freilegung von KV20 als

(Links) Dieses Aquarell Howard Carters zeigt das in der Grabkammer von KV20 vorgefundene Durcheinander; im Vordergrund der Sarkophag der Hatschepsut mit seinem verschobenen Deckel.

Der massive Außensarkophag des Juja vor dem Eingang zum reich ausgestatteten Grab KV46, das Davis Anfang 1905 ausgrub.

teures und gefährliches Unterfangen, das sich bis Februar 1904 hinzog. Es war Carters letzte Arbeit für Davis, bevor er zum Chefinspekteur für den Norden ernannt wurde.

Juja und Tuja

Falls Carter bei seinem Abschied vom Tal Erleichterung empfand, dürfte sie ihm sehr bald danach sauer aufgestoßen sein, als sein Nachfolger als Chefinspekteur in Luxor, James Edward Quibell, dort für Davis weitermachte, wo Carter aufgehört hatte, und am 5. Februar 1904 zwischen KV3 und dem Grab Ramses' XI. (KV4) auf ein unglaublich reiches und kaum gestörtes Grab stieß, das Juja und Tuja barg, Vater und Mutter von Teje, der Hauptfrau Amenhoteps III. aus der 18. Dynastie. Das kleine Grab war bis zur Decke mit Särgen und Begräbnisobjekten feinster, bisher noch nie entdeckter Qualität gefüllt, und überall blinkten Blattgold und -silber.

Carter und Davis hatten sich recht gut verstanden, doch nach 1905 änderte sich die Lage. Nun war Davis der alte Hase, nahm Quibell gegenüber eine herablassende Haltung an, und seine Einmischung in die eigentliche Grabungsarbeit hätte Maspero auf die Gefahren aufmerksam machen sollen, die darin lauerten, den Amerikaner in dem Glauben zu lassen, das Tal sei seine persönliche Spielwiese. Doch Maspero war in dieser Beziehung zu weich, und so war Davis immer weniger zu bremsen, je mehr Erfolg er hatte.

Kurz nach dem Juja-Tuja-Fund wurde Quibell ins Nordinspektorat versetzt und durch den viel zugänglicheren und diplomatischeren Arthur Weigall ersetzt. Weigall war einer der begabtesten Archäologen, die je im Tal der Könige gewirkt haben, und kam obendrein mit dem selbstsicheren Davis äußerst gut zurecht.

Theodore Davis als unabhängiger Grabungsexperte

»Ich bin mit Herrn Maspero so verblieben, daß Ayrton auf zwei Jahre verpflichtet wird, ich aber die Erforschung des Tales leite. Ich weiß, daß Sie froh sein werden, der Mühe, sich um meine [Arbeiten?] kümmern zu müssen, enthoben zu sein, jedenfalls so lange, bis ich ein Grab finde, dessen Inhalt zweifelsohne dann Ihrer Obhut anvertraut wird. Das scheint mir das beste Arrangement für die Erforschung zu sein und macht das Leben mit Sicherheit harmonischer!«

Theodore Davis, Brief an Arthur Weigall

Arthur Weigall gelangte bald zu dem Schluß, daß ihm die tagtäglichen Grabungen im Tal der Könige viel zuviel wertvolle Zeit als Chefinspekteur raubten. Er schlug daher vor, es liege im Interesse aller, wenn Davis seinen eigenen Mann zur Beaufsichtigung der Grabungen einsetze. Dafür ausersehen wurde ein junger Ägyptologe namens Edward Russell Ayrton (1882–1914), ein fähiger Grabungsexperte, der vorher für den »Egypt Exploration Fund« in Deir el-Bahari gearbeitet hatte.

Ayrton ging mit immenser Energie und beachtlichem Talent ans Werk. In seiner Arbeit läßt sich System entdecken – in der allgemeinen Strategie, in den Codes, mit denen die Fundstücke markiert wurden, um sie einer Generalkarte des Tals zuzuordnen, im häufigen Einsatz von Kameras zu Dokumentationszwecken. Es hat Ayrtons Ruf zum Nachteil gereicht, daß sich sein diktatorischer Geldgeber weigerte, seine eleganten Publikationen mit archäologischen Daten der Art zu befrachten, wie Ayrton sie lieferte.

Ayrton: Ein bescheidener Anfang

Seine Arbeit für Davis scheint Edward Ayrton im Westtal mit der Beseitigung der Abfallhaufen in dem kleinen Tal begonnen zu haben, in dem die napoleonische Expedition 1799 das Grab Amenhoteps III. entdeckt hatte. Das Ergebnis war jedoch alles andere als ermutigend, und so verlagerte er seine Anstrengungen bald ins Haupttal der Könige, wo er an der Oberfläche nahe KV12 grub, nichts fand und den Ort vorübergehend zugunsten des unvollständig erforschten Bereichs südlich des Grabes Thutmosis' IV. aufgab. Hier hatte er zum ersten Mal Erfolg und entdeckte den Eingang zu seinem ersten Grab, das jetzt die Bezeichnung KV B trägt – allerdings stellte sich bei der weiteren Freilegung heraus, daß es sich um kaum mehr als einen unfertigen Eingang handelte.

Auch weitere Aufräumarbeiten vor den Gräbern von Juja und Tuja (KV46) und KV3 erbrachten nichts, und so wandte sich Ayrton dem Hügel mit dem Eingang zum Grab Ramses' IV. (KV2) zu, legte davor und nördlich davon einen Graben an und traf auf seine ersten Funde: vor allem Ostraka, *uschebtis* Ramses' IV. aus Calcit, Fayencen und Holz sowie einige koptische Stücke, darunter Töpferwaren und ein ungeöffneter Papyrusbrief.

Wieder in der Umgebung von KV12 im westlichen Teil des Tales, machte Ayrton weitere kleine Altertumsfunde, darunter Ostraka, weitere *uschebtis* Ramses' IV. und schließlich eine der berühmtesten Davis-Entdeckungen: eine kleine Fayencetasse mit dem Thronnamen Tutanchamuns als erstem Hinweis auf die Existenz des Grabs dieses Königs. Möglicherweise ebenfalls hier entdeckte Ayrton unter den Ausschachtungstrümmern vom Grab Ramses' II. (KV11) eine ungewöhnliche Tonscherbe mit dem Bild eines, an den charakteristischen kleinen Ohren erkennbaren, syrischen Elefanten.

Siptah wird gefunden

Im November 1905 machte Ayrton sich an eine systematischere »erschöpfende Erkundung jedes Berges und Gebirgsausläufers im Tal«, wobei er sich ausgehend vom Grab Thutmosis' III. (KV34) nach Norden vorarbeitete. Dabei ergaben sich in schneller Folge weitere interessante Funde, darunter ein unter dem Schutt aus dem Tausret-Grab (KV14) entdeckter, mit dem Namen Haremhabs beschrifteter Knopf eines Fayencegefäßes, und schließlich ein völlig neues Grab – das Grab Siptahs aus der 19. Dynastie, das jetzt als KV47 bezeichnet wird. Wie schon Carter bei KV20, bedauerte Ayrton, kaum hatte er mit der Freilegung des (mit felsenhartem getrocknetem Schlamm gefüllten) Grabes begonnen, seine Entscheidung schon wieder. Nachdem er sich bis zur Grabkammer durchgekämpft hatte, gab er die Arbeit auf, die dann Harry Burton 1912 zu Ende führte.

Tiere, Adlige und ein Fürst

1905, Ayrtons erste Saison im Dienste von Davis, erwies sich als hektisch. Kaum hatte er das Siptah-Grab entdeckt, verlegte er seine Arbeiter in den kleinen Wadi, der westlich zum Grab Amenhoteps II. (KV35) hin verläuft. Hier warteten weitere Entdeckungen auf ihn: KV49, ein unfertiges Korridorgrab mit einem langen Graffito, in dem der Nekro-

Edward Russell Ayrton, dem Davis viele seiner Erfolge zu verdanken hatte. Unter dem zunehmenden Druck seines Dienstherrn, der immer neue und spektakulärere Entdeckungen von ihm erwartete, brach Ayrton 1908 schließlich zusammen und hängte die Ägyptologie für immer an den Nagel.

Émile Chassinats Ausgrabungen im Westtal

»Ich hatte am Ende der Schlucht die – kaum sichtbare – Türöffnung eines Grabes bemerkt, in das offenbar eingebrochen worden war... Ich unternahm eine vollständige Freilegung.«

Émile Chassinat

Trotz Theodore Davis' Vormachtstellung im Tal der Könige unternahm Anfang 1906 das Französische Institut in Kairo unabhängige Grabungen im Westtal, die von Émile Chassinat geleitet wurden. Warum genau sie dort graben wollten, ist nicht recht klar, aber jedenfalls wissen wir, daß die Arbeit sich auf das Ende der Sackgasse konzentrierte, an deren Eingang das Grab Amenhoteps III. liegt. Gefunden wurden unter anderem die Überreste von aus diesem Grab geworfenem ledernem Zaumzeug; spätere Ausgräber sollten in diesem kleinen Tal weitere Fragmente ans Licht bringen. Zusätzlich wurde das kleine, einkammrige Vorratsgrab WV A teilfreigelegt (eine Arbeit, die inzwischen von den Japanern unter Yoshimura und Kondo zu Ende geführt wurde), wobei man in erster Linie Fragmente von großen Keramikkrügen entdeckte. Die Franzosen unternahmen weitere Ausgrabungen in der Nähe von WV23, dem Grab des Aja, aber aufgrund von »aus der Natur des Terrains resultierenden Problemen« wurde die Arbeit vorzeitig eingestellt, ohne sonderlich viel erbracht zu haben.

(Oben links) Gefäßsiegel aus WV A mit einem Hinweis auf das Jubiläum Amenhoteps III.

(Oben) Das Westtal; am Fuß der Felswand liegen WV22 und WV A (Vordergrund).

Theodore Davis: Pro Saison ein neues Grab

polisschreiber Butehamun erwähnt wird, sowie diverse interessante Ostraka; KV50 mit je einem mumifizierten Hund und Affen; KV51 mit mehreren mumifizierten Pavianen, einem Ibis und mehreren Enten; KV52 mit einem weiteren mumifizierten Affen; KV48, das verwüstete Grab des Wesirs Amenemope; und KV53, aus dem mehrere Ostraka und Votivstelen geborgen werden konnten.

Das war aber noch nicht alles. Ende Februar 1906 legte Ayrton KV19 frei, das Grab Mentuhirkhopshefs, in dessen Eingang Carter im Frühjahr 1903 das kleine Korridorgrab KV60 entdeckt hatte. Zur Ausbeute gehörten unter anderem weitere Ostraka, *uschebtis* aus Fayence und harzbestrichenem Holz sowie Fragmente von Glasperlenarbeiten. Im Rückblick auf diese Saison konnte Ayrton sehr zufrieden sein.

Das Grab der Königin Teje

»Gold leuchtete vom Boden, Gold von den Wänden, Gold selbst noch in der hintersten Ecke, wo der Sarg an die Seite gelehnt stand. [...] Es war, als glänzte und glühte in diesem engen Raum [KV55] das ganze Gold des alten Ägypten.«

Gaston Maspero

Davis und Ayrton wurden immer besser. In der nächsten, am 1. Januar 1907 beginnenden Saison legte Ayrton südlich von KV6, dem Grab Ramses' IX., eine Fläche von rund vier Quadratmetern frei. Hier, »in [...] einer Felsnische« (heute als KV C bezeichnet), wurden »mehrere große Krüge des Typs der XX. Dynastie« entdeckt und etwas tiefer der Eingang zu einem Grab. Dieses Grab (KV55) mit seinem zerschlagenen Schrein und zerfallenen Sarg wurde sofort als Ruhestätte von Königin Teje identifiziert, deren Eltern Quibell zwei Jahre zuvor in KV46 entdeckt hatte, und an dieser Zuweisung hielt Davis mit aller Kraft fest. Der Geistliche A. H. Sayce bemerkte in einem Brief an Weigall dazu: »Ich fürchte, man könnte genausogut einer Lawine Einhalt gebieten wollen wie Mr. Davis von etwas abzuhalten versuchen, das er sich in den Kopf gesetzt hat.«

Tutanchamun, Haremhab und die vergrabenen Schätze

Die Arbeit am Grab 55 dauerte den größten Teil der Saison über an und wurde erst im Frühjahr 1908 vollendet, als Davis und Ayrton schon noch größeren Erfolg hatten. Die Grabungen entlang des Wadi zwischen KV16 (Ramses I.) und dem anonymen KV21 förderten die Fundamente mehrerer Hütten zutage, in denen die antiken Nekropolisarbeiter gewohnt hatten, sowie die unvermeidlichen, aus KV17 herausgeworfenen Ostraka und *uschebtis* Setoys I. Hier auch kam eine kleine Grube (KV54) ans Tageslicht, von der sich Davis einredete, sie sei alles, was vom Grab des »verlorenen« Königs Tutanchamun geblieben war. Später stellte sich jedoch heraus, daß KV54 lediglich Einbalsamie-

Davis' umstrittenster Fund, KV55, kurz nach seiner Entdeckung: Die Schutthalde aus dem Eingangskorridor (oben), Calcit-Stöpsel eines Kanopenkrugs (oben rechts) und das Durcheinander in der Grabkammer (rechts).

rungsmaterial aus dem wirklichen Grab des Königs (KV62) enthielt. Diesen Jahrhundert-Fund hatte Davis um Haaresbreite verpaßt – er sollte erst Ende 1922 von Lord Carnarvon und Howard Carter entdeckt werden.

Ayrton verbrachte den Rest der Saison 1907/08 mit einer Teilfreilegung des Amenmesse-Grabes (KV10), doch die Arbeit erbrachte nicht mehr als einen Calcit-*uschebti* Ramses' VI. und das Fragment eines »Kastens« aus Calcit mit dem Namen Setoys I. – die beide offenbar von Überschwemmungen hineingespült worden waren.

Am 3. Januar 1908 begann Davis' Gefolgsmann ein Gebiet auf der Westseite des Pfades schräg gegenüber dem Grab Ramses' III. (KV16) zu beackern, in dem er seine letzten wichtigen Funde machte. Ostraka und noch mehr Ostraka – dann aber, am 5. Januar, ein weiteres Grab: KV56, ein kleines Einkammergrabmal, in dessen festgebackenem Schlamm Ayrton einige der herrlichsten Schmuckstücke aus der 19. Dynastie fand, die jemals entdeckt wurden. Sechs Wochen später, am 22. Februar, folgte dann das Grab des Haremhab – eine riesige Anlage, die sich »fast 100 Meter unter die Erde erstreckt, mit prachtvoll dekorierten Räumen und Gängen und einem großen, über und über verzierten Granitsarkophag sowie ganzen Haufen von hölzernen Götterstatuen …«

Ayrton war sein Geld wert gewesen, aber allmählich wurde ihm der Streß, den die Arbeit für Davis mit sich brachte, zuviel, und so beschloß er zur Erleichterung aller Beteiligten aufzuhören. Wie der selbstgerechte Davis am 23. November 1908 vielsagend an Weigall schrieb:

»Das störende Element ist weg, zweifellos hellt sich der Himmel jetzt auf!«

Für den glücklosen Ayrton freilich nicht … Nachdem er Ägypten verlassen hatte, übernahm er eine Stellung bei der »Archaeological Survey« in Ceylon, wo er 1914 auf einer Jagdexpedition ertrank.

Ernest Harold Jones

»Da Ayrton nächstes Jahr nicht mehr für Mr. Davis in den Königsgräbern arbeiten wird, hat mich Mr. Davis gebeten, seine Aufgabe für 3 Monate und 250 Pfund zu übernehmen …«

Harold Jones

Ayrtons Nachfolger war ein junger walisischer Künstler namens Ernest Harold Jones – »… ein dunkelhaariger, kleiner und angenehmer junger Mann« – der bei John Garstang in Hierakonpolis sowie beim Team des Metropolitan Museum in el-Lisht und Heliopolis erste Grabungserfahrungen gesammelt hatte; mit dem Davis-Trupp war er erstmals zur Zeit der Entdeckung des Grabes 55 zusammengekommen. Jones war völlig hingerissen von seiner neuen Stellung als Ausgrabungsleiter und Künstler im Solde von Davis, doch sollte er bald merken, daß die Ruhmestage im Tal vorüber waren.

Durch einen glücklichen Umstand ist Harold Jones' Tagebuch unter den Papieren erhalten geblieben, die sein Nachfolger Harry Burton 1911 übernahm und später dem Metropolitan Museum of Art übergab; damit können wir die Ausgrabungen Tag für Tag nachvollziehen. Das Interessante an dem Jones-Journal ist, daß es zeigt, wieviel kleineres Material entdeckt wurde, und insbesondere, wie viele unvollendete Gruben – etwas, das frühere Ausgräber nicht immer festgehalten hatten:

»4. Dez[ember [1908]. Auf dem Weg entlang der O[st]- und N[ord]-Seite von Amenhotep II. [KV35] erscheinen zwei flache Grubengräber [KB L–M], die Reis Mohammed 1898 entdeckt und geleert hat, als Amenhotep II. gefunden wurde. Zerbrochene bl[aue] glasierte Perlen und Zierglasfragmente aus dem Abfall geholt.«

Jones begann am 18. November 1908 für Davis zu graben und konzentrierte seine Bemühungen in der Saison 1908/09 auf den Bereich zwischen dem Grab Amenhoteps II. (KV35) und Davis' früherer Entdeckung, dem Haremhab-Grab (KV57). Der Lohn für seine Mühe war eine Keksdose mit allerlei Fragmenten aus dem Grab Amenhoteps II. – Glasscherben, Fayencesplitter, ein zerbrochener *uschebti*, Glasperlen, Steinfragmente, Lehmsiegel mit dem Motiv des Schakals und der neun Gefangenen, Ostraka, ein »Stückchen Blattgold« und drei kleine Gruben: KV L–N. Vor dem anonymen KV12 grub Jones zwei fragmentarische Calcit-*uschebtis* Ramses' VI. (die vermutlich aus dessen Grab über KV12 hierhergelangt waren, in das man bei der Ausschachtung von KV9 versehentlich durchgebrochen war) sowie eine grobe Kalksteinfigur aus. Es folgten weitere Ostraka, Sargfragmente, Fayenceintarsien, Glas- und Tonscherben, bis Jones am 10. Januar jene Entdeckung machte, die sich als seine größte erweisen sollte – das kleine Schachtgrab KV58, zu dessen Ausbeute unter anderem Goldblech und andere Gegenstände gehörten, die offensichtlich schon in der Antike aus dem Grab des Aja (WV23) entfernt worden waren. Die Graberei machte Spaß, aber der Reiz des Neuen begann sich bald zu verflüchtigen.

»Die Freude am Graben verdirbt Davis mit seiner ständigen Einmischerei, bei der er meist Unwissen und Unerfahrenheit in der Natur der Dinge und im Umgang mit den Arbeitern an den Tag legt. Er ist alt und, fast möchte ich sagen, hinter seiner sturen Arroganz manchmal geradezu dumm. Ich habe jedoch festgestellt, daß ich am wenigsten Ärger habe und er am meisten Freude, wenn ich ihm nachgebe und die Arbeit darunter leiden lasse.«

Harold Jones

Entlang und unter dem Parkplatz des Tales – dem Eselsstall – förderte Jones weitere Begräbnisreste zutage, die größtenteils nicht näher zu definieren waren, desgleichen einen Grabkegel Mentuem-

Theodore Davis: Pro Saison ein neues Grab

Ernest Harold Jones – ein Selbstporträt von Davis' neuem Zeichner und Ausgräber. Jones' anfänglicher Enthusiamus sollte bald durch Davis' diktatorische Art, einen nahezu vollständigen Mangel an Funden und chronische Gesundheitsprobleme auf die Probe gestellt werden.

Theodore Davis: Pro Saison ein neues Grab

hets, der sich seltsamerweise hierher verirrt hatte, sowie eine weitere Grube (KV O). Die ganze Folgesaison 1909/10 blieb ebenso monoton, denn die Grabungen zwischen den »Tiergräbern« und KV36 (Maherpra) förderten noch mehr Gruben (KV P, Q und R) und Bruchstücke zutage. Und so ging es weiter, zunächst in Richtung KV13 (Bay) und KV47 (Siptah) und schließlich hinauf zum Grab Thutmosis' III. (KV34), wobei unterwegs ein archäologisch interessantes, in den Fels getriebenes und vorübergehend bis zum (nie erfolgten) Begräbnis versiegeltes Grab – KV61 – entdeckt wurde. Sodann wandte Jones seine Aufmerksamkeit der Ostseite des Tales zu, die aber auch wieder nichts erbrachte.

Traurig sah der tuberkulosekranke Jones das Ende nahen:

»... in letzter Zeit war die Arbeit mit sehr viel Staub verbunden, was für mich schmerzhaft und anstrengend war – ich werde sehr froh sein, wenn die Ausgrabungen vorüber sind. Ich fühle mich der Arbeit nicht mehr gewachsen und weiß nicht, was ich nächstes Jahr tun soll. Noch einmal möchte ich mich nicht damit belasten – sofern ich bis dahin überhaupt noch lebe.«

Harold Jones

Theodore Davis: Ausgrabungen und Entdeckungen 1902–1914

Grab	Inhaber/Beschreibung	Ausgräber	Datum
KV3	Sohn Ramses' III.	Burton	7./15. Feb. 1912
KV7	Ramses II.	Burton	11. Dez. 1913–Feb. 1914
KV10	Amenmesse	Ayrton	Dez. 1907
KV11?	Ramses III.	Ayrton?	1905/06?
KV19	Mentuhirkhopshef	Ayrton	Ende Feb. 1906
KV20	Thutmosis I./Hatschepsut	Carter	Anf. Feb. 1903–11. Feb. 1904
KV43	Thutmosis IV.	Carter	ca. 18. Jan. 1903
KV45	Userhat	Carter	25. Feb. 1902
KV46	Juja und Tuja	Quibell	6. Feb. 1905
KV47	Siptah	Ayrton	ca. Nov. 1905
		Burton	7./23. Feb. 1912–8. März 1913
KV48	Amenemope	Ayrton	1905/06
KV49	Privatgrab	Ayrton	1905/06
KV50	»Tiergrab«	Ayrton	1905/06
KV51	»Tiergrab«	Ayrton	1905/06
KV52	»Tiergrab«	Ayrton	1905/06
KV53	Privatgrab	Ayrton	1905/06
KV54	Einbalsamierungs-mat. Tutanchamuns	Ayrton	1907/08
KV55	Echnaton	Ayrton	Jan. 1907
KV56	»Goldgrab«	Ayrton	5. Jan. 1908
KV57	Haremhab	Ayrton	22. Feb. 1908
KV58	»Streitwagengrab«	Jones	10. Jan. 1909
KV60	In [???]	Carter	1903
KV61	unbenutzt. Grab	Jones	ca. 6. Jan 1910
WV A	Lagerraum von WV22	Burton	1912
KV B	unvollendet. Eingang	Ayrton	1905/06
KV C	Krugdepot	Ayrton	Jan. 1907
KV D/E o. S.	Gruben	Ayrton	ca. 1905/06
KV L	Grube	Jones	4. Dez. 1908
KV M	Grube	Jones	4. Dez. 1908
KV N	Grube	Jones	21. Dez. 1908
KV O	Grube	Jones	4. Feb. 1909
KV P	Grube	Jones	12. Dez. 1909
KV Q	Grube	Jones	13. Dez. 1909
KV R	Grube	Jones	15./20. Dez. 1909

Harry Burton

»... für die archäologische Arbeit wie geschaffen – für das Isoliertsein und die beengten Quartiere; zudem besitzt er die Fähigkeit, mit Leuten zu arbeiten, die etwa so faszinierend sind wie Eisenbahnschwellen.«

»Ein Kollege«

Nach Jones' Tod 1911 übernahm Harry Burton seine Stelle und machte dort weiter, wo sein Vorgänger ungewollt aufgehört hatte. Der in Stamford, Lincolnshire, geborene Burton hatte für den Renaissance-Kunsthistoriker Henry Cust in Florenz gearbeitet, als er Theodore Davis begegnete, der ihn 1910 für das »Tal der Priesterkönige« in Theben engagierte und ihm die Leitung der Außenarbeiten in Aussicht stellte, sobald der kranke Jones gestorben sei.

Im Tal der Könige führte Burton das von Jones begonnene Tagesjournal weiter. Danach begann er im Frühjahr 1912 mit der Freilegung von KV3, dem seit langem bekannten Grab für einen Sohn Ramses' III., und nahm die schwierige Ausgrabung von KV47 (Siptah) wieder auf, die Ayrton aufgegeben hatte. Nach einem enttäuschenden Anfang im Westtal, bei dem er »auf der Suche nach einem weiteren Grab Testgräben« anlegte, kehrte Burton im folgenden Winter wieder zu KV47 zurück und widmete seine ganze Zeit dem mühseligen Durchhacken der steinharten Füllungen der innersten Grabteile.

Harry Burton liebte offensichtlich die Herausforderung (vielleicht befolgte er auch nur seine Befehle): Jedenfalls ließ er sich in der folgenden Saison (1913/14) auf eine noch schwerere Aufgabe ein – die Freilegung des Grabes von Ramses II. (KV7), das mit Schichten verfestigter Überschwemmungstrümmer gefüllt war. Nach nur einem Monat gab er die Arbeit auf und verbrachte die restliche Saison mit ziellosem Herumstochern im Umfeld von KV8.

Alles in allem dürfte Burtons Erleichterungsseufzer im ganzen Tal zu hören gewesen sein, als Davis endlich die Schlußfolgerung akzeptierte, die er erstmals 1912 gezogen hatte:

»Ich fürchte, daß das Gräbertal jetzt erschöpft ist ...«

Wenige Monate später war Davis tot – und vielleicht war es ein Himmelsgeschenk, daß er starb, ohne zu wissen, was er verpaßt hatte. Denn acht Jahre später entdeckten Howard Carter und Lord Carnarvon nur zwei Meter von der Stelle entfernt, an der Davis aufgehört hatte, zum maßlosen Erstaunen der Welt den größten Schatz, der je im Tal gefunden wurde: das Grab Tutanchamuns.

»Carnarvon ... war mittelgroß und schmächtig, seine Gesichtszüge waren nichtssagend und sein Haar schütter. Die Form seines Kopfes war ungewöhnlich: Oben flach, fiel er jäh ab und wurde breiter, wodurch auf dem dürren Hals ein seltsamer Eindruck entstand. [...] Ein pockennarbiges Gesicht betonte den ohnehin ungesunden Teint noch mehr. Aber wenn er über Ägyptologie sprach, trat in seine blassen und glanzlosen Augen plötzlich ein begeistertes Leuchten ...«

Joseph Lindon Smith

Lord Carnarvon und Howard Carter

Mehrere Jahre intensiver Grabungsarbeit hatten seit 1908 praktisch nichts mehr erbracht, und für alle Welt schien es, als würde Davis wohl recht behalten mit seiner Behauptung, weitere Bemühungen im Tal lohnten sich nicht. Doch Howard Carter hatte Davis' Ausgrabungen von Anfang an genau verfolgt und einige Punkte im Tal ausfindig gemacht, wo sich weitere Grabungen durchaus lohnen konnten. Das Haupttal war zwar schon sehr gründlich erforscht worden, aber doch eher in der Breite als in der Tiefe. Carter erkannte, daß der Talboden stellenweise unter einer Dutzende Meter dicken Schicht aus Gesteinsbrocken begraben war und vor der systematischen Erforschung des Wadi bis aufs Muttergestein niemand zuverlässig sagen konnte, ob nicht doch noch weitere Geheimnisse im Tal verborgen lagen.

Wieder einmal hatte Carter das Gespür für den richtigen Zeitpunkt. Im Oktober 1912 hatte er auf dem Antiquitätenmarkt in Luxor für seinen damaligen Geldgeber, den fünften Grafen von Carnarvon, drei zusammengehörende, von einem Armband stammende Steintäfelchen erstanden, die angeblich in der Nähe des Grabes Amenhoteps III. im Westtal gefunden worden waren. Da es sich um sehr schöne Stücke handelte, wollten Carnarvon und Carter in dem (nie völlig freigelegten) Grab, aus dem sie stammten, unbedingt nach weiteren wertvollen Gegenständen Ausschau halten. Das tat Carter im Februar 1915 dann auch und förderte dabei mehrere intakte »Grundstein«-Depots – die darauf schließen ließen, daß die Arbeiten am Grab in der Regierungszeit Thutmosis' IV. begonnen hatten – sowie viele Stücke aus der Grabausstattung Amenhoteps III. (und Tejes) zutage.

Das Grab des Tutanchamun

Carnarvons Interesse war geweckt, und er erklärte sich einverstanden, dort weiterzumachen, wo Davis aufgehört hatte. Im Dezember 1917 begann Carter mit der ersten einer Serie von Kurzgrabungen im eigentlichen Tal der Könige, die er im letzten Kriegsjahr und in der unmittelbaren Nachkriegszeit immer wieder einschieben sollte. Obwohl er fest überzeugt war, daß es noch immer etwas zu entdecken gab, waren die Ergebnisse denkbar enttäuschend (wenngleich aus archäologischer Sicht durchaus der Mühe wert): Dutzende von Ostraka teils erheblichen Interesses (insbesondere eine in der Grabungssaison 1917/18 entdeckte Reihe von Checklisten für das Begräbnis Ramses' VI.) sowie ein Depot von Calcitgefäßen, die einst Öl für die Einbalsamierung Merenptahs enthalten hatten. Aber:

»Wir arbeiten an unberührtem Material, und so weiß man nie, was noch kommen kann – ich hoffe, nur allzuoft Gutes ...«

Howard Carter

(Oben) Der fünfte Earl of Carnarvon, aufgenommen in seinem Arbeitszimmer auf Highclere Castle kurz nach der Entdeckung des Tutanchamun-Grabs.
(Rechts) Transkription der ersten Absätze von Lord Carnarvons Grabungsgenehmigung. Die Bedingungen waren im wesentlichen die gleichen, die man Carnarvons Vorgänger Theodore Davis gewährt hatte.

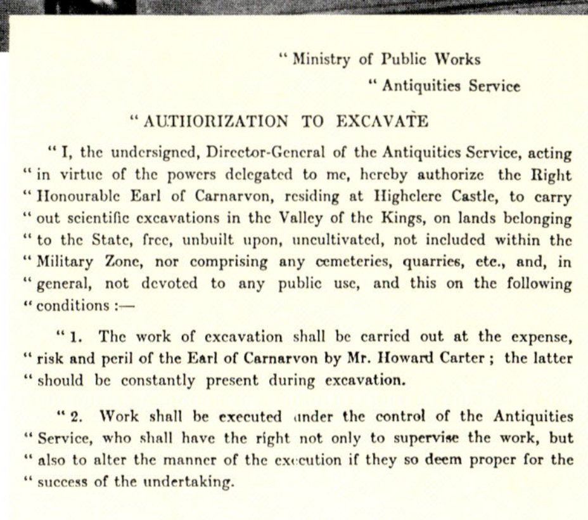

" Ministry of Public Works
" Antiquities Service

" AUTHORIZATION TO EXCAVATE

" I, the undersigned, Director-General of the Antiquities Service, acting " in virtue of the powers delegated to me, hereby authorize the Right " Honourable Earl of Carnarvon, residing at Highclere Castle, to carry " out scientific excavations in the Valley of the Kings, on lands belonging " to the State, free, unbuilt upon, uncultivated, not included within the " Military Zone, nor comprising any cemeteries, quarries, etc., and, in " general, not devoted to any public use, and this on the following " conditions :—

" 1. The work of excavation shall be carried out at the expense, " risk and peril of the Earl of Carnarvon by Mr. Howard Carter ; the latter " should be constantly present during excavation.

" 2. Work shall be executed under the control of the Antiquities " Service, who shall have the right not only to supervise the work, but " also to alter the manner of the execution if they so deem proper for the " success of the undertaking.

Doch Carnarvon war nicht beeindruckt: Er wollte Kunst und nicht bloß Schrott. Immer weniger war er von Carters Phantastereien überzeugt, daß es doch noch ein weiteres Grab zu finden gebe, und auch Carter selbst beschlichen wohl allmählich Zweifel. Doch ein kleines Dreieck des Tales blieb noch freizulegen, und Carter gab keine Ruhe, bis er auch dort gegraben hatte. Carnarvon, eine Spielernatur, ließ sich zu einer letzten Saison überreden.

Am 4. November 1922, wenige Tage nach Beginn der Ausgrabung, legten Carters Arbeiter wie auf Bestellung eine säuberlich in den Kalkstein geschlagene Stufe frei. Dann eine zweite und dritte – bis schließlich eine ganze Treppe erkennbar wurde, die hinunterführte zu einer schlammverschmierten Tür, welche über und über mit großen ovalen Siegeln bedeckt war, die allesamt denselben Namen trugen – Tutanchamun!

Nach diesem Grab hatten sie gesucht. Aber die Entdeckung sollte ihren Preis fordern. Sechs Monate nach dem Fund war Carnarvon tot, Carter einem Nervenzusammenbruch nahe – und das Antlitz der Ägyptologie hatte sich für immer gewandelt.

Tutanchamuns Hinterlassenschaft

Das Interesse an der Entdeckung des Tutanchamun-Grabes überraschte alle Welt – nicht zuletzt Carnarvon und Carter selbst. Der Fund hatte in der ganzen Geschichte der Erforschung des Tals der Könige nicht seinesgleichen – weder an Unmittelbarkeit noch an Glanz. Gold, wohin man blickte – aber da war auch das romantische Element, der frühe Tod eines kindlichen Pharaos, des einzigen Sohns des »monotheistischen« Königs Echnaton. Dank der Presse wurden die Spannung und Erregung der Ägyptologie zum Allgemeingut – und nichts sollte je wieder sein wie zuvor.

Unter Gaston Maspero hatte Theodore Davis das Tal der Könige wie sein persönliches Eigentum behandeln und es nach Gutdünken verwalten und ausbeuten können. Diese alles andere als ideale Situa-

(Links) Tutanchamuns innerster Sarg aus dickem Goldblech wog über 110 Kilogramm.

(Rechts) Das Motiv des Schakals über den neun Gefesselten auf einem Siegel im Grab des Knabenkönigs.

(Gegenüber) Die Rückseite des hölzernen »Goldenen Throns« ist mit Edelmetallen belegt und verschwenderisch mit Einlagen verziert. Die in der Antike geänderte Szene zeigt, wie der König und seine Gemahlin Anchesenamun in einem Blumenpavillon die lebenspendenden Strahlen des Aton empfangen.

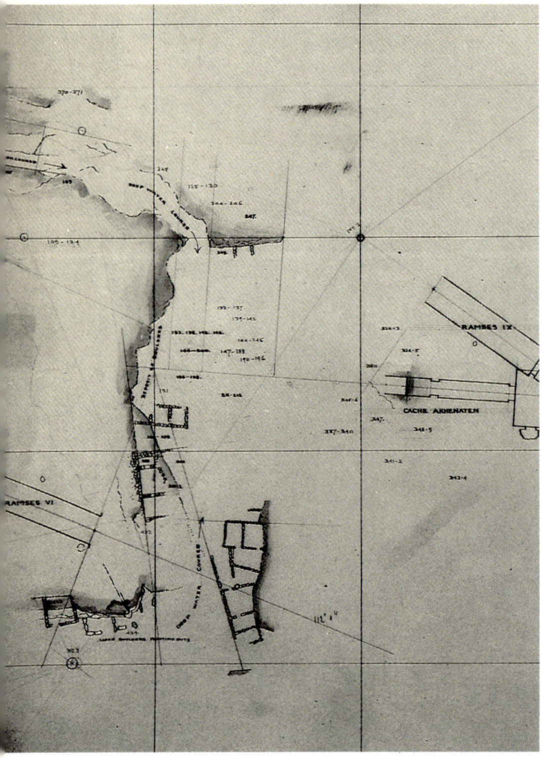

(Links) Dieser Ausschnitt aus Carters Grabungskarte des Tals zeigt die Überreste von Arbeiterhütten vor dem Grab Ramses' VI. Darunter lag – über 3000 Jahre lang ungestört – das Grab des Tutanchamun.

(Rechts) Der im Grab des Knabenkönigs zur Vorkammer hinunterführende Korridor.

(Mitte rechts) Auf den drei großen vergoldeten Betten in der Vorkammer türmten sich Kästen, Möbelstücke und andere Grabbeigaben.

(Ganz rechts) Die beiden lebensgroßen Holzstatuen, die den Eingang zur Grabkammer bewachten; die Blockade der Türöffnung ist teilweise entfernt, um die großen vergoldeten Schreine sichtbar zu machen, die den Sarkophag umgeben.

Carnarvons Ausgrabungen, 1915–1922

Heut. Ref.-Nr.	Carters Bezeichn.	Lage	Datum	Carters Fund-Nr.
1	—	WV22 (Amenhotep III.)	8. Feb.–8. März 1915	1–105
2	A	zw. KV7 (Ramses II.) und KV9 (Ramses VI.)	1. Dez. 1917–1. Feb. 1918	106–215
3	B	vor KV38 (Thutmosis I.)	19.–24. Feb. 1919	216–226
4	C	Eing. v. KV2 (Ramses IV.)	5.–10.? Jan. 1920	227–224
5	D	zw. KV7 (Ramses II.) und KV2 (Ramses IV.)	10.–15.? Jan. 1920	243
6	—	Eing. v. KV7 (Ramses II.)	15.–17.? Jan. 1920	244–249
7	E	Cañon üb. KV34 (Thutmosis III.)	17.–21.? Feb. 1920	—
8	F	Eing. v. KV8 (Merenptah)	21. Feb.?–5.? März 1920	250–275
9	—	zw. KV7 (Ramses II.) und KV9 (Ramses VI.)	1.–22.? Dez. 1920	276–285
10	L	Eing. v. KV12	1. Dez. 1920	—
11	—	Freileg. KV4 (Ramses XI.)	ca. Dez. 1920	keine Nr.
12	H	Eing. v. KV9 (Ramses VI.)	23. Dez. 1920–3.? Jan. 1921	286–302
13,15	I	Tal vor KV34 (Thutmosis III.)	3.–? Jan. 1921	303–319 326–336, KV F
14	—	zw. KV6 (Ramses IX.) und KV55	ca. Jan.–März 1921	320–325
16	—	südlich v. KV55	vor 3./13. März 1921	337–350
17	K	Umgeb. v. KV47 (Siptah)	8. Feb.–März 1922	351–432
18	H	Eing. v. KV9 (Ramses VI.)	ab 1. Nov. 1922	433 (KV62)–35

tion hatte Lord Carnarvon geerbt. Damals war in Ägypten die Aufteilung der Funde zwar nicht obligatorisch, wurde aber erwartet und gewöhnlich auch gewährt. Bei all seinen Fehlern hatte Davis nicht in erster Linie mit Blick auf die Erweiterung seiner persönlichen Sammlung gegraben und deshalb darauf nicht sonderlich gedrängt; er hatte einfach genommen, was ihm Maspero großzügig zugestand. Lord Carnarvon war da ganz anders gebaut: Er war in allererster Linie Sammler – und vom Grab Tutanchamuns, »seiner« Entdeckung, wollte er seinen gehörigen Anteil.

Das gewaltige Echo der Auffindung des Grabes erweckte und nährte in Ägypten ein wachsendes

Nationalgefühl, und bald stellte sich heraus, daß eine Aufteilung der Schätze des Tutanchamun nicht nur archäologisch unerwünscht, sondern auch politisch unmöglich war. Mochte man im Carnarvon-Carter-Lager auch noch so mit den Zähnen knirschen – eine formale Aufteilung kam nie zustande.

Inzwischen ist dieses Prinzip nach und nach auf alle in Ägypten gemachten archäologischen Funde ausgedehnt worden; ob groß oder klein, ob aus dem Tal der Könige oder nicht – alles gehört dem ägyptischen Staat. Natürlich sind wir über Neuentdeckungen noch immer glücklich, doch heutzutage graben wir in erster Linie nach Informationen statt nach Dingen.

(Links) Howard Carter befreit den Deckel von Tutanchamuns zweitem Sarg von Überresten des leinenen Leichentuchs.

(Rechts) Die Schatzkammer mit einem großen Tragschrein, der vom Anubis-Schakal gekrönt wird, und dem spektakulären vergoldeten Schrein, der die Kanopentruhe aus Calcit umgibt, das Behältnis für die einbalsamierten inneren Organe des Königs.

»Angesichts der Unmassen wertvoller und edler Gegenstände im kleinen und bescheidenen Grab Tutanchamuns, der ein relativ obskurer König war und nur kurze Zeit regierte, versagt unsere Vorstellungskraft, wenn wir uns die Reichtümer und Schätze auszumalen versuchen, von denen die riesigen Gräber von Königen wie Setoy I. und Ramses II. überquollen, die lange und üppig herrschten …«

Warren R. Dawson

Mit der Entdeckung des Tutanchamun-Grabes im Jahre 1922 erkannte ein staunendes Publikum erstmals das ganze Ausmaß des Reichtums und der Macht der Pharaonen. Das Grabmal des Knabenkönigs bot einen einmaligen Blick in die ferne Vergangenheit. Dieses Tal war einst angefüllt mit den Königen, Königinnen und Königskindern, mit den Höflingen und verhätschelten Schoßtieren dreier Dynastien aus fünf Jahrhunderten – und der größten Anhäufung von Gold und Silber in der antiken Welt.

Mag Tutanchamun im Leben auch wenig gesegnet gewesen sein: Im Tode lachten ihm die Sterne, denn er blieb jahrtausendelang einigermaßen ungeschoren. Seinen Kollegen war das Glück weit weniger hold. Ihre Gräber wurden mit ganz wenigen Ausnahmen über 3000 Jahre lang ausgeraubt, geplündert, zerschlagen und von Neugierigen verunziert. Angesichts des Ausmaßes der Zerstörung grenzt es schon fast an ein Wunder, daß überhaupt irgendwelche Spuren ihrer Existenz erhalten geblieben sind.

Dennoch gibt es diese Spuren in Hülle und Fülle, wenn auch nur fragmentarisch. Die Archäologen von gestern und heute haben eine gewaltige Materialsammlung zusammengetragen, und so erzählt ein jedes der mindestens 80 großen und kleinen Monumente, der reichverzierten Gräber wie der hastig angelegten Gruben im Tal mehr oder weniger beredt seine ureigene Geschichte – von Königen, Priestern und Adligen, von Ritual und Magie, von pharaonischem Dünkel und menschlicher Habsucht.

Der dekorierte Eingang zum Grab des Merenptah (KV8).

III DIE GRÄBER DER KÖNIGE

Die Suche nach dem Grab Amenhoteps I.

Der Ruhm, die fremden Hyksosherrscher der 15. und 16. Dynastie vertrieben zu haben, gebührt dem thebanischen König Ahmose, dem Begründer der 18. Dynastie und des Neuen Reiches. Damit legte Ahmose den Grundstein für ein ägyptisches Reich, das sich schließlich vom Euphrat im Norden bis zum vierten Nilkatarakt im Süden erstreckte.

Der genaue Begräbnisort Ahmoses ist noch unklar, liegt aber vielleicht bei Dira Abu'n Naga. Die königliche Mumie wurde 1881 aus dem Depot in Deir el-Bahari geborgen, und im British Museum steht ein *uschebti* des Königs unbekannter Herkunft. Ahmose folgte um 1525 v. Chr. Amenhotep I. auf dem Thron, der die Territorialgewinne seines Vaters festigte und den vereinigten ägyptischen Staat zu reorganisieren begann. Zusammen mit seiner Mutter Ahmose Neferati wurde er im Arbeiterdorf Deir el-Medina, das er vielleicht begründete, als Schutzgott verehrt. Seine Mumie wurde ebenfalls im Depot von Deir el-Bahari entdeckt, aber über die genaue Lage seines Grabes streiten sich die Gelehrten noch.

Üblicherweise werden als Grab Amenhoteps I. zwei Kandidaten genannt: Arthur Weigall entschied sich für KV39 gleich am Eingang zum Wadi Biban el-Muluk, während Howard Carter AN B außerhalb des Tals in Dira Abu'n Naga bevorzugte. Beide Gräber weisen Merkmale auf, die diesen Anspruch rechtfertigen könnten, aber man sollte anmerken, daß keines von ihnen den Anforderungen vollständig genügt. Andere, wohl weniger wahrscheinliche Orte sind vorgeschlagen worden (vor allem DB320), und noch weiß man nicht, ob der neueste Kandidat, das große, ebenfalls bei Dira Abu'n Naga gelegene, im Stil der 17. Dynastie gehaltene K93.11, wirklich ernsthaft in Frage kommt. Den entscheidenden Hinweis auf die Grablage enthält der »Papyrus Abbott«, ein Bericht über eine offizielle Inspektion der Königsgräber im Jahr 16 der Herrschaft Ramses' IX.:

»Der ewige Horizont des Königs Djoser-ka[-re] Leben! Reichtum! Gesundheit! dem Sohn des Re Amenhotep [I.] Leben! Reichtum! Gesundheit! welcher 120 Ellen ausgehend vom *ahay* seines sogenannten *pa a-ka* im Norden des Tempels des Gartens Amenhoteps Leben! Reichtum! Gesundheit! mißt [...] Er wurde heute untersucht und von besagten Inspektoren für intakt befunden.«

Der Papyrus Abbott bestimmt die Lage des Grabes mithin 120 Ellen tief unter seinem *ahay* – das bedeutet vermutlich »etwas Hervorragendes« und wird daher meist als »Stele« übersetzt – und nördlich des »Tempels des Gartens Amenhoteps Leben! Reichtum! Gesundheit!« Das Problem ist jedoch, daß keiner dieser Anhaltspunkte bislang eindeutig identifiziert worden ist.

Die Mumie des Königs

Die Mumie Amenhoteps I. wurde 1881 im Depot von Deir el-Bahari (DB320) entdeckt und ist eine der wenigen, die Maspero nicht ausgewickelt hat. Im Jahre 6 des Pharao Smendes, am 7. Tag des 4. Monats der Jahreszeit *peret*, wurde sie wieder instand gesetzt und erhielt einen Ersatzsarg ähnlich dem Thutmosis' II. Einem zweiten Sargetikett zufolge wurde die Bestattung genau ein Jahrzehnt später noch einmal »erneuert« – vielleicht beim Transfer der Mumie in eine spätere Grabstätte (das Grab des Inhapis?), wo sie (nach den Etiketten auf den Särgen Ramses' I., Setoys I. und Ramses' II.) im Jahre 10 der Herrschaft Siamuns lag, bis sie dann unter Scheschonq I. endgültig nach DB320 kam.

Der für das Wiederbegräbnis der Mumie Amenhoteps I. am Ende des Neuen Reiches benutzte Sarg; aus dem Königsversteck von Deir el-Bahari. Er war ursprünglich für einen wab *(»rein«-)Priester namens Djehutimose vorbereitet worden.*

Die Pappmachémaske, die den Kopf der Mumie Amenhoteps I. bedeckte.

Das Grab KV39

»Ein guter Grabungsmorgen. John fand zwei Sandsteinfragmente mit klar lesbaren Kartuschen. Außerdem entdeckte er, daß das Innere des Grabes ganz anders aussieht, als er erwartet hatte.«

Delyth Rose

Das Grab KV39 gehört zu den rätselhaftesten Anlagen im Tal der Könige (genauer: an dessen Rand) und wurde erst vor kurzem von John Rose untersucht. Das Eigenartigste daran ist sein exzentrischer Plan. KV39 scheint zunächst als ganz normales Korridorgrab begonnen worden zu sein, das jedoch jenseits der ersten Kammer aufgegeben wurde. Später wurde es erheblich erweitert, erhielt parallel zum ersten einen zweiten, abwärts und nach Osten verlaufenden Gang sowie einen dritten, nach Süden führenden Korridor, wobei diese Anbauten jeweils in einer einzigen Kammer endeten. Interessanterweise enthält die Südkammer eine Ausschachtung im Boden für die Aufnahme des Sarges, die dann aber wieder mit Steinplatten zugedeckt wurde – ein Merkmal, das an Gräber aus der Zeit vor dem Neuen Reich erinnert.

Bei der Freilegung von KV39 füllte Rose über 1350 Säcke mit Funden: Tonscherben, Calcitfragmenten, Teilen hölzerner Särge, Textilien, Metallsplittern, Tonkrugversiegelungen, Seilerwaren, Pflanzenspuren und menschlichen Skelettresten (»von mindestens neun Personen«). Zu dem beschrifteten Material gehört eine Gruppe ungewöhnlicher Sandsteinetiketten mit den blauen Königskartuschen Thutmosis' I., Thutmosis' II. (?) und Amenhoteps II. Außerdem wurden »ein Calcitfragment mit dem Titel des Grabeigentümers [...] und ein goldener Siegelring mit dem Namen eines berühmten Pharaos der 18. Dynastie« gefunden.

Arthur Weigall hielt das rätselhafte *ahay* des Papyrus Abbott für eine auf dem Felsrücken über dem Grab errichtete Gruppe von Arbeiterhütten, aber für den »Tempel des Gartens Amenhoteps« blieb er eine zufriedenstellende Antwort schuldig.

Kurzsteckbrief

Nummer u. Lage d. Grabes:
KV39, Wadi Biban el-Muluk
Entdeckt:
1899, von Victor Loret
Ausgräber/Publikation:
John Rose, 189-, für die Pacific Western University; J. Rose in C. N. Reeves (Hg.), »After Tut'ankhamun« (1992), S. 28–40

(Links) Der Eingang von KV39 nach der Freilegung durch John Rose 1989.

(Rechts) John Rose mit zwei seiner ägyptischen Arbeiter.

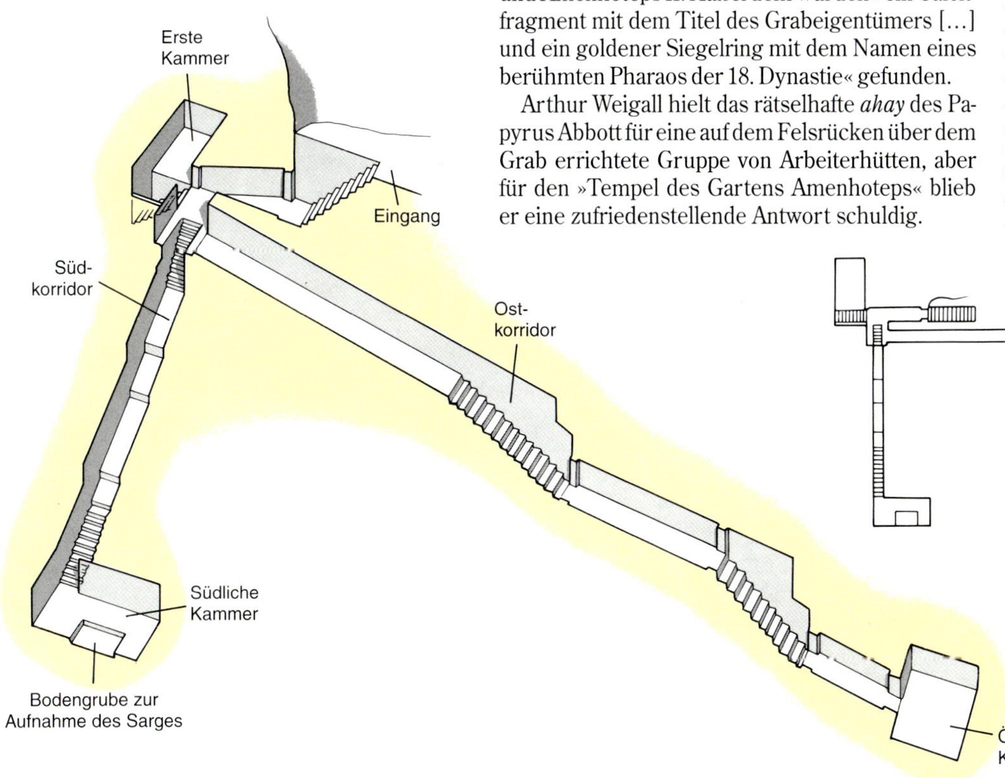

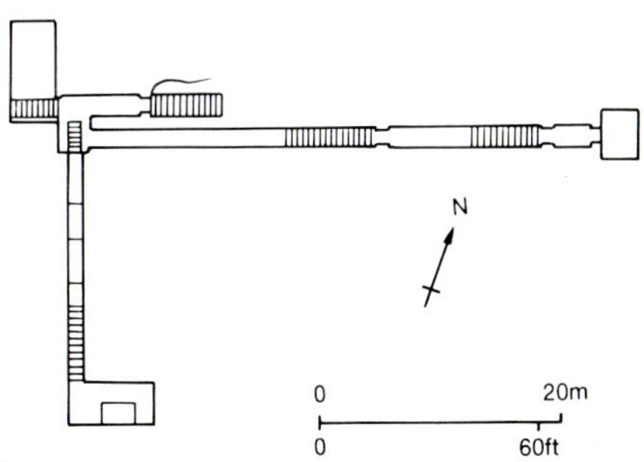

(Unten) KV39 umfaßt eine Eingangstreppe und einen abschüssigen Korridor, der in einer unvollendeten Kammer endet; im rechten Winkel dazu eine weitere Treppe und weitere geneigte Durchgänge zu einer zweiten Kammer mit Bestattungsgrube, und schließlich einen dritten Korridor mit zwei Treppen, der parallel und in Gegenrichtung zum Eingang zu einer weiteren Kammer verläuft.

Kleiner grauer Kopf eines Königs aus der Thutmosiden-Zeit, der laut Carter aus AN B stammt.

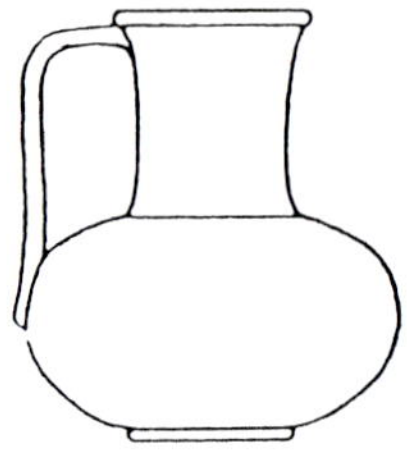

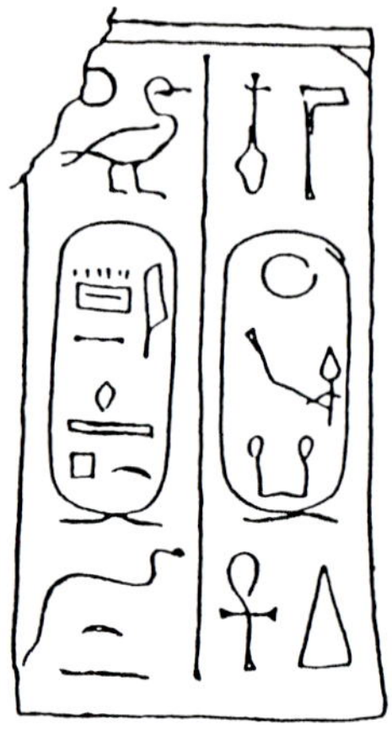

(Oben) Einer der Gefäßtypen aus AN B, von denen einige Inschriften trugen (rechts: Amenhotep I.).

Kurzsteckbrief

Nummer u. Lage d. Grabes:
AN B, Dira Abu'n-Naga
Entdeckt:
Vor 1907, von Einheimischen
Ausgräber/Publikation:
Howard Carter, 1913/14, für den Earl of Carnarvon; H. Carter, *JEA* 4 (1917), S. 147–154.

Das Grab AN B

»Ich glaube wirklich, das Grab Amenhoteps I. gefunden zu haben, jedenfalls eine große Menge beschrifteter Steine, und es besteht keinerlei Zweifel, daß es sich um ein Königsgrab handelt.«

Howard Carter

Bis zur Freilegung von KV39 durch Rose neigte man allgemein eher der Meinung zu, AN B sei das Grab des Königs. Es wurde von Einheimischen entdeckt, und seine Ausgrabung förderte eine Reihe Fragmente von Steingefäßen ans Licht, die mit den Namen des Hyksoskönigs Apophis und seiner Tochter, Prinzessin Heret (1 Beispiel), Ahmoses I. (3), Ahmose Neferatis (8) und Amenhoteps I. (9) beschriftet sind.

Ex-voto-Grabbeigaben, nämlich Fragmente königlicher und privater Statuen, fanden sich ebenfalls. Carter entschied, AN B sei ein Doppelgrab für Amenhotep I. und seine Mutter Ahmose Neferati, die beiden Schutzgötter der thebanischen Nekropolis, die sich in der Ebene unterhalb des Grabes am Rande des bebauten Landes (»der Garten«?) einen – einst »Meniset« genannten – Totentempel geteilt hatten. Die Grabkammer hielt Carter für einen späteren Anbau; diese Auffassung bestärkt John Romer mit der Behauptung, zur gleichen Zeit sei auch der Brunnenschacht – ein charakteristisches Merkmal der Königsgräber während des gesamten Neuen Reiches – in den Fels geschlagen worden.

Carters These krankt vor allem daran, daß er die von den Inspektoren im Papyrus Abbott angegebenen Abmessungen mit den *Innendimensionen* von AN B gleichsetzte: Da sie das Grab Amenhoteps I. »intakt« vorfanden, war ihnen das Innere vermutlich nicht zugänglich. Hält man dennoch an der Zuweisung des Grabes an Amenhotep I. fest, dann ließe sich eventuell der Felshaufen, den Carter auf seiner groben Gebietskarte in entsprechender Entfernung nördlich von AN B eingezeichnet hat, mit dem Abbottschen *ahay* gleichsetzen.

(Rechts) Der Brunnen von AN B scheint nachträglich zum Zeitpunkt der Erweiterung der Grabkammer geschlagen worden zu sein. Diese Veränderungen könnten darauf hindeuten, daß das Grab einer Königin – nämlich der Ahmose Neferati – erweitert wurde, um die (Wieder)bestattung eines Königs aufzunehmen: ihres Sohnes Amenhotep I.

(Ganz rechts) Der Eingang von AN B.

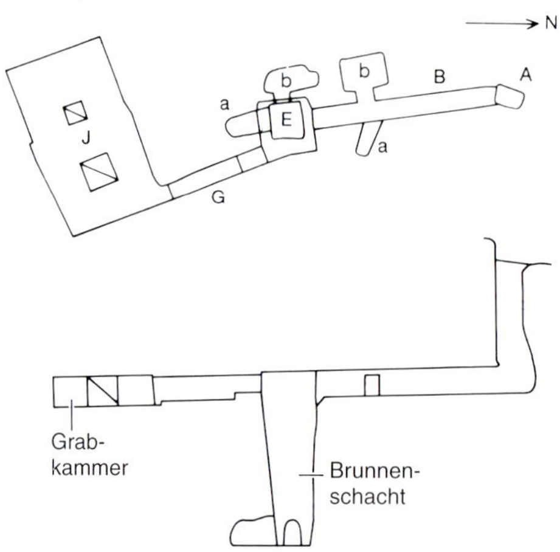

Die frühen Thutmosiden

Auf Amenhotep I., der keinen männlichen Erben hinterließ, folgte um 1504 v. Chr. als Mitglied eines Nebenzweigs der Familie Thutmosis I., der seinen Thronanspruch durch die Heirat mit der Tochter seines Vorgängers bestärkte. Der neue Pharao errang bleibenden Ruhm als größter Kriegerkönig Ägyptens; er schob die Grenzen des Reiches am weitesten hinaus und sicherte den Fernhandel, auf dem der ungewöhnliche Wohlstand der folgenden Jahre beruhte.

Genealogisch sind die Familienverhältnisse der Thutmosiden ein wahrer Alptraum. Thutmosis I. starb nach nicht einmal einer Dekade und ist der erste Herrscher, von dem eindeutig feststeht, daß er im Tal der Könige (in KV20) begraben wurde. Ihm folgte der Sohn seiner Nebenfrau Mutnefert, Thutmosis II. Dieser ehelichte seine Halbschwester Hatschepsut, Tochter der Hauptkönigin Ahmose und Thutmosis' I. Hatschepsut gebar keinen männlichen Erben, und als Thutmosis II. (dessen Grab noch nicht eindeutig identifiziert ist) nach relativ kurzer Herrschaft um 1478 v. Chr. starb, ging die Krone an einen Sohn Thutmosis' II. mit der Nebenfrau Isis über. Seinen Thronanspruch mag Thutmosis III., der beim Tode seines Vaters noch ein Kind war, durch die Eheschließung mit Neferure, der Tochter Thutmosis' II. und Hatschepsuts, untermauert haben.

Während der Minderjährigkeit Thutmosis' III. hielt die Königinwitwe Hatschepsut die Zügel der Staatsführung in der Hand – zunächst als bloße Regentin, danach aber bis zu ihrem Tode im 22. Regierungsjahr ihres Stiefsohnes als Mitregentin. Vielleicht ist diese Anmaßung der Grund, warum ihr Andenken in den letzten Jahren von Thutmosis' III. Alleinherrschaft nahezu systematisch getilgt wurde. Die wirkliche Macht scheint einen Großteil der Zeit ein Nichtadliger in den Händen gehabt zu haben: Senenmut, der Tutor von Neferure und, wie es heißt, ein Intimfreund der Hatschepsut. Drei Jahre vor Hatschepsuts Tod scheint er aus unbekannten Gründen in Ungnade gefallen zu sein. Die Alleinherrschaft Thutmosis' III. war durch weitere Feldzüge im Norden und Süden und eine Ausdehnung des Reiches sowie umfangreiche, durch Kriegsbeuten finanzierte Bauprojekte in Ägypten geprägt. Diese Politik sollte sein Sohn, Koregent und Nachfolger Amenhotep II. (ca. 1427–1401 v. Chr.) fortsetzen, der die Grenzen Ägyptens weiter ausdehnte und die Grundlagen für die anschließende kosmopolitische Zeit schuf.

Mutnefert = THUTMOSIS I. = *Ahmose*

Isis = THUTMOSIS II. = Hatschepsut

THUTMOSIS III. = *? Neferure*

Das Grab Thutmosis' I. und Hatschepsuts (KV20)

»Ich überwachte die Ausschachtung des Felsengrabes Seiner Majestät ganz allein; niemand sah es, niemand hörte es.«

Biographische Inschrift des Architekten Ineni

Geschichte und Ausgrabung

»Es war mit das ärgerlichste Stück Arbeit, das ich je überwachte.«

Howard Carter

Obwohl man lange meinte, KV38 sei das vom Architekten Thutmosis' I., Ineni, in den Fels gehauene Grab, scheint diese Ehre neuerdings, wie wir noch sehen werden, dem anomalen und recht ungewöhnlichen Grab KV20 zu gebühren, das man traditionell Hatschepsut, der Tochter Thutmosis' I., zuschreibt.

Ursprünglich war KV20 nicht Hatschepsuts erwählter Begräbnisort, jedenfalls solange sie noch keine königliche Rolle spielte; zunächst hatte sie ein Felsengrab im Wadi Sikket Taqa el-Zeide (WA D) vorbereiten lassen, über das Carter dann 1916 stolperte.

KV20 war schon über ein Jahrhundert vor Carters Ausgrabungsbeginn im Tal bekannt und sowohl von der französischen Expedition als von Belzoni erwähnt worden. 1824 hatte James Burton versucht, es freizulegen, und war bis zur zweiten Treppe gelangt, hatte dann aber die Arbeit aufgegeben, weil die Füllungen steinhart waren, sich die Architektur in schlechtem Zustand befand und die Luft so schlecht war, daß »die Lichter erloschen«. Carters Freilegungsarbeit war nicht minder schwierig, lohnte sich aber, denn er förderte endlich eine Reihe beschrifteter Fragmente zutage (unter anderem ein mit dem Namen der Regentin Hatschepsut beschriftetes »Grundstein«-Depot, das belegte, wem das Grab gehörte). Carter zog daraus den Schluß, KV20 sei von der Königin und Regentin als Doppelgrab für sich und ihren Vater angelegt worden, den sie aus seinem ursprünglichen Grab (KV38) hierher verlegen ließ. Und das blieb 70 Jahre lang die allgemein akzeptierte Sicht der Dinge.

Dann jedoch zeigte John Romers kompetente

Eingeritzte Inschrift auf dem Fragment eines Calcitkrugs – ein Überbleibsel von Carters Arbeit in KV20. Der Text besagt, daß das Gefäß von Königin Ahmose für die Bestattung ihres Gemahls Thutmosis I. gestiftet wurde.

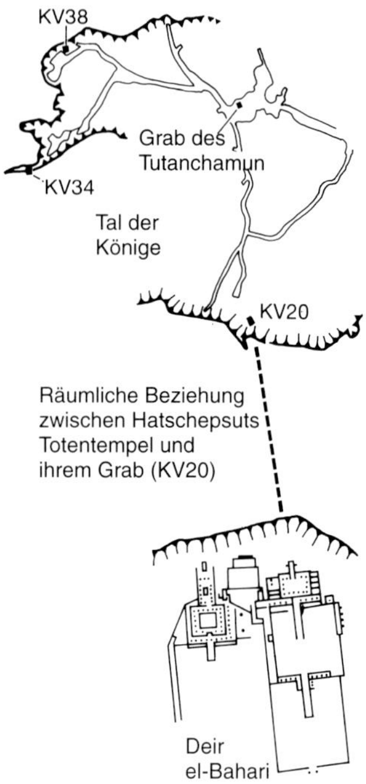

(Oben) Die Lage von KV20 relativ zum Tempel der Hatschepsut auf der anderen Seite der Klippen von Deir el-Bahari.

Untersuchung der Thutmosiden-Gräber im Jahre 1974, daß die wirkliche Sequenz ganz anders aussah. Anhand der Anlagemerkmale argumentierte Romer, KV38 sei um mehrere Jahre *nach* KV20 zu datieren und unter Thutmosis III. als Zweitgrab für Thutmosis I. erbaut worden. Für Romer ist das von Ineni für Thutmosis I. angelegte Grab kein anderes als KV20 – obschon die Ausschachtung zur Zeit der Beisetzung des Königs anscheinend erst bis zur ersten großen Kammer gediehen war; die Säulenhalle und ihre Nebenräume wurden später von Hatschepsut hinzugefügt, um Vater und Tochter aufnehmen zu können, und damals sei auch Romer zufolge erst das »Grundstein«-Depot mit dem Namen der Königin angelegt worden. Die Proportionen dieses neuen Grabteils unterscheiden sich deutlich vom übrigen KV20 und zeigen tatsächlich Anklänge an die Architektur von Hatschepsuts Totentempel in Deir el-Bahari.

Während der Regierungszeit Thutmosis' III. änderte sich die Lage schließlich noch einmal; der Leichnam Thutmosis' I. wurde aus KV20 entnommen und in einem neuen Sarkophag im erst kürzlich angelegten KV38 bestattet. Hatschepsut blieb allein in KV20 zurück; ihr erster königlicher Sarkophag, den sie für Thutmosis I. zur Verfügung gestellt hatte, stand nun leer in der Grabkammer.

Architektur und Ausschmückung

KV20 windet und schlängelt sich vom Eingang über 213 Meter weit in die Tiefe; die Grabkammer liegt rund 97 Meter unter der Oberfläche. Die Gänge verlassen rasch ihre ursprüngliche Achse in Richtung auf Deir el-Bahari und schwingen absteigend zunächst nach Süden und dann wieder nach Westen. Zwei in gleichem Abstand in den Durchgängen liegende Treppenschächte sind zwar unregelmäßiger als die in KV38, ähneln ihnen aber ansonsten ziemlich. Auch die große Vorkammer weist ein KV38 vergleichbares Profil auf, war jedoch, wie erwähnt, ursprünglich wohl als Grabkammer gedacht. Etwa in der Mitte der rechten Wand dieser Kammer geht eine letzte Treppe ab und führt durch eine kurze Passage in die Begräbnishalle, die mit drei zentral stehenden Pfeilern und drei niedrigen Vorratsräumen ausgeschachtet ist.

Diese abschließende Treppenflucht unterscheidet sich architektonisch deutlich vom übrigen Grabbau und stellt mit der dahinter liegenden Grabkammer vermutlich spätere Anbauten dar. Romers Feststellung, die Grabkammer benutze dasselbe »Maßsystem« wie der Hatschepsut-Tempel in Deir el-Bahari, dürfte den Architekten dieser Anbauten

(Unten) Die Göttin Isis; Detail vom Fußende des Sarkophags der Hatschepsut, der geändert wurde, um den Leichnam ihres Vater Thutmosis I. aufzunehmen.

(Unten) Die linke Außenseite desselben neugravierten Monuments.

(Links) *Der Eingang und (darunter) die erste Kammer von KV20; man erkennt die ungleichmäßige Steinmetzarbeit und die rohen, undekorierten Wände.*

(Rechts) Die einzigartige Spiralform von KV20, das ursprünglich von dem Architekten Ineni für Thutmosis I. angelegt wurde, kulminiert in einer mit Säulen versehenen Grabkammer, die Hatschepsut für sich selbst und den ursprünglichen Inhaber vorbereiten ließ.

Kurzsteckbrief

Nummer u. Lage d. Grabes:
KV20, Wadi Biban el-Muluk
Entdeckt:
vor 1799
Königsmumien:
Hatschepsuts Mumie in der Antike entfernt (ihre Leber oder Milz wurde in DB320 entdeckt); die Mumie Thutmosis' I. wurde nach KV38 verlegt
Ausgräber/Publikation:
Howard Carter, 1903/04, für Theodore M. Davis; Th. M. Davis u. a., *The »Tomb of Hâtshopsîtû«*, London 1906

identifizieren. Da sich die Schieferwände der tiefliegenden Grabkammer von KV20 nicht für Verzierungen eigneten, waren die Begräbnistexte auf Kalksteinblöcken angebracht, die wohl den Raum auskleiden sollten. Die rund 15 Blöcke, die Carter geborgen hat, sind schwarz und rot beschriftet und mit »Strichmännchen«-Zeichnungen von Szenen aus dem Amduat versehen, die der Dekoration im Grab Thutmosis' III. sehr ähnlich sehen.

Die Grabausstattung

Vor Carters Zeit sind aus KV20 keine Gegenstände bekannt, doch könnte ein *uschebti*-Fragment Hatschepsuts, das der niederländische Sammler Baron Willem van Westreenen irgendwann vor 1848 erwarb (heute in Den Haag), ein früher Fund aus diesem Grab sein. Tatsächlich handelt es sich um das einzige bekannte *uschebti* der Hatschepsut.

Carter förderte ein einziges »Grundstein«-Depot Hatschepsuts am Eingang zu KV20 sowie zahlreiche Fragmente von Ausstattungsgegenständen zutage – zerbrochene Steingefäße mit den Namen von

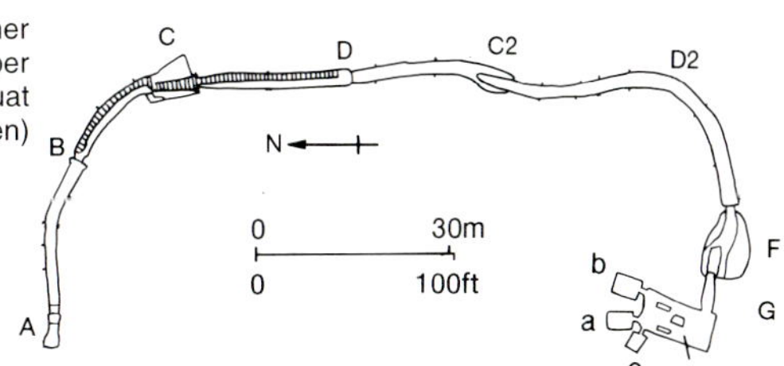

(Rechts) Auf einer Schlange sitzender Unterweltgott. Detail einer Szene aus der siebten Stunde des Amduat, mit der eine der steinernen Verkleidungsplatten aus KV20 bemalt war.

(Ganz rechts) Werkzeugmodelle aus dem »Grundstein«-Depot, das Carter am Grabeingang entdeckte.

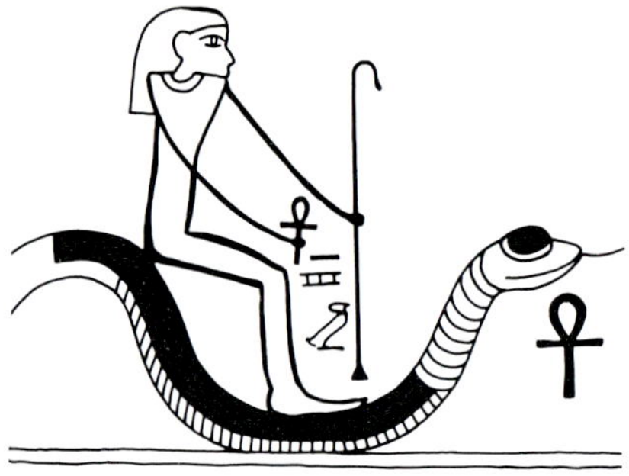

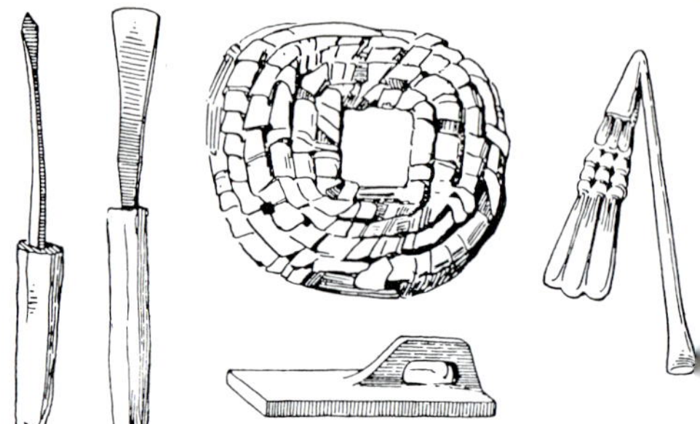

Ahmose Neferati, Thutmosis I., Königin Ahmose und Hatschepsut, des weiteren Tonscherben, Fayencebruchstücke, »ein paar kleine Intarsienstücke« und »angebrannte Teile des Gesichts und der Füße einer großen, bitumenbedeckten Statue«. Die ersten Funde wurden im Gang vor der Grabkammer gemacht, aber die meisten waren in der Grabkammer selbst konzentriert, die auch zwei gelbe Quarzitsarkophage enthielt; der eine (ursprünglich für Hatschepsut selbst bestimmte) war für Thutmosis I. beschriftet, der andere für »König« Hatschepsut; desgleichen fand man eine ebenfalls für Hatschepsut beschriftete Kanopentruhe und die erwähnten Kalksteinblöcke.

Menschliche Überreste

»König wollte sie sein, und eines Königs Schicksal ward ihr zuteil.«
Howard Carter

Der Leichnam Thutmosis' I. wurde offenkundig von Thutmosis III. aus KV20 entnommen und in einem neu ausgehobenen Grab in der Nähe wiederbestattet – KV38. Hatschepsut hingegen scheint zusammen mit dem abgelegten Sarkophag ihres Vaters bis zur Jahrtausendwende in KV20 verblieben zu sein. Wo sich ihre Mumie jetzt befindet, weiß man nicht – es sei denn, der kürzlich von Donald Ryan in KV60 exhumierte Leichnam erweise sich als der ihrige. Ein 1881 aus dem Königsversteck (DB320) geborgenes Behältnis trägt den Namen der Pharaonin und enthält eine mumifizierte Leber oder Milz; es wurde offensichtlich von der Wiederbestattungskommission zu Ende des Neuen Reiches aus den Trümmern gerettet und fand während oder nach der Herrschaft Scheschonqs I. über das *kay* oder Felsengrab von Königin Inhapis (WN A) schließlich den Weg nach DB320. John

Das Felsengrab der Königin Hatschepsut

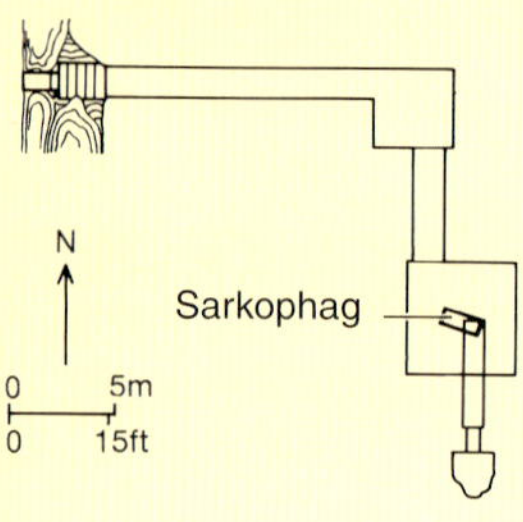

Kurzsteckbrief

Nummer u. Lage d. Grabes:
WA D, Wadi Sikket Taqa el-Zeide
Entdeckt:
1916, von Howard Carter
Ausgräber/Publikationen:
H. Carter, 1916/17, für den Earl of Carnarvon;
H. Carter, *ASAE* 16 (1916), S. 179–182; ders. *JEA* 4 (1917), S. 114–118

»Es war Mitternacht, als wir ankamen, und der Führer wies mich auf das Ende eines Seils hin, das senkrecht an einer Felswand herunterbaumelte. Wir lauschten und konnten die Räuber tatsächlich arbeiten hören [...] Als ich den Boden erreichte, wurde es ungemütlich. Ich stellte sie vor die Alternative, entweder mit Hilfe meines Seils zu verschwinden oder ohne jedes Seil in der Falle zu sitzen, und schließlich nahmen sie Vernunft an und suchten das Weite.«
Howard Carter

Das wohlverborgene Felsengrab WA D (Plan *links*) liegt rund 70 Meter über dem Talgrund (*rechts*). Als Carter es entdeckte, war es vollständig mit hineingespültem Schutt gefüllt; es freizulegen brauchte 20 Tage Arbeit rund um die Uhr. Das Grab bestand aus einer kurzen Treppe, die zu einem sanft abfallenden Korridor führte, der nach 10 Metern scharf nach rechts abbog und in einer quadratischen Kammer endete, die einen gelben Quarzitsarkophag mit Deckel enthielt; von dieser Kammer führte ein weiterer Durchgang zu einem zweiten und kleineren unvollendeten Raum hinunter.

Der Sarkophag (heute in Kairo) war für »die Erbprinzessin, groß an Beliebtheit und Anmut, Herrin aller Länder, Tochter des Königs, Schwester des Königs, Gemahlin des Gottes, große Königsgemahlin und Fürstin der Beiden Länder, Hatschepsut« beschriftet. Abgesehen von diesem Sarkophag, den »zerbrochenen Hälsen zweier Tonkrüge, wie sie die Arbeiter benutzten«, und einer Reihe blanker Kalksteinplatten (die möglicherweise mit Tinte geschriebene Auszüge aus dem Amduat aufnehmen sollten) war das Grab vollkommen leer.

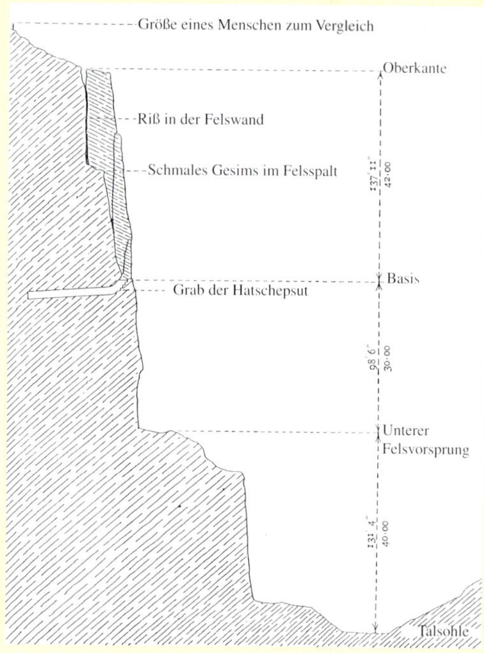

Romer entdeckte 1977–1979 bei der Freilegung des tiefen Schachts im Grab Ramses' XI. (im Auftrag des Brooklyn Museum) Teile des schön verzierten Holzsargs der Hatschepsut. Das Grab Ramses' XI. hatte offenbar beim Abbau einer Reihe von Königsgräbern unter der »Herrschaft« Pinodjems I. als Werkstatt gedient.

Das »zweite« Grab Thutmosis' I.

Geschichte und Ausgrabung

Bei KV38 handelt es sich – wie schon seine Position in der Gräberreihe vermuten läßt – um eine Entdeckung Lorets, die dieser im März 1898 bei seiner Durchkämmung des Tals machte; allerdings hatte John Gardner Wilkinson schon 1835 darauf hingewiesen, daß es hier in der Umgebung ein Grab geben könne. Die näheren Umstände der Entdeckung sind praktisch undokumentiert.

Architektur und Ausschmückung

Grob gehauene Stufen führen zu einem kleinen Eingang und einem einzigen abfallenden Flur, der sofort nach links schwingt. Er mündet in einem unregelmäßig geschnittenen Raum, durch den der Treppenschacht in die Grabkammer hinunterführt. Dieser kartuschenförmige Raum ist mit einer Länge von 11 Metern recht groß und weist links in der Nähe des Sarkophags und der Kanopengrube einen kleinen, grob gehauenen Lagerraum auf. Ursprünglich stand in der Mitte eine einzige, quadratische Säule, die aber eingebrochen und nicht mehr sichtbar ist.

Oft ist zu hören, das Grab besitze keine Verzierung, aber unter der Decke der Grabkammer sind noch verblaßte Gipsstücke mit Überresten eines *checher*-Frieses zu sehen. Bei der Freilegung im Jahre 1899 wurden mit Texten aus dem Amduat beschriftete Verzierungsfragmente entfernt, die sich jetzt im Kairoer Museum befinden.

Ausstattung

Georges Daressy hat in seinen »Fouilles de la Vallée des Rois« eine Liste der von Loret geborgenen Stücke veröffentlicht. Hauptfund war ein für Thutmosis I. beschrifteter gelber Quarzitsarkophag (jetzt in Kairo). Auf den ersten Blick scheint dies also sein Grab gewesen zu sein – mithin kein anderes als das berühmte Grab, das der Architekt Ineni insgeheim (»niemand sah es, niemand hörte es«) hatte schlagen lassen. Die von Carter im Februar 1919 außerhalb des Eingangs geborgenen »Grundstein«-Depots waren zwar unbeschriftet, widersprachen dieser Zuweisung aber auch nicht.

1974 verwies John Romer jedoch darauf, wie sehr KV38 auf der Architektur von KV34 – dem Grab, das der Enkel Thutmosis' I., Thutmosis III., hatte anlegen lassen – beruht und von ihr beeinflußt

Kurzsteckbrief

Nummer u. Lage d. Grabes:
KV38, Wadi Biban el-Muluk
Entdeckt:
März 1899, von Victor Loret
Königsmumie:
von KV20 nach KV38 verlegt und in der Antike aus KV38 entfernt; ein gelegentlich als Thutmosis I. identifizierter Leichnam wurde in DB320 entdeckt
Ausgräber/Publikation:
V. Loret, 1899, für den Service des Antiquités; Georges Daressy, »Fouilles de la Vallée des Rois, 1898–1899«, Kairo 1902, S. 300–303

(Unten links) Der Eingang von KV38; (unten) sein Aufriß und seine Gestalt. Die roh behauenen Oberflächen und runden Formen sind typisch für die frühen Königsgräber der 18. Dynastie.

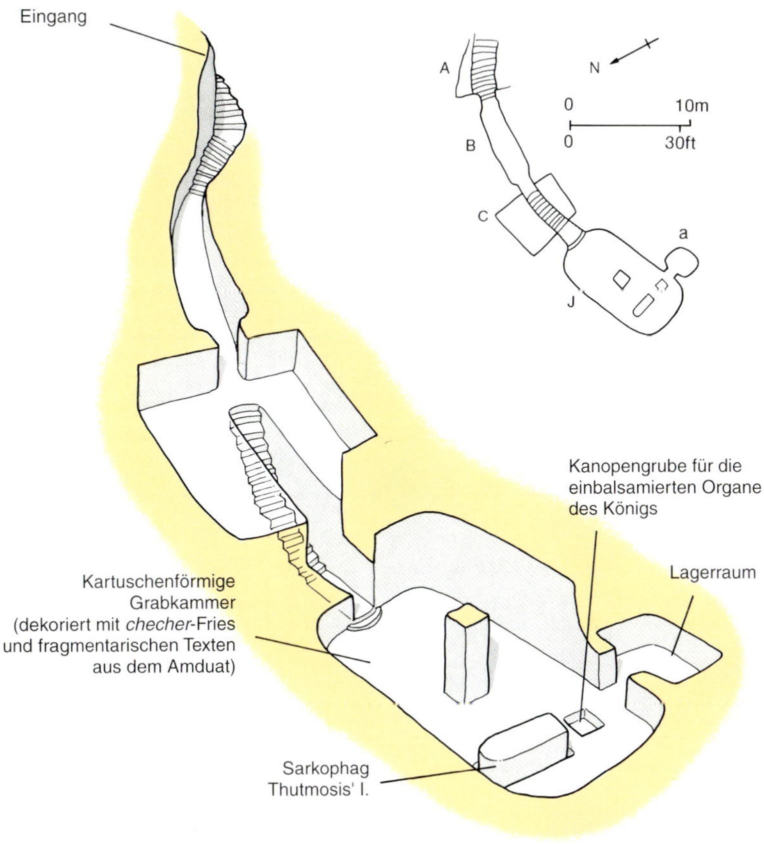

wurde. Diese Datierung findet sich auch in gewissen erhaltenen gebliebenen Einrichtungselementen wieder – insbesondere im Sarkophag und in diversen Fragmenten von Glasgefäßen –, so daß alles in allem vieles darauf hindeutet, daß KV38 für die *Wiederbestattung* Thutmosis' I. ausgeschachtet wurde, weil sein Enkel den König ganz offensichtlich aus der verabscheuten Gegenwart Hatschepsuts entfernen und das Grab neu ausstatten wollte. Das von Ineni gebaute Grab muß also woanders gesucht werden – vermutlich ist es KV20.

Graffiti

»1. Monat der Jahreszeit *achet*, 13. Tag. Meniunufer kommt [das Grab] Aacheperres öffnen ...«

Hieratisches Graffito

Dieses Graffito ist von besonderem Interesse, denn es spricht vom Öffnen des Grabes, das nach den erwähnten Beteiligten (»Userhet; Pa[...]; Amenhotpe; Iuf[?...]amun«) auf Ende der 20. oder Anfang der 21. Dynastie zu datieren ist. Dieses »Öffnen« stand vermutlich in Zusammenhang mit der offiziellen, vom Amun-Hohenpriester Pianchi in Gang gesetzten Politik der Demontage der Nekropolis, die dann unter den Amun-Hohenpriestern Herihor und Pinodjem I. in Schwung kam (und weitgehend die Macht und den Einfluß dieser Männer erklärt, die schließlich königlichen Status annahmen).

Die beiden Holzsärge Thutmosis' I., denen vermutlich immanente Götterkraft zugeschrieben wurde, ließ nun Pinodjem für sich selbst beiseite stellen; neu verziert und für Pinodjem als »König« beschriftet, wurden sie 1881 im Depot von Deir el-Bahari gefunden. Ihre Dimensionen deuten darauf hin, daß Thutmosis I. ursprünglich in einem Innensarg aus Edelmetall ruhte, der vermutlich zur Zeit der endgültigen Aufgabe von KV38 »verschwand«, sprich: zur Edelmetallgewinnung eingeschmolzen wurde.

Das Schicksal der Mumie Thutmosis' I. ist unbekannt; der in den von Pinodjem I. usurpierten Särgen gefundene Leichnam läßt sich alles andere als eindeutig zuordnen.

Ein Grab für Thutmosis II.?

»Derzeit kann Thutmosis II. kein Grab eindeutig zugewiesen werden.«

Elisabeth Thomas

Das Grab Thutmosis' II. ist noch nicht identifiziert, vielleicht noch gar nicht entdeckt. Hingegen haben wir seine Mumie, die 1881 neu gewickelt, etikettiert (im Jahre 6 des Smendes, im 3. Monat der Jahreszeit *peret*, am Tage 7) und wie die Mumie Amenhoteps I. eingesargt (und irgendwann vielleicht mit ihr verwechselt) im Depot von Deir el-Bahari auftauchte.

Zu den möglichen Kandidaten für das Grab dieses Königs gehören KV42, Bab el-Muallaq (WN A), im übrigen am ehesten noch DB358, das Herbert Winlock und die Mannschaft des Metropolitan Museum of Art 1929 in der Mulde von Deir el-Bahari freilegten. Vom Entwurf her stammt KV42 wahrscheinlich aus der Zeit nach Thutmosis III., und die »Grundstein«-Depots scheinen es Königin Hatschepsut Maatkare zuzuweisen; über Bab el-Muallaq weiß man bislang fast gar nichts. Der Anspruch von DB358 beruht einzig auf dem Vorhandensein eines »Brunnens«, der freilich ein Charakteristikum der Königsgräber ist. Die tatsächlich im Grab gefundenen Überreste gehören Königin Merietamun (die Winlock als Frau Amenhoteps II. identifizierte) und einer Königstochter namens Nany – wahrscheinlich ein Kind von Pharao Pinodjem I. aus der 21. Dynastie. Es wurde keine Grabausstattung entdeckt, die auf Thutmosis II. hinwiese.

Falls DB358 dennoch – aufgrund des auch anderswo als königliches Merkmal anzutreffenden Brunnenschachts – das Grab Thutmosis' II. darstellt, warum sollte dieser sich für eine Bestattung

Kurzsteckbrief

Nummer u. Lage d. Grabes:
DB358, Deir el-Bahari
Entdeckt:
23. Februar 1929 von Herbert E. Winlock
Ausgräber/Publikation:
H. E. Winlock, 1929, für das Metropolitan Museum of Art, New York;
H. E. Winlock, »The Tomb of Queen Meryet-Amun at Thebes«, New York 1932.

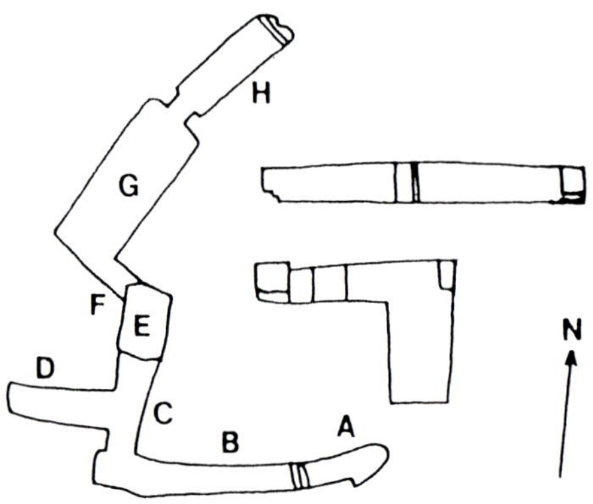

(Rechts) Plan und Schnitte des komplexen und ungewöhnlichen Grabes DB358; sie zeigen den normalerweise zu Königsgräbern gehörenden Brunnenschacht.

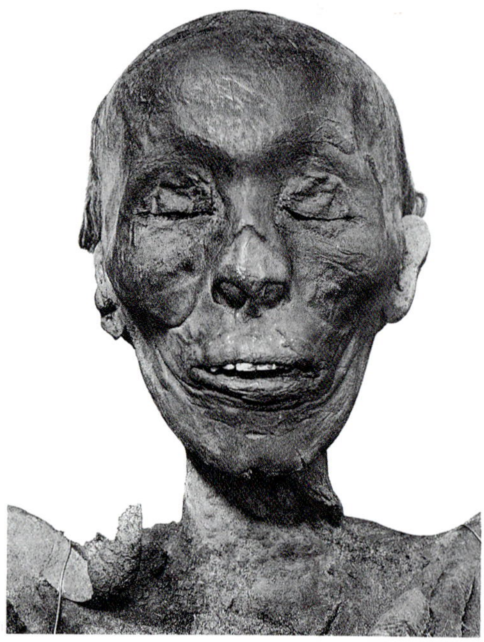

(Ganz rechts) Der ausgewickelte Kopf Thutmosis' III. Detail der 1881 im Königsversteck DB320 gefundenen Mumie des Herrschers.

außerhalb des Tals der Könige entschieden haben? Zwar markierte die Beisetzung seines Vorgängers in KV20 einen weiteren Schritt in der allmählichen Absetzbewegung vom alten Begräbnisbereich der 17. Dynastie bei Dira Abu'n Naga (die möglicherweise schon unter Amenhotep I. eingesetzt hatte), aber Biban el-Muluk etablierte sich erst mit Thutmosis III. fest als *der* Königsfriedhof des Neuen Reiches.

Das Grab Thutmosis' III. (KV34)

Geschichte und Ausgrabung

»... ein angemessener Höhepunkt der zweitausendjährigen Entwicklung in Entwurf und Anlage von Begräbnismonumenten.«

William C. Hayes

William C. Hayes spricht hier vom Sarkophag des Königs, aber seine Worte könnten auch auf das Grab selbst angewendet werden, denn KV34 ist eine der ausgefeiltesten architektonischen Leistungen im Tal der Könige.

Lorets Arbeiter entdeckten das Grab 1898 in dessen Abwesenheit. Als Loret zurückkam, wurde mehrere Tage lang sorgfältig gegraben, wobei der Archäologe die genaue Lage jedes gefundenen Gegenstands auf einem Plan eintrug; dazu wurde auf dem Sandboden der Grabkammer ein Raster aus 24 Quadraten markiert, das heute noch zu sehen ist.

Die beiden linken Nebenräume der Grabkammer waren leer; ihr Inhalt dürfte wie im Grab Amenhoteps II. (s. unten) auf den Boden der Grabkammer gefegt worden sein. In KV35 war das geschehen, um mehrere Mumien unterzubringen, die gegen Ende des Neuen Reiches oder später aus

(Rechts) Darstellung der Schutzgöttin Nut auf der Unterseite des Deckels zum Sarkophag Thutmosis' III.

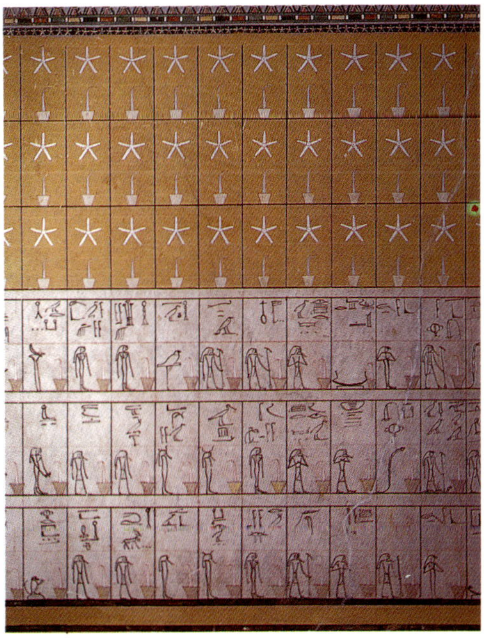

(Unten links) Dieses Wandgemälde in der Vorkammer von KV34 zeigt strichmännchenartig ausgeführte Darstellungen der Gottheiten des Amduat.

(Unten) Die Grabkammer mit dem gelben Quarzitsarkophag Thutmosis' III. Die gerundeten Wände sind mit den Stunden des Amduat dekoriert.

Der König wird von der Baumgöttin Isis gesäugt; auf einem Pfeiler in der Grabkammer von KV34.

(Unten rechts) Vier der harzbestrichenen Holzfiguren, die Victor Loret aus dem Grab Thutmosis' III. barg.

ihren ursprünglichen Bestattungsorten entfernt worden waren. Vielleicht spielte KV34 eine ähnliche Rolle, bevor es endgültig aufgegeben wurde.

Architektur und Ausschmückung

»Beim Grab Thutmosis' III. kann man den Eindruck gewinnen, daß der Gestalt und Funktion einiger Räume und Korridore zwar zu Beginn der Arbeit eine präzise Idee zugrunde lag, aber deren Durchführung und die Zuordnung der einzelnen Elemente zueinander nicht sorgfältig kontrolliert wurden und man sich eher von Fragen der Zweckmäßigkeit und des praktisch Machbaren leiten ließ.«

John Romer

KV34 markiert in der Grabarchitektur des Tals der Könige einen Wendepunkt. Ein schräg abfallender Eingang führt zu drei Korridoren und einem Brunnen, der hier im eigentlichen Tal zum ersten Mal auftritt. Jenseits davon befindet sich eine Halle (Vorkammer) mit Zwillingssäulen und eine Treppe, die direkt in die Grabkammer hinabführt; diese enthält ebenfalls zwei Säulen und wird von vier Vorratskammern ergänzt. Die beiden Achsen des Grabes stehen zwar nicht wirklich rechtwinklig zueinander, sollten es aber offenbar tun.

Die Flure sind nicht verziert, aber andere Bereiche waren erstmals verputzt und bemalt. Auf der Decke des Brunnenschachts befinden sich (wie auch in den anschließenden Räumen) Sterne, auf den Wänden ein dekoratives *checher*-Fries; der Vorraum enthält zudem eine Liste von 741 Gottheiten aus dem Amduat – ein Motiv, das sich nicht wiederholen sollte. Die Grabkammer ist in brillanter, kraftvoller Einfachheit mit den drei Büchern des Amduat ausgeschmückt; sie winden sich schriftrollengleich über die abgerundeten Wände und sind mit den kursiven Figuren und Schriftzeichen der Papyrusvorlage ausgefüllt. Zum ersten Mal sind sieben Flächen der beiden Säulen der Grabkammer mit der Litanei des Re versehen, während die achte Fläche in einer einmaligen Szene den König zeigt, wie er von einer Baumgöttin namens »Isis« (der Name könnte von dieser Göttin sowie der ebenfalls Isis heißenden Mutter des Königs abgeleitet sein) gestillt wird; hinter ihm stehen seine Frauen und Töchter.

Die Grabausstattung

Zu den von Daressy veröffentlichten Funden gehören Überreste eines oder mehrerer »Grundstein«-Depots – Modellwerkzeuge, Plaketten, Gefäße. Carter förderte später im Tal unterhalb des Eingangs zum Grab weitere Depots zutage.

Das wichtigste Stück innerhalb des Grabes selbst bildet der kartuschenförmige Sarkophag Thutmosis' III.; er besteht aus gelbem Quarzit, und die darauf eingravierten Szenen und Texte sind mit roter Farbe ausgelegt. Ansonsten wurde wenig gefunden: unter anderem einige Holzstatuetten des Königs und von Grabgottheiten, Bruchstücke hölzerner Schiffsmodelle, Keramik sowie Knochen von einem Pavian und einem Stier.

Die Plünderung des Grabes

Der Zustand des von Loret geborgenen Materials zeigt, daß das Grab sehr gründlich und äußerst brutal ausgeplündert worden war. Der Sarkophag war durch rücksichtsloses Entfernen des Deckels beschädigt worden, vergoldete Holzbilder waren mit Wucht gegen die Wände geschleudert worden und

Reihenfolge der Arbeiten im Grab Thutmosis' III. (KV34)

(nach Romer)

	Tätigkeiten	Anmerkungen
1	Aushauen des Grabes	unvollendet
2	Verputzen der Wände	
3	Ausmalen der Decken und Friese	Sockel flüchtig ausgeführt und unvollendet
4	Erweitern der Durchgänge C-D, D-E, E-F für das Einbringen sperriger Teile der Grabausstattung	
5	Versiegeln der von der Grabkammer abgehenden Nebenräume	
6	Beisetzung	
7	Malen der Grabkammertexte	Steinsplitter liegen noch im Grab
8	Übermalen des Brunnenfrieses	(nach 4)
9	Verschließen des Grabes	

hatten Goldspuren hinterlassen, die heute noch im Schein einer Taschenlampe aufblitzen, und alle Metallbeschläge und -auflagen hatte man weggeschlagen. Manches mag vollständig entfernt und dann anderswo zerhackt worden sein – insbesondere in KV4 (Ramses XI.). Alles irgendwie Weiterverwendbare war verschwunden – einschließlich großer Holzteile wie den Rümpfen der Schiffsmodelle sowie der Türen und Türstürze der vier Nebenkammern.

Die königliche Mumie

Die Mumie Thutmosis'III. wurde in DB320 in einem der urspünglichen Holzsärge entdeckt, von dessen Oberfläche die gesamte Blattgoldauflage abgerissen worden war. Der schlimm beschädigte Leichnam war neu eingewickelt worden, wobei vier Modellruder zur Befestigung dienten. Teile des ursprünglichen, in Tinte mit Auszügen aus dem Totenbuch beschrifteten Leichentuches liegen in Kairo und Boston. Vom Körper war jeglicher Schmuck entfernt worden, aber Elliott Scott fand in den Bandagen der beiden Schultern wenigstens noch zwei Goldkordeln sowie Karneol-, Lapislazuli- und Feldspatperlen, und in jüngster Zeit offenbarten Röntgenaufnahmen noch einen Armreif am rechten Arm.

Nachbestattungen

»Das [Vorhandensein von Nachbestattungen] ist nicht unwichtig, denn es zeigt, daß die Gräber im Tal der Könige damals von den Einwohnern der Kleinstädte in der thebanischen Ebene aufgesucht und vereinnahmt wurden: die Plünderungen hielten viel länger an, als man bislang vermutete.«

Gaston Maspero

Ein Nebenraum zur Grabkammer (zur Linken der Krypta) enthielt zwei eingesargte, wenngleich nicht unberührte Mumien. Nach Elliot Smith, der sie in seinem Generalkatalog »The Royal Mummies« veröffentlichte, stammten sie aus der »spätdynastischen oder frühptolemäischen Zeit«. Die einzige spätere Aktivität in KV34 läßt sich, wenngleich nur indirekt, für die 26. Dynastie oder später erkennen, als eine Nachahmung des Sarkophags Thutmosis' III. für den hohen Beamten Hapimen angefertigt wurde – denselben, der vielleicht auch die fehlende Kanopentruhe des Königs mitgenommen hat.

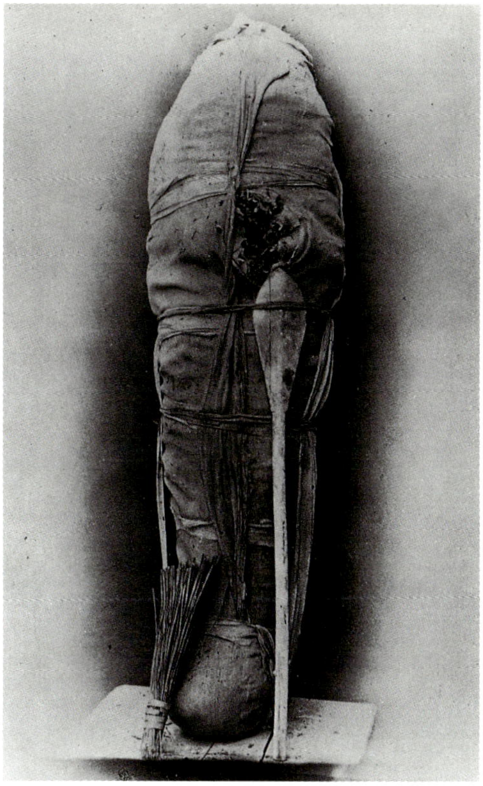

(Links) Die Mumie Thutmosis' III. auf einem kurz nach ihrer Entfernung aus dem Depot von el-Bahari aufgenommenen Foto. Der arg beschädigte Leichnam war in der Antike neu eingewickelt worden; das Loch in der Brust stammt aus moderner Zeit und wurde von Arabern auf der Suche nach Geschmeiden geschlagen.

Kurzsteckbrief

Nummer u. Lage d. Grabes:
KV34, Wadi Biban el-Muluk
Entdeckt:
12. Februar 1898 von Victor Loret
Königsmumie:
in der Antike entfernt; entdeckt in DB320
Ausgräber/Publikationen:
V. Loret, 1889 für den Service des Antiquités;
V. Loret, *BIE* (3 série) 9 (1889), S. 91–97;
Georges Daressy, »Fouilles de la Vallée des Rois 1898–1899«, Kairo 1902, S. 281–298 (Funde).
Wände dokumentiert in:
Paul Bucher, »Les textes des Tombes de Thoutmosis III et d'Aménophis II«, Kairo 1932

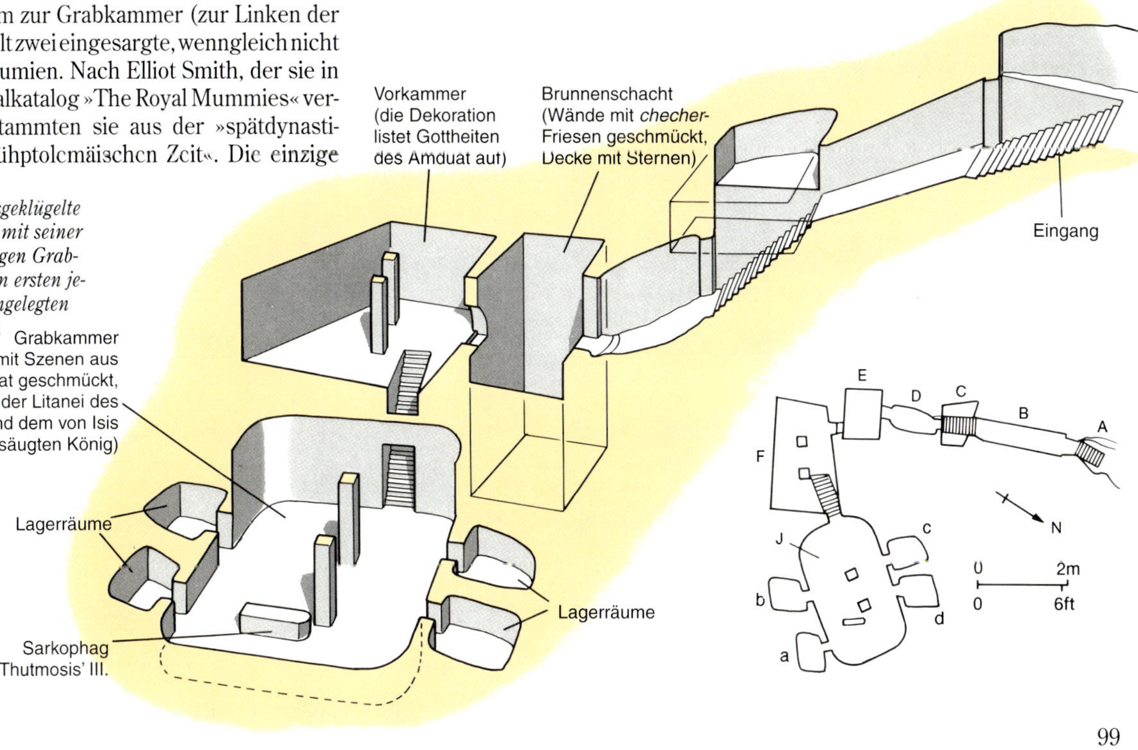

(Rechts) Die ausgeklügelte Form von KV34 mit seiner kartuschenförmigen Grabkammer und dem ersten jemals im Wadi angelegten Brunnenschacht.

Uschebti *Webensenus, des Sohnes von Amenhotep II.*

Das Grab Amenhoteps II. (KV35)

Entdeckung und Freilegungsmethode

»... eine sehr wichtige Entdeckung.«

Howard Carter

Die Entdeckung von KV35 durch Victor Loret im Jahre 1898 gehört zu den bedeutendsten in der Grabungsgeschichte des Tals der Könige, denn es enthielt nicht nur die Grabstätten Amenhoteps II., seines Sohnes Webensenu und wahrscheinlich seiner Mutter Hatschepsut Meritre, sondern auch die versteckten Überreste von 17 weiteren königlichen Begräbnissen.

Im Gegensatz zum ersten Königsversteck, über das Émile Brugsch 1881 gestolpert war, wurde KV35 mit einiger Sorgfalt freigelegt, und die Funde wurden in numerierte Raster eingetragen, die man über den Plan der Vorkammer und der Grabhalle gelegt hatte. Es ist schon traurig, daß diese Raster von 6 bzw. 17 Quadraten nie veröffentlicht wurden und inzwischen verlorengegangen sind; sie lassen sich allerdings anhand hier und dort verstreuter Bemerkungen in Lorets Vorausbericht teilweise rekonstruieren.

Der Grabinhalt

Als Loret den Brunnen überwunden hatte, stolperte er nahe dem Eingang zur Vorkammer über eine große hölzerne Schlangengestalt und bemerkte »zwischen der [ersten] Säule und der rechten Wand« zwei große Begräbnisbarken; zwischen der ersten und zweiten Säule befand sich eine dritte Barke. Vom Eingang der Grabkammer her konnte er in der Düsternis gerade noch im Rasterquadrat 3 eine große hölzerne Sechemchet-Statue sowie ein *uschebti* ausmachen (von dem sich später herausstellte, daß es für Webensenu, den Sohn des Königs, angefertigt war). Er machte im linken Winkel der Krypta in Richtung Grabhalle weiter und bemerkte im Planquadrat 15 einen praktisch lebensgroßen Kuhkopf. Als er nun im Zickzack quer durch die Kammern das neue Grab erforschte, traf sein Blick auf über hundert weitere Gegenstände.

In den vier Nebenkammern außerhalb der Grabhalle stand Loret wiederum knietief in Trümmern. In der ersten Kammer zur Linken waren »Vasen aus grünem Porzellan [Fayence], zumeist *hes*-Vasen, andere in Form des Lebenssymbols [*anch*]...«, sowie ein harzüberzogener hölzerner »Panther«. Ein weiterer Raum hinter der Krypta war gefüllt mit den Überresten von etwa 30 großen Aufbewahrungskrügen, weiteren glasierten Fayenceobjekten, Leintüchern und einer Unmenge einbalsamierter Lebensmittelvorräte.

»... der Kammerboden war praktisch verborgen unter einem unglaublichen Durcheinander [...] aus Schutt, hölzernen Statuetten des Königs und diverser Götter, *Antwortgebern* [d.h. *uschebtis*] [...], koptischen Kreuzen [...] und *didu* [*djed*-Säulen] aus Holz und blauem Email [Fayence] und tausend [weiteren] Artikeln bedeckt ...«

Gaston Maspero

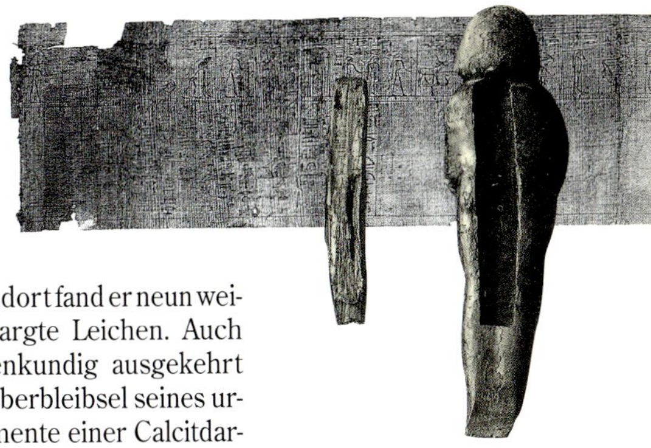

(Links) Säulen in KV35 zeigen die ersten voll ausgeführten Darstellungen des Königs mit diversen Gottheiten.

(Rechts) Statuette aus KV35. Das Innere ist hohl und enthielt einen zusammengerollten Papyrus.

Im ersten Raum zur Rechten entdeckte Loret »drei Leichen, die am anderen Ende in der linken Ecke Seite an Seite mit den Füßen zur Tür zeigend lagen«; die rechte Raumseite war mit Trümmern von hölzernen Begräbnisstatuetten und Miniatursärgen aus Holz bedeckt, die beiseite geschoben waren, um Platz für die Mumien zu schaffen. Schließlich spähte Loret in die letzte Nebenkammer rechts neben der Krypta; dort fand er neun weitere, unterschiedlich eingesargte Leichen. Auch dieser Nebenraum war offenkundig ausgekehrt worden, enthielt aber noch Überbleibsel seines ursprünglichen Inhalts – Fragmente einer Calcitdarstellung der »Taufe des Pharaos« und drei weitere hölzerne Grabfiguren.

Der Inhalt dieser vier Nebenkammern war seit der Originalausstattung des Grabes während der 18. Dynastie erheblich durcheinandergeraten, aber alle (mit Ausnahme des ehemals zugemauerten Raums zur Rechten der Krypta) bargen noch Überreste ihres ursprünglich nach Vorräten, Fayenceobjekten und *uschebtis* geordneten Inhalts. Der größte Teil des Inhalts war jedoch anscheinend in die Krypta geworfen worden.

Ebenfalls in der Krypta lag – offenbar in einem Ersatzsarg, aber innerhalb des ursprünglichen Sarkophags aus gelbem Quarzit – Amenhotep II. höchstpersönlich; blumenbedeckt hatte er dort fast 3000 Jahre geruht.

Die Architektur

Wie die Grabstätte seines Vorgängers Thutmosis III. ist auch das Grab Amenhoteps II. von der Anlage her innovativ, denn die früher herrschende

Kurzsteckbrief

Nummer u. Lage d. Grabes:
KV35, Wadi Biban el-Muluk
Entdeckt:
9. März 1898 von Victor Loret
Königsmumie:
in KV35 gefunden
Ausgräber/Publikationen:
V. Loret, 1898 für den Service des Antiquités;
V. Loret, *BIE* (3 série) 9, 1898, S. 98–112;
Georges Daressy, »Fouilles de la Vallée des Rois 1898–1899«, Kairo 1902, S. 62–279 (Funde)
Wände dokumentiert in:
Paul Bucher, »Les Textes des Tombes de Thoutmosis III et d'Aménophis II.«, Kairo 1932

(Ganz links) Die Grabkammer Amenhoteps III.; im Hintergrund der Eingang zu einem der Lagerräume.

(Links) Die als Basrelief ausgeführte Isis-Darstellung am Fußende des Königssarkophags trägt noch einen Großteil der ursprünglichen Bemalung.

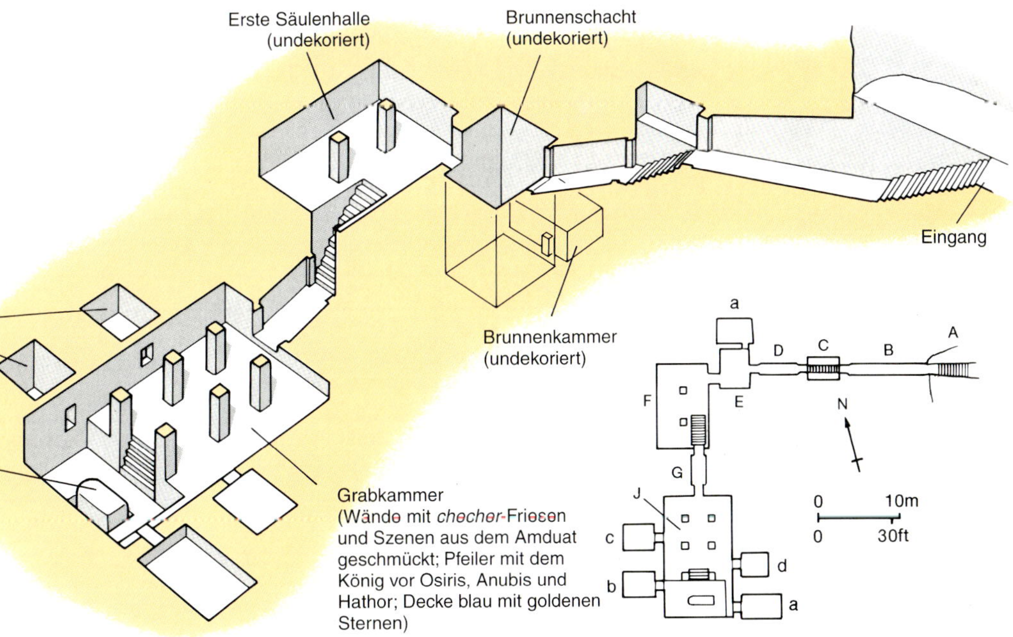

(Rechts) Der Grundriß von KV35 weist einige Fortschritte gegenüber KV34 auf, insbesondere bei der Grabkammer.

(Oben) Eine Auswahl von Objekten, die Loret im Grab Amenhoteps III. entdeckte: Horusfigur aus einer die »Taufe des Pharaos« darstellenden Calcitgruppe; fragmentarisch erhaltenes Glasgefäß; Amulette aus Holz und Fayence; Stöpsel der königlichen Kanopentruhe aus Calcit; bemalter hölzerner Stierkopf; zwei Fayencemodelle von Wurfhölzern.

(Unten) Kopf der Mumie Amenhoteps II.; das Foto wurde von Howard Carter nach dem Grabraub von 1901 aufgenommen.

Asymmetrie wurde begradigt, und mehrere neue Elemente wurden hinzugefügt. Die Reihenfolge der Gänge, Treppen und Kammern entspricht zwar im wesentlichen der von KV34, aber an der Basis des Brunnenschachts ist ein Raum dazugekommen; desgleichen trennte jetzt ein Korridor die Treppe von der ersten Säulenhalle und der neuen, rechteckigen Grabkammer; die Endkammer selbst war jetzt zweigeteilt und bestand aus einem oberen Teil mit sechs Säulen und einem unteren Teil, der ein Drittel des Gesamtraums ausmacht und zumeist als »Krypta« bezeichnet wird, weil hier der königliche Sarkophag stand. Zusammen mit der Geradlinigkeit der Achsenschenkel des Grabes und der regelmäßigen Gestalt der Räume finden sich alle diese Elemente in den Gräbern der unmittelbaren Nachfolger des Königs wieder.

Der Wandschmuck

Die Decke der Grabkammer erhielt die mittlerweile vertrauten goldenen Sterne auf dunkelblauem Grund, während die Wände das übliche *checher*-Ornament und eine dreiteilige – der im Grab Thutmosis' III. sehr ähnliche – »Strichmännchen«-Darstellung von Amduat-Motiven aufweisen. Auch die Ausschmückung von KV35 trägt Spuren der Neuerung, die spätere Monumente beeinflussen sollten: Unterhalb des *checher*-Ornaments und der einrahmenden »Himmels«-Zeichen finden sich auf den Säulen von KV35 erstmals vollständige Darstellungen des Königs beim Vollzug ritueller Akte vor Osiris, Anubis und Hathor. Das Motiv des vor einer Reihe von Gottheiten zelebrierenden Königs wurde in den meisten späteren Gräbern auf den Säulen und Brunnenraumwänden weitergeführt.

Die königliche Begräbnisausstattung

Neben dem Sarkophag lieferte das Grab eine Vielzahl von Grabbeigaben, darunter Königs- und Göttergestalten, ein Papyrus mit Auszügen aus dem

Ein Grab für die Gemahlin Thutmosis' III.

KV42, das in dem zum Grab Thutmosis' III. hochführenden Tal liegt, wurde zuerst von Howard Carter am 9. Dezember 1900 betreten; entdeckt hatte es wahrscheinlich rund anderthalb Jahre zuvor Victor Loret. Wie Carter später schrieb:

»Beim Eintreten sah ich sofort, daß das Grab bereits in früher Zeit geplündert worden war, [...] denn das Mobiliar, die Vasen und Kanopenkrüge waren zerschlagen und lagen auf dem Boden des Korridors und der Kammern offensichtlich so herum, wie die antiken Räuber sie weggeworfen hatten ...«

Architektur und Ausschmückung

KV42 wirkt königlich, denn es ist größer als jedes andere eindeutig der 18. Dynastie zuzurechnende Privatgrab und weist die kartuschenförmige Grabkammer auf, deren berühmtestes Beispiel sich im Grab Thutmosis' III. (KV34) findet. Obschon es keinen Brunnenschacht besitzt (ein deutliches Anzeichen, daß das Grab nicht in erster Linie zur Beisetzung eines Königs vorgesehen war), die erste Halle keine Säulen aufweist und von der Grabkammer weniger Nebenräume abgehen als in KV34, scheint es vom Entwurf her in allen anderen Aspekten KV34 nachzufolgen; der bemerkenswerteste davon ist der zusätzliche Korridor zwischen der ersten Halle und der Grabkammer.

Ein Grab für Königin Hatschepsut-Meritre

Am hinteren Ende der Grabkammer entdeckte Carter einen rechteckigen Steinsarkophag, der unvollendet und anscheinend unbenutzt war, doch weitere Fragmente von Grabbeigaben zeigten, daß das Grab zu einem bestimmten Zeitpunkt eine oder mehrere nichtkönigliche Bestattungen enthalten hatte. Zu den Namen, die auf den Kanopenkrügen und Gefäßattrappen aus Kalkstein sowie einem Opfertisch auftauchten, gehörten Sennufer, der Bürgermeister von

Buch der Höhlen sowie hölzerne Embleme, Fragmente von Schreinen, *uschebtis*, ein stark beschädigtes Osiris-Bett und die Überreste einer großen Grabliege aus Holz ähnlich der später im Tutanchamun-Grab gefundenen. Außerdem enthielt das Grab massenhaft Fragmente von Möbelstücken, Stein-, Holz-, Fayence- und Glasgefäßen, hölzernen Schiffsmodellen, Modellvasen in Form des *anch*-Zeichens, Früchten und Blumen aus Fayence sowie kosmetischen Gegenständen. All das war fast ausnahmslos in Stücke geschlagen worden – entweder von Räubern oder von den Bergungsteams der 21. Dynastie.

Die Königsmumie

»Überall herrscht absolute Stille, ein Schweigen, das man geradezu körperlich spürt; ein Gefühl der Ehrfurcht überkommt einen, wenn man sich vergegenwärtigt, daß hier in diesem einsamen Sarg, fern aller Stätten von Mensch, Tier oder Vogel, die verhüllte, schweigende Form des Monarchen [Amenhotep II.] ruht, dessen bloßes Wort dereinst die Welt erzittern ließ.«

May Brodrick

Als man die Mumie Amenhoteps II. fand, war sie in ihrem Ersatzsarg aus Pappmaché oberflächlich betrachtet intakt geblieben; ein einfaches Etikett auf der Außenhülle verriet ihre Identität.

Unter dem äußeren Leichentuch war das Originallinnen sichtbar, das vor allem an den Beinen – wo man es weggehackt hatte, um an den königlichen Schmuck heranzukommen – stark zerschlitzt war. Abdrücke dieser Schmuckstücke (insbesondere eines breiten Perlenhalsbands und eines perlenbesetzten Gürtels) waren in dem hartgewordenen Harz, das den Leib bedeckte, noch erkennbar.

Theben, seine Frau, die königliche Amme Senetnay, und »des Königs Schmuckstück« Baketre. In dem kleinen Nebenraum der Grabkammer verzeichnete Carter außerdem die Überreste hölzerner »Schlitten und Särge« und unbeschrifteter Objekte, zu denen »ungefähr zwanzig oder dreißig ganze und zerbrochene Tonkrüge grober Machart« gehörten; dazu kamen »ein wenig Blattgold und eine exquisite goldene und mit Einlegearbeiten versehene Rosette«, die im Eingangskorridor gefunden worden waren.

1900 glaubte Carter, daß KV42 die Begräbnisstätte Sennufers und seiner engeren Angehörigen sei, aber wir wissen inzwischen, daß zumindest Sennufer ein Grab anderswo in Theben hatte (TT96), in dem er vermutlich beigesetzt wurde.

Wie KV42 genutzt wurde, ist also recht unklar, doch zumindest wurde überzeugend geklärt, für wen es *bestimmt* war, als Carter 1921 die am Eingang angelegten »Grundstein«-Depots ausgrub: Diese trugen den Namen der königlichen Hauptfrau Hatschepsut-Meritre, der Gemahlin Thutmosis' III. und Mutter Amenhoteps II., für die ihr Gatte das Grab offensichtlich hatte ausschachten lassen. Doch was auch immer Thutmosis III. beabsichtigt haben mag – die Fürstin scheint niemals in KV42 gelegen zu haben; Spuren im Grab ihres Sohn nach zu urteilen, hat Amenhotep II. anscheinend beschlossen, daß sie statt dessen in KV35 ruhen solle.

Wurde das Grab leergeräumt?

Ein Graffito am Eingang von KV42 lautet wie folgt:

»3. Monat des Sommers, Tag 23; von der Nekropolismannschaft wurde die Arbeit an diesem Grab aufgenommen, als der Schreiber Butehamun in die Stadt ging, um die Ankunft des Generals im Norden zu sehen.«

Das bezieht sich eindeutig auf offizielle Aktivitäten irgendwelcher Art. In der Tat könnte KV42 – wie Karl-Jansen-Winkeln vorsichtig angeregt hat – das »Grab der Ahnen« sein, das der Nekropolisschreiber Butehamun auf Befehl des Amun-Hohenpriesters Pianchi öffnen sollte – in der Absicht, es leerzuräumen, wie wir noch sehen werden.

Kurzsteckbrief

Nummer u. Lage d. Grabes:
KV42, Wadi Biban el-Muluk
Entdeckt:
vor dem 9. Dezember 1900 von Victor Loret(?)
Ausgräber/Publikation:
Chinouda Macarios und Boutros Andraos, 1900, unter Aufsicht Howard Carters, für den Service des Antiquités;
H. Carter, *ASAE* 2 (1901), S. 196–200

(Oben) Für Senetnay beschrifteter Kanopenkrug aus dem Grab.

(Rechts) Die Grabkammer von KV42, wie sie Howard Carter im Jahr 1900 vorfand.

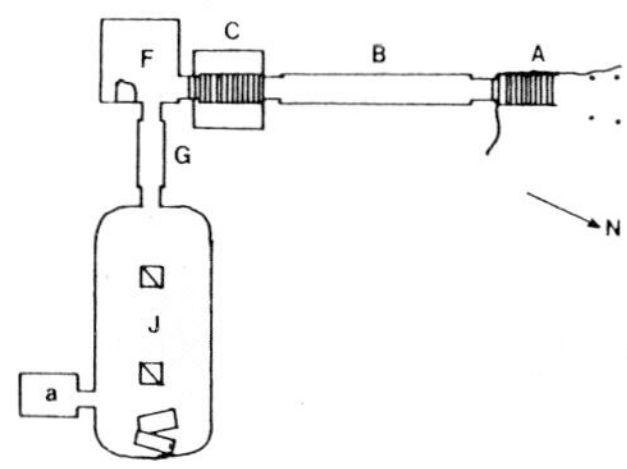

(Oben) Der Grundriß von KV42: eine vereinfachte Weiterentwicklung des Grabes Thutmosis' III.

Thutmosis' III. kriegerisches Wesen, das auch sein Sohn und Nachfolger Amenhotep II. an den Tag gelegt hatte, scheinen die nachfolgenden Könige Thutmosis IV. (um 1401–1391 v. Chr.) und Amenhotep III. (um 1391–1353 v. Chr.) nicht geerbt zu haben. In ihrer Herrschaftszeit begann eine lange Zeit des Friedens und in Ägypten bislang unerreichten Wohlstands. Anstelle des Schwertes wurde die Diplomatie zum Hauptinstrument der Außenpolitik, und Ägypten schloß Frieden mit seinem Hauptrivalen, dem Königreich Mitanni in Nordsyrien, das inzwischen seinerseits von den anatolischen Hethitern bedroht wurde. Die Pharaonen wurden fett und bequem und waren mehr denn je von ihrer Macht und Unfehlbarkeit überzeugt.

Thutmosis IV., ein Sohn Amenhoteps II. und dessen zweiter Königin Tio, war wegen des vorzeitigen Todes eines älteren Halbbruders auf den Thron gelangt. Wie seine beiden Vorgänger wurde auch er im Haupttal bestattet, und zwar in KV43. Im Jahr 2 ehelichte sein aus der Verbindung mit Mutemuija, einer seiner Hauptfrauen, hervorgegangener Sohn und Nachfolger Amenhotep III. Teje, die Tochter des Großgrundbesitzers und hochrangigen Offiziers Juja und seiner Gattin Tuja, deren Grabstätte Theodore Davis 1905 in KV46 entdeckte. Amenhoteps III. eigenes Grab, das sein Vater begonnen hatte, lag als erstes im heute Westtal genannten Teil des Königstals.

Die Gräber Thutmosis' IV. und Amenhoteps III.

Das Grab Thutmosis' IV. (KV43)

Die Entdeckung

»... unsere Augen gewöhnten sich an das schwache Licht der Kerzen, und [...] wir erkannten im Dämmerlicht, daß der obere Teil der Wände dieses Brunnens fein bemalt und mit Skulpturen versehen war. Die Szenen stellten den Pharao [...] vor mehreren Göttern und Göttinnen der Unterwelt stehend dar. [...] Damit hatten wir den endgültigen Beweis, daß ich das Grab Thutmosis' IV. gefunden hatte ...«

Howard Carter

Die offizielle Öffnung von KV43 fand am 3. Februar

Kurzsteckbrief
Nummer u. Lage d. Grabes:
KV43, Wadi Biban el-Muluk
Entdeckt:
18. Januar 1903 von Howard Carter
Königsmumie:
in der Antike entfernt; gefunden in KV35
Ausgräber/Publikation:
H. Carter, 1903, für Theodore M. Davis;
Th. M. Davis u. a., »The Tomb of Thoutmôsis IV«, London 1904
Wände dokumentiert in:
ebd.

(Links) Das Kopfende des Sarkophags von Thutmosis IV.; die Arme der Nephtys erstrecken sich elegant in die Spalten voll mit Farbe eingelegter Hieroglyphen.

(Rechts) Schnitt durch KV43.

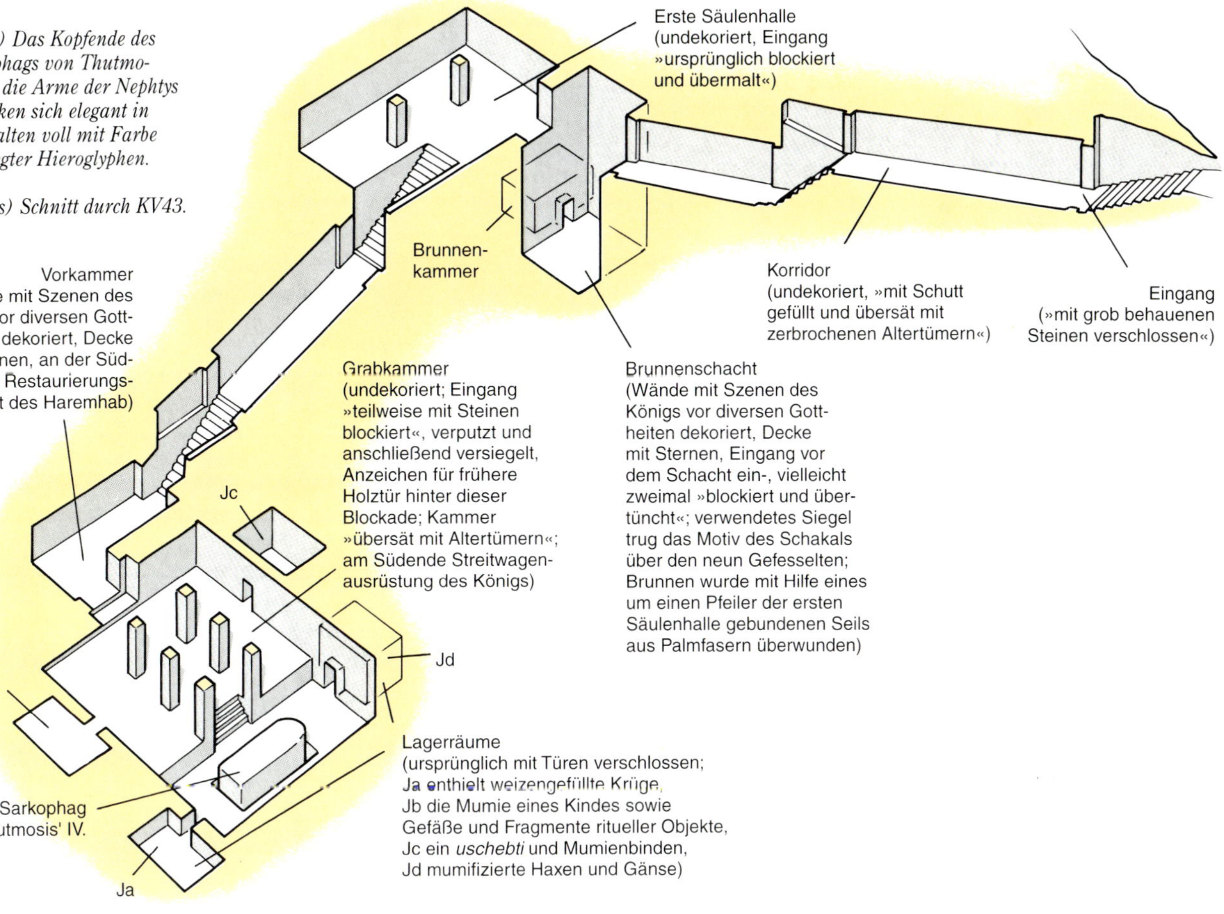

(Links) Der Blick ins Innere von KV43 zeigt das schmucklose Aussehen der sorgfältig bearbeiteten, aber undekorierten Wände und Säulen.

(Unten) Thutmosis IV. wird von der Göttin Hathor begrüßt und erhält das Geschenk des Lebens. Die Szene ist typisch für das Dekorationsschema des Brunnenschachts und der Vorkammer und zeigt deutlich kraftvoller als in früheren Gräbern ausgeführte Figuren.

1903 statt. Erstmals hatte Carter das Grab allerdings schon am 18. Januar betreten, um sich zu vergewissern, daß er tatsächlich mehr als bloß eine unfertige Grube gefunden hatte. Wie zu erwarten, war das Grab in der Antike ausgeraubt worden, und zwar gründlich: Vom kleinsten Metallstückchen bis zu wiederverwendbaren Hölzern wie Türen und Türstürzen hatte man alles auch nur halbwegs Wertvolle weggeschafft. Der Rest war zerschlagen und im Grab verstreut worden.

Architektur und Ausschmückung

Gegenüber KV35 (Amenhotep II.) stellt KV43 eindeutig eine Weiterentwicklung dar. In seiner Ortswahl (es ist das letzte Grab, das unter einem von Unwettern gespeisten Wasserfall liegt), Größe und Komplexität folgt es ersterem, doch sein Plan ist präziser. Die sorgfältig behauene Eingangstreppe und die ersten drei Gänge führen zielstrebig und geradlinig zu einem großen Brunnen mit an der Basis der fernen Wand eingelassener Kammer. Dann macht die Achse eine 90-Grad-Drehung und wendet sich der ersten Säulenhalle zu, von der eine Treppe, ein abfallender Gang und eine weitere Treppe in den Vorraum und die Grabkammer führen. Von KV35 unterscheidet sich KV43 durch die Absenkung des fernen Drittels der Grabkammer zur »Krypta«, durch die Ausrichtung der Vorratsräume und durch die sorgfältigere Steinmetzarbeit. Desgleichen treten mit zwei kleinen Rechtecken – das eine auf einer Säule, das andere (skizziert) an der Eingangswand – erstmalig die »magischen Nischen« auf, die von nun an bis zu Ramses II. in allen Gräbern zu finden sind.

Trotz ihrer sorgfältigen Bearbeitung ist die Grabkammer kahl und schmucklos. Lediglich Teile des Brunnenschachts und des Vorraums sind mit offenbar hastig angefertigten Darstellungen verziert. Die beiden dekorierten Bereiche wurden nahezu gleich behandelt: Die Decken des Brunnenschachts und der Vorkammer sind beide mit gelben Sternen auf dunkelblauem Grund bemalt, und am Oberteil der Wände tauchen *checher*-Friese in einheitlichem Goldgelb auf. Im Brunnenschacht ist der König vor diversen Gottheiten abgebildet, die ihm das Geschenk des »Lebens« (*anch*) überreichen, und auch im Vorraum sieht man den König

Funde aus dem Grab Thutmosis' IV.

»Obschon Plünderer den Inhalt dieses Grabes allen kostbaren Goldes beraubt hatten, hatten sie viel hinterlassen, das für uns sogar noch wertvoller ist.«

Ambrose Lansing

Außer den königlichen Grabbeigaben barg Carter Fragmente dreier Nebenbestattungen, vermutlich Kinder Thutmosis', die vor ihm verstorben waren: der Königssohn Amenemhet (dessen neu eingewickelte und eingesargte Mumie die in der Nähe des Depots von Deir el-Bahari begrabene sein könnte, die einige Jahre später von der Expedition des Metropolitan Museum entdeckt wurde), die Königstochter Tentamun sowie eine Person, deren Namen nicht erhalten ist. Der Leichnam, den Carter in Raum Jb an die Wand gelehnt vorfand, gehört vermutlich einem von ihnen. Gebrauchsgegenstände aus dem Grab wie Lampendochte und ein Gewicht könnten vom Ausräumen des Grabes am Ende des Neuen Reiches stammen.

Die – meist nur fragmentarisch erhaltenen – Funde enthielten folgende Einzelobjekte und Klassen von Objekten:

Thutmosis IV.
»Grundstein«-Depots – Gefäß- und Werkzeugmodelle, Kieselsteine, Plaketten aus Calcit, Holz, Bronze und Fayence
Sarkophagkiste und Deckel (gelber Quarzit)
Kanopenschrein (Calcit)
Königs- und Götterstatuetten (Holz)
Kleine Schreine (Holz)
Uschebtis (Holz, Fayence)
Uschebti-Särge (Fayence)
Uschebti-Werkzeuge (Fayence)
Zauberziegel mit Figuren (Holz, Lehm)
Kästen und Truhen (Holz, Fayence)
Möbelstücke (Holz)
Schiffsmodelle (Holz)
Streitwagen mit Zubehör (Holz, Leder)
Stäbe, Fächer, Peitschen usw. (Holz)
Wurfstöcke (Fayence)
Schwertscheiden (Leder)
Keulenköpfe (Kalkstein)
Textilien
Handschuhe (Leder)
Armreife (Leder)
Amulette (Fayence)
Gefäße (Diorit, Calcit, Kalkstein, Glas, Fayence, Keramik)
Krugverschlüsse (Lehm)
Etiketten (Holz)
Spielbrett (Holz)
Griff eines Spiegels (Elfenbein)
Siegel(?) (Kalkstein)

Königssohn Amenemhet
Kanopenkrüge (Kalkstein)

Königstochter Tentamun
Kanopenkrüge (Calcit)

Namenlose Person
Kanopenkrüge (Kalkstein)

Fremdmaterial?
1-*deben*-Gewicht (Feuerstein)
Öldochte

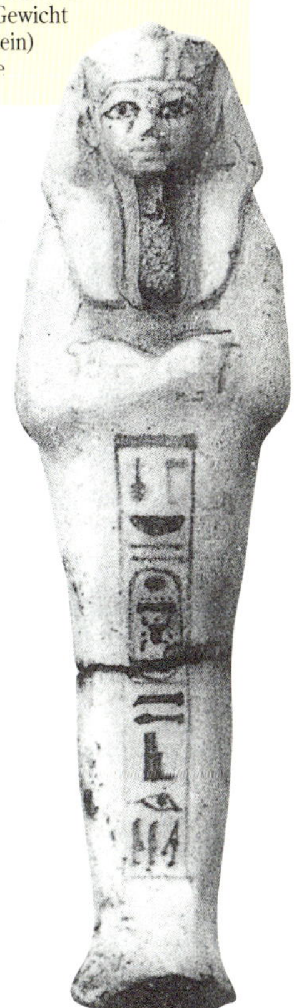

Gegenstände aus der von Carter in KV43 gefundenen Grabausstattung: Modelle einer Papyrusrolle und eines Gefäßes sowie Amulette und ein uschebti *aus Fayence; harzbestrichene Holzfigur des Königs; ein tönerner Anubis aus einer der magischen Nischen und ein besticktes Textilfragment.*

(Links) Von Carter angefertigte Detailzeichnung des Gipsreliefs, mit dem das Innere von Thutmosis' IV. Streitwagen verziert war: Unter dem Schutz des Kriegsgotts Montu trampelt der als Sphinx dargestellte König die Feinde Ägyptens nieder.

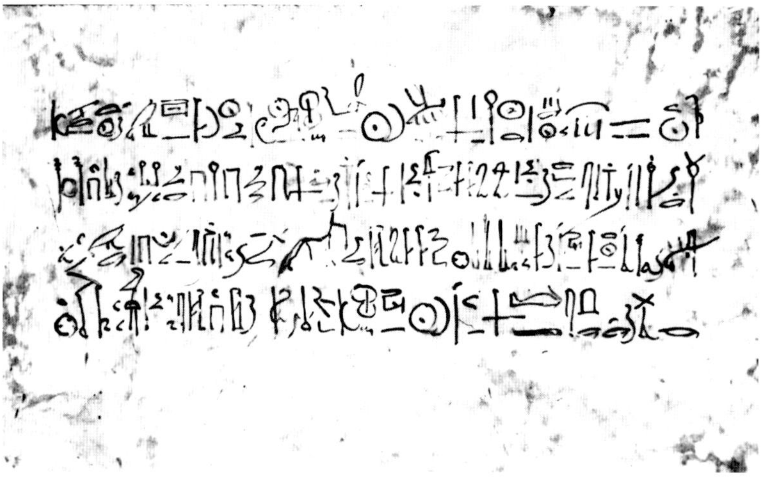

Die würdevolle Kalligraphie der im achten Jahr Haremhabs an die Südwand der Vorkammer geschriebenen Restaurierungsinschrift des Maja. Das Majas Assistenten Djehutimose erwähnende Etikett erscheint ein wenig tiefer auf der gleichen Wand.

vor denselben Gottheiten stehen. Beide Male sind die Abbildungen des Königs praktisch identisch, und bei den diversen Gottheiten wechseln allein die Muster ihrer Kleidung. Auch die Inschriften sind sehr ähnlich und bestehen lediglich aus den Namen der dargestellten Gottheiten und abwechselnd dem Thron- und Geburtsnamen des Königs.

Räuber und Restauratoren

Zwei große, sehr schön geschriebene hieratische Texte auf der Südwand der Vorkammer lauten wie folgt:

[1] »Jahr 8, 3. Monat der Jahreszeit *achet*, Tag 1, unter der Majestät des Königs von Ober- und Unterägypten, Djoser-chepru-re Setep-en-re, [...] Re Har-em-hab meriamun. Seine Majestät Leben! Reichtum! Gesundheit! befahl, den Fächerträger zu des Königs rechter Hand, des Königs Schreiber, Aufseher über die Schätze, Aufseher der Arbeiten auf dem Platz der Ewigkeit [d.h. der königlichen Nekropolis] und Leiter der Festlichkeiten Amuns in Karnak, Maja, Sohn des Edlen Iawy, geboren von der Dame aus dem Hause Weret, mit der Erneuerung der Bestattung des Königs Men-chepru-re [Thutmosis' IV.], des Wahren der Stimme, im hehren Gefilde auf dem Westen von Theben zu beauftragen.« [2] »Sein Gehilfe, der Verwalter der Südstadt, Djehutimose, dessen Mutter Iniuhe aus der Stadt [Theben] ist.«

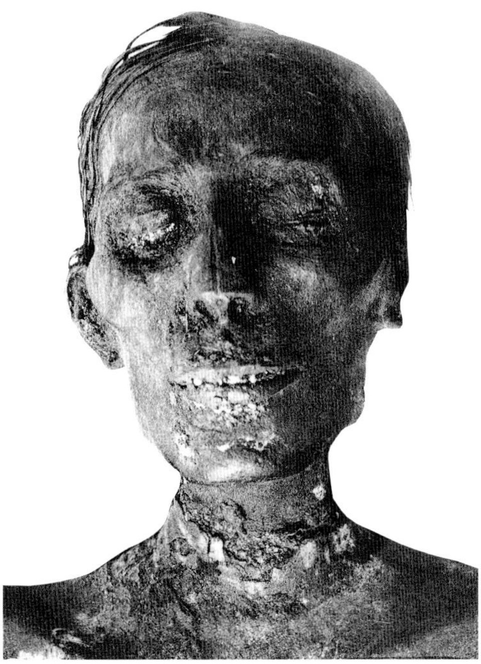

Die Mumie Thutmosis' IV. gehörte zu den königlichen Toten, die man im Grab Amenhoteps II. versteckt hatte. Sie wurde kurz nach der Entdeckung von KV43 ausgewickelt; unter dem etikettierten äußeren Leichentuch fanden sich – obschon verrutscht – die ursprünglichen Mumienbinden.

Die Rede ist von der durch das unerlaubte Betreten des Grabes notwendig gewordenen Wiederherstellung der Bestattung Thutmosis' IV. in KV43, vielleicht durch den Pharao Haremhab (1319–1307 v. Chr.) in den auf die Amarna-Periode folgenden unruhigen Jahren. Grabraub kam im Tal damals offensichtlich nur selten vor, und die Reparaturen scheinen weit sorgfältiger und aufmerksamer durchgeführt worden zu sein als bei späteren Restaurationen, denn Carter spricht von recht aufwendigen Reparaturen der Fayencearbeiten mit »blauem Ton« und »gelbem Gips«. Die Errichtung der vergipsten Blockade vor der ursprünglichen Holztür zur Grabkammer, die deren Schutzfunktion weiter verstärkte, mag eine Reaktion auf diesen Grabraub in der 18. Dynastie gewesen sein. Den Hinweis darauf verdanken wir ebenfalls Carter.

»[Die den Grabraub begingen,] müssen mutige Gesellen gewesen sein [...]: Offenbar hatten sie es sehr eilig, und wir dürfen annehmen, daß sie bei der Arbeit ertappt wurden. Wenn dies zutrifft, so starben sie mit Sicherheit eines langsamen und ausgeklügelten Todes.«

Ein zweites Eindringen lassen die neu aufgeführten, doch abermals durchbrochenen Blockaden der Durchgänge D–E und I–J vermuten. Sein Datum ist unbekannt, doch mögen zu dieser Zeit eine Reihe aus dem Grab entnommene Gegenstände in KV37 versteckt worden sein. Dieser spätere Diebstahl war vielleicht auch der Auslöser für die offizielle Entfernung der Königsmumie. Als der König nicht mehr da war, wurde mit dem Leerräumen des Grabmals Ernst gemacht. Wie gründlich die Arbeiter vorgingen, erweist sich daran, daß sie sogar die kleinen bronzenen Augeneinfassungen der Königs- und Götterstatuetten entfernten, von denen zwei danach achtlos in den nunmehr leeren Sarkophag geworfen wurden. Nach Beendigung der Arbeit überließen sie das Grab der Nachwelt, machten sich jedoch noch die Mühe, den Eingang (wenn auch nur mit einer einfachen Trockenmauer) zu verschließen.

»... ist vor allem das alte Seil interessant, an dem sich die Plünderer hochhangelten; es war um eine [der] Säulen [in der Säulenhalle F] gebunden und hängt noch in den Brunnen herab.«

Arthur Weigall

Familiengräber des Neuen Reiches

Das Tal der Könige birgt eine Reihe undekorierter Gräber, die – ihren vielen Kammern nach zu schließen – möglicherweise für Gruppenbeisetzungen unmittelbarer Angehöriger der königlichen Familie bestimmt waren. Diese Gräber harren noch einer vollständigen und kritischen Untersuchung, aber nach jetzigem Stand dürften sie auf die Mitte der 18. Dynastie zu datieren sein, wobei einige möglichwerweise später umgestaltet wurden. Sie könnten Vorläufer jenes beispiellosen dynastischen Grabes KV5 sein, das – vielleicht ebenfalls ausgehend von einer ursprünglich während der 18. Dynastie ausgeschachteten Begräbnisstätte – in der folgenden Dynastie für die Nachkommenschaft Ramses' II. angelegt wurde.

Grab KV12

Entdeckt: vor 1739
Ausgräber/Publikation: unbekannt; unpubliziert

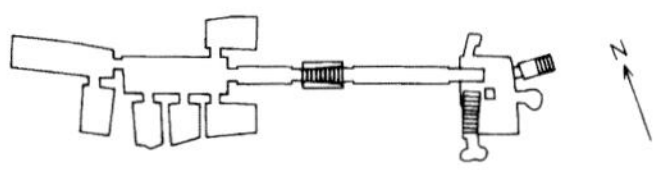

Obwohl anscheinend schon Pococke die Existenz dieses vielkammrigen Grabes bemerkte, stammt der erste Bericht aus den 20er oder 30er Jahren des 19. Jahrhunderts von James Burton. Damals war es noch voller Schutt; wer genau ihn im vergangenen oder gegenwärtigen Jahrhundert wegräumte, ist nirgendwo festgehalten. Harold Jones (1908–1909), Howard Carter (1920–1921) und in jüngster Zeit Otto Schaden (1993–1994) haben allesamt am Eingang gegraben, dabei aber wenig Bedeutsames gefunden.

Im Innern des Grabes selbst verzeichnete Burton die Gegenwart von Mumienresten und ein Graffito auf der Ostwand des seitlich von der hintersten Kammer abgehenden Vorratsraums. Der von Burton entdeckte Leichnam könnte die Überreste eines der in diesem Grab Beigesetzten darstellen; falls das stimmt, wurde er wahrscheinlich in der Endkammer beerdigt, die – wie Romer entdeckte – »in der Antike mit Lehmputz versiegelt war«.

In diese Endkammer waren versehentlich die Arbeiter durchgebrochen, die (vermutlich unter Ramses VI.) das spätere KV9 ausmeißelten; damals dürfte sie wohl schon geplündert gewesen sein, wer auch immer darin gelegen hatte. Spätestens muß KV12 ausgeraubt worden sein, als Diebe in KV9 selbst eindrangen – es sei denn, die Räuber, die das Grab Ramses' VI. ausplünderten, wären tatsächlich über KV12 nach KV9 gelangt, wie eine Reihe von *uschebtis* Ramses' VI., die Harold Jones am Eingang von KV12 entdeckte, nahelegen könnte.

Der Grundriß dieses seltsamen, undekorierten Grabes ist gleich in mehrfacher Hinsicht einzigartig. Der ein wenig seitlich versetzte Eingang führt unmittelbar in eine Halle mit einer einzigen Säule, einer Treppe und mehreren unvollendeten Abzweigungen – eine davon läuft parallel zum Eingang zurück (man vergleiche KV39; S. 89). Es ist möglich, daß dieser Teil der Anlage während der 18. Dynastie begonnen wurde, unvollendet blieb und später in den gegenwärtigen Plan einbezogen wurde. Während die äußeren Kammern auf eine Art, die an frühere Gräber gemahnt, nur roh behauen sind, wurden die inneren weitaus sorgfältiger bearbeitet; der Übergang zwischen den beiden Bereichen ist im Korridor hinter der ersten Kammer deutlich auszumachen. Wie in Königsgräbern besteht die sich anschließende Passage aus einer Treppe mit seitlichen Rampen.

Obschon der tiefergelegene Teil des Grabes vom Plan her unsymmetrisch wirkt, zeigen die Umrisse nicht ausgemeißelter Türen rund um die zentrale Hauptkammer, daß eine ausgewogene Anordnung von Seitenkammern beabsichtigt war. Die unregelmäßige Gestalt jener Nebenräume, die tatsächlich ausgehauen wurden, ist auf die Anwesenheit undurchdringlicher Adern härteren Gesteins zurückzuführen.

Grab KV27

Entdeckt: vor 1832
Ausgräber/Publikation: Donald P. Ryan, 1990, für die Pacific Lutheran University; D. P. Ryan, *KMT* 2/1 (Frühjahr 1991), S. 30–31.

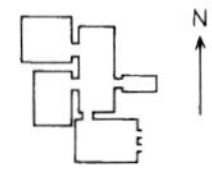

John Gardner Wilkinson war KV27 offenbar bekannt, und sogar Pococke könnte es schon beiläufig erwähnt haben. Es wurde, wenn auch nur oberflächlich, von Lefébure untersucht, der die Anwesenheit von »Mumienresten« ungewissen Alters bemerkte. In neuerer Zeit (1990) wurde das Grab von Donald Ryan betreten, der »Anzeichen [fand], daß zumindest sieben verschiedene Überflutungen stattfanden, die das Grab in einigen Bereichen fast bis an die Decke mit Erde und Felstrümmern gefüllt haben«. Eine kleine Keramikauswahl aus Raum Bc läßt eher vorsichtig vermuten, daß KV27 um die Mitte der 18. Dynastie angelegt wurde, vielleicht unter der Regierung Thutmosis' IV. oder Amenhoteps III.

»Dieses architektonisch interessante Monument ähnelt den simplen Grundrissen der Gräber 28, 44 und 45, außer daß der rechteckigen Zentralkammer anscheinend drei zusätzliche Räume angefügt wurden.«
Donald Ryan

Von der Architektur her scheint KV27 zwischen den Schachtgräbern, die direkt in einen einzigen Raum führen, und jenen Gräbern zu liegen, in denen von zumindest einem Eingangskorridor zahlreiche Räume abgehen (wie etwa den Gräbern im Tal der Königinnen und KV12). Die einzige Anlage mit einem vergleichbaren Entwurf ist KV30 (unten), das den Eingangsschacht mit einem einzigen Korridor kombiniert. Begonnene Steinmetzarbeiten an der Ostwand der südlichsten Kammer könnten erste Vorbereitungen für einen weiteren Raum oder eine Nische darstellen (obschon letztere in Gräbern dieses Typs selten sind.)

Grab KV30

Entdeckt: 1817 von Giovanni Battista Belzoni
Ausgräber/Publikation: G. B. Belzoni für den Earl of Belmore, 1817, unveröffentl.

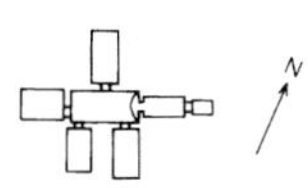

KV30 ist vom Entwurf her KV27 sehr ähnlich. Über seine Archäologie ist nichts bekannt; der einzige dokumentierte Fund ist eine Tonscherbe, die Elizabeth Thomas auf die 18. Dynastie datierte, und James Burton bemerkte ein Steinmetzzeichen(?) in »roten Lettern in der Grubenkammer«, über das sonst nichts bekannt ist. Ob der von Lord Belmore dem British Museum geschenkte Sarkophag EA 39 aus der Mitte der 18. Dynastie von hier stammte oder aus KV31, ist ebenfalls ungewiß.

Der Eingang zum unbeschrifteten Grab KV12, das in dem zum Grab Amenhoteps II. führenden Wadi liegt.

Anthropoider Sarkophag aus Sandstein, den der Earl of Belmore 1817 im Tal der Könige entdeckte. Die aufgemalten Verzierungen und Inschriften haben inzwischen stark gelitten.

Die Gräber Thutmosis' IV. und Amenhoteps III.

Die Königsmumie

Die Mumie Thutmosis' IV. wurde letztendlich in einer Nebenkammer des Grabs Amenhoteps II. (KV35) versteckt, wo sie Victor Loret 1898 fand. Die ursprünglichen Särge waren verschwunden, und der König lag jetzt in einem groben und schmucklosen Ersatz späteren Datums. Da die an der Wand des Nebenraums Jb lehnende Mumie eines Kindes aus Grab KV43 nicht zusammen mit dem König entfernt wurde, ist anzunehmen, daß die für die Räumung des Grabes Verantwortlichen bei der Auswahl der neu zu bestattenden Leichen wählerisch vorgingen. Das Schicksal des zweiten und dritten Nebenbegräbnisses ist unklar, obschon im Grab zumindest die Kanopenkrüge des Königssohns Amenemhet gefunden wurden.

Das Grab Amenhoteps III. (WV22)

Entdeckung und Ausgrabung

»Während unserer Erforschung des Tals der Könige gelangten Jollois und ich nach Überqueren der Kämme auf der Westseite in ein Nebental und fanden dort ein Grab, das keiner der Reisenden vor uns bemerkt hatte.«

Édouard de Villiers du Terrage

Das Grab für den neunten und strahlendsten Pharao der 18. Dynastie, Amenhotep III., liegt im Westtal. Obschon es möglicherweise schon W. G. Browne, dem Forschungsreisenden des 18. Jahrhunderts, bekannt war, wurde es »offiziell« erst im August 1799 von zwei Mitgliedern der napoleonischen Expedition entdeckt, den Ingenieuren Prosper Jollois und Édouard de Villiers du Terrage, die es oberflächlich untersuchten, einen Plan skizzierten und eine Auswahl der Fundgegenstände abzeichneten.

Ihnen folgte im 19. Jahrhundert ein ganzer Schwarm unternehmungslustiger Touristen; da sie sich durch den nur teilweise beseitigten Schutt zur Grabkammer hinunterzwängen mußten, polierten sie mit ihren Kleidern die Südwand der Gänge auf Hochglanz. Die meisten Besucher waren versucht, ein kleines, unschuldiges Andenken mitzunehmen – ein beschriftetes Holzfragment oder ein zerbrochenes Stein-*uschebti*. Zu ihnen gehörten auch Flinders Petrie und (Ende 1886) Francis Llewellyn Griffith; ein paar Unbekannte gingen so weit, aus der herrlich bemalten Wandoberfläche eine Reihe von Porträts herauszuschneiden, die jetzt im Louvre zu sehen sind – eine brutale Verunstaltung eines exquisit ausgeschmückten Monuments.

Wurde Königin Teje hier überhaupt beigesetzt?

»Im Verlauf [der] Arbeit machten wir die interessante Entdeckung ... daß Königin Teje tatsächlich hier beigesetzt worden war.«

Howard Carter

Das jedenfalls war Carters Ansicht. Aber war sie richtig?

Man kann kaum anzweifeln, daß Amenhotep III. beabsichtigte, seine beiden Königinnen zusammen mit sich in KV22 beisetzen zu lassen; die Suiten, die von der zentralen Grabkammer abgehen, waren offensichtlich für sie bestimmt. Beide Gemahlinnen scheinen ihren König jedoch überlebt zu haben, und möglicherweise wurden nach ihrem Tode andere Anstalten für sie getroffen, da die nachträgliche Bestattung einer oder beider von ihnen die Unantastbarkeit des Grabes verletzt und die Zerstörung der Szene bedeutet hätte, die offenbar über den Eingang zum Brunnenschacht gemalt war.

Über die Beisetzung der Sitamun – die bald nach dem Tode Amenhoteps III. von der Bildfläche verschwindet – ist nichts bekannt. Teje verstarb offenbar in der Regierungszeit ihres Sohnes Amenhotep IV./Echnaton, der sie mit dem vergoldeten Schrein, den Davis aus dem Wiederbegräbnis in KV55 barg, und einem Sarkophag aus rotem Granit ausstattete.

Die *uschebtis* der Teje aus WV22 sind einigermaßen rätselhaft. Zwei davon sind mit ihrem Namen und den Titeln »Königliche Hauptfrau und Königsmutter« beschriftet, wobei letzteres darauf hindeutet, daß sie unter Amenhotep IV./Echnaton angefertigt wurden. Im Lichte des oben Gesagten ist es jedoch überraschend, daß dieser Herrscher Grabbeigaben für seine Mutter bereitgestellt haben sollte. Ihre Anwesenheit wäre einfacher zu erklären, wenn sich Amenhotep III. und Amenhotep IV./Echnaton eine Zeitlang die Macht geteilt hätten – eine Vorstellung, die langsam wieder in Mode kommt. Falls es keine Koregentschaft Amenhoteps III. und seines Sohnes gegeben hat, müßten diese Figuren nicht als *uschebtis* für den Gebrauch der Königin interpretiert werden, sondern als von ihr für die Beisetzung ihres Gemahls gestiftete Votivgaben.

Fayencegesicht einer Königin, vermutlich Teje, das Yoshimura und Kondo im Schutt von WV22 entdeckten. Es paßt zu einer von Carter gefundenen uschebti*-Figur, die sich heute in Highclere Castle befindet.*

Lord Carnarvon und Howard Carter

Theodore Davis soll WV22 zwar oberflächlich freigelegt haben, aber das erste ernsthafte archäologische Interesse am Grab bezeugte Howard Carter im Frühjahr 1915 (8. Februar bis 8. März).

Seine Aufmerksamkeit war erwacht, als er im Oktober 1912 von einem Antiquitätenhändler in Luxor drei mit den Namen Amenhoteps III. und seiner Hauptfrau Teje beschriftete Armreifplättchen aus Stein erstand, die antike Grabräuber offenbar zurückgelassen hatten, als sie die wertvollen Edelmetallfassungen stahlen. Dem Vernehmen nach waren die Plättchen in der Nähe des Grabes gefunden worden (vielleicht handelte es sich um bislang übersehene Überbleibsel der Davis-Ausgrabungen), und Carter hoffte nun eindeutig auf weitere Funde vergleichbaren Interesses.

Als erstes legte er die Mündung des Wasserlaufs unter dem Grabeingang frei und förderte binnen kurzem den abgebrochenen Fuß einer *uschebti*-Figur der Königin Teje zutage, desgleichen in der Antike aus dem Grab geworfene Fayence- und Glas-

Kurzsteckbrief

Nummer u. Lage d. Grabes: WV22, Westtal
Entdeckt: vor 1799
Königsmumie: in der Antike entfernt; gefunden in KV35
Ausgräber/Publikationen: Howard Carter, 1915, für den Earl of Carnarvon; unveröffentl., siehe jedoch H. Carter u. A. C. Mace, »The Tomb of Tut.ankh.Amen I« London 1923, S. 79; Sakuji Yoshimura u. Jiro Kondo, 1989, für die Waseda-Universität; J. Kondo in C. N. Reeves (Hg.), »After Tut'ankhamun«, London 1992, S. 41–54; ders. in R. Wilkinson (Hg.), »Valley of the Sun Kings«, Tucson 1995, S. 25–33
Wände dokumentiert in: Alexandre Piankoff u. Erik Hornung, MDAIK 17 (1961), S. 111–127

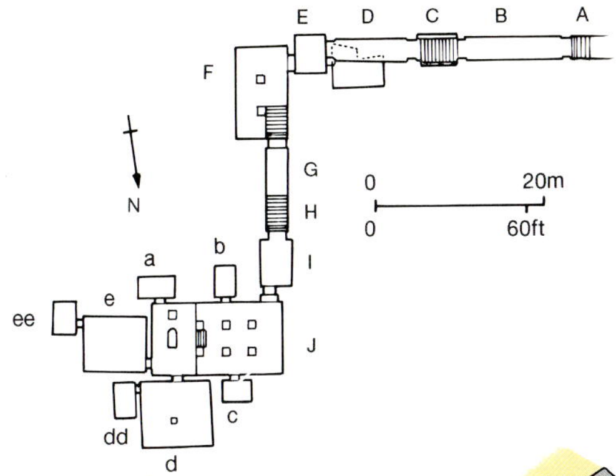

(Ganz links) Calcit-Kopf mit nemes-*Kopfschmuck; von einem* uschebti *Amenhoteps III.; (oben) die japanischen Ausgrabungen am Eingang von WV22; (links) Carters Zeichnung der steinernen Armbandplättchen, die sein Interesse an diesem Grab weckten.*

(Rechts) Das Grab Amenhoteps III. ist das am weitesten entwickelte der Knickachsengräber aus der 18. Dynastie.

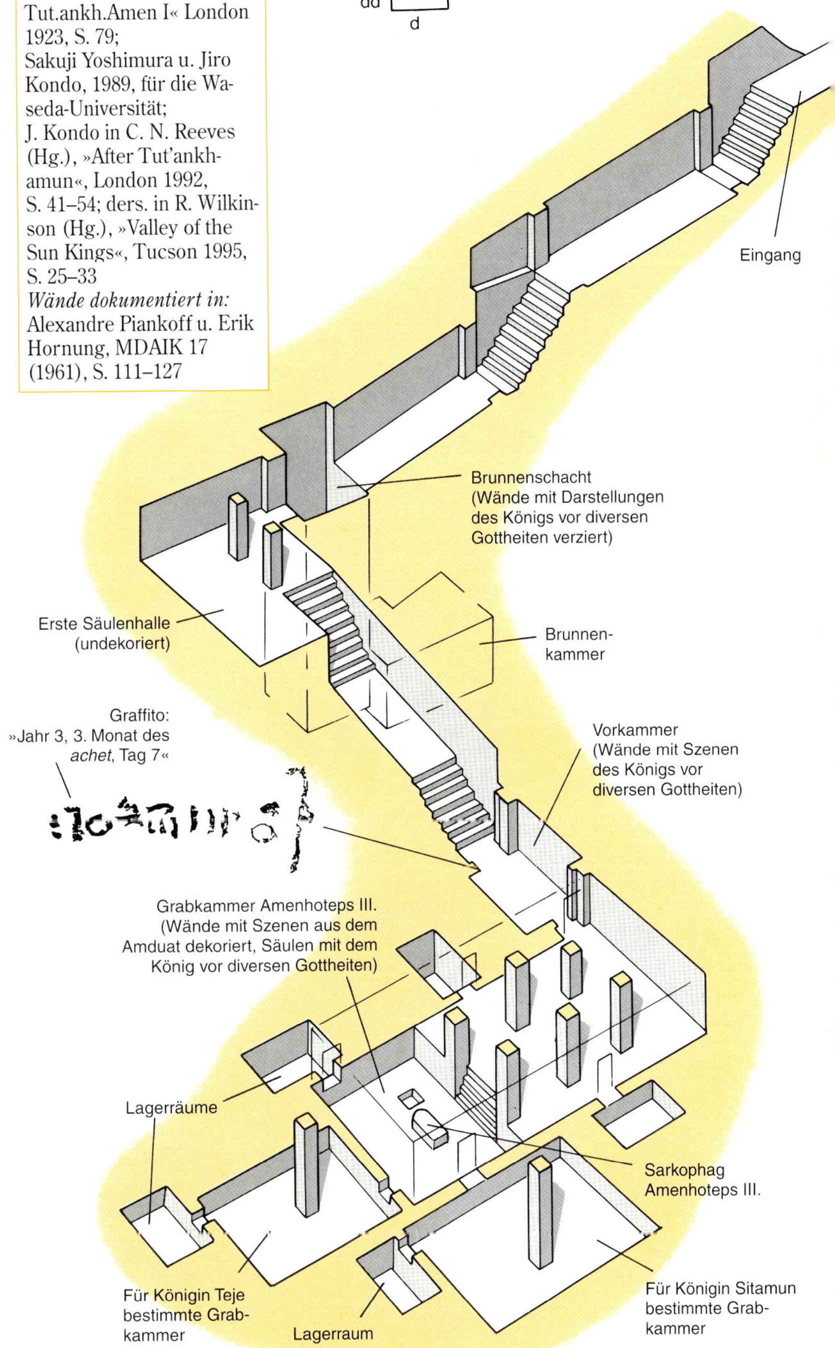

Die Gräber Thutmosis' IV. und Amenhoteps III.

(Oben) Amenhotep III. begleitet vom ka *seines vergöttlichten Vaters Thutmosis IV.; Kopie einer frühen Zeichnung von Nestor L'Hôte.*

fragmente. Beim Weitergraben gleich unterhalb des Eingangs fanden sich fünf intakte »Grundstein«-Depots und eine zur Zeit des Arbeitsbeginns am Grab ausgeraubte Stelle – den Kartuschen auf beschrifteten Plaketten in den Depots nach zu schließen, mußte das unter der Herrschaft Thutmosis' IV. gewesen sein.

Im Grab selbst konzentrierte sich Carter auf die Freilegung jener Teile, die Davis und andere Forscher vernachlässigt hatten, insbesondere den tiefen Brunnenschacht, der eine ganze Skala von Gegenständen enthielt. Dazu gehörte die herrliche Nabe eines Streitwagenrades und – wie zur Bestätigung des ursprünglichen Interesses von Carnarvon und Carter – ein kleines Bruchstück eines vierten Armbandblättchens, diesmal aus Fayence. Außerdem untersuchte Carter erneut die Bereiche, in denen Davis' Leute bereits gegraben hatten, und förderte in der Grabkammer das erste bekannte Fragment der Calcitkanopentruhe des Königs zutage, von der danach unter den Trümmern im Freien weitere Bruchstücke gefunden wurden.

Die Ausgrabungen der Waseda-Universität

»Im Vergleich zu ihren europäischen Kollegen stießen die japanischen Archäologen erst spät zur ägyptologischen Feldforschung, aber sie haben in den letzten 20 Jahren vor allem in der Gegend von Luxor und Kairo kontinuierlich und systematisch gearbeitet und gegraben.«

Ian Shaw

1989 beschloß eine von Sakuji Yoshimura und Jiro Kondo von der Waseda-Universität geleitete Mannschaft, in logischer Fortsetzung der früheren Waseda-Arbeiten im Palastkomplex Amenhoteps III. in Malkata im Süden erneut einen Blick auf sein Grab zu werfen. Yoshimura und Kondo begannen inner- und außerhalb des Grabes mit der vollständigen Freilegung bis aufs Muttergestein. Ihr gründliches Vorgehen zahlte sich aus. Vor dem Grabeingang wurde ein siebtes, etwas kleineres (unbeschriftetes) »Grundstein«-Depot gefunden, desgleichen in bislang unberührten Ecken und in den Abfallhaufen früherer Ausgräber eine beträchtliche Menge zerbrochener Grabbeigaben – immerhin mehrere hundert Fragmente.

Die Architektur

Das – als erstes Grab im Tal der Könige – im geröllbedeckten Abhang am Fuß der Klippe gelegene WV22 weist gegenüber dem Plan des Grabs Thutmosis' IV. mehrere Veränderungen auf, die zumeist allerdings eher die Position bestimmter Elemente als den eigentlichen Grabplan betrafen. Am bemerkenswertesten sind die Lage des auf dem Grund des Brunnenschachts ausgehauenen Raums, die Verbindung zwischen Vorraum und Grabkammer, die Himmelsrichtung der letzteren und die Hinzufügung zweier – je mit einer Säule und zusätzlichem Vorratsraum ausgestatteter – großer Räume zur Krypta. Die erste dieser »Suiten« (Je) scheint zur Beisetzung der Hauptfrau Amenhoteps III., Teje, bestimmt gewesen zu sein; einige von Carter und dem Waseda-Team geborgene Grabbeigaben lassen sich offenkundig mit dieser (vorausgeplanten) Bestattung verbinden. Die zweite Suite (Jd) dürfte aus der Erweiterung eines ursprünglichen Vorratsraums hervorgegangen sein (wie die aus der Anpassung der Decke und Wände stammenden Meißelspuren eindeutig belegen). Die

(Rechts) Teilweise in der obenstehenden Zeichnung abgebildete Szene auf der Südwand des Brunnenschachts von WV22. Der Kopf des Königs wurde zusammen mit einigen anderen Teilen der Dekoration dieses Grabes von Forschern des 19. Jahrhunderts aus der Wand geschnitten und ist heute in Paris ausgestellt.

Ausschachtung einer zweiten Suite hat eine interessante Parallele in Malkata, wo zwischen die Quartiere Amenhoteps III. und Tejes zusätzliche Räume für Prinzessin Sitamun eingeschoben wurden (vermutlich im Zusammenhang mit ihrer Erhebung in den Stand der Königsgemahlin in den späteren Jahren der Regierungszeit); die Wahrscheinlichkeit spricht dafür, daß die Suite Jd im Königsgrab ebenfalls für Sitamun bestimmt war.

Ein kleiner Alkoven in einer Ecke der Krypta und die ebenfalls in den Fußboden eingehauene Kanopengrube sind nur grob angelegt und könnten unvollendet sein.

Die Ausschmückung

»Der Zustand der Gemälde ist sehr schlecht, aber wir haben mit der Restaurierung begonnen ...«

Jiro Kondo

Mehrere Aspekte der Ikonographie von WV22 sind neu. Zum ersten Mal wird der König mit der Gestalt des königlichen *ka* und vor den Göttinnen Hathor und Nut dargestellt. Die Herrin des Westens ist jetzt auch klar als getrennter Aspekt der Göttin Hathor abgebildet. Auf den Brunnenschachtwänden führt Hathor eine Gruppe von Gottheiten an, Nut eine andere; dies symbolisiert den Eintritt des Königs sowohl in das (im Westen gelegene) Totenreich als auch in den Himmel.

Auch der Brunnenschacht zeigt, wie Hathor den König zusammen mit dem *ka* seines vergöttlichten Vaters Thutmosis IV. empfängt. Betsy Bryan hat kürzlich darauf hingewiesen, daß dies vielleicht mehr ausdrückt als bloße Verehrung und Zuneigung seitens des Sohnes; möglicherweise soll es zeigen, daß Amenhotep die Rolle seines Vaters bei der Begründung des Grabes für wichtig hielt und andeuten wollte, sie habe sich in seiner eigenen Aufnahme durch die Gottheiten des Nachlebens fortgesetzt.

Unglücklicherweise war das Grab schon bei seiner Entdeckung im Jahre 1799 in ziemlich schlechtem Zustand: Beträchtliche Teile des Verputzes hatten sich von den Wänden abgelöst, und wie bereits erwähnt fügten die Andenkenjäger des folgenden Jahrhunderts den noch einigermaßen intakten Dekorationen weitere Schäden zu.

Die Grabausstattung

Amenhotep III. starb in oder nach seinem 38. Regierungsjahr und wurde – wie von Carter und dem Waseda-Team geborgene Fragmente bezeugen – in WV22 umgeben von einer mindestens ebenso reichen Skala von Grabbeigaben, wie man sie im Tutanchamun-Grab antraf, bestattet. Aus erhalten gebliebenen Fragmenten wissen wir, daß der König in einer Abfolge ineinander verschachtelter Schreine lag – einem kartuschenförmigen Sarkophag (der erstmals nicht mehr aus Quarzit, sondern aus rotem Granit bestand) und einer Anzahl vergoldeter und mit Intarsien versehener anthropoider Holzsärge. Zudem besteht aller Grund zu der Annahme, daß die Königsmumie – wie Tutanchamun ein Vierteljahrhundert später – mit einem Innensarg und/oder einer Maske aus massivem Gold ausgestattet war: Yoshimura und Kondo fanden im Schutt des Vorraums einen exquisiten Kobrakopf aus Lapislazuli mit goldgefaßten, eingesetzten Augen, der von einem Sarg oder einer Maske ebendieser Art zu stammen scheint.

Die Räumung des Grabes

Die aus WV22 geborgenen Fragmente befinden sich mittlerweile in jammervollem Zustand. Sämtliche hölzernen Objekte (die den weitaus größten Teil des Materials ausmachen) sind in der Antike

Eine Vorratskammer für das Grab Amenhoteps III.

»An einer Stelle [im Westtal], wo ich sie aufgrund einigermaßen sicherer Anzeichen graben ließ, fanden wir ... ungefähr zehn Fuß unter dem Schutt eine Tür und eine Kammer, aber diese [waren] ohne Schmuck. Zugleich kamen jedoch einige Überreste tönerner Vasen ans Licht, die den Namen eines bislang unbekannten Königs trugen.«

Carl Richard Lepsius

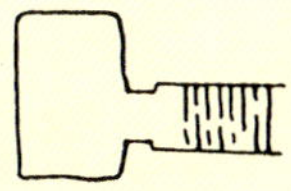

WV A wurde 1845 von Lepsius entdeckt, 1905–1906 von Chassinat oberflächlich untersucht und schließlich 1993–1994 von Yoshimura und Kondo freigelegt. Es besitzt noch einen Großteil seiner ursprünglichen Zugangssperren; in der Kammer dahinter lagerten Weinamphoren und Töpferwaren. Zu den ersteren gehörende Etiketten waren auf die Jahre 32 und 37 Amenhoteps III. datiert. Wahrscheinlich hatte man das Grab als Vorratskammer für das nahegelegene WV22 genutzt, in dem Amenhotep III. selbst bestattet war.

Kurzsteckbrief

Nummer u. Lage d. Grabes:
WV A, Westtal
Entdeckt:
vor dem 25. Februar 1845 von Carl Richard Lepsius
Ausgräber/Publikationen:
C. R. Lepsius, 1845, für die preußische Expedition; C. R. Lepsius, »Letters from Egypt...«, London 1853, S. 262; Émile Chassinat, 1905/06 für das Institut français d'archéologie orientale; É. Chassinat, EEFAR 1905–06, S. 82–83; Sakuji Yoshimura und Jiro Kondo, 1993/94 für die Waseda-Universität; J. Kondo, in Richard Wilkinson (Hg.), »Valley of the Sun Kings«, Tucson 1995, S. 30–32

(Links) Der Eingang von WV A und (unten) die Lage des Grabes in bezug auf WV22.

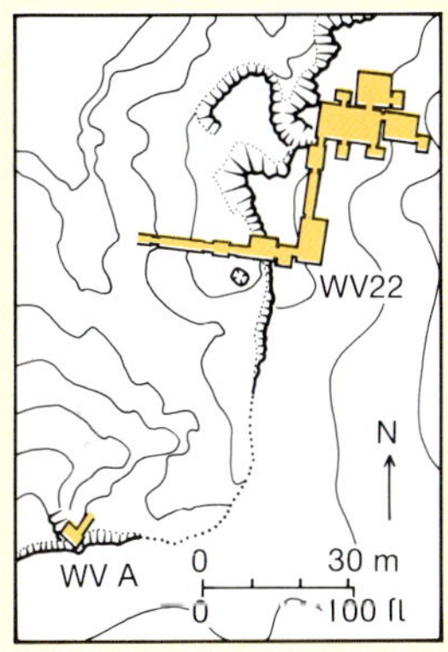

Von den Japanern in WV22 gefundenes Holzetikett.

Funde aus dem Grab Amenhoteps III.

Die – meist nur fragmentarisch erhaltenen – Funde enthielten folgende Einzelstücke und Klassen von Objekten:

Thutmosis IV.
»Grundstein«-Depots

Amenhotep III.
Große Schreine (Holz)
Sarkophagkiste? (Fragment) und -deckel (roter Granit)
Rischi-Särge (Holz, Gold?)
Maske? (Gold?)
Katafalk? (Holz)
Kanopenschrein (Holz)
Kanopentruhe (Calcit)
Kanopenkrüge (Calcit)
Wächterstatuen (Holz)
Statuetten von Gottheiten, dar. Sechmet und Netjeranch (Holz)
Kleine Schreine (Holz)
Kleine Särge (Holz)
Uschebtis (roter Granit, Calcit, Serpentin, Holz, Fayence?)
Uschebti-Särge (Fayence)
Uschebti-Werkzeuge (Holz)
Zeremonielle Liegen (Holz)
Kästen und Truhen (Holz)
Möbelstücke? (Holz)
Sänften (Holz)
Bootsmodelle (Holz)
Stäbe und Fächer? (Holz)
Bogenschußausrüstung (Holz)
Schmuck (Fayence, Gold)
Sandalen (Papyrus)
Gefäße (Serpentin, Calcit, Glasmasse, Fayence, Holz, Keramik)
Lampe (Calcit)
Etiketten (Holz)

Teje
Große Statuen (Holz)
Kästen (Holz)
Uschebtis (Calcit, Holz?, Fayence)

Aus Nachbestattungen
Särge (Holz)
Mumienreste
Uschebti (Keramik)
Schmuck (Fayence)
Hammer (Holz)
Feuerbrett (Holz)

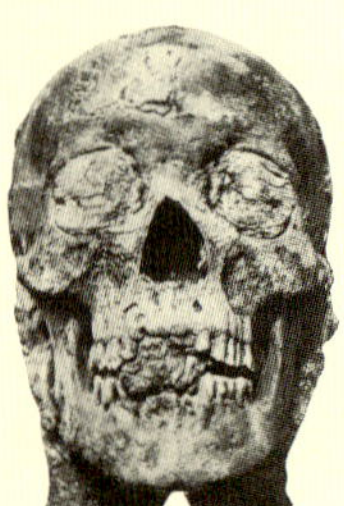

(Rechts) Sakuji Yoshimura (links) und Jiro Kondo diskutieren während ihrer Arbeit im Westtal das weitere Vorgehen.

*Funde aus WV22: Von der französischen Expedition entdecktes und heute im Louvre befindliches Doppel*uschebti *Amenhoteps III. und Tejes (oben); hölzernes Türpaneel eines Schreins mit Tintenskizze einer Statue (rechts) und ein bemalter hölzerner Kopf von einer der* uschebti*-Figuren des Königs (rechts Mitte); Schlangenkopf aus Lapislazuli mit in goldenen Fassungen eingelegten Obsidianaugen; gebogenes Fragment eines der Särge des Königs aus vergoldetem, mit* rischi*-Mustern dekoriertem Holz (unten rechts).*

(Links) Von Carter 1915 entdeckte Radspeiche vom Streitwagen des Königs.

(Ganz links) Der Kopf der Mumie Amenhoteps III.

in kleine Stücke gehauen worden, um sie absichtlich unkenntlich zu machen und eine Wiederverwendung auszuschließen. Alle Edelmetallbeläge waren abgenommen, die Metallbeschläge sowie die Intarsien aus Glas oder Halbedelstein entfernt worden. Ein Teil des entnommenen Materials – Hunderte aus farbigem Glas und Halbedelsteinen sowie eine ganze Menge Goldblech – scheint über die Klippen ins Haupttal verbracht und dort vergraben worden zu sein, wo es Carter 1902 außerhalb des Eingangs zu KV36, dem Grab des Fächerträgers Maherpra, wiederentdeckte.

Der königliche Leichnam war aus WV22 entfernt und in einen Nebenraum des Grabs Amenhoteps II. (KV35) gelegt worden, wo ihn Victor Loret 1898 entdeckte; sein Zustand unter dem Leichentuch, dessen Etikett seine Restaurierung im Herrschaftsjahr 12/13 von König Smendes der 21. Dynastie bezeugt, war sehr schlecht. Die »Ältere Dame«, die manche als Mumie von Königin Teje identifizieren, wurde aus demselben Grab geborgen und lag in Raum Jc versteckt. Eine Reihe von in WV22 gefundenen Objekten stammt offenbar aus Nachbestattungen in der späten 22. Dynastie.

Die Gräber Thutmosis' IV. und Amenhoteps III.

Ostrakon mit »rätselhaften« Symbolen – möglicherweise ein Höflingsregister.

Das Grab zweier Königinnen der 18. Dynastie?

»Der Eingangskorridor endet in einer steilen Treppe, an deren Fuß ein weiterer Durchgang zur Grabkammer führt. Letztere ist ein ziemlich großer Raum mit einer einzelnen Säule im Zentrum. An zwei der Wände ziehen sich tief in den Kalkstein gehauene Simse oder Gefächer entlang. Der Boden ist mit Steinchen übersät, zwischen denen sich Stückchen von menschlichen und tierischen Mumien, Keramikscherben, Holzfragmente und Bruchstücke verschiedener anderer Artefakte finden ...«

Donald Ryan

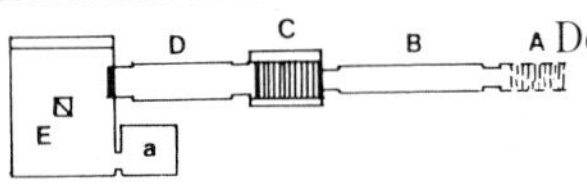

Als Belzoni KV21 am 9. Oktober 1817 öffnete, fand er es »am Ende der ersten Passage« mit »einer Ziegelsteinmauer ... die man durchbrochen hatte«, blockiert. Diese Bresche führte über einen weiteren Korridor, in »eine ziemlich große Kammer mit einem einzelnen Pfeiler in der Mitte«. In einer Ecke dieser Kammer »fanden wir auf dem Boden zwei splitternackte Mumien ohne Binden oder Behältnis. Sie waren weiblichen Geschlechts und hatten ziemlich langes und gut erhaltenes Haar ...« Ein Nebenraum der Grabkammer enthielt »Fragmente einiger Tongefäße sowie Stücke von alabasternen Vasen«. Ein intakter Keramikkrug »mit ein paar Hieroglyphen darauf und groß genug, um zwei Eimer Wasser aufzunehmen«, wurde »am oberen Ende der Treppe« gefunden.

1989 machte sich Donald Ryan daran, das Grab erneut freizulegen und den noch erhaltenen Inhalt zu untersuchen. James Burton hatte KV21 in den 1820er oder 1830er Jahren noch als »ein sauberes neues Grab, in das kein Wasser hineingekommen ist«, beschrieben, aber das sollte sich bis 1989 dramatisch ändern. Der Eingang war metertief unter angeschwemmtem Geröll begraben; die Fluten hatten die grobe Eingangsblockade durchdrungen, mehrere Zentimeter über dem Fußboden eine Hochwassermarke hinterlassen und die Hälfte eines Calcit-*uschebti* Ramses' VI. oder VII. sowie anderen Schutt ins Innere geschwemmt.

Einige der Objekte, die Belzoni bemerkt hatte, waren noch vorhanden, darunter Fragmente von 24 großen Vorratskrügen aus Keramik, die sich aufgrund ihrer für die Mitte der 18. Dynastie typischen Form auf die Zeit nach Hatschepsut und vor Thutmosis IV. datieren lassen. Diese hatten kleine Leinenpäckchen mit Natron enthalten, die vermutlich beim Einbalsamierungsprozeß übriggeblieben waren; eine Anzahl von ihnen wurde in der Seitenkammer verstreut gefunden. Die Fragmente eines blaubemalten und frühestens auf die Regierungszeit Amenhoteps II. zu datierenden Gefäßes im Korridor könnten von einer Nachbestattung stammen.

Ryans faszinierendste Entdeckung waren die beiden Frauenmumien Belzonis, die noch immer im Grab lagen, wenngleich man ihnen die Gliedmaßen abgeschlagen hatte. Bislang hat sich nichts gefunden, das auf ihre Identität hinweisen könnte, aber Ryan konnte feststellen, daß sie »in einer speziellen Pose einbalsamiert [worden waren]; der linke Arm war im Ellbogen abgewinkelt und lag auf der Brust ... die linke Hand war zur Faust geballt, der rechte Arm seitlich am Körper ausgestreckt«. Diese Haltung findet sich bei den Leichnamen von Königinnen wie etwa der »Älteren Dame« aus dem Versteck Amenhoteps II. (die manche für Königin Teje, die Gemahlin Amenhoteps III., halten) wieder; aller Wahrscheinlichkeit nach gehörten die beiden Frauen aus KV21 also zur königlichen Familie der 18. Dynastie.

Kurzsteckbrief

Nummer u. Lage d. Grabes: KV21, Wadi Biban el-Muluk
Entdeckt: 9. Oktober 1817 von Giovanni Battista Belzoni
Ausgräber/Publikationen: G. B. Belzoni, 1817, für Henry Salt; G. B. Belzoni, »Narrative of the Operations and Recent Discoveries in Egypt and Nubia«, London 1820, S. 228; Donald P. Ryan, 1990, für die Pacific Lutheran University in Tacoma, Washington; D. P. Ryan, KMT 1/1 (Frühjahr 1990), S. 59; ders., KMT 2/1 (Frühjahr 1991), S. 29–30

(Rechts) Donald Ryan im Eingangskorridor von KV21 und (unten) mumifizierte Hände und Füße in der Grabkammer.

Das Geheimnis des Echnaton-Grabes

Aufgrund des vorzeitigen Todes des Kronprinzen Djehutimose folgte Amenhotep III. ein jüngerer Sohn Tejes auf dem Thron: Amenhotep IV. (um 1353–1335 v. Chr.). Seine revolutionäre Verehrung eines einzigen Gottes – der Sonnenscheibe Aton – sollte den Lauf der ägyptischen Geschichte unwiderruflich verändern. Schon im Jahre 6 seiner Herrschaft hatte der König seinen Namen in »Achen-aton«, »Diener des Aton«, geändert und begann in el-Amarna mit den Arbeiten an einer Kultstätte (wo er dann auch bestattet wurde) für den neuen Gott: »Achet-Aton«, »Horizont des Aton«. Die traditionellen Götter und ihr menschliches Gefolge wurden aufgegeben, und das Reich siechte dahin.

Vor Amarna im Tal der Könige

Unter den zahlreichen Schätzen, die Carter aus dem Grab des Tutanchamun barg, befand sich eine Reihe in Leinen gewickelter, vergoldeter Grabgottheiten aus Holz aus den Jahren 3–7 der Regierung Amenhoteps IV./Echnatons. Zusammen mit anderen Grabbeigaben scheinen sie ursprünglich für ein Begräbnis des häretischen Königs in Theben vorbereitet worden zu sein, das Echnaton offenbar zunächst geplant hatte, bis er dann in den Jahren 6/7 Theben aufgab und seine Hauptstadt nach Achet-Aton im Norden verlegte.

Falls das Grab in Theben je begonnen wurde, bieten sich dafür derzeit zwei Kandidaten an: Das Grab WV25 weist königlichen Anspruch auf und stammt offenkundig aus der späten 18. Dynastie, doch wurde die Arbeit vor Fertigstellung des zweiten Korridors aufgegeben; ebenfalls in Frage kommt WV23, das später Aja – der es nach herrschender Auffassung von Tutanchamun übernommen hatte – für sein Begräbnis als König wählte.

Echnatons Grab in Theben (WV25)

Die Entdeckung

»Am nächsten Tag [...] baute ich eine rammbockähnliche Maschine. Die Wand hielt den Schlägen der Araber eine Zeitlang stand [...]; aber schließlich schafften sie es, eine Bresche zu schlagen, und auf die gleiche Art wurde die Öffnung erweitert. Wir gingen sofort hinein ...« Giovanni Battista Belzoni

(Rechts) Der Zugang zu WV25 – vielleicht Echnatons thebanisches Grab – und (darunter) der eigentliche Eingang. Die Ausmaße und Proportionen sind charakteristisch für die Archtitektur der späten 18. Dynastie.

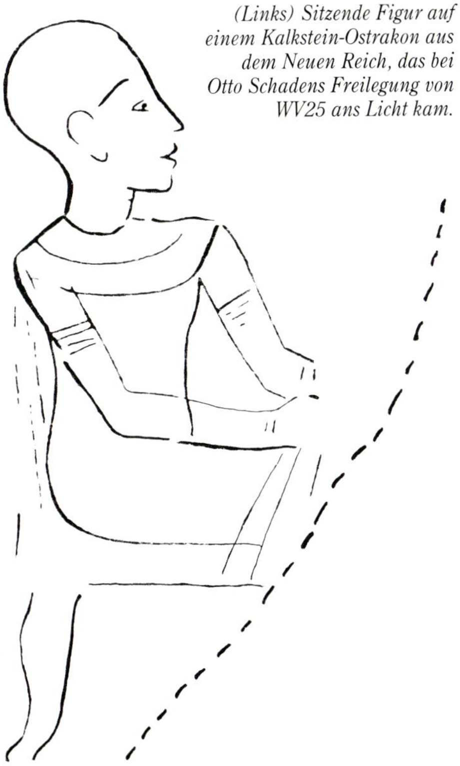

(Links) Sitzende Figur auf einem Kalkstein-Ostrakon aus dem Neuen Reich, das bei Otto Schadens Freilegung von WV25 ans Licht kam.

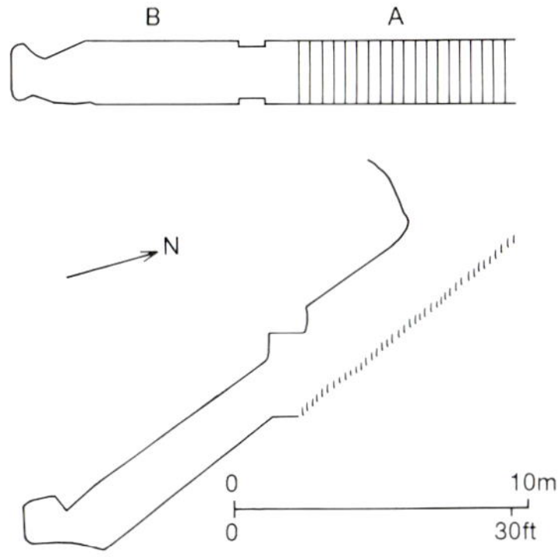

Kurzsteckbrief

Nummer u. Lage d. Grabes:
WV25, Westtal
Entdeckt:
1817, von Giovanni Battista Belzoni
Ausgräber/Publikationen:
G. B. Belzoni, 1817; G. B. Belzoni, »Narrative of the Operations and Recent Discoveries in Egypt and Nubia«, London 1820, S. 223–224; Otto J. Schaden, 1972/73 für die University of Minnesota; ders., ASAE 63 (1979), S. 161–168

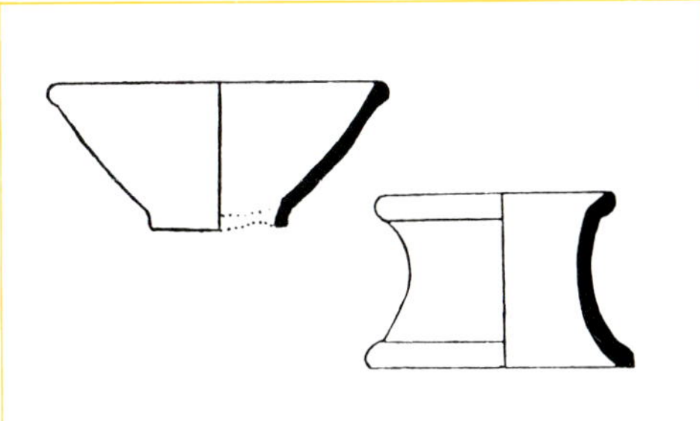

(Oben links) Aufriß und Querschnitt von WV25, einem begonnenen Königsgrab im Stil der 18. Dynastie.

(Links) Zwei der im Schutt vertretenen Keramiktypen aus dem Neuen Reich: eine Schüssel und ein Krugständer.

Das Grab WV25 wurde 1817 von Belzoni entdeckt; damals war es an der Basis der Treppe durch eine gut gebaute Steinmauer blockiert, und jenseits dieser Mauer lagen in zwei Reihen vier eingesargte Mumien im vertrocknetem Schlamm. Nach Belzonis Beschreibung enthielten die Särge Nachbegräbnisse aus der Dritten Zwischenzeit; die Funde, die Otto Schaden bei seiner Freilegung 1972/73 machte, schlossen zwar auch ein paar Gegenstände ein, die offenkundig aus dem nahen WV23 (Ajas Grab) herübergeschwemmt worden waren, bestätigten jedoch insgesamt diese Auffassung, während die Anwesenheit von Pappmachéfragmenten darauf hindeutet, daß die Objekte nicht vor der 22. Dynastie zusammengetragen wurden.

Die Architektur

»... von der Planung her sicherlich königlicher Bestimmung und [...] zeitgenössisch zu den identifizierten Gräbern im Wadi.«

Elizabeth Thomas

Die Anlage wurde zwar sorgfältig begonnen und entsprach in Dimensionierung und Entwurf königlichen Ansprüchen, gelangte jedoch über die beiden ersten Passagen des regulären Grabplans der 18. Dynastie nicht hinaus; der Bau scheint einfach – ohne jeden Versuch einer Anpassung für andere Zwecke – abgebrochen worden zu sein. Der Eingang ist durch eine dicke, dichtgepackte Geröllschicht gehauen, und die ersten sieben Stufen bestehen aus in die Erde über dem Mutterfels gesetzten Steinblöcken. Weitere 18 Stufen wurden in den Fels selbst gemeißelt. Der Türdurchgang am Fuß dieser Treppe sitzt in einer Erweiterung, die von der untersten Stufe in einer Anlageform ausgeht, wie sie in den Grabstätten der Monarchen vor Amenhotep III. oder nach Aja nirgends anzutreffen ist.

Das rätselhafte Grab 55 (KV55)

Entdeckung und Freilegung

»Ein athletisch gebauter junger Engländer im Flanellanzug [Ayrton] sortierte mit Hilfe einer elektrischen Lampe und umgeben von blechernen Zigarettenschachteln die Edelsteine; [...] halbmondförmige Lapislazulibröckchen kamen in eine Schachtel ›Ägyptische Schönheiten‹, Kornel und Türkis in Schachteln von Demetrius oder Nestor Genakalis.«

Walter Tyndale

Theodore Davis' Grabungsexperte Edward Russell Ayrton war mit Grabungen im Haupttal beschäftigt, als er am 3. Januar 1907 wenige Meter westlich des Grabes von Ramses IX. (KV6) »eine Felskluft« (jetzt KV C) mit einem Versteck von Tonkrügen entdeckte, die vielleicht Einbalsamierungsabfall aus dem Ramses-Grab enthielten. Drei Tage später wurde der Eingang zu einem Grab freigelegt. Es handelte sich um KV55, heute bekannter als »Grab 55«, über das vielleicht mehr geschrieben worden

Der Eingang zu KV55 heute. An den Türpfosten sind noch Reste der ursprünglichen Blockierung sichtbar.

Echnatons Grabstätte in Amarna

Kurzsteckbrief

Nummer u. Lage d. Grabes: TA62, Königswadi, Amarna
Entdeckt: 1887/88?
Königsmumie: in der Antike nach KV55 verlegt?
Ausgräber/Publikationen: A. Barsanti, 1891/92, für den »Service des Antiquités« u. a.; G. T. Martin, »The Royal Tomb at El'-Amarna«, Bd. I–II, London 1974–1989.
Wände dokumentiert von: G. T. Martin, ebd.

Aus dem Königsgrab von Amarna stammendes »Probestück« auf Kalkstein, das Echnaton und seine Familie der Sonnenscheibe opfernd zeigt (oben), fragmentarisches Fayence-uschebti *aus demselben Grab und schließlich dessen Plan und Querschnitt (unten).*

Die Entdeckung

Das Königsgrab in Echnatons Hauptstadt el-Amarna wurde offenbar um 1887/88 von den Ortsansässigen entdeckt und später von Alessandro Barsanti und anderen Mitarbeitern des »Service des Antiquités« erforscht. Die Objekte und Reliefs deuten darauf hin, daß das Grab zwar nie fertiggestellt wurde, aber dennoch eine Reihe von Bestattungen aufgenommen hat – darunter die Königstochter Maketaton (in der Alpha-, Beta-, Gamma-Suite), Echnaton selbst (in der hastig umgestalteten Säulenhalle jenseits des Brunnenschachts) und seine Mutter Teje (im Grab wurden kürzlich von Edwin Brock und Maarten Raven unabhängig voneinander identifizierte Fragmente ihres Sarkophags gefunden).

Die Architektur

Sosehr sich das Grab vom Entwurf her auch von seinen thebanischen Vorläufern unterscheiden mag, zeigt doch der Aufriß der Hauptachse, daß es im wesentlichen der etablierten Architektur der Königsgräber folgt. Der Eingang (mit dem ersten Beispiel einer Treppe-Rampe-Treppe-Kombination im Neuen Reich) ist breit (ca. 3,20 Meter) und öffnet sich auf einen riesigen ersten Korridor, der im Prinzip die ersten zwei Passagen des normalen Entwurfs miteinander kombiniert. Die beiden Folgen grob gehauener Korridore und Räume, die von diesem Gang abzweigen, sind mit Sicherheit einmalig, und der Entwurf der oberen Suite spiegelt die Elemente eines eigen-

Grabbeigaben

Die – meist nur fragmentarisch erhaltenen – Funde enthielten folgende Einzelstücke und Klassen von Objekten:

Chephren
Gefäßfragment (Diorit)

Unas?
Gefäßfragment (Diorit)

Thutmosis III.
Gefäßfragment (Diorit)

Echnaton
Sarkophag (roter Granit)
Sargtuchpailletten (Gold, Bronze)
Kanopentruhe (Calcit)
»Löwen«-Bahre (Kalkstein)
Einbalsamierungsblöcke (Kalkstein)
Möbelfragment? (Holz)
Diverse Kästen und Truhen (Calcit, Fayence)
Uschebtis (Quarzit, Sandstein, Granit, Kalkstein, Calcit, Fayence)
Uschebti-Werkzeuge (Fayence)
Schiffsmodell (Holz)
Bildhauermodell (Kalkstein)
Stele (Kalkstein)
Statuenfragmente (Calcit, Kalkstein)
Uräusköpfe (Fayence)
Intarsien (Calcit, Glas)
Gefäße (Diorit, Kalkstein, Calcit, Fayence, Keramik)
Krugetiketten (Keramik)
Krugsiegel (Lehm)
Ostraka (Kalkstein)
Schmuck (Gold, Karneol, Türkis, Quarz, Steatit, Glas, Fayence)
Wurfstock (Fayence) »Maketaton-Suite«
Mahlsteine (Diorit)
Messer (Feuerstein)
Tuch

Teje
Sarkophag

Aus Nachbestattungen
Menschliche Überreste?
Textilien
Schmuck

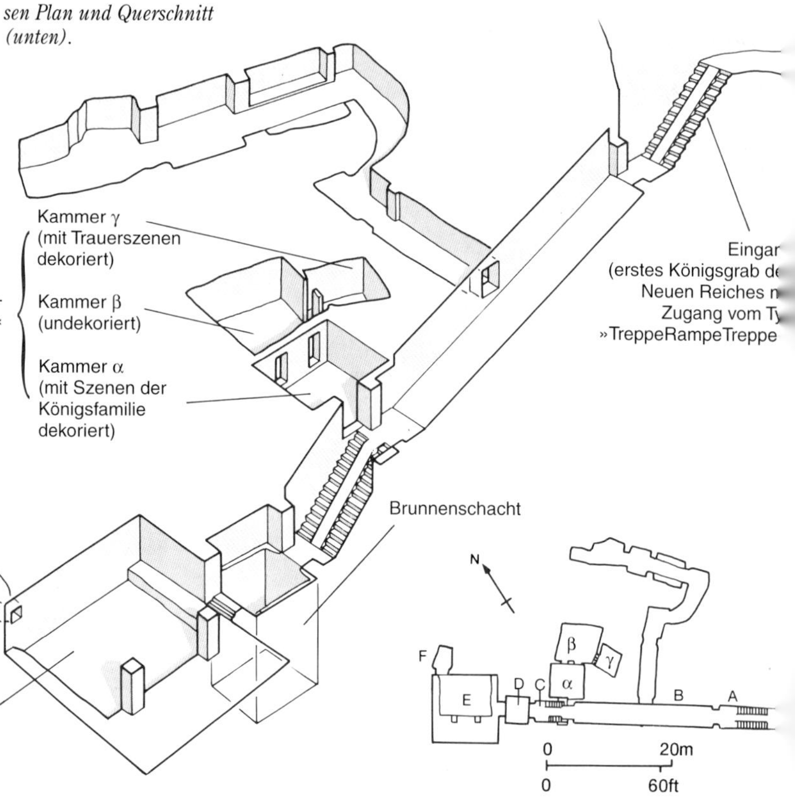

ständigen Grabes wider. Den Eingängen zu den beiden Nebensuiten gegenüberliegende Einschnitte in den Wänden könnten darauf hindeuten, daß auf der linken Grabseite weitere Kammern beabsichtigt waren. Der Brunnenraum ist größer als üblich, hat jedoch eine relativ flache Grube. Dieser Raum besitzt einen zentral gelegenen Ausgang zu einem Raum hin, der vermutlich als erste Säulenhalle geplant war, hier aber (durch Entfernen zweier Pfeiler) zur Sarkophagkammer mit Zwillingssäule – samt vertiefter Krypta und Sarkophagsockel – umgestaltet wurde. Ein Nebenraum am hinteren Ende scheint den Anfang eines Korridors oder einer unvollendeten geknickten Achse darzustellen. Die jetzige gerade Achse sollte nach verbreiteter Meinung den Sonnenstrahlen Zugang bis zum hinteren Ende des Grabes gewähren, aber dafür sprechen nicht so viele Indizien, wie es zunächst den Anschein hat. Echnaton wurde in der ersten Säulenhalle bestattet, noch ehe die geknickte Achse geschlagen werden konnte, und die Krypta mit dem königlichen Sarkophag in dieser Halle ist seitlich von der Achse des Grabes abgesetzt; er war also in Wirklichkeit nicht direkt auf den Eingang und das Sonnenlicht hin ausgerichtet.

Die Ausschmückung

Die Eingangswände sind nicht dekoriert, und von der ursprünglichen Ausschmückung der Grabkammer ist wenig übriggeblieben. Der bemalte Verputz war hier nach Echnatons Herrschaft so gründlich zerschlagen worden, daß heute nur noch ein paar Kartuschen, Aton-Scheiben und -Strahlen am oberen Ende der Wände erkennbar sind. Die unteren Wandteile enthalten nur noch Spuren von Szenen Echnatons und Nofretetes, die Aton opfern – dies scheint das Hauptverzierungsmotiv der Kammer und des Brunnenraums gewesen zu sein. Wie zu erwarten, scheinen beim Beschriften der Grabkammer nur wenige Texte aus den – mit Echnatons »häretischen« Auffassungen unvereinbaren – kanonischen Jenseitsbüchern verwendet worden zu sein. Unter den noch sichtbaren Hieroglyphen ragt der Name Nofretetes indessen überraschend stark hervor und belegt die große Bedeutung der Königin zur Zeit der Verzierung des Grabes. Die Kammer Alpha ist mit Szenen der königlichen Familie (darunter auch fünf Töchter) geschmückt, die in einem Tempelhof dem an der Ostwand auf- und an der Westwand untergehend dargestellten Aton Opfer darbringt. Außerhalb des Tempelhofs sieht man Streitwagen und eine militärische Eskorte; in einer Szene betrauern der König, die Königin und Klageweiber den Tod einer Königin oder Prinzessin, während eine Amme ein Königskind hält. Die Beta-Kammer ist undekoriert, aber das Trauermotiv erscheint erneut in Kammer Gamma, wo Maketaton namentlich genannt wird und abermals eine Kinderfrau mit einem königlichen Säugling abgebildet ist – dies könnte darauf hinweisen, daß diese Prinzessin vielleicht schon als Kind verstarb.

ist als über irgendeine andere Grabstätte im Tal der Könige.

Man traf auf die Überreste einer ursprünglich zementierten Türblockade, die das (in der Antike teilweise entfernte) Siegel des »Schakals und der neun Gefesselten« trug. Später war der Eingang mit einer lose gebauten Kalksteinmauer verschlossen worden, die auf dem Schutt ruhte, mit dem die anschließende Treppe verfüllt war. Diese zweite Blockade war in der Antike durchbrochen worden und hatte den Zugang zu einem abschüssigen Korridor eröffnet, der zum Teil mit Kalksteinabschlägen gefüllt war, die in die einzige Grabkammer überschwappten. Am oberen Ende des Gangs lag ein einzelnes Türblatt und ein breites Paneel, das sich dann als Teil eines großen, vergoldeten Holzschreins herausstellte, den Echnaton für die Bestattung seiner Mutter Teje in el-Amarna hatte herrichten lassen. Als die Archäologen vorsichtig den Gang zur Grabkammer hinabschlidderten, trafen sie auf weitere abmontierte Teile des Schreins. Die Gestalt und die Namenskartuschen des Häretikers Echnaton waren schon in der Antike überall vom Schrein abgeschlagen worden.

»... Blattgoldfetzen schienen in allen Richtungen durch die Luft zu wirbeln. Wir hatten das Gefühl, als atmeten wir sie ein. Tyndale flüsterte mir zu, er habe eben beim Niesen sechs oder sieben in seinem Taschentuch gefunden!«

Charles Trick Curelly

An der Südseite der Kammer stand ein mit Krummstab und Dreschflegel verzierter, vermoderter Holzsarg mit einer unbeschrifteten Bronze-Uräusschlange; die Kartuschen waren überall ausgeschlagen, die goldene Gesichtsmaske unter den Augen brutal weggerissen. Im Sarg lag etwas verschoben eine mit einem goldenen Geierbrustschild »gekrönte« Mumie, deren einer Arm über der Brust lag. Eine große Nische (der kaum begonnene Eingang zu einem Nebenraum) in der Südwand ent-

Harold Jones' Zeichnung von Königin Teje auf dem zerlegten Schrein, der in KV55 gefunden wurde. Der Schrein wurde von Echnaton für das Begräbnis seiner Mutter in Auftrag gegeben.

Die Grabkammer von KV55. Der Sarg befindet sich unter der »Nische«, die die Kanopenkrüge enthält; die Position der Teile von Tejes Schrein zeigt, daß er ursprünglich die Mitte des Raums einnahm.

Kurzsteckbrief

Nummer u. Lage d. Grabes: KV55, Wadi Biban el-Muluk
Entdeckt: Januar 1907 von Edward R. Ayrton
Ausgräber/Publikation: E. R. Ayrton, 1907/08, für Theodore M. Davis; Th. M. Davis u. a., »The Tomb of Queen Tiyi«, London 1910

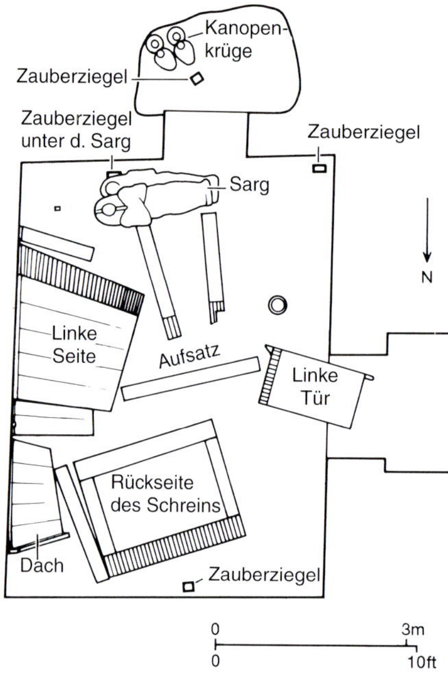

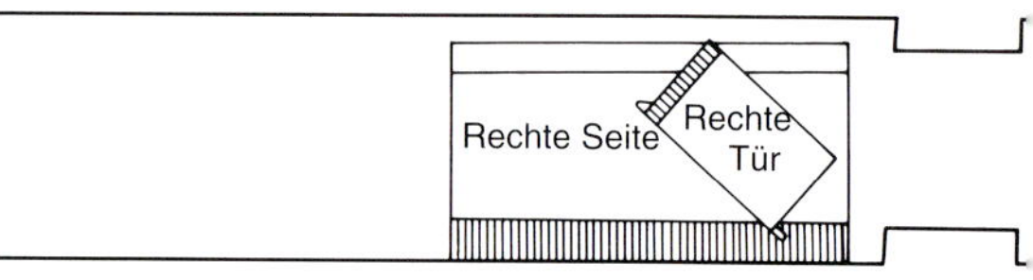

(Oben) Möglicher Plan von KV55 auf einem Ostrakon und (oben rechts) die Lage der wichtigsten Funde, wie Davis sie vorfand.

hielt vier Kanopenkrüge aus Calcit mit Porträtkopf-Verschlüssen, und unter den Trümmern fanden sich vier irdene »Zauberziegel« sowie allerlei zerbrochene Grabbeigaben.

Bei einer neueren Untersuchung fand Lyla Pinch Brock weitere interessante Gegenstände. Dazu gehören ein mögliches Fragment der ursprünglichen Türversiegelung aus Hartgips mit den Überresten einer praktisch unleserlichen Inschrift, blau bemalte Keramikfragmente, ein hieratisches Etikett und ein Tonsiegel, auf dem »ein Besitz im Sinai und anderer Grundbesitz Sitamuns, der Tochter Amenhoteps III.«, erwähnt ist. Am interessantesten ist ein Kalksteinbrocken, der möglicherweise einen Teil des Arbeitsplanes des Grabes zeigt.

Funde aus Grab 55

Objekt	Namen
Schrein und Schreinbeschläge (Holz, vergoldet; Bronze)	Amenhotep III., Teje, Echnaton
Sargtuchrosetten (Gold, Bronze)	
Bahrenfragment (Gold)	
Sarg und Sargbeschläge (Holz, vergoldet, mit Intarsien; Bronze)	Echnaton?
Bronzener Uräus (von Statue?)	Aton (späte Form)
Statuensockel (Holz)	
Bes-Figuren (Fayence)	
Ohrringhalter (Gold)	
Geierkragen (Gold)	
Collier mit Blumenmotiv (Gold m. Intarsien)	
Div. Halsbandornamente, Plaketten, Amulette und Schmuckperlen (Gold, Lapislazuli, Karneol, Feldspat, Glas, Fayence)	Aton (frühe Form)
Blechfragment (Gold)	Aton (frühe Form)
Uräusköpfe (Fayence, vom Schrein?)	
Kanopenkrüge (Calcit)	[Echnaton, Kija]
Gefäße und Deckel (Hämatit, »Amazonit«, Calcit, Glas, Fayence, Keramik)	einschl. Amenhotep III., Teje, Sitamun
Silberner Gänsekopf (von einem Gefäß?)	
Kästen und Möbelfragmente (Holz, Bronze)	
Hieratisches Etikett (Holz)	
Werkzeuge und Fragmente (Holz, Bronze)	
Zauberziegel (Lehm)	Echnaton
Pesech-kaf-Amulette (Schiefer)	(einer) Teje
Modelle von Messern, Bumerangs, Trauben, Papyrusrollen und Kästen (Kalkstein, Fayence)	
Diverse »rituelle« Gegenstände – Ziegel, Kiesel etc.	
Kleine Siegel (Lehm)	einschl. Amenhotep III., Tutanchamun
Ostrakon mit Plan (Kalkstein)	

NB: Objekte aus der »Kollektion Harold Jones« in Swansea stehen in keinem nachweisbaren Zusammenhang mit KV55.

Objekte aus KV55: Siegel mit einer verschlüsselten Version des Thronnamens Amenhoteps III. (unten) und ein mit dem Thronnamen des Echnaton beschrifteter »Zauberziegel« (darunter).

Wessen Leichnam?

»Sind Sie sicher, daß die Gebeine, die Sie mir geschickt haben, auch jene sind, die in dem Grab gefunden wurden? Anstelle der Knochen einer alten Frau haben Sie mir die eines jungen Mannes zukommen lassen. Da ist doch sicher irgendwo ein Fehler passiert.«

Grafton Elliot Smith, Brief an Arthur Weigall

Theodore Davis war entzückt von dem Gedanken, er könne die Ruhestätte von Königin Teje entdeckt haben, und ging zunächst davon aus, daß der eingesargte Leichnam und die beiden Kanopenkrüge, die er in Grab 55 gefunden hatte, ihr gehörten.

Obwohl er seine Meinung bald ändern mußte, da es sich ganz offensichtlich um die Leiche eines Mannes handelte, veröffentlichte er den Fund 1910 als »Das Grab der Königin Teje«. Nach fast einem Jahrhundert herrscht hinsichtlich der Art der Entdeckung und der Identität der Mumie noch immer kein Konsens. Fest steht, daß die Funde in zwei Gruppen zerfallen. Die erste umfaßt den Schrein und eine Reihe kleinerer Grabbeigaben, die mit der Bestattung von Königin Teje im Zusammenhang stehen könnten; in die zweite Gruppe gehören die eingesargte Mumie, die Kanopenkrüge und die Zauberziegel.

Das Vorhandensein von Tejes demontiertem Schrein scheint auf ihre ursprüngliche Anwesenheit im Grab hinzudeuten, wobei allerdings ihre Mumie und der größte Teil der Grabausstattung fehlen; sie wurden vielleicht entfernt, als die Arbeiter das darüberliegende Grab Ramses' IX. (KV6) in den Fels schlugen und dabei über KV55 stolperten. Der Schrein selbst wäre in diesem Fall stehengeblieben, als die Arbeiter merkten, daß sie ihn nicht herausholen konnten, ohne vorher die gesamte Korridorfüllung wegzuräumen. Tejes Mumie wurde vor einigen Jahren anhand einer im Grab Tutanchamuns gefundenen Haarprobe Tejes mit der 1898 in dem Versteck Amenhoteps II. (KV35) entdeckten »Älteren Dame« identifiziert – aber die Gleichsetzung fand keine allgemeine Zustimmung.

Was den Sarg und die Kanopenkrüge aus Grab 55 anbelangt, so waren sie ursprünglich für eine Nebenfrau Echnatons namens Kija hergestellt worden, die aber irgendwann nach dem 11. Herrschaftsjahr des Königs in Ungnade gefallen zu sein scheint. Kija scheint die Gegenstände nie benutzt zu haben; sie wurden für ihren neuen königlichen Besitzer umgestaltet und später für das Begräbnis in KV55 benutzt. Unglücklicherweise sind die Namen dieses letzten Eigentümers aus dem Sarg herausgeschnitten worden (die Krüge waren nie beschriftet), vermutlich bei der Entfernung Tejes aus dem Grab.

Die Inschriften auf den Zauberziegeln legen nahe, daß der Sarg, die Krüge und der Leichnam die Echnatons selber waren. Sowohl er als auch Teje waren ursprünglich in derselben Grabkammer im Königsgrab von Amarna bestattet gewesen und danach, wie aus den Siegelinschriften erkennbar wird, die Ayrton aus dem Schutt von KV55 heraussiebte, von Tutanchamun nach der Aufgabe der neuen Hauptstadt Achet-Aton (Amarna) beide (und bei getrennten Gelegenheiten?) nach Theben verbracht worden. Tatsächlich sind zwischen dem verwesten Leichnam aus KV55 und der Mumie von Echnatons Adoptivsohn Tutanchamun große physische Ähnlichkeiten festgestellt worden, und beide Leichen hatten dieselbe Blutgruppe (A_2MN).

»Die Leiche lag in einem mit Echnatons Namen beschrifteten Sarg; sie war mit Bändern umwickelt, die seinen Namen trugen; sie wies die Körpermerkmale der Porträts Echnatons auf; sie besaß die charakteristischen Züge eines religiösen Reformators, der er ja war; sie gehörte einem Mann von Echnatons aus den Monumenten abgeleitetem Alter; sie lag im Grab von Echnatons Mutter; die die Namen tilgten, müssen sie für Echnatons Leichnam gehalten haben, es sei denn, man gehe von einem totalen Durcheinander widersprüchlichster Absichten aus; und schließlich gibt es niemanden sonst, den sie mit irgendwelcher Wahrscheinlichkeit darstellen könnte.«

Arthur Weigall

Weigalls Argumentation ist bezwingend, und das trotz der neuesten niedrigen Schätzungen, die das Todesalter der Leiche zwischen 20 und 25 bis 26 Jahren ansetzen und damit der Analyse des Archäologen zu widersprechen scheinen. Die Genauigkeit dieser Schätzungen bleibt allerdings noch zu beweisen, und bis dahin muß unsere Mumie alles in allem wohl Echnaton sein.

(Links) Um den Kopf der eingesargten Mumie gebogen aufgefundener Brustschmuck aus dickem Goldblech.

(Unten) Rekonstruktion des Sargdeckels aus KV55. Die Gesichtsmaske aus Goldblech war in der Antike abgerissen worden (oben), und die eingelegten Kartuschen, welche die Inhaberin identifizierten, hatte man ausgeschlagen (Mitte).

Tutanchamun und seine Nachfolger

Kurzsteckbrief

Nummer u. Lage d. Grabes: KV62, Wadi Biban el-Muluk
Entdeckt: 4. November 1922 von Howard Carter
Königsmumie: 1922 *in situ* gefunden; noch immer in KV62
Ausgräber/Publikation: H. Carter, 1923–1932; für den 5. Earl of Carnarvon; H. Carter (u. A. C. Mace), »The Tomb of Tut. Ankh.Amen«, I–III, London 1923–32; C. N. Reeves, »The Complete Tutankhamun«, London 1990.
Wände dokumentiert von: C. N. Reeves, ebd., S. 72–74

Gegen Ende seiner Herrschaft scheint der Häretiker Echnaton seine Frau Nofretete zur Mitregentin gemacht zu haben, und vielleicht hat diese nach Echnatons Tod in seinem 17. Herrschaftsjahr (unter dem Namen Semenchkare) sogar selbst als Pharao weitergeherrscht. Mit dem Tod Semenchkares (dessen Grab nie gefunden wurde) ging der ägyptische Thron um 1333 v. Chr. an ein höchstens neunjähriges Kind über – Tutanchaton, Echnatons einzigen Sohn (vielleicht von der königlichen Nebenfrau Kija). Im Jahr 2 veränderte Tutanchaton seinen Namen in Tutanchamun und signalisierte damit die Aufgabe der Alleinherrschaft Atons und die Rückkehr zur orthodoxen religiösen Praxis. Während des Großteils seiner Herrschaft lag die wirkliche Gewalt in den Händen zweier hoher Beamter, Aja und Haremhab, die nach dem verdächtig frühen Tode des Knaben im Jahre 1323 v. Chr. beide nacheinander den Thron besteigen sollten. Aja (den einige für Nofretetes Vater halten) herrschte nur vier Jahre lang; seine Mumie wurde im kleinen, unfertigen Grab des Königs im Westtal (WV23) bestattet.

Das Grab Tutanchamuns (KV62)

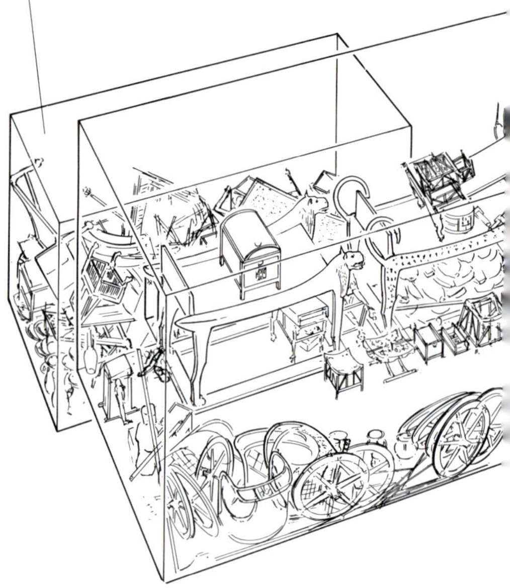

Die Entdeckung

»Den ganzen nächsten Tag arbeiteten wir unter Hochdruck und entdeckten binnen kurzem etwas, was sich als unterirdische, in den Mutterfelsen des Talbetts geschlagene Treppe erwies. Je tiefer wir kamen, desto klarer wurde uns, daß wir einen wichtigen Fund vor uns hatten. Spätabends wurde ein blockierter und versiegelter Türeingang freigelegt. Es waren die Siegel eines Königs – König Tutanchamun! Da wußten wir jenseits allen Zweifels, daß wir am Rande einer großen Entdeckung standen. Meine Gefühle brauche ich Ihnen nicht zu schildern!«

Howard Carter

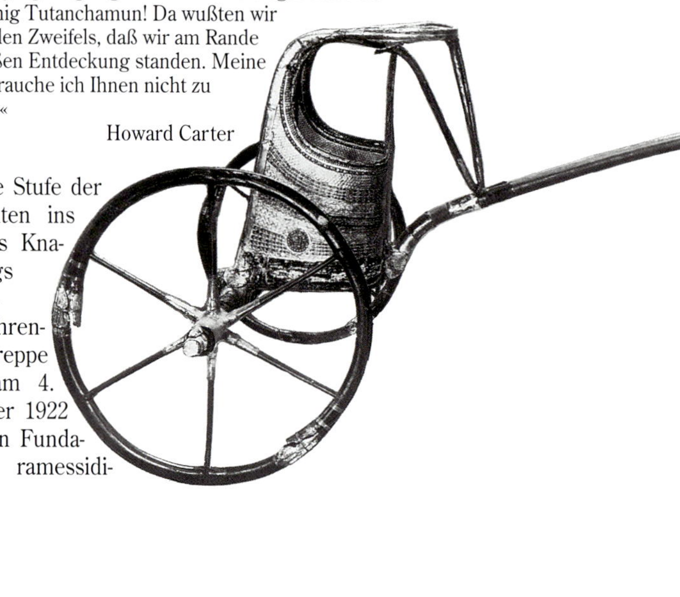

Die erste Stufe der nach unten ins Grab des Knabenkönigs Tutanchamun führenden Treppe wurde am 4. November 1922 unter den Fundamenten ramessidi-

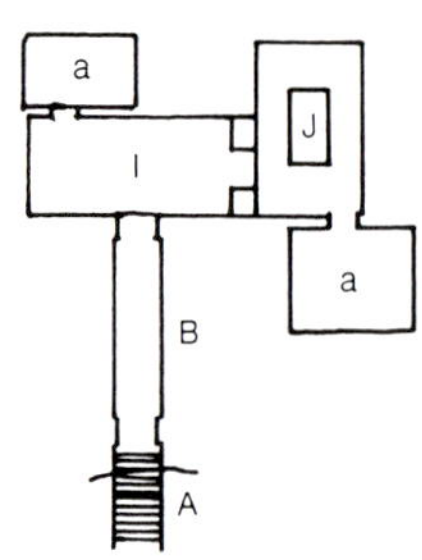

Objekte aus dem Grab des Tutanchamun (von oben und ihm Uhrzeigersinn): Kopf des Tutanchamun als aus dem Urlotos hervorknospender Sonnengott Re, Gips auf Holz; Holzfigur eines auf dem Rücken eines großen Raubtiers stehenden Königs; Tutanchamuns vergoldeter Kanopenschrein mit zwei seiner insgesamt vier Schutzgöttinnen; lebensgroße Kleiderpuppe für die Gewänder des Pharaos aus vergipstem und bemaltem Holz; der erste Prunkwagen des Königs, vergoldetes Holz mit Intarsien.

(Mitte) Das für Tutanchamun umgewidmete und erweiterte kleine Privatgrab mit der ursprünglichen Ausstattung.

Vorraum
(enthielt vier königliche Wagen, drei rituelle Liegen, die beiden lebensgroßen Wächterstatuen und eine Vielzahl anderer Dinge)

Grabkammer
(die vier vergoldeten Schreine und der gestirnte Leinenbaldachin, die einen Quarzitsarkophag, zwei vergoldete Holzsärge und einen Innensarg aus purem Gold, in dem die Mumie des Königs lag, umschlossen, füllten den Raum praktisch aus; die Mumie trug eine goldene Maske und war übersät mit Schmuck)

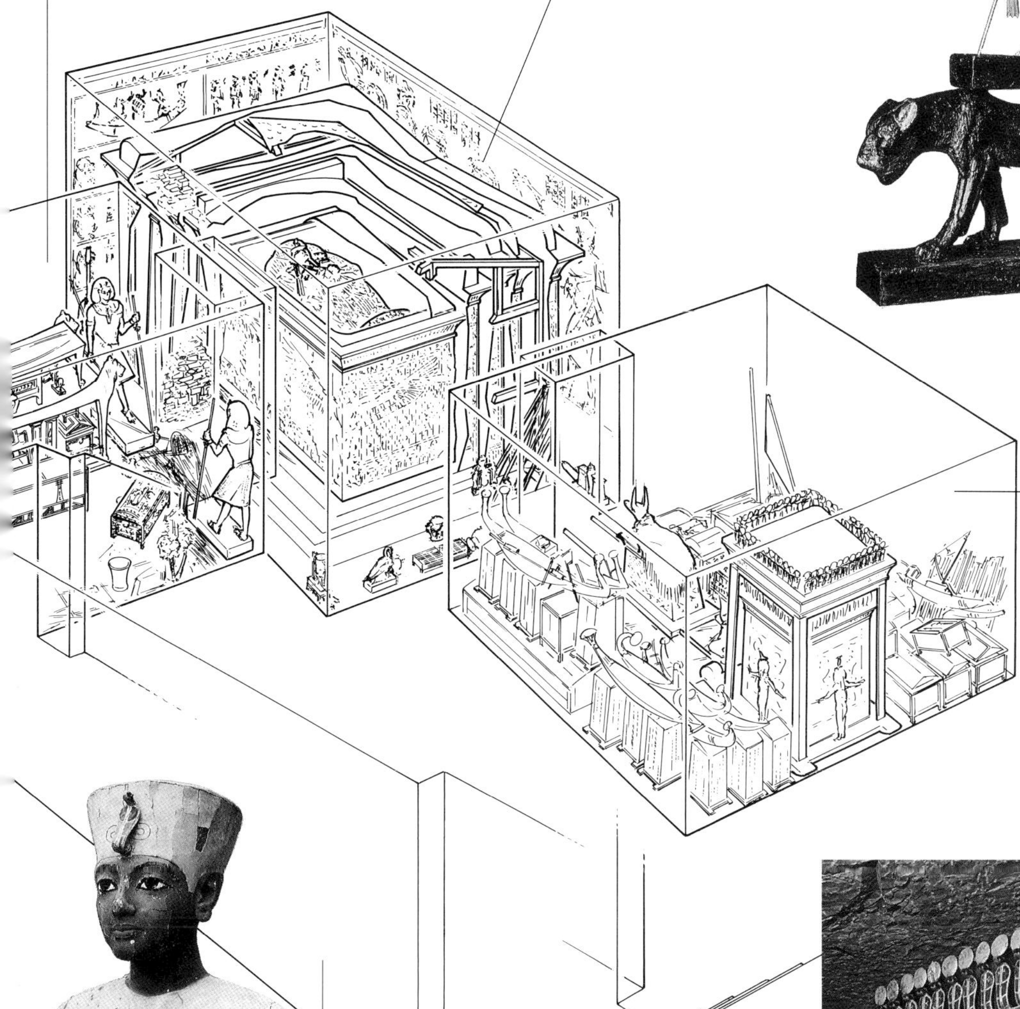

Schatzkammer
(entsprach dem Inhalt nach der »Krypta« eines Königsgrabs voller Größe; enthielt die Kanopenobjekte, einen Anubis-Schrein, als Nebenbestattungen die beiden totgeborenen Kinder Tutanchamuns [mumifizierte Föten], Begräbnisskulpturen und Modelle)

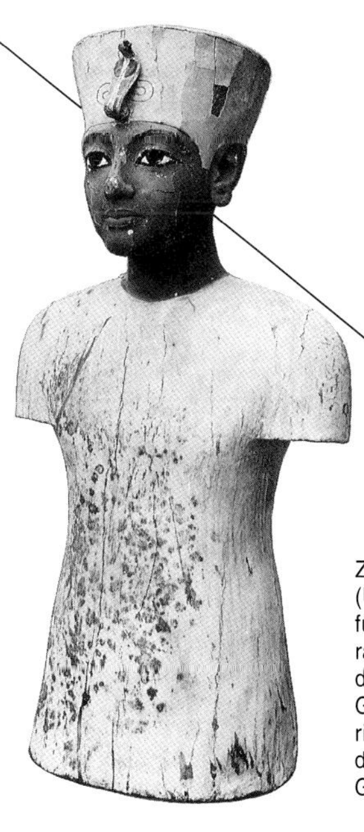

Zugangskorridor
(Ursprünglich als Lagerraum für Objekte benutzt, die im Vorraum keinen Platz mehr fanden; nach dem ersten Grabraub wurde dieses Material in KV54 neu beigesetzt und der Korridor bis zur Decke mit Geröll verfüllt)

scher Arbeiterhütten in der Nähe des Eingangs zum Grab Ramses' VI. entdeckt. Tags darauf, am 5. November, war die äußere Blockierung freigelegt, und Lord Carnarvon in England wurde telegrafisch benachrichtigt. Nach seiner Ankunft begann man, die Trümmerfüllung des Korridors zu beseitigen, und am 26. November – »dem Tag aller Tage« – konnten Carter, Carnarvon, Arthur Callender und Lady Evelyn Herbert ihre flackernde Kerze durch die Öffnung in den äußersten Raum (den Vorraum) halten. Was sie sahen, verschlug ihnen den Atem: ein praktisch unberührtes Königsgrab aus einer der Glanzzeiten der ägyptischen Kultur, das von Gold nur so strotzte.

»Zuerst sah ich überhaupt nichts, weil die aus der Kammer entfliehende heiße Luft die Kerze so sehr flackern ließ, aber als sich meine Augen ans Dunkel gewöhnten, traten ganz langsam Einzelheiten aus dem Nebel, seltsame Tiere, Statuen und Gold – Gold, wohin man blickte.«

Howard Carter

Die Freilegung des Grabes und die Vorbereitungen für den Transport der Funde nach Kairo nahmen fast ein Jahrzehnt von Carters Leben in Anspruch. Noch teurer bezahlte Carnarvon die Entdeckung: Einem Moskitostich folgte eine Blutvergiftung (einige erblickten darin die Rache des Pharaos), Carnarvon wurde immer kränker, und bald stellte sich der Tod ein – am 5. April 1923.

(Oben rechts) Tutanchamun erhält von Hathor in ihrer Gestalt als Herrin des Westens das Geschenk des Lebens. Von der Südwand der Grabkammer.

(Links) Die zweite der beiden lebensgroßen hölzernen Wächterstatuen des Tutanchamun. Die Haut ist mit klebrigem schwarzem Harz bemalt, die königlichen Insignien dick blattvergoldet. Die Augen sind eingelegt.

Architektur und Ausschmückung

Vom elementaren Plan und den Abmessungen her ist KV62 den Privatgräbern der Epoche recht ähnlich, doch seine Komplexität findet unter ihnen nicht ihresgleichen. Dreht man die Kammern im Geiste um 90 Grad, so schon Carter, wird deutlich, daß KV62 vom Grundriß her den typischen Königsgräbern der 18. Dynastie vergleichbar ist, und das könnte durchaus auf das architektonische Ziel der antiken Baumeister hindeuten, die ein bereits existierendes Privatgrab umzugestalten hatten.

Vom Fuß der Eingangstreppe führt ein einziger abschüssiger Korridor hinab zum Vorraum, von dem eine kleine Seitenkammer und, zur Rechten, die etwas tiefer liegende Grabkammer abgehen, die wiederum einen eigenen Nebenraum besitzt, die sogenannte Schatzkammer.

Nur die Grabkammer wurde ausgeschmückt, und diese Dekoration ähnelt stark der später im Grab des Aja gefundenen. Es gibt weder ein *checher*-Fries, noch sind die Wände gesockelt; statt dessen wurden sie einheitlich golden grundiert. Auf der Westwand sind die Affen der ersten Amduat-Stunde abgebildet; auf der Südwand ist der König, gefolgt von Anubis, zu sehen, wie er vor Hathor, der Herrin des Westens, erscheint, während er auf der Nordwand in ähnlicher Weise vor Nut steht, dicht gefolgt von seinem *ka*, wie er von Osiris umarmt wird. Ein Stück weiter auf derselben Wand vollzieht König Aja vor Tutanchamuns Mumie die Zeremonie der Mundöffnung und macht damit seinen Thronanspruch geltend.

Die Ostwand zeigt, wie die Mumie Tutanchamuns bei der Prozession zur Nekropolis auf einem Schlitten transportiert wird – zum Gefolge gehören auch zwei (an der Kleidung erkennbare) Wesire und eine einzelne Schlußgestalt, die vielleicht den Feldherrn und späteren König Haremhab darstellt.

Auf der Südwand der Grabkammer wird Tutanchamun von Hathor in der Unterwelt begrüßt, hinter ihm stehen Anubis und Isis (die Isis-Darstellung wurde zerstört, als man die verputzte Trennwand zum Abtransport der Sarkophage einriß. Sämtliche Gestalten im Grab sind ziemlich seltsam abgebildet; auf der Nord-, Ost- und Westwand erscheinen sie in den während der Amarna-Periode gängigen ungewöhnlichen Proportionen, auf der Südwand eher im traditionellen Stil.

Die Bestattung eines ägyptischen Königs

Die Entdeckung des Tutanchamun-Grabes erlaubte erstmals, sich eine Vorstellung von dem Reichtum zu machen, der auf das Begräbnis eines ägyptischen Herrschers verschwendet wurde – und er war gewaltig. Noch atemberaubender ist die Erkenntnis, daß Tutanchamun ein junger und relativ unbedeutender König war und sein Grab nur sehr wenig Platz bot. Man stelle sich die Schätze vor, die einst in einem Grab mit den Ausmaßen der Ruhestätte Ramses' II. lagerten!

Grabräuber

»Grabräuber waren eingedrungen, [...] und wieder eingedrungen [...] mehr als einmal.«

Howard Carter

Zu den interessantesten Aspekten des Tutanchamun-Grabs gehören die Spuren von mindestens zwei Grabräubereien, die kurz nach der Bestattung, vielleicht sogar von Teilnehmern am Leichenzug, begangen wurden.

Beim ersten Einbruch war der Eingangskorridor leer, abgesehen von Krügen mit Einbalsamierungsmaterial und dergleichen, die man aus Platzmangel im eigentlichen Grab hier abgestellt hatte. Die Räuber durchbrachen sowohl die äußere als auch die innere Gangblockade in der linken oberen Ecke und verschafften sich so Zugang zur Vorkammer, aus der sie hauptsächlich Metall, aber auch Leintücher, Öl und Parfums entwendeten. Der Einbruch wurde bald entdeckt, die Ordnung wiederhergestellt, der Korridor von Grabbeigaben frei geräumt (und das Material in Grube KV54 neu bestattet); man füllte ihn bis zur Decke mit Kalksteinabschlägen und versiegelte das Grab aufs neue.

Kurze Zeit später wurde wieder eingebrochen, diesmal allerdings unter erheblich schwierigeren

Detail vom Außensarg des Königs; vergoldetes Holz.

(Links) Wedelhalter eines reich verzierten und mit den Kartuschen des Tutanchamun eingelegten Fächers.

Das verlorene Grab des Semenchkare

Hinter dem Namen »Semenchkare« könnten sich durchaus gleich zwei Herrschergestalten der späten 18. Dynastie verbergen, nämlich Ancheprure Nefernefruaten (höchstwahrscheinlich identisch mit Nofretete, die eine Zeitlang Koregentin ihres Gemahls Echnaton gewesen zu sein scheint) und Ancheprure Semenchkare, der/die sowohl mit Ancheprure Nefernefruaten identisch sein als auch einen eigenständigen, männlichen König darstellen kann. Die Tatsache, daß bislang keine für Ancheprure Semenchkare beschrifteten Grabbeigaben gefunden wurden, wohingegen eindeutig für eine Frau bestimmte Begräbnisobjekte – von denen einige den Namen Ancheprure Nefernefruaten tragen – ausrangiert und dann schließlich für Tutanchamun umgewidmet wurden, könnte dafür sprechen, daß »Semenchkare« eine Einzelperson war.

Über diese Bestattung ist jedoch nichts bekannt; die alte Verbindung Semenchkares mit KV55 entbehrt jeder Grundlage. Sollte also das Grab Semenchkares noch seiner Entdeckung harren? Und könnte es vielleicht sogar intakt sein? Die Antwort auf beide Fragen ist ein vorsichtiges »Ja«.

Darauf deutet sowohl das Fehlen von Begräbnisobjekten mit dem Namen dieses Königs wie auch die Tatsache hin, daß der Teil des Tals, in dem man die Grabstätte vermuten würde, wohl nie vollständig freigelegt wurde.

Uschebti-*Figur aus vergoldetem Holz mit femininen Zügen aus dem Grab des Tutanchamun.*

Umständen, denn jetzt mußten sich die Diebe durch die Korridorfüllung durchwühlen. Diese zweite Räuberbande verschaffte sich zum gesamten Grab Zugang, und ihre Beute umfaßte vielleicht 60 Prozent des in der Schatzkammer lagernden Schmucks. Sie muß das Grab mindestens zweimal betreten haben und beim zweiten Mal erwischt worden sein: ein beutegefülltes, verknotetes Tuch – es enthielt acht Goldringe – war von den Behörden beschlagnahmt und einfach in eine der Kisten in der Vorkammer zurückgeworfen worden. Die aufgebrochenen Türen zur Grabkammer und an beiden Enden des Eingangskorridors wurden verschlossen und erneut mit Siegeln mit dem Motiv des ruhenden Schakals über neun Gefesselten versehen, das durch die Gangfüllung gegrabene Loch wieder blockiert. Zu den beteiligten Beamten gehörte der Schreiber Djehutimose, von dem und dessen Chef Maja Carter schon im Grab Thutmosis' IV. (KV43) Spuren gefunden hatte. Im Tutanchamun-Grab packte Djehutimose die von den Räubern durcheinandergeworfenen Stücke

Der mumifizierte Kopf des Königs zeigt den schlechten Erhaltungszustand, der auf die übermäßige Anwendung von Salben zurückgeht.

Kurzsteckbrief

Nummer u. Lage d. Grabes:
KV54, Wadi Biban el-Muluk
Entdeckt:
21. Dezember 1907 von Edward R. Ayrton
Ausgräber/Publikation:
E. R. Ayrton, Dezember 1907, für Theodore M. Davis; Herbert E. Winlock, »Materials Used at the Embalming of King Tut'ankh-Amun«, New York 1941

Das Balsamierungsdepot

»Ursprünglich enthielten die Krüge vielleicht mehr als ein halbes Dutzend Blumenkränze, die von Teilnehmern am Leichenschmaus um den Hals getragen worden waren. Einige wurden von Mr. Davis zerrissen, um zu demonstrieren, wie kräftig sie noch waren ...«

Herbert E. Winlock

Vergoldete Miniaturmaske aus KV54, die für den zweiten der beiden in KV 62 gefundenen Föten bestimmt war.

Eigentlich war KV54 kaum mehr als eine kleine, verlassene Grube, aber kurz nach dem Begräbnis Tutanchamuns und dem nachfolgenden Grabraub wurde sie zum Depot umfunktioniert. Der Inhalt bestand aus einem runden Dutzend großer Vorratskrüge, die unter anderem kleine Tonsiegel mit dem Namen des Königs, Leinenfragmente mit hieratischen Etiketten aus den Jahren 6 und 8 seiner Herrschaft, ungefähr 50 Beutel Natron (natürliches Soda, das beim Einbalsamieren verwendet wurde), rund 180 Mumienbinden, 72 Opferschalen, die Knochen zahlreicher Bratenstücke, verwelkte Blumenkränze und eine vergoldete Pappmachémaske vom Fötus des zweiten totgeborenen Kindes Tutanchamuns enthielten. Das war eindeutig eine Mischung aus Einbalsamierungsabfall und Überresten des Leichenschmauses, die anscheinend ursprünglich im Korridor des Tutanchamun-Grabes gelagert war und verlegt wurde, als man diesen zum Schutz vor Räubern mit Geröll verfüllte.

(Links) Der prächtige Innensarg des Tutanchamun aus 2,5–3 Zentimeter dickem Goldblech; seine Oberfläche ist reich ziseliert und dezent mit Einlegearbeiten geschmückt.

(Oben) Einer der beiden gleichartigen Stäbe aus Gold und Silber, die von Statuetten des Tutanchamun als kindlichem König gekrönt werden.

(Unten) Der exquisit gemeißelte Sarkophag aus rotem Quarzit. Trotz eines Wechsels im Verzierungsmuster deutet nichts darauf hin, daß er jemals für jemand anderen als Tutanchamun gedacht war.

Funde aus dem Grab des Tutanchamun

Objekt(klasse)	Eingangs-treppe	Korridor	Vorraum	Grab-kammer	Schatzkammer	Nebenraum
Bahre				●		
Baldachin und Rahmenwerk				●		
Betten			●			
Bootsmodelle					●	●
Bumerangs und Wurfstöcke			●			●
Etiketten		●	●	●		●
Fächer				●	●	●
Gefäße	●	●	●	●	●	●
Goldmaske				●		
Götterfiguren			●	●	●	
Harnisch						●
Kanopenobjekte					●	
Kästen und Truhen	●		●		●	●
Kleidungsstücke			●	●	●	●
Kniepolster			●			●
Königsfiguren		?	●	●	●	
Königsinsignien			●	●	●	●
Körbe			●			●
Kosmetikgegenstände		●	●		●	●
Lampen und Fackeln			●	●	●	
Modell eines Kornspeichers					●	
Mumien				●	●	
Musikinstrumente			●	●		●
Nahrungsmittel			●			●
Pfeile und Bogen		●	●	●	●	●
Pflanzliche Objekte		●	●	●	●	●
Rituelle Liegen			●			
Rituelle Objekte			●	●	●	●
Särge (König)				●		
Särge (andere)					●	
Sarkophag				●		
Schilde						●
Schmuck, Perlen, Amulette	●	●	●	●	●	●
Schreibzeug			●		●	●
Schreine			●	●	●	●
Schwerter und Dolche				●		●
Siegel	●	●	●	●	●	●
Jagdausrüstung		●	●			●
Stöcke und Stäbe				●	●	●
Stühle und Hocker			●			●
Transportabler Pavillon			●			
Uschebtis u. Verwandtes		●	●		●	●
Wagenausrüstung			●		●	●
Weinkrüge	●	●		●		●
Werkzeuge			●		●	●

Kurzsteckbrief

Nummer u. Lage d. Grabes:
WV23, Westtal
Entdeckt:
Winter 1816 von Giovanni Battista Belzoni
Königsmumie:
nicht identifiziert
Ausgräber/Publikationen:
G. B. Belzoni, 1816, für Henry Salt; G. B. Belzoni, »Narrative of the Operations and Recent Discoveries in Egypt and Nubia«, London 1820, S. 123–124; Otto J. Schaden, 1972, für die University of Minnesota; ders., JARCE 21 (1984), S. 39–64
Wände dokumentiert von:
Alexandre Piankoff, MDAIK 16 (1958), S. 247–251

Der Eingang zum Grab des Aja, aufgenommen vor seiner kürzlichen drastischen Umgestaltung durch die oberste Altertumsbehörde.

ziemlich wahllos wieder ein und versah die Behältnisse mit einer neuen Inhaltsliste; einen offiziellen Bericht über seinen Besuch hinterließ er nicht, sondern begnügte sich damit, seinen Namen auf die Unterseite eines Calcitkrugständers zu kritzeln.

Das Grab des Aja (WV23)

»[WV23] enthält einen zerbrochenen Sarkophag und ein paar schlechte Freskengemälde von seltsam kurz geratenen und ungraziösen Proportionen. Was die Ära des Königs betrifft, dessen Name hier auftaucht, so konnte ich lediglich feststellen, daß er vor Ramses II. geherrscht hat, vermutlich eine ganze Weile vor ihm.«

John Gardner Wilkinson

Die Entdeckung

Die Entdeckung des Aja-Grabs (WV23) im Winter 1816 verdankte Belzoni »einzig dem Glück und nicht absichtlicher Forschung, denn ich begab mich in diese Berge [des Westtals] lediglich zur Untersuchung diverser Stellen, an denen nach dem Regen das Wasser von der Wüste herunterkommt«.

»Großer Entdeckungen in diesem Grabe kann ich mich nicht rühmen, obwohl es mehrere seltsame und eigenartig gemalte Wandfiguren enthält; seine Größe und ein Teil eines in der Mitte einer großen Kammer verbliebenen Sarkophags gibt Anlaß zu der Vermutung, daß es sich um die Grabstätte einer distinguierten Person handelte.«

Das Grab wurde im Sommer 1972 von Otto Schaden vollends freigelegt; er fand deutliche Beweise, daß es für eine Bestattung benutzt worden war – insbesondere Spuren einer vergipsten Blockierung am Eingang zum Raum E sowie Überreste von Grabbeigaben der 18. Dynastie.

Die Architektur

Wie zu erwarten weist das Grab des Aja mehr Ähnlichkeit mit dem Echnaton-Grab in el-Amarna als mit den früheren Gräbern der 18. Dynastie auf. Bei den Korridoren setzt sich der Trend zur Verbreiterung fort; sie sind sogar noch geräumiger als die im Grab Amenhoteps III., wenn auch nicht ganz so hoch. Im ersten Durchgang tauchen erstmals seit ihrer möglichen Verwendung in KV20 Sarkophaghalterungen auf – in die Wände geschlagene Einschnitte, in die ein beim Ablassen des schweren Steinsarkophags ins Grab benutzter Balken eingelegt werden konnte. In der Brunnenkammer wurde kein Schacht gegraben, und – einmalige Ausnahme – die Ausgangstür befindet sich an der rechten Wand. Was die Säulenhalle hätte abgeben sollen,

Der Sarkophag des Aja war in der Antike schwer beschädigt worden (unten), aber die wichtigsten Fragmente hat man inzwischen wieder zusammengesetzt (rechts). Der umgestürzte Deckel wurde 1972 von Otto Schaden in der Grabkammer entdeckt.

wurde zur Grabkammer umgewidmet, und darüber hinaus wurde nur noch eine kleine »Kanopenkammer« in den Fels gehauen.

Die Ausschmückung

Das Dekor der (als einziges verzierten) Grabkammern Ajas und seines Vorgängers Tutanchamun ähnelt sich in vielem; beide Gräber wurden wahrscheinlich von denselben Künstlern ausgemalt. In beiden fehlt das *checher*-Fries, und mehrere Szenen sind praktisch identisch. Selbst die berühmte Szene auf der Ostwand der Grabkammer von WV23 – die einzige Sumpfjagddarstellung in einem Königsgrab des Neuen Reiches – findet eine Parallele in der Wildvögeljagd Tutanchamuns auf dem berühmten »kleinen goldenen Schrein« und in zwei Statuen, die den König mit dem Speer in der Hand in einem kleinen Papyrusboot zeigen. Die Aja-Darstellungen wurden in der Antike bis auf eine (vielleicht aus Ehrerbietung vor anderen im *ka* vereinigten königlichen Vorfahren) intakt gelassene und eine nur leicht beschädigte königliche *ka*-Figur sämtlich herausgeschlagen. Am Ende derselben Westwand sind über der Tür zur Kanopenkammer erstmals in einem Königsgrab die vier Söhne des Horus (Schutzgottheiten für die königlichen Eingeweide) abgebildet.

Die Grabausstattung

Belzonis Arbeit scheint wenig mehr als den zerbrochenen Sarkophag zutage gefördert zu haben. Dieser wurde Ende des vorigen Jahrhunderts aus dem Grab entfernt, um ihn restaurieren und ausstellen zu können; vor kurzem wurde er reinstalliert und mit dem 1972 bei der Freilegung durch Otto Schaden gefundenen Deckel verschlossen.

Die schwere Beschädigung der Seite des Sarkophags weist möglicherweise auf Räubereien während der Ramessiden-Zeit hin, die wiederum die Behörden auf das Grab aufmerksam gemacht und zur nachträglichen Verfluchung von Ajas Andenken durch Abschlagen seines Namens in der Grabkammer und auf dem Sarkophag geführt haben mögen. Wurde damals auch Ajas Mumie vernichtet? Wahrscheinlich nicht.

Zum Inhalt des Grubengrabs KV58 gehörte eine Reihe zerknüllter dünner Goldbleche , in die verschiedene Ziermotive eingeprägt waren. Zusammen mit drei oder vier Calcitknöpfen und zwei Tragegriffen aus Fayence waren sie in der Antike in den offenen Schacht, in dem man sie fand, geworfen oder gespült worden. Der Name Tutanchamuns taucht dreimal (zweimal zusammen mit Anchesenamun), der Ajas vor seiner Thronerhebung viermal, als Königsname weitere dreimal auf.

Das Material stammt offensichtlich aus einer einzigen Quelle – dem Grab Ajas im Westtal – und wurde gegen Ende des Neuen Reiches, als man die Gräber in der Nekropolis leer räumte, in KV58 deponiert. Seine Anwesenheit in KV58 mag auf die Wiederbestattung von Ajas Leichnam im nahegelegenen KV57 hindeuten, das anderen Anzeichen nach zu dieser Zeit möglicherweise als Mumienversteck genutzt wurde.

(Oben) Diese Szene mit den vier Söhnen des Horus über dem Eingang der Kanopenkammer ist im Königstal einmalig.

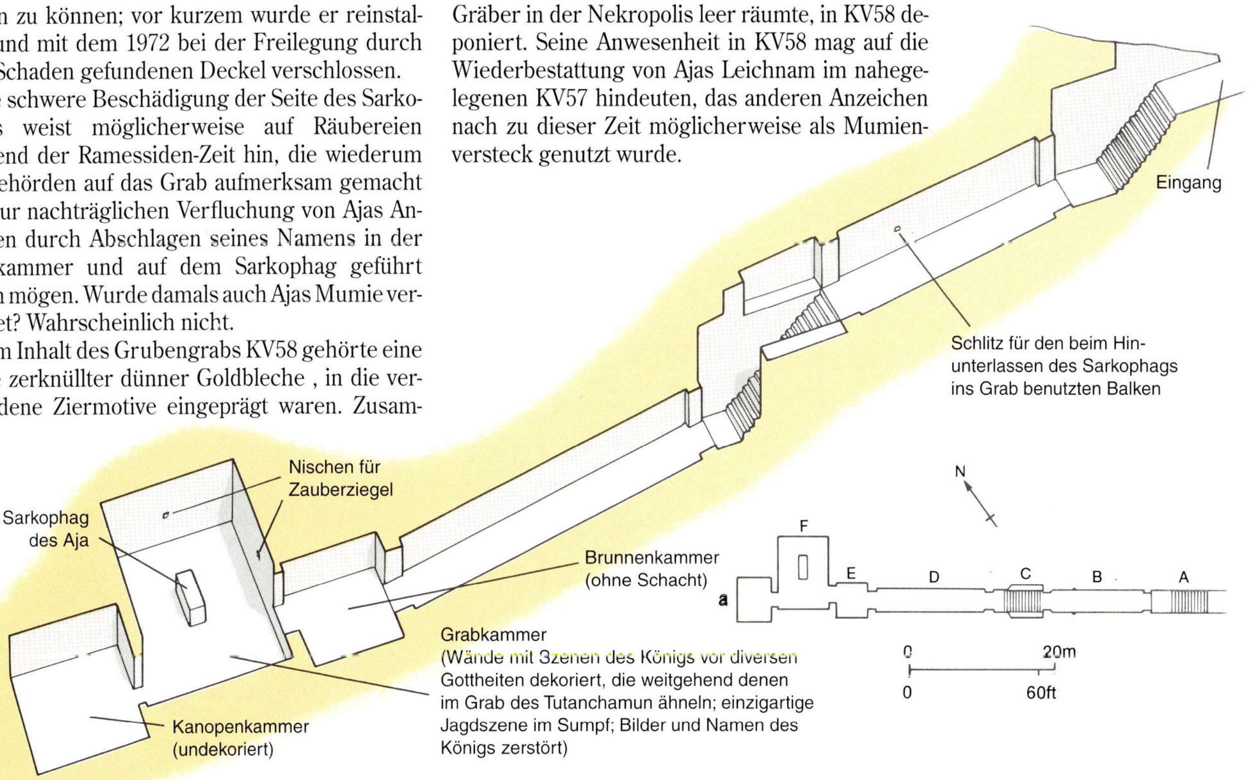

(Unten) Obwohl nie fertiggestellt, weist WV23 die für die Nach-Amarna-Periode typische gerade Achse auf.

Von Haremhab bis Setoy I.

(Oben) Zerbrochener Porträtkopf (Stöpsel eines Kanopenkrugs) aus dem Haremhab-Grab.

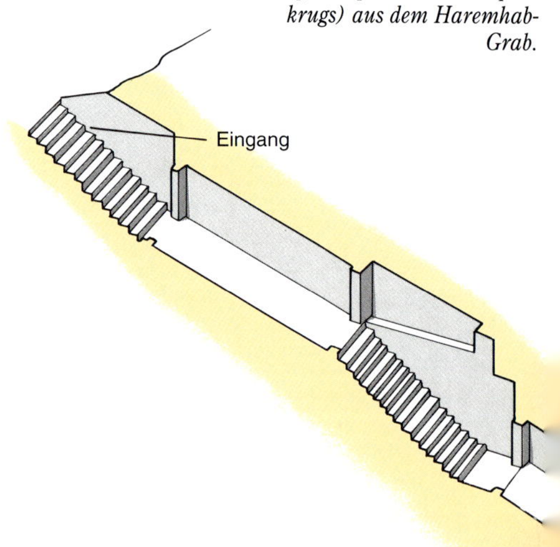

Kurzsteckbrief

Nummer u. Lage d. Grabes:
KV57, Wadi Biban el-Muluk
Entdeckt:
22. Februar 1908 von Edward R. Ayrton
Königsmumie:
nicht identifiziert
Ausgräber/Publikation:
E. R. Ayrton, 1908, für Theodore M. Davis; Th. M. Davis u. a., »The Tombs of Harmhabi and Toutânkhamanou«, London 1912
Wände dokumentiert in:
Erik Hornung, »Das Grab des Haremhab im Tal der Könige«, Bern 1971

Ajas Nachfolger Haremhab war während der beiden vorangegangenen Regierungszeiten Oberbefehlshaber der Armee gewesen. Sein Thronantritt im Jahre 1319 v. Chr. ging möglicherweise alles andere als glatt vonstatten und bedeutete den endgültigen Bruch mit der verhaßten Amarna-Häresie. Logischerweise galt er deshalb bei den Ägyptern als Begründer einer neuen, der 19. Dynastie.

Mit dem Tod Haremhabs (der wie alle nachfolgenden Pharaonen des Neuen Reiches sein Grab – KV57 – wieder im Hauptal anlegen ließ) fiel der Thron 1307 v. Chr. an Ramses I., auch er Soldat und Offizier nichtköniglichen Geblüts. Der Sohn Ramses' I. mit Königin Sitre regierte dann als Setoy I. (1306–1290 v. Chr.), dessen Grab – das so großartig war wie das seines Vaters bescheiden – Belzoni 1816 zutage förderte. Unter der Herrschaft Setoys I. kam es zu einer Erneuerung des Schlachtenglücks Ägyptens; er stellte eine Zeitlang die Herrschaft des Reiches bis zum weit nördlich am Orontes gelegene Kadesch wieder her. Bleibenden Ruhm erlangte diese Stadt als Ort der unentschiedenen Schlacht seines Sohnes und Nachfolgers Ramses' II. gegen die Hethiter im Jahre 5 seiner Herrschaft. Die von Ramses als großer Sieg gefeierte Schlacht war kaum mehr als ein Hinhaltegefecht, und es dauerte weitere 16 Jahre, bis mit dem Feind endgültig Frieden geschlossen werden konnte.

Das Grab des Haremhab (KV57)

»... hier, wo lebhafte und gut erhaltene Wandgemälde auf einen bunten Haufen zerschlagener Holz- und Knochenfragmente herabblickten, spürte man, wie hart des Geschickes Mächte mit den Toten verfahren. Wie weit schien der große Kampf zwischen Amun und Aton; wie vergeblich all die Anstrengungen, die Haremhab so ruhmreich meisterte!«

Arthur Weigall

Die Entdeckung

Das Haremhab-Grab wurde 1908 bei der Beseitigung der Trümmer gegenüber dem Grab Ramses' III. entdeckt. Langsam wurden die zur Tür hinabführenden Stufen freigelegt, und die Ausgräber konnten durchs Dunkel in einen fast völlig mit Trümmern versperrten Gang hinunterspähen. Zwei Tage später war auch dieses bis zum teilweise aufgefüllten »Brunnen« reichende Geröll beseitigt, so daß man endlich weiterkam. Weigall schreibt dazu:

»Der Trupp, der ins Grab vordrang, bestand aus Mr. Davis, seinem Assistenten, Mr. Ayrton, dem früher beim Ägyptischen Forschungsfonds tätigen Mr. Max Dalison und mir. Wir wanden und schlängelten uns auf dem Bauch durch das abfallende Geröll und zogen und schoben einander gegenseitig, bis wir inmitten einer rasselnden Kiesellawine am Fuße des Durchgangs anlangten, wo wir uns am Rande eines großen, rechteckigen Brunnens oder Schachts hochrappelten. Wir hielten die Lampen hoch und sahen, daß die umgebenden Wände mit wundervoll erhaltenen Gemälden auf leicht erhabenem Gips bedeckt waren. Da stand Haremhab vor Isis, Osiris, Horus und den anderen Göttern, und seine Kartusche zeichnete sich kühn aus den kunstvollen Inschriften ab.«

Obschon sie wegen der fürchterlichen Hitze und der schlechten Luft kaum atmen konnten und ihnen der Schweiß übers Gesicht strömte, machten die Forscher weiter und kletterten mit Hilfe einer Leiter in den Brunnen und auf der anderen Seite wieder hinauf. Die ursprünglich versperrte gegenüberliegende Brunnenwand verbarg die Tatsache, daß der Gang von dort aus weiterführte; die verzierte Blockierung war jedoch durchbrochen worden, so daß die Ausgräber eine einfache Kammer betreten konnten, in deren Boden eine (wiederum ursprünglich verborgene) Treppe zu einem weiteren Gang, weiteren Stufen und schließlich einer (ehemals mit einer an den Rändern versiegelten Holztür versehenen) Vorkammer führte, die wie der Brunnenschacht verziert war. Auf der anderen Seite lag die Grabkammer (früher ebenfalls mit Holztür) mit ihren sechs zerfallenden Säulen und einer nur skizzierten, unvollendeten Ausmalung, von der eine komplizierte Anordnung ursprünglich für die Grabbeigaben bestimmter Vorratsräume abging.

Die Architektur

»Das ganze Grab ist sehr interessant, denn es zeigt den Übergang vom Stil der XVIII. zur XIX. Dynastie; Plan und Stil liegen zwischen denen der Gräber Amenhoteps III. und Setoys I.«

Edward Ayrton

Die Grabarchitektur ist ziemlich neuartig, der für die 18. Dynastie charakteristische Knick war zugunsten einer geradlinigen – genauer: gezackten oder parallel verlaufenden – Achse aufgegeben worden. Die Korridore sind lang, folgen dem Trend der Verbreiterung und größeren Höhe und fallen immer noch so steil ab wie in den früheren Monumenten. Die erste Säulenhalle ist jedoch, wie in allen späteren Gräbern, viel rechteckiger als vorher, und in der Grabkammer fallen ziemlich eigenartige Anlagemerkmale auf: der Abhang zwischen

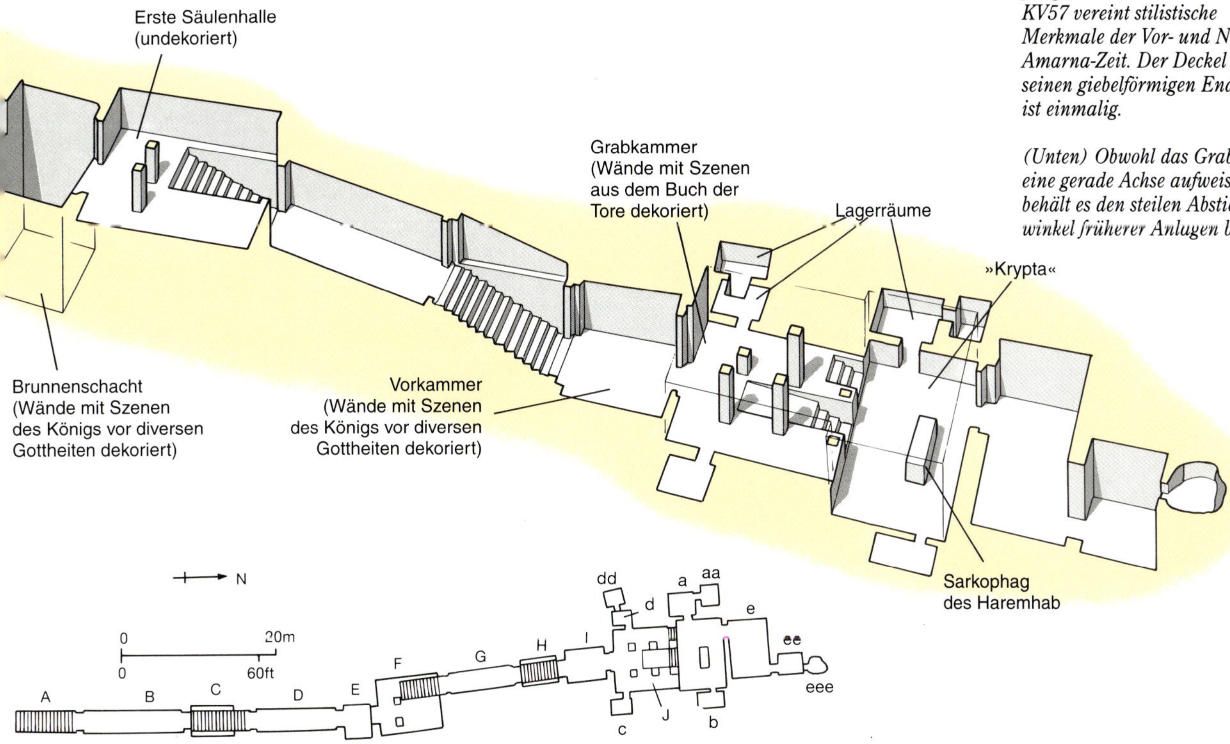

(Oben) Der rote Granitsarkophag in der Grabkammer von KV57 vereint stilistische Merkmale der Vor- und Nach-Amarna-Zeit. Der Deckel mit seinen giebelförmigen Enden ist einmalig.

(Unten) Obwohl das Grab eine gerade Achse aufweist, behält es den steilen Abstiegswinkel früherer Anlagen bei.

Szenen aus der Vorkammer von KV57: (rechts) Kopf der Göttin Isis, der die exquisite Qualität der bemalten Reliefs in diesem Grab zeigt; (ganz rechts) der Gott Nefertum mit lotusförmigem Kopfschmuck, der Regeneration und Wiedergeburt symbolisiert.

(Unten) Das keimende »Osiris-Bett« des Königs.

dem ersten Säulenpaar und den Stufen zur »Krypta«, die zweite Treppe in diesem Bereich sowie die Hinzufügung eines tieferen, unterhalb der Vorratskammer gehauenen Raums (dd) – lauter Dinge, die nirgends wiederkehren.

Zum ersten Mal wurde versucht, den Stein wirklich präzise zu behauen, wenngleich die Zeit für einen Abschluß der Arbeiten offensichtlich nicht ausreichte; auch die Ausschmückung der Grabkammer wurde nur zum Teil fertig. Damit bietet das Grab interessante Einblicke in die diversen Arbeitsphasen bei der (hier im Gegensatz zu der sonst im Tal der Könige gängigen Wandmalerei erstmals bevorzugten) Reliefmalerei: Zunächst legte man auf den mit Kieselsteinen polierten Kalksteinwänden ein Grundraster an, dann wurden die Umrisse freihändig in Schwarz skizziert und anschließend in Rot korrigiert; es folgten erste Steinmetzarbeiten, und am Ende stand schließlich ein exquisit gearbeitetes und leuchtendbunt bemaltes Relief.

Die Ausschmückung

Wie in früheren Gräbern beschränkt sich die Verzierung im Haremhab-Grab auf den Brunnenschacht, die Vorkammer und die eigentliche Grabkammer. In den beiden ersten Bereichen zeigen ähnliche Szenen den König, der vor den Göttern der Nachwelt steht und ihnen opfert, wobei Isis die in vielen früheren Gräbern dargestellte Nut ersetzt. Diese zahlreichen Bilder des Königs zusammen mit einer Schutzgottheit setzen die im Grab Thutmosis' IV. begonnene Tradition fort, stammen hier

(Links) Widderköpfige Unterweltgottheit aus harzbestrichenem Holz mit seltsam verdrehtem Körper.

aber von geschickteren Künstlern, die Haltung, Gesten und Kleider der Figuren variieren und einen weit dynamischeren Gesamteindruck erzielen. Besonders bemerkenswert ist die Farbigkeit dieses Grabes, in dem sich bunte Hieroglyphen und Figuren vom blaugrauen Hintergrund abheben. Zum ersten Mal wurden bei der Verzierung der Grabkammer anstelle des Amduat Szenen aus dem Buch der Tore verwendet. Stilistisch sind die Figuren insofern interessant, als sie ein Übergangsstadium zwischen der späten Amarna-Periode und dem verfeinerten Ramessiden-Stil repräsentieren.

Die Grabausstattung

Hauptstück der in der Grabkammer verbliebenen Grabausstattung war der verzierte Sarkophag aus Rosengranit, der einen Schädel und mehrere Knochen barg; er ist mit grazil bemalten Tiefreliefs dekoriert, stand auf einem Kalksteinsockel und wurde symbolisch von sechs magischen Holzfiguren »getragen« (von denen sich noch fünf *in situ* befinden), die in Fußbodenvertiefungen auf beiden Seiten standen. Der in der Antike entfernte und zu Boden geworfene, schmucklose Deckel war entlang eines alten, zuvor mit Klammern reparierten Risses geborsten. Im Schein der Lampen kamen weitere zerbrochene Königs- und Götterbilder aus gelb bemaltem und mit Harz überzogenem Holz zum Vorschein; sie lagen verstreut zwischen Massen von Bauschutt und getrockneten Blumengirlanden, die beim Begräbnis benutzt worden waren. Aus den Vorratskammern im Nordosten und Südwesten wurden weitere menschliche Überreste geborgen.

Vom königlichen »Schlittensarkophag« und von den Särgen waren kleine Zedernholzfragmente und Akazienstreben übrig, die den Thronnamen des Königs trugen. Die in der Antike zerschmetterte und verstreute Kanopentruhe aus Alabaster mit kopfförmigen Verschlüssen wurde ebenfalls geborgen und ist mittlerweile restauriert. Offenbar damit verbunden war eine Reihe von vier Miniatureinbalsamierungstischen mit Löwenköpfen, auch sie in Stücke geschlagen, die beim Mumifizieren der gleichfalls gefundenen Eingeweide benutzt worden sein dürften.

Zur weiteren Grabausstattung gehörten: lebensgroße »Wächtergestalten«; eine Liege mit Nilpferdkopf; eine Liege mit Rinderkopf; eine Liege mit Löwinnenkopf; drei große Anubis-Figuren, vielleicht ähnlich der bei Tutanchamun auf einem Tragschrein gefundenen; ein »Osiris-Bett«; »Zauberziegel«; Modellboote; feste und Faltstühle; Bahrenrosetten; Fayencekügelchen; schließlich Holz- und Steinbehältnisse für einbalsamierte Vorräte. Unklar ist die Bedeutung eines einzelnen Kanopenkrugs mit Menschenkopfverschluß in der Privatform der 18. Dynastie, der in hieratischer Schrift den »Namen eines Mannes(?)« trägt: »*Sanoa*, offenbar eine fremdländische Form«.

(Links) Weitere harzbestrichene Holzfiguren aus dem Grab (im Uhrzeigersinn, von ganz links): Schreitende Großkatze, die ursprünglich eine Statue des Königs trug; Flußpferdkopf von einer großen rituellen Liege; menschen- und tierköpfige Gottheiten, deren ausgestreckte Hände ehemals vielleicht Bronzeschlangen hielten; Statue des Anubis-Hundes.

(Unten) Haremhab bringt Hathor, der Herrin des Westens, Opfergaben dar. Sie wird beschrieben als »Höchste von Theben, Fürstin des Himmels, Geliebte der Götter«.

Kurzsteckbrief

Nummer u. Lage d. Grabes:
KV16, Wadi Biban el-Muluk
Entdeckt:
10./11. Oktober 1817 von Giovanni Battista Belzoni
Königsmumie:
nicht identifiziert
Ausgräber/Publikation:
G. B. Belzoni, 1817, für Henry Salt; G. B. Belzoni, »Narrative of the Operations and Recent Discoveries in Egypt and Nubia«, London 1820, S. 299–330.
Wände dokumentiert von:
Alexandre Piankoff, BIFAO 56 (1957), S. 189–200

Das Grab Ramses' I. (KV16)

Entdeckung und Inhalt

KV16 wurde von den Arbeitern Belzonis im Haupttal am oder vor dem 11. Oktober 1817 entdeckt, als er die Grabungsstätte besuchte.

»Nach Passieren eines zweiunddreißig Fuß langen und acht Fuß breiten Durchgangs stieg ich eine achtundzwanzig Fuß lange Treppe hinunter und erreichte einen einigermaßen großen und schön bemalten Raum [...] von siebzehn Fuß Länge und einundzwanzig Fuß Breite. Die Decke war gut erhalten, bot aber nicht den besten Stil dar. Wir fanden einen Granitsarkophag mit zwei Mumien, und in einer Ecke stand aufrecht eine sechs Fuß und sechs Zoll große, herrlich aus Maulbeerholz geschnitzte Statue; bis auf die Nase ist sie fast vollständig. Desgleichen fanden wir mehrere kleine, ebenfalls schön geschnitzte Holzbildnisse von Symbolfiguren. Einige trugen einen Löwen-, andere einen Fuchs- und wieder andere einen Affenkopf. Eines hatte anstelle des Kopfes eine Landschildkröte. Wir fanden ein Kalb mit dem Kopf eines Nilpferdes. Zu jeder Seite der Kammer befand sich eine kleinere von acht Fuß Breite und sieben Fuß Länge; und am anderen Ende war eine weitere, zehn Fuß lange und sieben Fuß breite Kammer. In der Kammer zur Rechten entdeckten wir eine Statue, die der ersten glich, aber nicht vollständig erhalten war. Zweifellos hatten die Statuen zu beiden Seiten des Sarkophags gestanden und eine Lampe oder andere Beigabe in Händen gehalten, denn eine Hand war in der entsprechenden Pose ausgestreckt, und die andere hing herunter. Der Sarkophag war mit nur gemalten oder skizzierten Hieroglyphen bedeckt; er zeigt ostsüdostwärts.«

Der Sarkophag weist Beschädigungen auf, die bei der Abnahme des Deckels in der Antike entstanden, als die Königsmumie zu einem nicht näher bekannten Datum Ende des Neuen Reiches entfernt wurde (danach wurde das Grab für die von Belzoni angetroffenen Nachbestattungen verwendet). Teile des Ersatzsarges des Königs wurden 1881 im Versteck DB320 geborgen. Ob sich auch die Königsmumie selbst dort einmal befunden hat, ist ungewiß.

Architektur und Ausschmückung

Der Plan der Königsgräber wurde in dieser Anlage aufgrund der kurzen Regierungszeit des betagten Ramses stark verkürzt: Der erste Korridor ist der kürzeste aller Königsgräber im Tal, die beiden Seitennischen an der zweiten Treppe sind nur halb fertig, und die improvisierte Grabkammer wurde unmittelbar am Fuß dieser Treppe gehauen.

Obwohl nur die Grabkammer ausgemalt wurde, versuchten die verantwortlichen Künstler eindeutig den Stil des Haremhab-Grabs nachzuahmen und weiterzuführen; vermutlich arbeiteten viele von ihnen an beiden Gräbern, und so benutzten sie nicht nur denselben graublauen Hintergrund, son-

Die improvisierte Grabkammer Ramses' I. mit dem Sarkophag und in der Neuzeit eingezogenen Stützbalken für die Decke. Die gemalten Darstellungen sind in intensiven, satten Tönen ausgeführt.

dern auch die gleiche Palette von satten, leuchtenden Farben. Obwohl nur eine Generation jünger als ihre Kollegen zur Zeit des häretischen Echnaton, vermieden die Künstler Ramses' I. sorgfältig den Stil dieser Periode und stellten ihr Thema mit kontrollierter Orthodoxie dar, wenn sie auch weiterhin wie bei Haremhab das Buch der Tore benutzten, das vor der Häresie nicht verwendet wurde. Diverse religiöse Szenen, die eindeutig auf den in KV57 (Haremhab) gefundenen basieren, zeigen den König in der Gesellschaft einer Reihe von Göttern, wobei die Pharaofiguren auf den Eingangswänden zur Grabkammer seltsamerweise kleiner sind als die Göttergestalten (bei den Darstellungen auf den anderen Grabkammerwänden sind die Größenverhältnisse gleich). Am herausragendsten ist die Darstellung Ramses' vor Osiris und einer skarabäenköpfigen Gestalt des Sonnengottes, welche fast die gesamte Westwand füllt. Die symbolische Betonung der Position der beiden Gottheiten erscheint hier zwar ausgeglichen, aber das Ritual, das der König vornimmt, ist vorwiegend osirisch. Über der Tür zur Osiris-Nische in derselben Wand zeigt eine ungewöhnliche Darstellung den Pharao zwischen zwei Figuren mit Falken- und Schakalkopf, die die Stadtgeister Nechen und Pe versinnbildlichen. Diese altehrwürdigen Geister symbolisieren die beiden Teile Ägyptens und gehören zu den zahlreichen Beispielen dafür, wie in diesem Grab Himmel und Erde, Tag und Nacht und andere Paare von dichotomen Elementen einander sorgsam gegenübergestellt wurden.

Ramses I., flankiert von der falkenköpfigen »Seele des Pe« und der hundeköpfigen »Seele des Nechen«; sie repräsentieren Unter- und Oberägypten.

Die Grabausstattung

Den Hauptgegenstand der erhalten gebliebenen Grabausstattung Ramses' I. bildet der Sarkophag aus rotem Granit, der noch an der ursprünglichen Stelle steht. Auch er ist, wie das Grab, unvollendet; die Verzierung ist nicht in den Stein gehauen, sondern nur gelb aufgemalt – übrigens recht hastig,

Die Schnittzeichnung von KV16 läßt deutlich erkennen, wie der Korridor jenseits der zweiten Treppe hastig zu einer Kammer erweitert wurde, die das Begräbnis des Königs aufnehmen konnte.

(Links) Zwei lebensgroße hölzerne Wächterstatuen, ursprünglich mit eingelegten Augen, die Belzoni im Grab Ramses' I. fand. Die Gottheit mit dem schildkrötenförmigen Kopf (unten) wurde von dem Forscher aus Padua ebenfalls in KV16 entdeckt.

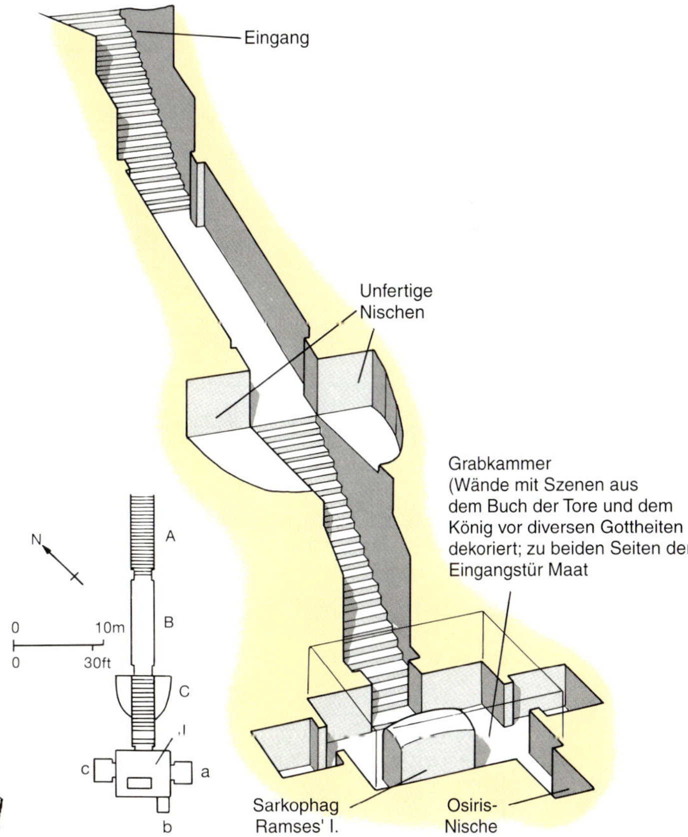

(Oben) Diese kniende Figur der Isis mit ausgebreiteten Flügeln schmückt das Tympanon über der Ostwand der Sarkophagkammer im Grab Setoys I.

(Links) In dieser Szene von der Ostwand der Grabkammer bringt Setoy I. dem Re-Harachte Wein als Opfer dar.

wenn man die Zahl der Textfehler bedenkt. Der Entwurf greift auf frühere Prototypen der 18. Dynastie zurück und ist nur an der rechten Seite vollständig erhalten, aber die verlorengegangenen Teile haben glücklicherweise auf einer von Lepsius angefertigten Kopie überlebt.

»Belzonis Grab«: Das Grab Setoys I. (KV17)

Die Entdeckung

»Am 16. [Oktober 1817] fing ich wieder mit den Grabungen im Tal von Biban el-Muluk an und wies dabei auf die glückliche Stelle, die mich für alle Mühen meiner Forschungen entschädigt hat. Ich darf das wohl einen Glückstag nennen, vielleicht den schönsten meines Lebens.«

Giovanni Battista Belzoni

Die »glückliche Stelle«, von der Belzoni spricht, war der Schutthaufen, der den Eingang zum Grab Setoys I. (KV17) bedeckte.

Der Forscher erwähnt nichts von einer Blockade am Grabeingang, aber es steht fest, daß die Wand an der fernen Seite des Brunnens (die in antiker Zeit mit zwei heute noch vorhandenen Seilen überwunden worden war) verschlossen war und man »eine kleine Öffnung« hindurchgeschlagen hatte.

Die Architektur

In völligem Gegensatz zum Grab Ramses' I. stellt das Grab Setoys I. strukturell die vollständigste Grabanlage mit »gezackter« oder Parallelachse dar und ist auch das längste, tiefste und vollendetste Grab im Tal. Der Grundplan der zu einem Brunnenschacht und einer Säulenhalle hin abfallenden Eingangskorridore wird noch durch eine an dieser Stelle hinzugefügte zweite Kammer erhöht (die vielleicht Grabräuber täuschen sollte) – eine Neuerung, die in den meisten Gräbern der 19. Dynastie fortgesetzt wurde. Auch der Grabkammer wurden zwei mit Säulen versehene Nebenkammern und mehrere rituelle Nischen hinzugefügt, die an ähnliche Merkmale im Grab Amenhoteps III. gemahnen. Zum ersten Mal ist die Decke der Grabkammer gewölbt. Eine letzte Neuerung findet sich im Durchgang vom Boden der Krypta nach unten, möglicherweise in eine reale oder symbolische Grabkammer tief im darunterliegenden Schiefer – man beachte insbesondere die 1979 vom »Theban Mapping Project« entdeckte »Doppeltreppe mit Rampe« –, die vielleicht »den Ruheort des Königs unmittelbar mit den Schöpfung und Wiedergeburt symbolisierenden Urwassern des Nun verknüpfen sollte«.

Die Ausschmückung

»In der Schönheit der Ausführung läßt es alle anderen Gräber im Biban el-Muluk weit hinter sich, und die Wandskulpturen scheinen von denselben Künstlern zu

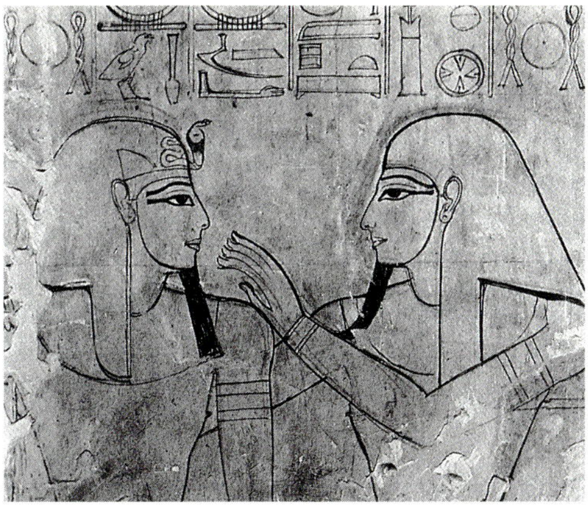

Der König (links, mit Uräusschlange) vor dem Urgott Atum; unvollendete Szene auf einer Säule im gelegentlich als »falsche Grabkammer« bezeichneten Raum Fa von KV17.

stammen, deren Werke wir schon in Abydos bewundern konnten ...«

Georg Steindorff

Auch die Dekoration des Grabs Setoys I. markiert einen Höhepunkt der Entwicklung. Als erstes Königsgrab sind alle seine Durchgänge und Kammern verziert und wurden verschwenderisch mit äußerst schönen Gemälden und Reliefs versehen. Der Einfluß der Übergangsdarstellungen Haremhabs ist noch spürbar, aber die Gestalten Setoys I. sind subtiler modelliert, die Ohren größer und der Mund kleiner – Grundlage des neuen Ramessiden-Stils. Dem hier verwirklichten Verzierungsprogramm folgen ganz oder teilweise alle späteren Gräber in der Geschichte des Tals. Zum ersten Mal tauchen auf den Wänden der ersten beiden Passagen die Litanei des Re sowie im zweiten Durchgang und an tieferen Stellen des Grabes Szenen aus dem Amduat auf. Zuvor hatte es diese Abbildungen nur in den Grabkammern gegeben, aber nun gewannen sie offenbar verstärkt an symbolischer Bedeutung. Der Brunnenschacht Setoys I. folgt dem etablierten Muster, das den König mit mehreren Gottheiten zeigt, aber die Säulenhalle ist mit Szenen aus dem Buch der Tore bebildert und enthält als weitere Neuerung den Osiris-Schrein, der den Übergang zu den tiefergelegenen Bereichen der meisten Ramessiden-Gräber markiert. Die unteren Durchgänge zeigen Szenen aus der »Mundöffnungs«-Zeremonie, und in der Vorkammer finden sich diverse Götterdarstellungen, die denen im Grab des Haremhab ähneln. Neben den Szenen aus dem Buch der Tore und dem Amduat enthält die Grabkammer erstmals auch eine »astronomische Decke«, die spezifische Konstellationen des Nachthimmels und die verschiedenen Kalendereinheiten zeigte.

Die Grabausstattung

Belzoni erwähnt mehrere Grabbeigaben, die er beim ersten Betreten noch antraf, darunter »die Karkasse eines Stiers [...], der mit Asphalt balsamiert war«, im Raum Je und (im selben Raum?) »eine riesige Menge kleiner [...] Mumienfiguren« – *uschebtis* – aus Holz und Fayence, während:

Kurzsteckbrief

Nummer u. Lage d. Grabes:
KV17, Wadi Biban el-Muluk
Entdeckt:
16. Oktober 1817 von Giovanni Battista Belzoni
Königsmumie:
in der Antike entfernt; entdeckt in DB320
Ausgräber/Publikationen:
G. B. Belzoni, 1817, für Henry Salt; G. B. Belzoni, »Narrative of the ... Discoveries in Egypt and Nubia«, London 1820, S. 230–237 und passim
Wände dokumentiert in:
Erik Hornung, »The Tomb of Pharaoh Seti I«, Zürich und München 1991

Die Göttin Nut auf der Innenseite des Calcitsarkophags Setoys I.

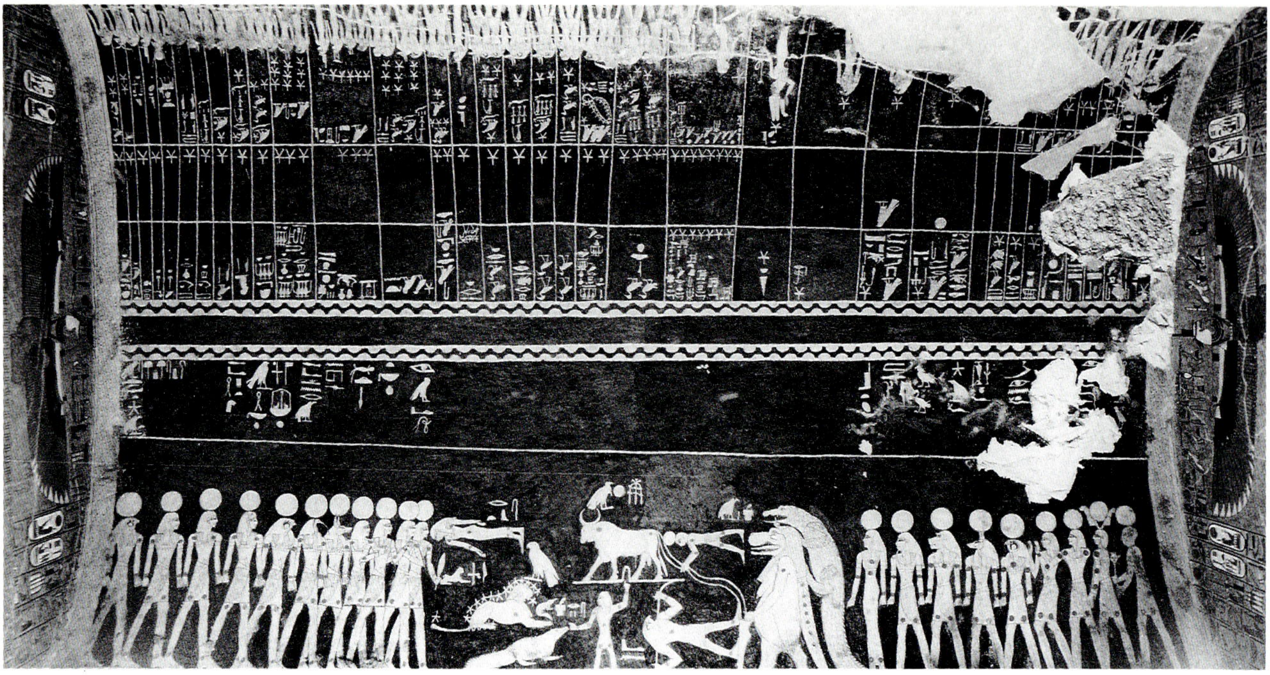

(Oben) Die Decke der Grabkammer Setoys I. zeigt in der oberen Hälfte astronomische Texte, darunter von Gottheiten flankierte Konstellationen.

(Unten) Die Mumie Setoys I., nachdem Maspero sie teilweise ausgewickelt hatte.

»... auf jeder Seite der zwei kleinen Räume [Jc und Jd?] einige vier Fuß hohe Holzstatuen aufrecht dastanden, die im Innern eine runde Aushöhlung besaßen, als sollten sie eine Papyrusrolle aufnehmen, was sie zweifellos auch getan haben. Desgleichen fanden wir Fragmente anderer Statuen aus Holz und anderen Materialien.«

Weitere zerbrochene Gegenstände wurden später von James Burton am Grabeingang geborgen, darunter »ein Malpinsel mit Farbtopf oder -krug«, »eine beträchtliche Zahl zerbrochener Krüge, [...] die in der Mitte [...] der aus dem untersten Teil des Grabes zutage geförderten schiefrigen Erde zusammengeworfen worden waren« und die Überreste des Einbalsamierungsabfalls gewesen sein mochten. Andere Stücke aus dem Grab wurden über das ganze Tal der Könige verstreut aufgefunden.

Belzonis wichtigster Fund war der herrliche, anthropomorphe Alabastersarkophag, der jetzt im Londoner Soane Museum steht und verschwenderisch mit eingeschnittenen Szenen und Texten aus dem Buch der Tore verziert ist, die mit blauer Frittpulvermasse ausgelegt sind. Am Grabeingang gefundene Fragmente des mumienförmigen Deckels zeigen den König mit dem *nemes*-Kopftuch.

Die Königsmumie

Die guterhaltene Mumie des Königs fand sich unter den Leichen, die Émile Brugsch im Versteck von Deir el-Bahari (DB320) aufstöberte. Sie befand sich in einer Version des ursprünglichen hölzernen Außensarges, die der Hohepriester Amuns, Herihor, in oder vor einem nicht näher spezifizierten Jahr 6 restauriert hatte. Nach dem Jahr 10 scheint eine zweite Restaurierung notwendig geworden zu sein und möglicherweise eine weitere im Jahr 15 des Smendes, als die Mumie Ramses' II. nach KV17 verbracht wurde. Im Jahr 7 Psusennes' I. schließlich wurde die Mumie, vermutlich auf Anordnung von »König« Pinodjem I., mit Linnen neu eingewickelt, das im Jahr 6 vom Amun-Hohepriester Mencheperre hergestellt worden war.

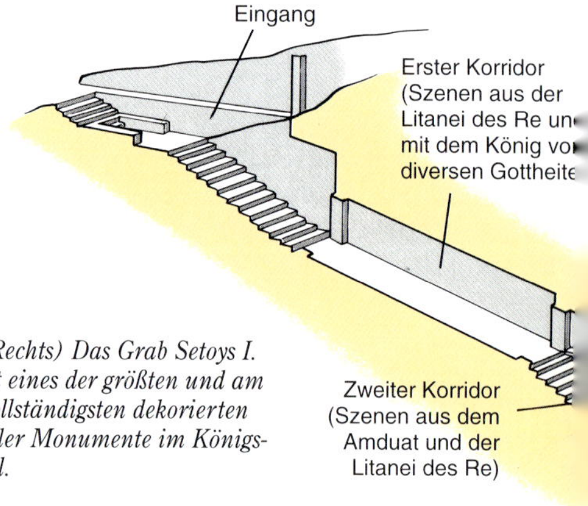

(Rechts) Das Grab Setoys I. ist eines der größten und am vollständigsten dekorierten aller Monumente im Königstal.

Ein weiteres Etikett auf dem Königssarg erwähnt die Entfernung Setoys I. aus KV17 im Jahr 10 Siamuns, zusammen mit Ramses I. und Ramses II., und wieder ein anderes seine Wiederbestattung im *kay* der Königin Inhapis. Im Jahr 11 Scheschonqs I. wurden Setoy I. und andere im Inhapis-Versteck Ruhende erneut verlegt, diesmal nach DB320, wo sie schließlich 1881 ans Tageslicht gelangten. Bei ihrer Entdeckung war die Mumie des Königs in ein gelbes Leichentuch gehüllt. Darunter fanden sich Überreste der Bandagen, die in der Antike oberflächlich nach Schmuck durchsucht worden waren.

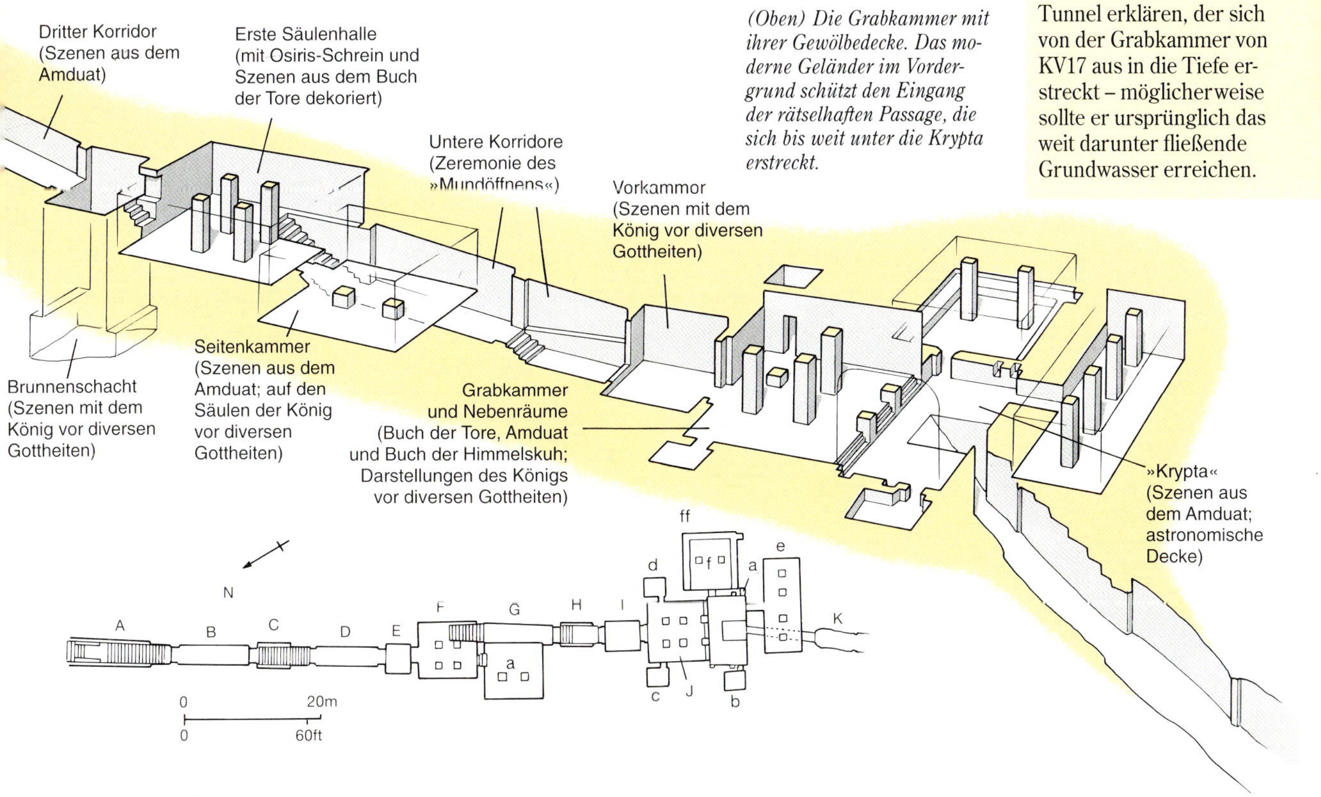

(Oben) Die Grabkammer mit ihrer Gewölbedecke. Das moderne Geländer im Vordergrund schützt den Eingang der rätselhaften Passage, die sich bis weit unter die Krypta erstreckt.

Kenotaphe

Königliche Kenotaphe waren Scheingrabstätten, die in einiger Entfernung vom wirklichen Grab an Orten angelegt wurden, wo der König im Nachleben symbolisch präsent sein wollte. Im Neuen Reich war der bevorzugte Platz Abydos, eine dem Gott Osiris geheiligte Stätte. Der berühmteste Kenotaph ist der Setoys I.; er gehört zum Tempel des Königs in Abydos.

Der Kenotaph Setoys I. war eine komplexe unterirdische Anlage mit Säulen, die denen in den Grabkammern des Tals der Könige gleichen. Im Gegensatz zu den Königsgräbern stand im Kenotaph jedoch ein »falscher« Sarg auf einer Insel, die von einem unterirdischen Gewässer umgeben war, das die »Grabstätte« sowohl mit dem mythischen Begräbnis des Osiris als auch den ursprünglichen Schöpfungsmächten in Beziehung setzte. Dies könnte den seltsamen Tunnel erklären, der sich von der Grabkammer von KV17 aus in die Tiefe erstreckt – möglicherweise sollte er ursprünglich das weit darunter fließende Grundwasser erreichen.

Die Gräber Ramses' II. und seiner Söhne

Kurzsteckbrief

Nummer u. Lage d. Grabes:
KV7, Wadi Biban el-Muluk
Entdeckung:
seit der Antike teilweise offen
Königsmumie:
in der Antike nach KV17 verlegt; entdeckt in DB320
Ausgräber/Publikationen:
Henry Salt, nach 1817, unveröffentl.; Carl Richard Lepsius, 1844, für die preußische Expedition; C. R. Lepsius, »Letters from Egypt«, London 1853, S. 244; Harry Burton, 1913/14, für Theodore M. Davis, unveröffentl.; Christian Leblanc, 1995, für CNRS/CEDAE; C. Leblanc *JEA* 8 (1996), S. 14
Wände dokumentiert von:
C. Maystre, BIFAO 38 (1939), S. 183–190

Ramses II. hat seinen Beinamen »der Große« vollauf verdient. Er bestieg 1290 v. Chr. den Thron und baute in seiner 67jährigen Regierungszeit mehr Tempel und Monumente, nahm sich mehr Ehefrauen (acht Hauptfrauen plus Konkubinen) und zeugte nach der Überlieferung mehr Kinder (über 100) als irgendein anderer Pharao. Seine erste und bevorzugte Hauptfrau Neferati wurde im Tal der Königinnen im herrlichsten und am schönsten dekorierten Grab der ganzen Nekropolis beigesetzt.

Ramses erreichte ein hohes Alter – über 90 – und überlebte die meisten seiner Nachkömmlinge, von denen, wie wir aus den jüngsten Entdeckungen von Kent Weeks wissen, viele in den Genuß des Privilegs einer Bestattung in KV5 im Tal der Könige gelangten. Ramses' Nachfolger als Pharao im Jahre 1224 v. Chr. wurde schließlich sein 13. Sohn, Merenptah, der damals immerhin schon 60 Jahre alt war. Merenptah mußte sich Eindringlingen aus Libyen und von den »Seevölkern« im Norden erwehren und sich zu Hause möglicherweise auch mit Familienzwistigkeiten herumschlagen. Beigesetzt wurde er im Grab KV8 nahe desjenigen seines Vaters (KV7) und des Mausoleums seiner nichtregierenden Brüder (KV5) im Zentrum des Tals der Könige.

Die Lage von KV7 in bezug auf KV5, das für Mitglieder der umfangreichen Familie Ramses' II. genutzte Grab. Man beachte, wie nahe KV8 – das Grab des Merenptah – benachbart ist.

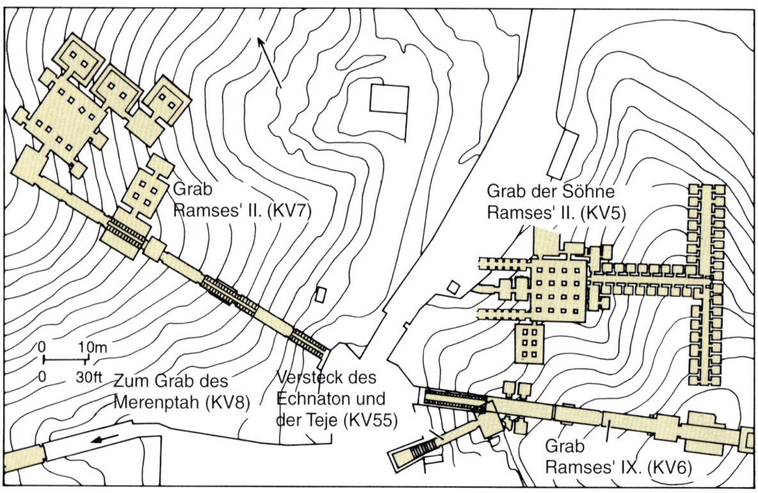

Das Grab Ramses' II. (KV7)

»Ich ließ [...] Ausgrabungen vornehmen im Felsengrab [...] Ramses' [II.] in Bab el-Meluk, das unter Abfall verborgen war und das Rosellini fälschlicherweise für

unvollendet gehalten hatte; mehrere Kammern sind bereits geöffnet, und wenn wir Glück haben, finden wir auch noch den Sarkophag ...«

Carl Richard Lepsius

Die Archäologie

KV7 befindet sich in schlechtem Zustand; die sieben oder noch mehr »Überschwemmungen«, denen das Grab über die Jahrhunderte ausgesetzt war, und das feuchtigkeitsbedingte Anschwellen des darunter liegenden Schiefers haben ungeheuren Schaden angerichtet. Die Ortswahl Ramses' II. war keine glückliche gewesen.

»Sa. den 13. [Dezember 1913]. Freilegung der ersten Passage. Wir mußten einen Großteil der Decke herunterreißen. Mo. den 15. [Dezember]. Erste Passage fertig, mit 2. angefangen. Decke sehr unsicher, viel heruntergerissen.«

Harry Burton

Am (seit der Antike jedenfalls teilweise offenstehenden) Grab KV7 hatten im Laufe der Jahre mehrere Expeditionen Interesse gezeigt, darunter Henry Salt, Champollion und Rosellini, Lepsius, Harry Burton (im Auftrag von Theodore Davis) und das Brooklyn Museum. Alle ließen sich letztlich von der Ungeheuerlichkeit der Aufgabe und der Unwahrscheinlichkeit irgendwelcher nennenswerter Funde abschrecken und gaben die Arbeit früher oder später auf. Die Füllungen sind steinhart, und große Teile der einst herrlich behauenen und bemalten Wände – die zu den großartigsten aller Gräber im Tal zählten – sind abgeblättert und liegen zwischen den verschiedenen Überschwemmungsschichten. Ungeachtet dieses exkavatorischen Alptraums haben sich französische Gelehrte unter Leitung von Christian Leblanc erneut ins Gefecht gestürzt, so daß eine volle Freilegung der Grabstätte nunmehr in Sicht ist.

(Links) Der im Depot DB320 gefundene und die Mumie Ramses' II. enthaltende Holzsarg.

(Rechts) Innenansicht des Eingangskorridors von KV7. Der schlechte Zustand des von wiederholten Überschwemmungen geschädigten Gesteins ist deutlich erkennbar.

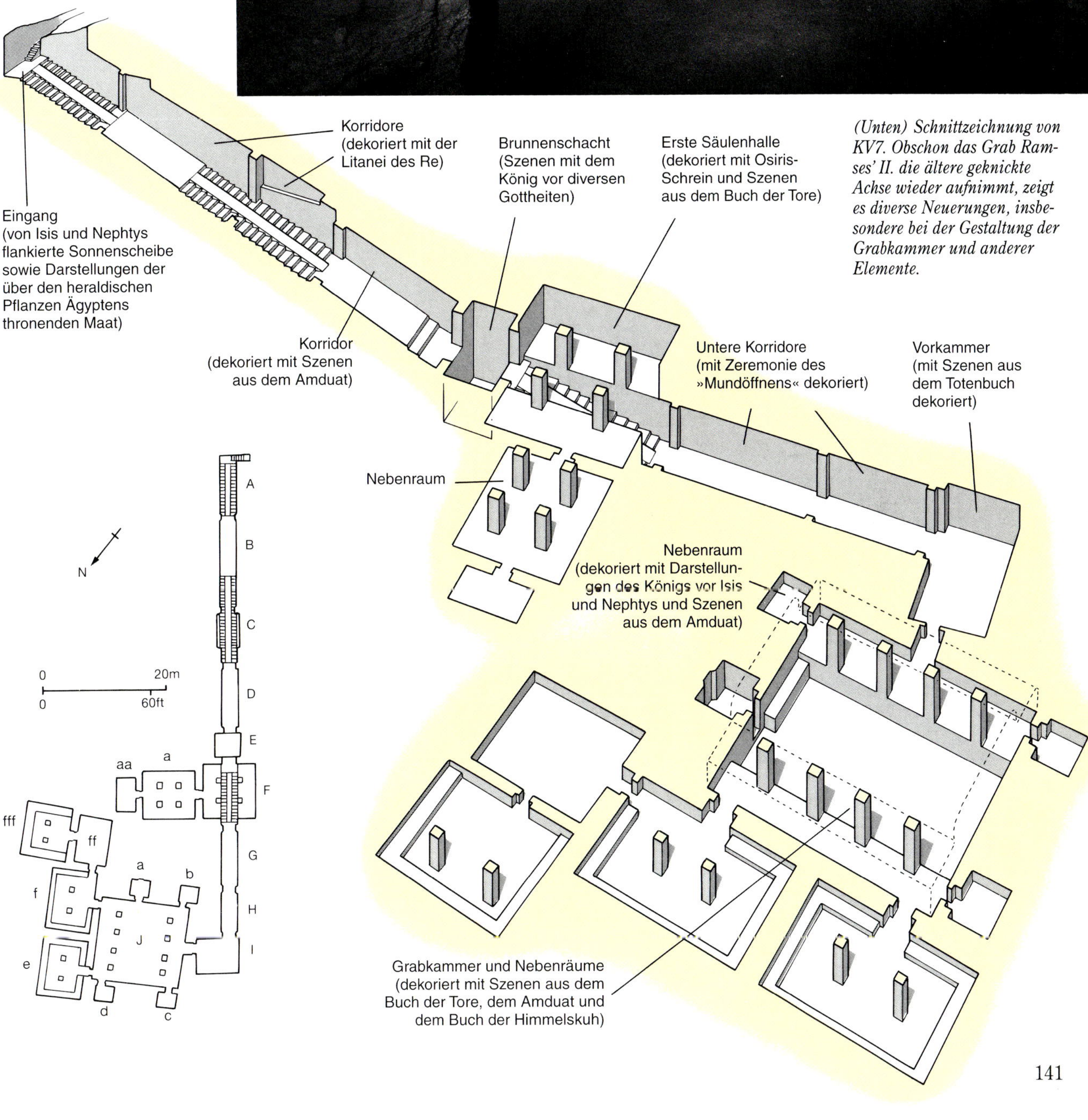

(Unten) Schnittzeichnung von KV7. Obschon das Grab Ramses' II. die ältere geknickte Achse wieder aufnimmt, zeigt es diverse Neuerungen, insbesondere bei der Gestaltung der Grabkammer und anderer Elemente.

Bronzene uschebti-*Figur Ramses' II. Sie wurde – vermutlich als das Grab am Ende des Neuen Reiches im offiziellen Auftrag leer geräumt wurde – der leichteren Handhabung wegen plattgeklopft und in der Mitte auseinandergebrochen.*

Die Architektur

»... die Sarkophagkammer ist in sehr schlechtem Zustand. Sämtliche acht Säulen sind umgefallen, und mit ihnen ist ein Großteil der Decke eingestürzt. Mein Vorgänger, wer immer es war, legte drei Gräben an, fand aber offenbar keine Anzeichen des Sarkophags.«

Harry Burton

Obwohl das Grab wieder die alte geknickte Achse aufweist (vielleicht, um ein beim Ausmeißeln entdecktes Schieferbett zu umgehen), ist seine Struktur vom Entwurf her nicht atavistisch; dies zeigt sich an neuen Elementen wie der stärkeren Neigung seiner Passagen, der Form der ersten Säulenhalle mit dem zusätzlichen Nebenraum, der radikal neuen Gestalt der Grabkammer sowie weiteren Details wie etwa Form und Lage einiger Nischen, Treppen usw. Warum die Grabkammer seitlich (und ein wenig abgewinkelt) angeordnet wurde, ist unbekannt; allerdings erlaubten die Hinzufügung einer vierten Säulenreihe und die Größe der Kammer eine stärkere Hervorhebung der Krypta, die sich jetzt nicht mehr am Ende, sondern in der Mitte des Raumes befindet. Das Layout der Nebenkammern ist interessant; zu bemerken ist, daß der innerste rechte der vier »Eck«-Räume an der Seitenwand zurückversetzt ist und nicht etwa wie in allen Gräbern seit Thutmosis IV. der linke Raum. Obwohl nicht das längste aller Königsgräber im Tal, ist KV7 vielleicht doch das größte, denn es bedeckt über 820 m², und allein die Grabkammer hat eine Grundfläche von rund 181 m².

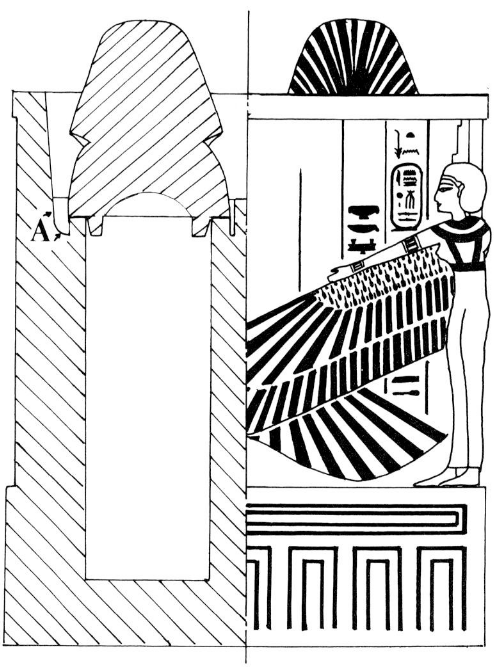

Aidan Dodsons Rekonstruktion der aus mit blauem Glas eingelegtem Calcit gefertigten Kanopentruhe Ramses' II.

Die Ausschmückung

»... die Mitte der Osiriskammer freigelegt und eine beschädigte Hochrelief-Osirisfigur in einer Nische gegenüber der Tür gefunden.«

Harry Burton

Obwohl ein großer Teil der Dekoration von KV7 schwer beschädigt ist oder überhaupt fehlt, läßt sie sich weitestgehend rekonstruieren. Das Grundprogramm folgt dem Setoys I., aber es gibt eine Reihe wichtiger neuer Merkmale. Zum ersten Mal ist der Türsturz des Eingangs mit dem Bild einer Sonnenscheibe, flankiert von den Göttinnen Isis und Nephtys (als Kombination des Sonnen- und Osiris-Glaubens und Richtungsparameter der symbolischen Orientierung des Grabes), verziert. Ebenso sind die Eingangslaibungen mit Paralleldarstellungen der Göttin Maat versehen, die auf den heraldischen Pflanzen Ober- und Unterägyptens kniet. Alle diese Elemente finden sich auch im Dekor späterer Gräber. Die Eingangskorridore sind mit der Litanei des Re geschmückt, gefolgt von Amduat- und anderen Szenen sowie dem Anubis-Motiv. Der Brunnenraum weist die üblichen Götterszenen auf; die obere Säulenhalle erhielt das Buch der Tore und den Osiris-Schrein, wie er erstmals im Grab Setoys I. gefunden wurde. Die unteren Korridore scheinen in gleicher Weise mit Darstellungen der »Mundöffnungs-Zeremonie« geschmückt gewesen zu sein. Die Vorkammer zeigt Szenen aus dem Totenbuch – eine wichtige Neuerung, die die künftigen Könige beibehielten.

Die Grabausstattung

Es gibt nur wenige zuordenbare Funde, darunter ein hohles, gegossenes Bronze-*uschebti* in Berlin (aus der ehemaligen Minutoli-Kollektion), das den König mit *nemes*-Kopfschmuck darstellt. Es ist plattgeklopft, und die Beine sind abgebrochen; offensichtlich wurde es als Schrott behandelt und hat sich vielleicht beim Ausräumen des Grabes nach der Verlegung der Königsmumie nach KV17 im späten Neuen Reich irgendwie hierher verirrt. Ein hieratisches Graffito im Grab läßt vermuten, daß Butehamun an dieser Arbeit beteiligt war. Es sind noch zwei weitere *uschebtis* Ramses' II. bekannt, beide aus Holz. Das eine steht im Brooklyn Museum; ein gleichartiges Stück, das jedoch am Anfang der Dritten Zwischenzeit zu einer harzbedeckten Osiris-Figur auf einem Sockel umgearbeitet wurde, befindet sich im British Museum.

Harry Burtons Arbeit förderte nur höchst magere Bruchstücke zutage, darunter »ein Fragment einer Statue mit Hieroglyphen auf der einen Seite, Kalkstein«, Fayencefragmente, Teilchen von Gefäßdeckeln aus Calcitteile des Sarkophags oder der Kanopentruhe. Bei seinen noch andauernden Ausgrabungsarbeiten entdeckte Leblanc bislang ein Fragment, das eindeutig zu dem anthropomorphen Sarkophag gehört; es besteht aus Calcit und ist mit

Auszügen aus dem Buch der Tore beschriftet. Außerdem fand er Bruchstücke der Kanopentruhe und »eines blauen Marmor-*uschebti* [...] von phantastischer Qualität«.

Der Grabraub und die Königsmumie

Nach einem im Ägyptischen Museum in Turin aufbewahrten Papyrus – dem »Verhaftungspapyrus« – versuchten während der 20. Dynastie im Jahr 29 Ramses' III. zwei Diebe ins Grab zu gelangen, indem sie über dem Eingang Steine herausrissen. Im selben Dokument wird ein weiterer Grabräuber, ein gewisser Kenena, Sohn des Ruta, genannt, der dies im Grab der Nachkommen Ramses' II. (KV5) ebenfalls versucht haben soll. Die Mumie Ramses' II. wurde im Versteck DB320 in einem anthropomorphen Holzsarg entdeckt, der etwa aus seiner Zeit stammt. Cyril Aldred und andere haben anhand stilistischer Überlegungen argumentiert, daß dieser Sarg möglicherweise ursprünglich für Ramses I. angefertigt wurde: Anscheinend sollte er eigentlich eine geschnitzte und vergoldete *rischi*-Dekoration erhalten, die aber wahrscheinlich nie ausgeführt wurde, was gut zum unfertigen Zustand des Grabes von Ramses I. und des königlichen Sarkophags passen würde. Der Leichnam selbst wurde am 3. Juni 1886 von Gaston Maspero in Bulaq ausgewickelt. Unter den Außenbandagen fand sich ein Etikett in hieratischer Schrift, wonach die Mumie – vor ihrer Verlegung ins Felsengrab der Inhapis – neu gewickelt und im Grab Setoys I. (KV17) wiederbestattet wurde.

Im September 1975 verließ die Königsmumie Kairo in Richtung Paris, wo sie acht Monate lang konserviert und untersucht wurde, bevor sie nach Ägypten zurückkehrte. Bei dieser Untersuchung ergaben sich Hinweise auf den ursprünglichen Reichtum der Bestattung, denn in der Leiche wurden in Blau und Goldmetall gewirkte Leinenfragmente entdeckt. Auch die Verehrung der Familie für den zuvor geschmähten Gott Seth fand eine mögliche Erklärung: Zumindest Ramses II. könnte rothaarig gewesen sein – wie der Tradition nach auch der Gott selbst.

Die Mumie Ramses' II: (links) nach dem Entfernen des mit einer Nut-Darstellung geschmückten und vom Amun-Hohenpriester Pinodjem I. restaurierten und beschrifteten äußeren Leichentuchs; vollständig ausgewickelt (rechts) zeigt sich das majestätische Profil des Königs.

Ein Grab für die Söhne Ramses' II. (KV5)

»Das ist der aufregendste Fund im Tal der Könige seit der Entdeckung des Tutanchamun-Grabes 1922. Sorgfältige archäologische Arbeiten sollten nun viel bisher Unbekanntes über die riesige Familie des Ramses enthüllen.«

Kenneth Kitchen

Kent Weeks' neuere Grabungen haben 70 Meter vom Grab Tutanchamus entfernt etwas freizulegen begonnen, das der größte antike ägyptische Begräbniskomplex zu sein verspricht, der je gefunden wurde. Es könnte sich dabei durchaus um die letzte Ruhestätte der meisten von Ramses' II. rund 50 Söhnen handeln.

Die Entdeckung

»Eines der erstaunlichsten Ereignisse meines Lebens.«

Kent Weeks

Die Existenz von KV5 ist seit vielen Jahren bekannt. James Burton schlug schon vor 1835 einen Tunnel in das Grab und zeichnete einen Teilplan davon (sah aber kaum mehr als die Decke). Howard Carter legte 1902 für Theodore Davis die Umgebung und vielleicht auch ein Stückchen des Eingangskorridors frei – vergeblich. Später verschwand der Fundort unter Grabungstrümmern anderer Arbeiten im Tal. 1985/86 entdeckte Kent Weeks von der Amerikanischen Universität in Kairo das Grab mit Hilfe von Sonar- und bodendurchdringenden Radargeräten wieder und betrat es in der folgenden Grabungssaison. Am 18. Mai 1995 konnte Weeks verkünden:

»Im Februar fanden meine Mitarbeiter beim Graben durch den angeschwemmten Schutt, der das Grab ausfüllt, eine Passage, die an zwanzig Kammern vorbei zu einer Osirisstatue führt. Jenseits davon liegen zwei Quergänge mit wiederum je zwanzig Kammern. Am Ende der Korridore finden sich Treppen und abfallende Gänge, die offensichtlich zu weiteren Räumen auf tieferer Ebene führen. Das Grab könnte das größte je in Ägypten gefundene sein ...«

Bislang ist die erstaunliche Anzahl von 95 Kammern lokalisiert worden; dabei ist die Freilegung noch längst nicht beendet. Wer war der Besitzer dieser riesigen Grabanlage? Die Wandverzierung bestätigt, daß KV5 nicht zum Begräbnis einer einzelnen Person, sondern für eine ganze Familie bestimmt war – die Söhne (52 von ihnen sind namentlich bekannt) Ramses' II., dessen Kartusche James Burton am Grabeingang erkannt hatte. Aufgrund eines Ostrakons, das Carter während der Arbeit für Davis fand, hatte man vermutet, daß hier einer dieser Söhne, Meryatum, beigesetzt wurde, und Weeks' Arbeit hat bislang die Namen des älte-

Kurzsteckbrief

Nummer u. Lage d. Grabes: KV5, Wadi Biban el-Muluk
Entdeckt: vor 1799
Ausgräber/Publikationen: Kent R. Weeks, Amerikanische Universität Kairo, 1987 – ; K. R. Weeks in: N. Reeves (Hg.), »After Tut'ankhamun« (1992), S. 99–121; ders. in *Minerva* 6, (1995), S. 20–24

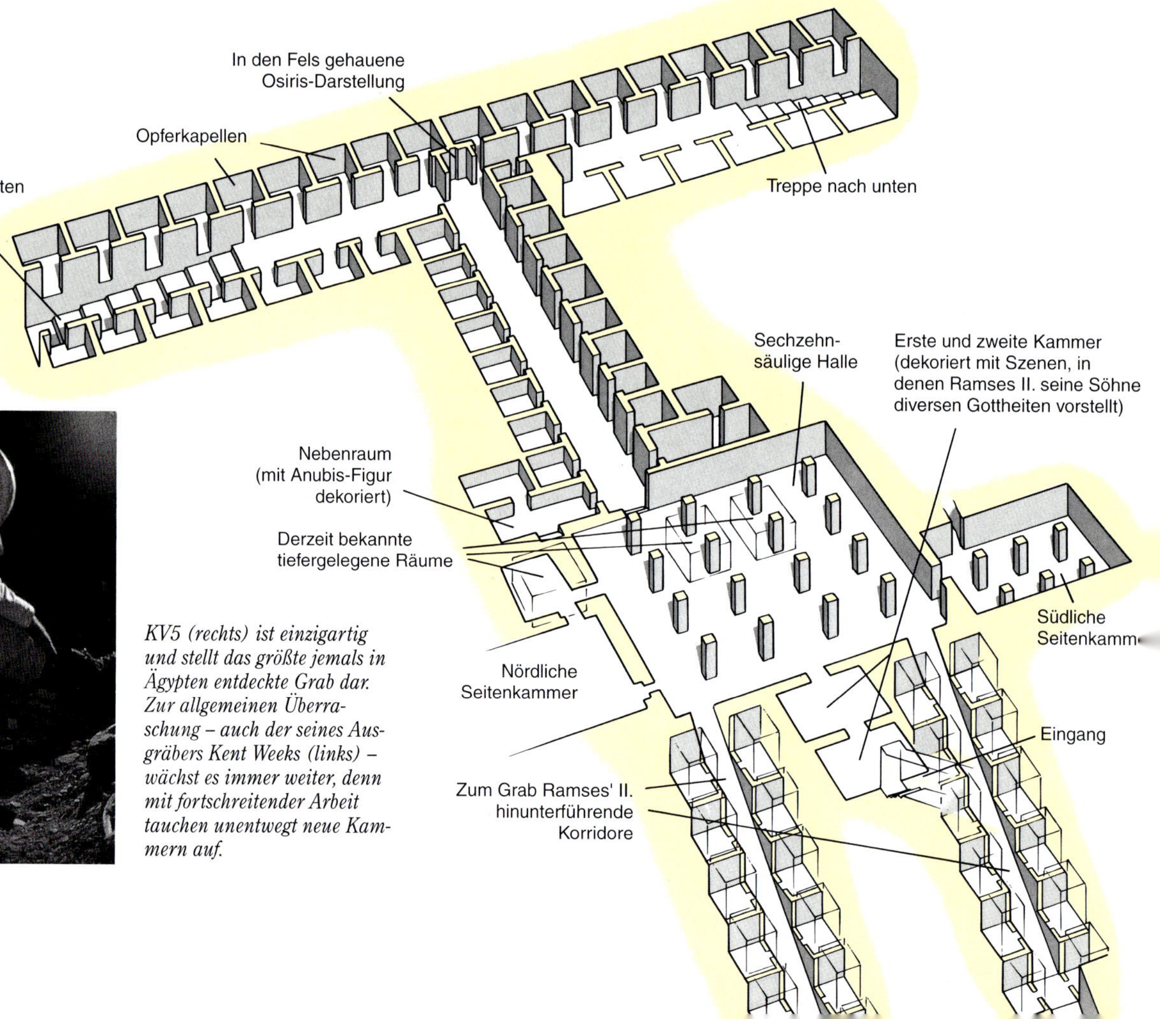

KV5 (rechts) ist einzigartig und stellt das größte jemals in Ägypten entdeckte Grab dar. Zur allgemeinen Überraschung – auch der seines Ausgräbers Kent Weeks (links) – wächst es immer weiter, denn mit fortschreitender Arbeit tauchen unentwegt neue Kammern auf.

sten Königssohns Amenkirchopschef, eines weiteren Sohns namens Ramses sowie (anhand des Fragments eines Kanopenkruges auf dem Fußboden der zweiten Kammer) eines Sohnes namens Setoy hinzugefügt. Auch weibliche Familienmitglieder könnten hier bestattet worden sein, aber von ihnen wurde bisher noch keine Spur gefunden.

(Oben) Die ins Gestein gemeißelte Darstellung Osiris', des Gottes der Toten, bildet den Brennpunkt der T-förmig verlaufenden Korridore, im rückwärtigen Teil des Grabes.

(Links) Detail der sporadisch erhaltenen Wanddekoration – senkrecht verlaufende Spalten von im Hochrelief dargestelltem Text, der den Thronnamen Ramses' II. enthält.

Die Architektur

»[Das Grab ist] wie eine Krake, deren Körper von Tentakeln umgeben ist.«

Kent Weeks

KV5 ist zwar einmalig, aber viele Aspekte des Plans und der Proportionen ähneln den Gräbern der späten 18. Dynastie, was manche Forscher vermuten läßt, daß zu dieser Zeit mit dem Anlegen des Grabes begonnen wurde. Wie für mehrere Gräber der Periode typisch, führt der relativ enge Eingang unmittelbar in einen regelrechten Raum statt in einen Korridor und – in diesem Fall – weiter in eine zweite Kammer und anschließend in eine große Halle mit 16 Säulen. Diese Nebenräume wurden offenkundig bei Übernahme des Grabes durch Ramses II. hinzugefügt. Einige der Kammern besitzen für die Ramessiden-Zeit typische Gewölbedecken. Die im Frühjahr 1995 zutage geförderte T-förmige Erweiterung nach Osten besitzt zahlreiche kleine Seitenkammern. Sie geht von der 16säuligen Halle ab und ist noch nicht völlig freigelegt, doch es hat sich bereits gezeigt, daß der Plan dieses Grabteils im Tal der Könige einmalig ist. Er wird noch verkompliziert durch die Entdeckung mehrschichtiger Gipsfußböden (die auf die Existenz weiterer Räume darunter schließen lassen) und zweier Ende 1995 gefundener, völlig neuer Passagen, die mit einem Hangwinkel von 37 Grad nach Westen – in Richtung auf das Grab Ramses' II. – abfallen. Über 20 weitere Räume sind freigelegt worden.

Die Ausschmückung

Im Lauf der Jahre haben Überschwemmungen (die letzte durch ein leckendes Abflußrohr, das Anfang der fünfziger Jahre im alten Talrasthaus installiert wurde) schwere Schäden angerichtet, doch erhaltene Bereiche des Verputzes zeigen, daß das Grab – zumindest in der ersten Kammer – mit ähnlichen Szenen dekoriert war wie die Gräber, die Ramses

Die Gräber Ramses' II. und seiner Söhne

III. für seine Söhne im Tal der Königinnen hatte anlegen lassen (QV42, 43, 44, 55). Die bislang in KV5 freigelegte Ausschmückung umfaßt Darstellungen Ramses' II., der Sokar und Hathor seinen Sohn Amenkirchopschef präsentiert, sowie eine Abbildung eines anderen Sohnes, Ramses, der vor Nefertum steht. Die Wände und Pfeiler der 16säuligen Halle sind ebenfalls verziert, aber noch nicht freigelegt. Feinziselierte Szenen finden sich auch im Fels und auf dem Putz der T-förmigen Erweiterung, und ein in den Felsen gehauenes, 1,50 Meter hohes Osiris-Bild schmückt die Stirnwand ihres Hauptkorridors. Mit dem Fortgang der Arbeiten anderswo im Grab dürften weitere Wandverzierungen ans Licht kommen.

Die Grabausstattung

»Zu den Gegenständen, die wir [in den ersten zwei Kammern] gefunden haben, gehören Tausende von Tonscherben, ein Dutzend Fragmente von alabasternen Kanopenkrügen, Stücke beschrifteter Sarkophage aus rotem Granit, der unvollendete Kopf einer Kalksteinstatue, ein Stück eines Holzsargs, vier beschriftete Fayence-*uschebtis*, zahlreiche Ton-, Fayence- und Steinperlchen, Amulette und zwei hieratische Ostraka mit Auflistungen der Beigaben(?), die in die Grabstätten gelegt worden waren. In einer Ecke lag neben einer Wand mit blau, rot und weiß bemalten Reliefs das Unterteil einer kanaanitischen Amphore mit blauer Farbe, die sich wahrscheinlich während der Arbeit des Künstlers auf den Fußboden ergossen hatte. Desgleichen gab es Stücke von Menschen- und Tierknochen und Teile mumifizierter menschlicher Überreste, gut umwickelte Fragmente des Knies und Oberschenkels eines jungen männlichen Erwachsenen.«

Kent Weeks

Diese Luftaufnahme (darunter: erläuternde Kartenskizze) zeigt die Lage von KV5 in bezug auf KV7 (Ramses II.), KV8 (Merenptah) und andere Gräber im zentralen Teil des Hauptals der Könige.

Die 15 auf 15 Meter große, quadratische Kammer 3 mit den 16 Säulen ist noch nicht freigeräumt; desgleichen ist die Arbeit in dem riesigen, T-förmigen Korridorsystem mit seinen über 50 Neben-(Opfer[?]-)Kammern noch nicht beendet – wobei noch festzustellen bleibt, ob sich darunter eine weitere Ebene befindet. Die Freilegung der ersten zwei Meter des von der 16säuligen Halle abgehenden Korridors hat bislang »Tonscherben aus dem Neuen Reich, Schmuckperlen, ein mit Blattgold überzogenes Fayence-Armband, Fayence-Intarsien, einige Ostraka und weitere Sarkophagfragmente« erbracht. »In einer der Seitenkammern (der bislang [...] als einzige untersuchten) befanden sich zahlreiche Knochen von Vögeln und Säugetieren, vor allem Rindern. Wiederum liegen einige Tonscherben aus römischer Zeit auf dem Boden, aber nichts späteren Datums, und in den Trümmern selbst gibt es keine Artefakte.«

Grabräuberei

»Nun haben Userhat und Patwere Steine über dem Grab von Osiris König User-maat-re Setep-en-re [Ramses II.], dem großen Gotte, entfernt. [...] Und Kenena Sohn des Ruta tat ein Gleiches über dem Grab der königlichen Kinder von König Osiris User-maat-re Setep-en-re [Ramses II.], dem großen Gotte ...«

Aus dem »Verhaftungspapyrus«

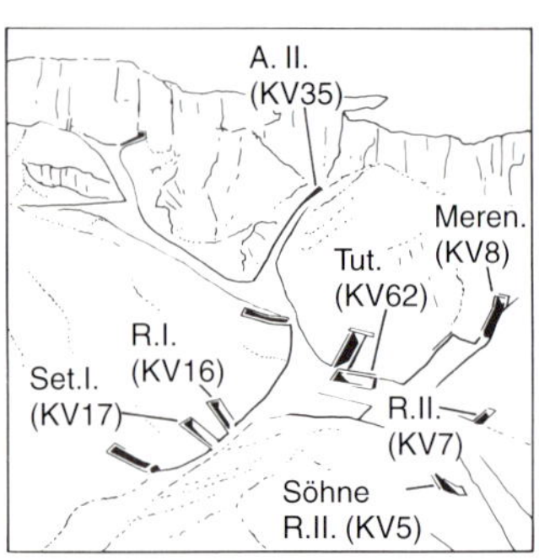

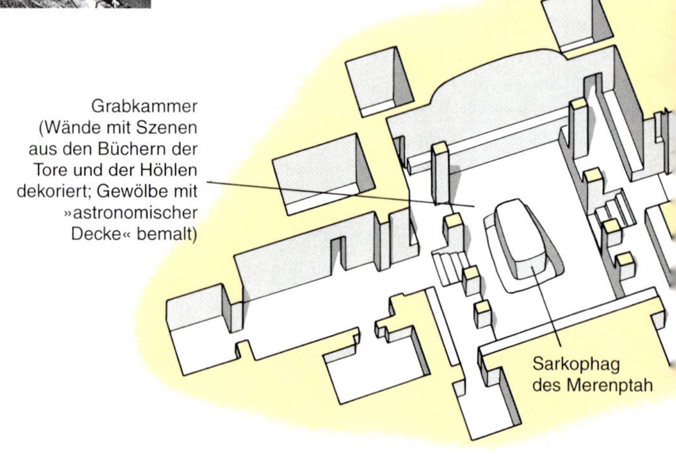

Während der Herrschaft Ramses' III. wurden einige thebanische Arbeiter des Betretens von Gräbern im Tal der Könige in offenbarer Plünderungsabsicht angeklagt. Unter den im erhalten gebliebenen Vernehmungsprotokoll (das heute in Turin aufbewahrt wird) erwähnten Gräbern ist auch KV5, das »Grab der königlichen Kinder von König Osiris User-maat-re Setep-en-re [Ramses II.], dem großen Gotte«, über dessen Eingang ein gewisser Kenena, Sohn des Ruta, Steine herausgebrochen hatte. Wir wissen nichts Endgültiges über das weitere Schicksal dieses Mannes, aber das Verhör war gewiß brutal, und ihm dürfte die Pfählung gefolgt sein – die traditionelle Strafe für derlei Verbrechen.

Das Grab des Merenptah (KV8)

Die Archäologie

Das Grab des Merenptah stand seit der Antike offen und war, nach den griechischen und lateinischen Graffiti zu schließen, mindestens bis zur ersten Säulenhalle zugänglich. Als erster legte Howard Carter im Jahre 1903 die innersten Teile frei. In jüngerer Zeit hat Edwin C. Brock im Fußboden der Grabkammer weitergegraben und auch den Brunnen freigelegt.

Die Architektur

Unter Merenptah wurde der Plan der Königsgräber vereinfacht, indem man die seit Haremhab übliche »gezackte« Achse zugunsten einer einfachen Achse aufgab, die vom Eingang unmittelbar zur Grabkammer führte. Auch andere Neuerungen fallen ins Auge. Zum ersten Mal wurde der Eingang zum Königsmonument beträchtlich breiter gestaltet als die Korridore im Innern, so daß eine eindrucksvollere Fassade entstand. Dieser Veränderung folgten alle später in der Nekropolis bestatteten Könige. KV8 ist jedoch insoweit einmalig, als in der seitlich der ersten Säulenhalle eingelassenen Kammer noch ein kleiner, nischenähnlicher (offenbar Ramses II. gewidmeter) Raum hinzugefügt wurde. Merenptah strich auch die Vorkammer aus dem Grabplan und ließ dafür zwischen den beiden innersten Korridoren einen gleich großen Raum

Kurzsteckbrief

Nummer u. Lage d. Grabes:
KV8, Wadi Biban el-Muluk
Entdeckung:
seit der Antike offen
Königsmumie:
in der Antike entfernt; gefunden in KV35
Ausgräber/Publikationen:
Howard Carter 1903/04, für den »Service des Antiquités«; H. Carter, ASAE 6 (1906), S. 116–119; Edwin C. Brock, 1987/88 für das Royal Ontario Museum; E. C. Brock, in: N. Reeves (Hg.), »After Tut'ankhamun«, London 1992, S. 122–140

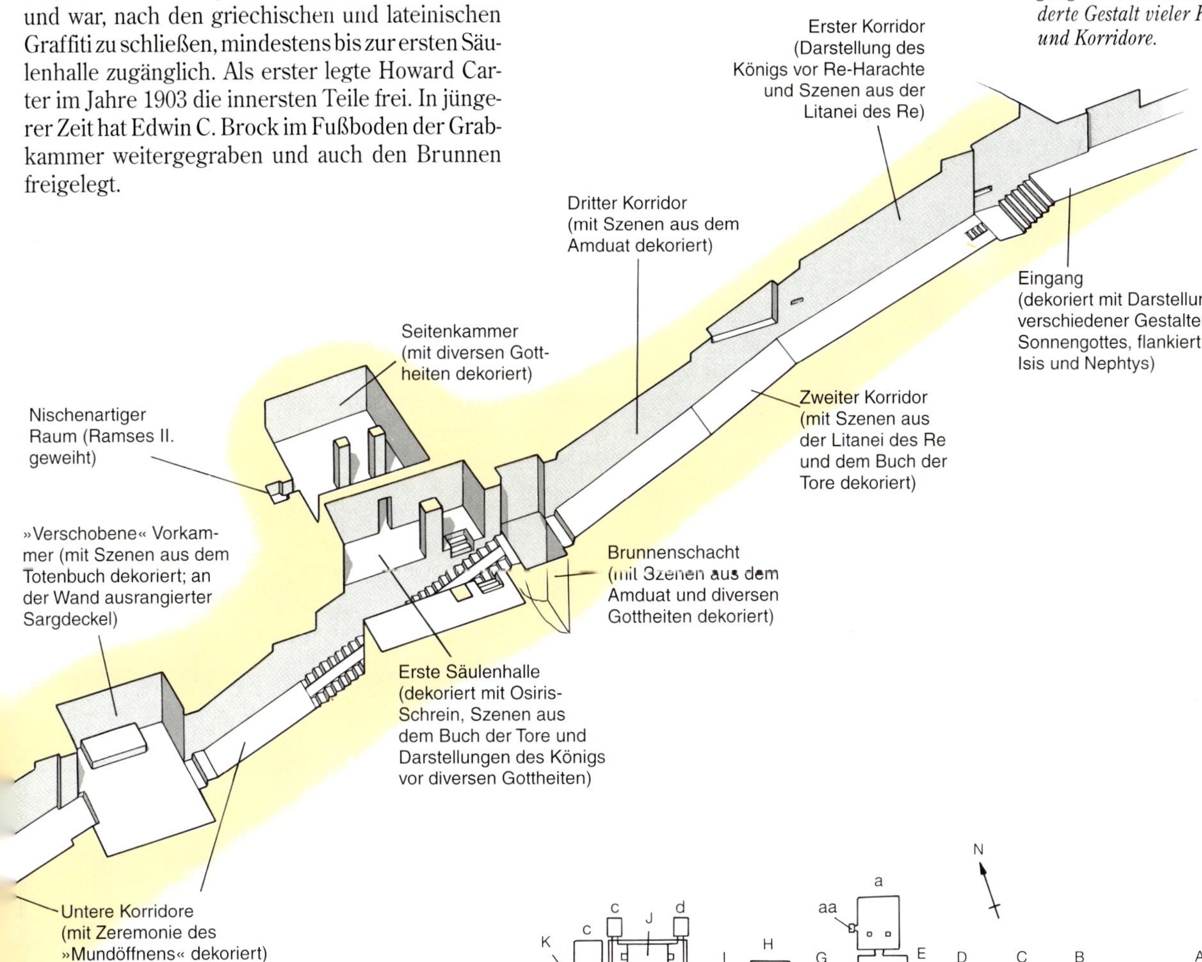

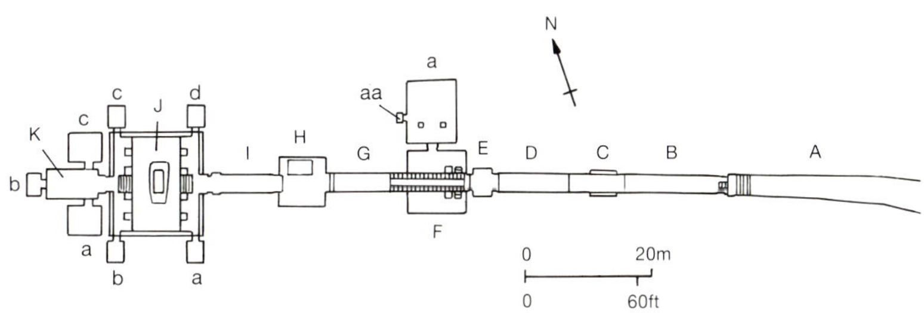

(Unten) Zu den Innovationen bei KV8 gehören die Begradigung der Achse und die veränderte Gestalt vieler Kammern und Korridore.

Die Korridore im Grab des Merenptah zeugen von einem sorgsam ausbalancierten Gesamtentwurf und weisen in die Wände eingemeißelte und ausgemalte Dekorationen auf.

anlegen. Diese Veränderung machten danach nur noch Siptah und in etwas ähnlicher Form Ramses III. nach. An den Türeinfassungen des Grabes wurde der Fels weit zurückgeschlagen, damit der riesige Sarkophag (oder sein Calcitsockel, soweit er aus einem Stück bestand) hindurchpaßte; danach wurden die Lücken mit schwalbenschwanzförmig gefugten, verzierten Sandsteinblöcken geschlossen.

Die Ausschmückung

Das Dekor des Grabes weicht bei weitem nicht so radikal von den früheren Gräbern ab wie sein Grundriß. Obwohl umfangreiche Überschwemmungen in der Antike vieles zerstört hatten, blieben in der ersten Säulenhalle und an anderen Stellen doch genug bemalte Oberflächen erhalten, daß sich sagen läßt, das Grab sei generell ähnlich denen Setoys I. und Ramses' II. verziert gewesen. Wie dort enthielten die ersten drei Durchgänge die Litanei des Re, gefolgt von Szenen aus dem Amduat usw.; auf den Wänden des Brunnenschachtes waren Götterdarstellungen angebracht. Die obere Säulenhalle erhielt wieder das Buch der Tore und den Osiris-Schrein, die unteren Durchgänge waren mit der »Mundöffnung« und weiteren Götterszenen versehen. Der zwischen diesen Durchgängen liegende neue Raum enthält einen Auszug aus dem Totenbuch. Die Grabkammer Merenptahs war nicht nur mit Ausschnitten aus dem Buch der Tore und mit einer »astronomischen Decke« versehen, sondern zeigte auch an hervorstechender Stelle auf

(Unten rechts) Der Osiris-Schrein am hinteren Ende der ersten Säulenhalle mit einer Doppeldarstellung des Königs vor dem Gott.

Ein Depot mit Begräbnismaterial des Merenptah

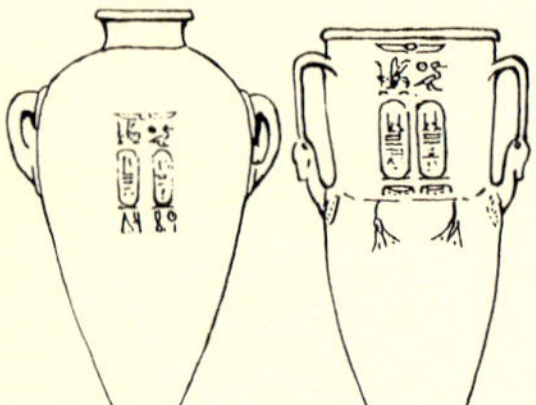

Howard Carters Zeichnungen zeigen zwei der 13 Calcitgefäße, die 1920 gegenüber dem Eingang von KV38 gefunden wurden. Die Krüge tragen die Kartuschen des Merenptah.

Bis zur Entdeckung des Tutanchamun-Grabs im Jahr 1922 war Carters bedeutsamster Fund für Lord Carnarvon ein Depot mit 13 Calcitkrügen, die ab dem 21. Februar 1920 bei Grabungen an der Südseite des Merenptah-Grabs zum Vorschein kamen. Wie Carter schreibt, lagen sie »nebeneinander in einer Gruppe; man hatte ein paar Steine darauf gelegt und sie mit Schutt bedeckt – als wolle man sie sorgsam begraben.«

Ihren Etiketten nach zu schließen, waren diese Krüge beim Salben von Merenptahs Leichnam mit den »sieben heiligen Ölen« in dem für die Beisetzung aufgeschlagenen Begräbniszelt (dem *per-nefer,* »Haus der Kraft«) benutzt worden. Die mit den Namen Ramses' II. und Merenptahs beschrifteten Behältnisse waren von hoher Qualität, aber schon alt und beschädigt, als man sie vergrub.

der rechten Wand sonnenorientierte Szenen aus dem Buch der Höhlen, die das traditionelle Material aus dem Amduat ersetzten. Die Bedeutung Res und die Assoziierung des Königs mit ihm sind in diesem Grab zwar deutlich erkennbar, aber an vielen Stellen tritt auch noch immer Osiris auf.

Die Grabausstattung

Die Grabstätte Merenptahs war mit vier Steinsarkophagen ausgestattet – drei Außensärge aus rotem Assuangranit, in denen ein anthropoider Sarkophag aus cremeweißem Calcit stand. Zum äußersten der drei Granitsarkophage gehören ein (in der Antike in Kammer H verlagerter) gewaltiger, leicht gewölbter rechteckiger Deckel von 4,10 Metern Länge sowie Fragmente (zusammen etwa ein Drittel) des Sargkastens, dessen Wände ursprünglich rund zwei Meter hoch waren. Vom zweiten Sarkophag sind nur der (von Carter umgedreht in der Grabkammer liegend gefundene) kartuschenförmige Deckel, den eine ruhende, mumienförmige Gestalt des Königs ziert, sowie etwa ein Fünftel des Sargkastens ausmachende Fragmente übrig. Beide Außensarkophage waren mit Auszügen aus dem Amduat und dem Buch der Tore verziert.

»Entgegen der Erwartung […] ruhten alle vier ineinander verschachtelten Sarkophage auf einem massiven, rechteckigen Calcitsockel, der in den Boden der Grabkammer eingelassen war.« Edwin C. Brock

Der dritte Sarkophag – ein rechteckiger Sargkasten samt wiederum mit einer liegenden Königsgestalt versehenem Deckel – war während der 21. Dynastie aus dem Grab entfernt und zur Bestattung Psusennes' I. in Tanis wiederbenutzt worden. Er war mit Amduat-Auszügen beschriftet und, wie seine Kartuschen vermuten lassen, ursprünglich für Merenptah als Kronprinz hergestellt worden.

Vom innersten, menschenförmigen Calcitsarkophag, der offenbar dem von Belzoni im Grab Setoys I. entdeckten ähnelte, steht heute ein großes Stück des Fußendes im British Museum; weitere Fragmente liegen noch im Grab. Auch er trug Auszüge aus dem Buch der Tore und dem Amduat. Vielleicht sollte er ursprünglich einen oder mehrere Holzsärge aufnehmen, die in der Form jenen ähnelten, die auf dem bekannten Ostrakon, das Carter aus dem Schutt des Grabes barg, und einem zweiten, gleichartigen Täfelchen im British Museum dargestellt sind.

Aus KV8 sind keinerlei *uschebtis* verzeichnet, und auch über die Details der sonstigen Grabausstattung wissen wir so gut wie nichts, obschon einige Fragmente der Kanopentruhe entdeckt wurden.

(Oben links) Merenptah (etwa: »Liebling des Ptah«) steht vor einer Darstellung dieses Gottes.

(Oben rechts) Mumifizierte Götter schreiten der Barke des Re voran; Detail einer Szene aus der fünften Stunde des Buchs der Tore in der ersten Säulenhalle.

(Unten) Detail von König Merenptahs ausgestreckter Gestalt auf dem Granitdeckel seines zweiten Granitsarkophags.

Von Amenmesse bis Sethnacht

Kurzsteckbrief

Nummer u. Lage d. Grabes:
KV10, Wadi Biban el-Muluk
Entdeckung:
seit der Antike offen
Königsmumie:
nicht identifiziert
Ausgräber/Publikation:
Edward Ayrton, 1907, für Theodore Davis; unpubliziert; Otto J. Schaden – University of Arizona 1992–95, University of Memphis 1966 ; O. J. Schaden, NARCE 163 (1993), S. 1–9.
Wände dokumentiert in:
Eugène Lefébure, »Les Hypogées royaux de Thèbes II«, Paris 1889, S. 81–85; Earl L. Ertmann, KMT 4/2 (Sommer 1993), S. 38 -46

Merenptahs Herrschaft endete nach einem Jahrzehnt im Jahre 1214 v. Chr. Rechtmäßiger Erbe war sein mit Königin Isisnofret (II.) gezeugter Sohn Setoy II. Ob Setoy II. jedoch übergangen wurde und der Thron unmittelbar an den Rivalen Amenmesse (möglicherweise ein Sohn der Tachat, einer Tochter Ramses' II.) fiel oder ob sich Amenmesse im Süden zum unabhängigen König ausrief, ist bislang ungeklärt. Mit Sicherheit galt Amenmesse in späteren Generationen als Usurpator, und nach seiner fünfjährigen Herrschaft konnte Setoy II. endlich den Thron besteigen.

De-facto-Nachfolgerin Setoys II. war seine zweite Gemahlin Tausret, die während der Minderjährigkeit des jungen Erben Siptah, in dem manche einen Sohn Amenmesses sehen, als Regentin über das Land herrschte. Die Situation ist in mancher Hinsicht mit der Hatschepsuts und Thutmosis' III. während der 18. Dynastie vergleichbar – bis hin zu den Gerüchten über ein Liebesverhältnis zwischen der Thronregentin und Baja, ihrem höchsten Regierungsbeamten.

Siptah starb 1198 v. Chr., nach nur sechs Jahren auf dem Thron, und wurde in KV47 beigesetzt. Die Zügel der Macht verblieben noch kurze Zeit in den Händen der Tausret, bis sie – möglicherweise durch Gewalt – an Sethnacht übergingen, den Gründer der 20. Dynastie. Auf dessen kurze Regierungszeit (1196–1194 v. Chr.) folgte schließlich jene seines Sohns, Ramses' III.

Das Grab des Amenmesse (KV10)

Die Entdeckung

Das Grab Amenmesses scheint seit der Antike offengelegen zu haben. Im Eingangsbereich finden sich mehrere Graffiti aus klassischer Zeit sowie arabische Inschriften. Pococke verzeichnete das Grab 1743 auf seiner Karte, und im frühen 19. Jahrhundert wurde es von Burton und Hay, Champollion, Lepsius und Wilkinson näher untersucht. Darüber hinaus wurde ein Großteil der sichtbaren Dekoration des Grabes 1883 von Eugène Lefébure abgezeichnet und später publiziert. 1907 legte Edward Ayrton den Eingangskorridor frei und benutzte ihn offenbar als Speise- oder Arbeitszimmer.

Im Winter 1992/93 begann im Rahmen eines Projekts der Universität von Arizona ein großangelegtes, von Otto Schaden initiiertes Grabungs- und Untersuchungsprogramm. Obwohl KV10 inzwischen bis zur ersten Säulenhalle freigelegt ist und darüber hinaus weitere Schächte und Gruben angelegt wurden, weiß man immer noch nicht, ob Amenmesse hier je bestattet wurde und welche Beziehungen – wenn überhaupt – zwischen ihm und der »Königsmutter« Tachat sowie der »großen Königsgemahlin« Baktwerel, für die Teile des Grabes umdekoriert wurden, bestanden.

Architektur und Ausschmückung

Die laufenden Grabungen haben gezeigt, daß die Durchgänge um einiges weniger steil abfallen, als man gedacht hatte; der vierte Durchgang unmittelbar hinter dem Brunnenraum ist sogar praktisch horizontal und zeigt, daß die in KV7 (Ramses II.) erstmals auftretende ebenere Konstruktionsweise auch hier benutzt wurde. In der Brunnenkammer befand sich kein Schacht, aber die seit Setoy I. in allen größeren Gräbern anzutreffende Nebenkammer war teilweise in die Westseite der Säulenhalle geschlagen. Im weiteren Verlauf scheint das Grab in einer groben Gewölbepassage zu enden, die zur Grabkammer umgewidmet wurde.

Die ursprüngliche Dekoration für Amenmesse erstreckte sich bis in die Säulenhalle und war beinahe mit der im Grab des Merenptah (KV8) identisch; sie enthält dieselben Eingangsmotive in Hochrelief, in den ersten beiden Korridoren die Litanei des Re und im dritten Durchgang Szenen aus dem Amduat. Die Reliefs waren entfernt, die äußeren Korridore, die Brunnenkammer sowie die Säu-

lenhalle verputzt und für die Edelfrauen Tachat und Baktwerel bemalt worden. Wie Lefébure festgehalten hat, zeigten die Brunnenszenen Tachat beim Opfer vor mehreren Göttern; in der Säulenhalle wurde dieses Motiv – zusammen mit Darstellungen aus dem Totenbuch – für Baktwerel wiederholt. Eine einzelne Osiris-Szene auf der Hinterwand entspricht eher der im Grab Setoys I. entdeckten als dem Doppelschrein, der sich seit diesem König in allen anderen Gräbern findet. Die gleiche Wand trägt noch immer ein einzelnes, nur teilweise erhaltenes Bild der Baktwerel, doch der Rest der auf den Verputz gemalten Dekoration dieses Grabes ist weitgehend untergegangen.

Die Grabausstattung

Ein von Lefébure im Grab gefundenes Kalksteinfragment wurde zunächst für einen Teil des Amenmesse-Sarkophags gehalten, doch das war wohl falsch. Die jüngsten Freilegungsarbeiten in den Eingangspassagen förderten Objekte aus verschiedenen Zeiten zutage, darunter *uschebti*-Figuren Setoys I., Sarkophagfragmente Ramses' VI. und andere Stücke aus Nachbestattungen. Weiter innen im Grab wurden auch Alabasterfragmente eines Kanopenkrugs und eines Kanopenbehälters oder

(Oben links) Eugène Lefébures Zeichnung einer Szene in der Säulenhalle von KV10: Königin Baktwerel wird vor Osiris geführt.

(Oben) Nahaufnahme des Kopfs der Königin in dieser Darstellung.

(Ganz links) In antiker Zeit ausgeschlagene Darstellung des Re-Harachte aus dem ersten Korridor von KV10 und (links) eine gleichartige, unbeschädigte Szene aus dem Grab des Siptah.

(Rechts) Beim Aushauen von KV10 kam man über den zweiten Korridor jenseits der Säulenhalle nicht hinaus.

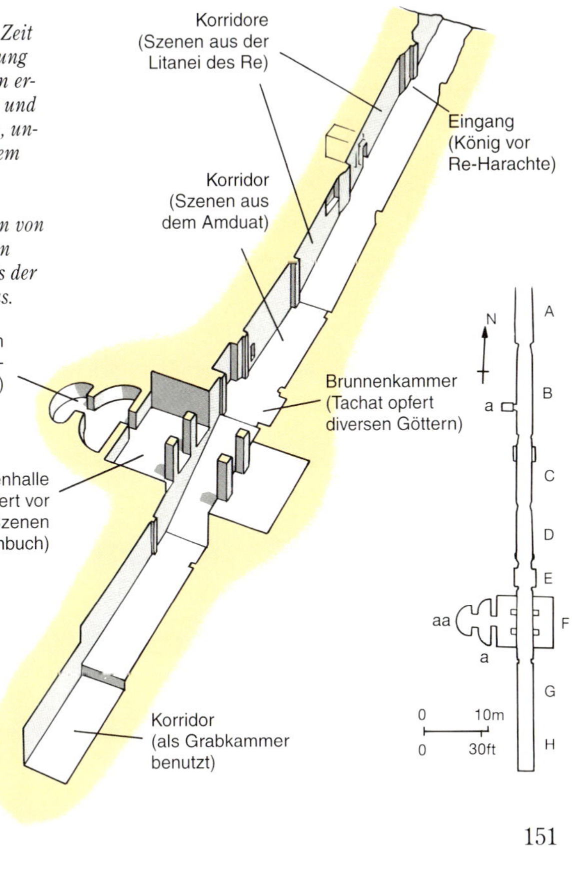

Kurzsteckbrief

Nummer u. Lage d. Grabes: KV15, Wadi Biban el-Muluk
Entdeckung: seit der Antike offen
Königsmumie: in der Antike entfernt; gefunden in KV35
Ausgräber/Publikation: Howard Carter, 1902/03–1903/04; H. Carter, ASAE 6 (1906), S. 122 ff.
Wände dokumentiert in: Eugène Lefébure, »Les Hypogées royaux de Thèbes II«, Paris 1899, S. 146–155

Darstellungen aus Schreinen im Grab Setoys II.: (rechts) der König auf dem Rücken einer Großkatze, ähnlich anderswo gefundenen Skulpturen, und (ganz rechts) der Herrscher als Harpunier auf einem Papyrusboot.

-särgchens entdeckt; eines weist den Teil einer Kartusche mit den Figuren Amuns und Res auf und kann möglicherweise Amen[ra]messe zugeordnet werden. Fragmente von Kanopenkrügen aus Kalkstein, von denen eines (es wurde von Carter entdeckt) eindeutig mit dem Namen Tachats versehen ist, und ein ebenfalls Tachats Namen tragendes Stück eines Sarkophagdeckels aus rotem Granit lassen es wahrscheinlich erscheinen, daß die Königsgemahlin in diesem Grab beigesetzt wurde.

Das Grab Setoys II. (KV15)

»... der [oberste] Medjay [Nekropolenwächter] kam und sagte: [Der] Falke ist gen Himmel geflogen, nämlich Setoy [II.], [und] an seiner Statt ist ein anderer erstanden.«

Hieratisches Ostrakon

Geschichte und Archäologie

Mehrere Ostraka beziehen sich auf das Grab Setoys II., darunter eines mit einer Entwurfsskizze und den Abmessungen der einzigen Kammer des Grabes. Die vollständige Geschichte seiner Konstruktion und Verwendung ist jedoch noch immer ungewiß. Ursprünglich lag der Leichnam des Königs vielleicht im Grab seiner Frau Tausret und wurde erst später in das hastig und unvollkommen fertiggestellte KV15 verlegt. Spätere Inspektionen von KV15 durch die mit dem Auflösen der Gräber und Auswickeln der Leichen betrauten Beamten zogen offenkundig die Entfernung der Königsmumie nach sich, die schließlich im Versteck KV35 (Grab Amenhoteps II.) in einem Ersatzsarg späteren Datums gefunden wurde.

(Unten) Detail vom Rock Setoys II. am Eingang des Grabes.

Den 59 griechischen und lateinischen Graffiti auf den Wänden nach zu urteilen, muß KV15 auch die Spätantike hindurch offengeblieben sein. In neuerer Zeit war Pococke und seinen Nachfolgern der gesamte Bau zugänglich; vollständig freigelegt wurde das Grab dann zwischen 1903 und 1904 von Howard Carter.

Die Architektur

Der Grundriß ist stark vereinfacht, doch einige Neuerungen sind augenfällig. Das Grab lag am Fuße des *djebel*, und anstelle unter einer Stützmauer geschlagener Stufen wurde der Eingang direkt in die Felswand gehauen. Ungewöhnlich ist, daß die Wände des Eingangsbereichs geglättet und wie der Rest des Grabes mit einer weißen Gipsschicht verputzt wurden. Die Eingangsrampe verläuft nahezu eben, desgleichen die Korridore mit Ausnahme des zweiten und des steil abfallenden Zugangs zur improvisierten Totenkammer. Die im Merenptah-Grab rudimentär angelegten Nischen sind hier zum ersten Mal voll ausgebildet; dies setzt sich mit nur ein oder zwei Ausnahmen in allen nachfolgenden Gräbern fort. Der Brunnenschacht wurde nie ausgehoben, und die jenseits davon liegende Grabkammer ist nicht mehr als ein extrem hastig adaptierter Korridor.

Die Ausschmückung

»Es scheint, als sei der Leichnam bereits hergebracht worden, bevor das Grab fertig war, und als habe man danach noch weitergearbeitet – eine große Götterfigur mit ausgebreiteten Flügeln ist sehr grob auf die Decke über dem Sarkophag gemalt. Einige schön gezeichnete Figuren des Königs in roten Umrissen.«

James Burton

Das »Goldgrab«

Aus KV56 stammt einer der herrlichsten Schmuckfunde, der im Tal der Könige je gemacht wurde. Ayrtons Grabung von 1908 förderte aus der unteren der beiden Schichten, mit denen das Grab gefüllt war, unter anderem ein Diadem, mehrere Ringe, Armbänder, eine Reihe von Halsbandornamenten und Amuletten, ein Paar silberne »Handschuhe« und eine silberne Sandale zutage. Da das Depot sowohl mit dem Namen Setoys II. wie jenem Tausrets beschriftete Objekte enthielt, kam Maspero zu dem Schluß, es handle sich um ein Versteck von Materialien, die aus dem Grab der Tausret geborgen worden seien, als Sethnacht dieses usurpierte. Cyril Aldred lieferte jedoch eine weit phantasievollere Interpretation: KV56 sei ein letztlich intaktes Grab, in dem die »etwa einen halben Zoll dicke und rund vier

Quadratfuß bedeckende Schicht aus zerbrochenem Stuck und Blattgold« die allerletzten Überreste eines völlig vermoderten Sargs darstelle. Die silbernen »Handschuhe«, die acht Fingerringe enthalten hatten, als man sie fand, seien vermutlich Hüllen für die Hände der Mumie gewesen.

Aber wem gehörte diese winzige, zerfallene Ruhestätte? Vielleicht, wie Aldred anregte, einem Kind Setoys II. und Tausrets, das während der Regierungszeit des ersteren beigesetzt wurde.

Von Typ, Lage und Entwurf her gehört dieses Grab auf jeden Fall eindeutig in die späte 18. Dynastie, egal, welchem Zweck es später gedient haben mag.

Kurzsteckbrief

Nummer u. Lage d. Grabes:
KV56, Wadi Biban el-Muluk
Entdeckt:
5. Januar 1908 von Edward R. Ayrton
Ausgräber/Publikation:
E. R. Ayrton, 1908, für Theodore M. Davis; Th. M. Davis u. a., »The Tomb of Siptah, the Monkey Tomb and the Gold Tomb«, London 1908

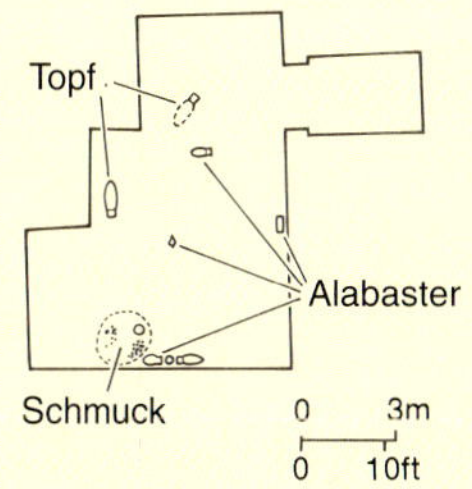

Aufgrund des eiligen Arbeitsabschlusses läßt sich ein interessanter Dekorwandel feststellen. Der größte Teil des ersten Korridors war mit Tief- und Hochreliefs ordentlicher Qualität versehen, aber die (zweifellos nach dem Tod des Königs angebrachte) übrige Ausschmückung ist größtenteils weit kunstloser und lediglich aufgemalt. Die Laibungen der Eingangseinfassungen tragen das Bild der auf den heraldischen Pflanzen knienden Göttin Maat; dasselbe Motiv taucht auch an diversen Stellen im Grabinnern auf. Den ersten Durchgang ziert die Litanei des Re, und die Re-Gestalten setzen sich wie üblich, zusammen mit Texten aus dem Amduat, auch im zweiten und dritten Korridor fort. Die Brunnenkammer war völlig anders verziert als in irgendeinem anderen Grab im Tal. Anstelle der üblichen Szenen des Königs vor Gottheiten wurde der gesamte Raum mit Darstellungen von Grabbeigaben wie symbolischen Götter- und Königsstatuetten ausgemalt, die teilweise mit echten, im Tutanchamun-Grab und anderswo gefundenen Figuren identisch sind – so etwa der auf dem Rücken eines Panthers oder mit einer Harpune in einem kleinen Papyrusboot stehende König. Die Wände der Säulenhalle waren wieder nach traditioneller Art mit dem Buch der Tore und einem Osiris-Schrein versehen, doch beim Säulendekor finden wir erneut eine Innovation, denn sie zeigen auf jeder Seite nur eine einzelne Gestalt, so daß zwei aneinander angrenzende Seiten eine »Szene« bilden. Diese Neuerung wurde von nun an durchgehend beibehalten. Die hastig improvisierte Grab-

Schätze aus dem »Goldgrab«: (oben links) ein Paar silberner, für Setoy II. und Tausret beschrifteter Armbänder (nach einem Gemälde von Harold Jones) sowie (oben Mitte) goldene Schmuckperlen und Ohrringe, die für Setoy II. beschriftet sind.

(Oben) Die einzige Kammer mit der Lage der Funde.

(Unten) Schnittzeichnung von KV15, dem Grab Setoys II. Wie beim Grab des Amenmesse wurden die Steinmetzarbeiten unmittelbar hinter der Säulenhalle abgebrochen.

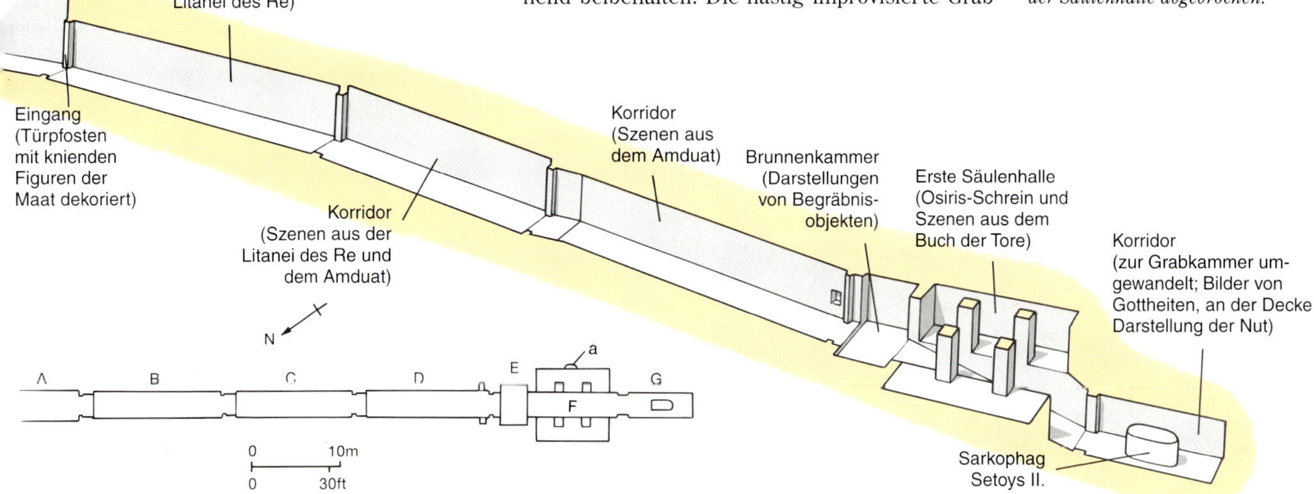

Ein Grab für Kanzler Baja

Kurzsteckbrief

Nummer u. Lage d. Grabes:
KV13, Wadi Biban el-Muluk
Entdeckung:
seit der Antike offen
Ausgräber/Publikation:
Hartwig Altenmüller, 1988–1994, für die Universität Hamburg; H. Altenmüller, SAK 21 (1994), S. 1–18

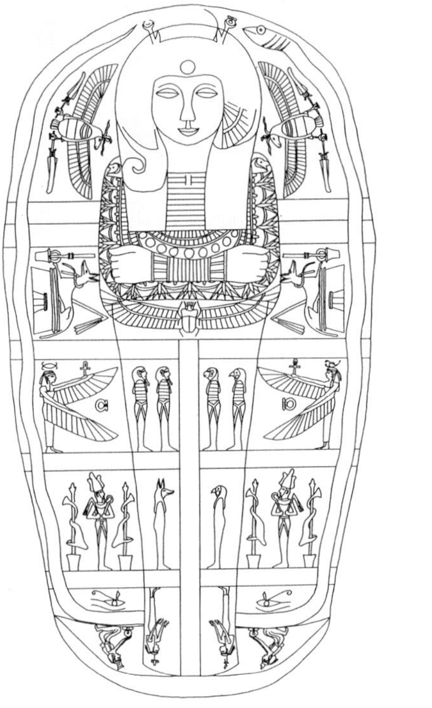

Der kürzlich in KV13 entdeckte Deckel zum Granitsarkophag des Amenkirchopschef. Dieses Monument war ursprünglich für Tausret vorbereitet worden.

Obschon KV13 – das ursprünglich für Baja, die graue Eminenz aus der 19. Dynastie, bestimmte Grab – seit der Antike offenstand, ist es erst kürzlich (1987–1994) von Hartwig Altenmüller im Auftrag der Universität Hamburg vollständig freigelegt worden – mit recht unerwarteten Ergebnissen.

Baja, ursprünglich königlicher Schreiber Setoys II., stieg im Verlauf der nur sechsjährigen Regierungszeit des jungen Königs Siptah – dessen Stiefmutter Tausret Regentin und dann nach Siptahs Tod Alleinherrscherin war – zum Kanzler und »Mann hinter dem Thron« auf. Welchen Status Baja genoß, zeigt sich daran, daß man ihm ein Privatgrab im Tal der Könige gewährte. Doch Altenmüller konnte zeigen, daß sein Grab nicht vollendet und in der 20. Dynastie von zwei königlichen Prinzen – Amenkirchopschef und Mentuhirkhopshef übernommen wurde. Der erstere scheint ein Sohn Ramses' II. gewesen zu sein, während der zweite möglicherweise ein Sohn Ramses' VI. war.

(Unten) Grundriß von Grab KV13.

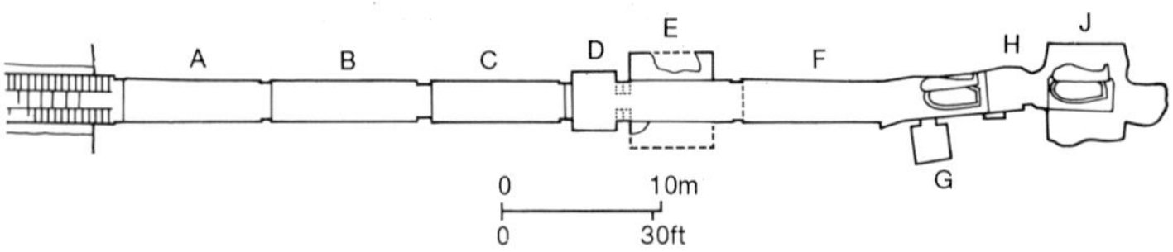

Architektur und Ausschmückung

Altenmüller entdeckte, daß die Proportionen bis zur Säulenhalle praktisch denen im Grab der Tausret glichen. Dahinter ist die Arbeit extrem grob und unvollendet. Ein verlängerter Korridor endet in einer nur begonnenen Säulenhalle und einer improvisierten Grabkammer (die nicht größer als die erste Kammer ist) mit zwei Nebenräumen.

Die Ausschmückung der äußeren Bereiche spiegelt ebenfalls fast exakt jene des Tausret-Grabs wider. Sie besteht aus Darstellungen Bajas vor diversen Gottheiten im ersten Korridor, Szenen aus dem Totenbuch im zweiten und dritten und Götterszenen in der Brunnenkammer. Obschon Baja im ersten Korridor vor dem König (Siptah) abgebildet wird, steht er – und nicht der Herrscher – vor dem falkenköpfigen Sonnengott und anderen Gottheiten; das zeigt, daß man nicht nur beim Entwurf, sondern auch bei der Dekoration des Grabes königliche Vorrechte übernahm.

Bei der späteren Verwendung des Grabes für Amenkirchopschef und Mentuhirkhopschef wurde die für Baja bestimmte Dekoration usurpiert; in einigen Fällen wurden Bilder des Kanzlers durch Darstellungen einer Königin ersetzt, die wahrscheinlich die Mutter eines der beiden Prinzen war.

Die Grabausstattung

Im Grab wurden zwei Sarkophage entdeckt; der eine (in der improvisierten Grabkammer) war der des Amenkirchopschef – von seiner vorgesehenen Besitzerin, Tausret, übernommen, indem man die Geierperücke verändert und dem Abbild der Königin auf dem Deckel eine Schläfenlocke hinzugefügt hatte –, der andere stand im Korridor davor. Er gehörte Mentuhirkhopschef, der auf dem Deckel in Gestalt einer Mumie mit verschränkten Armen dargestellt ist, die ebenfalls die Schläfenlocke eines königlichen Prinzen aufweist.

Zu beiden wurde Begräbnismaterial geborgen: Fragmente von Kanopenkrügen, *uschebtis* aus Fayence und Calcit, Intarsien sowie Gefäße aus Stein und Keramik.

(Links) Die Grabkammer von KV47, fotografiert von Harry Burton im Jahr 1912.

(Rechts) Vom Entwurf her gleicht Siptahs Ruhestätte den beiden vorhergehenden Königsgräbern, erreichte aber einen höheren Grad der Vollendung; die Ausschmückung beschränkt sich allerdings auf die äußeren Korridore.

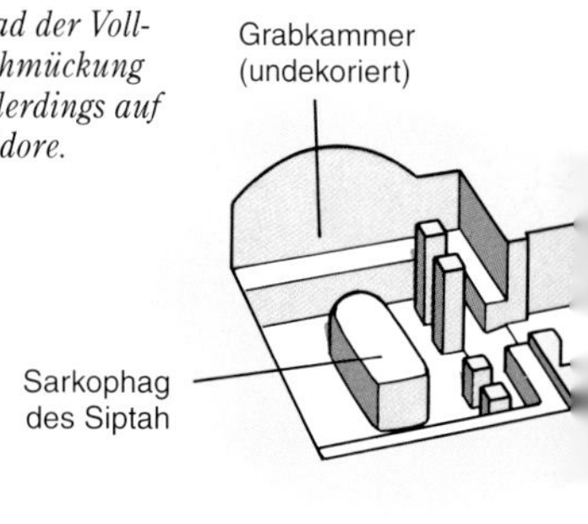

kammer wurde außerdem mit dem Buch der Tore und auf der Kammerdecke mit einer ausgestreckten Gestalt der Göttin Nut geschmückt.

Die Grabausstattung

Im Grab sind nur Fragmente des Sarkophagdeckels Setoys II. verblieben; vom Sargkasten fehlt wie bei Amenhotep III. jede Spur, doch dürfte er Ende des Neuen Reiches zur Wiederverwendung entfernt worden sein. Wäre er vollständig, so würde er den kleinsten erhaltenen Sarkophag des Neuen Reiches darstellen; er könnte durchaus so entworfen worden sein, daß er in einen größeren Sarkophag gepaßt hätte – vielleicht, wie Aidan Dodson meint, in den letztlich für Ramses III. fertiggestellten und benutzten.

Das Grab des Siptah (KV47)

»Ayrton drang bis zur zweiten Kammer vor, aber wegen des schlechten Zustands, in dem sich der Fels befand, gab er die Arbeit als ›überaus gefährlich‹ auf. [...] Mr. Davis und ich inspizierten das Grab im Februar 1912, und da es zu keinen weiteren Einstürzen gekommen war, [...] beschlossen wir, seine Freilegung zu vollenden.«

Harry Burton

Entdeckt wurde KV47 im November 1905 von Ayrton, der es bis zur Vorkammer ausgrub, doch vollständig freigelegt wurde es erst 1912 von Harry Burton. 1922 grub Howard Carter den Bereich in der Umgebung von KV47 aus und entdeckte dabei mehrere Ostraka und kleine Gegenstände aus dem Grab. Nach den Funden Ayrtons und Burtons dürfte KV47 sowohl Siptah als auch seine Mutter, Königin Tiaa, aufgenommen haben. Die Ruhe der beiden wurde jedoch schließlich gestört und die Kartuschen des Königs von den Wänden getilgt; später restaurierte man sie wieder. Das Beweismaterial ist leider sehr komplex, so daß sich die Ägyptologen über den genauen Zeitpunkt, den Ablauf und die Gründe dieser Ereignisse nicht einig sind.

Die von Burton im Sarkophag von KV47 gefundenen Knochen scheinen aus einer Nachbestattung in der Dritten Zwischenzeit zu stammen, und die von Nekropolispriestern der 21. Dynastie als Siptah identifizierte Mumie wurde 1898 im Versteck Amenhoteps II. (KV35) entdeckt. Das linke Bein war – offenbar durch Kinderlähmung – ein wenig verkümmert und verkürzt; im übrigen war der Leichnam des Königs bei der Suche nach wertvollen Amuletten übel zugerichtet worden. Zum Zeitpunkt der Wiederbestattung hatte man den rechten Arm der Mumie mittels einer Schiene neu befestigt.

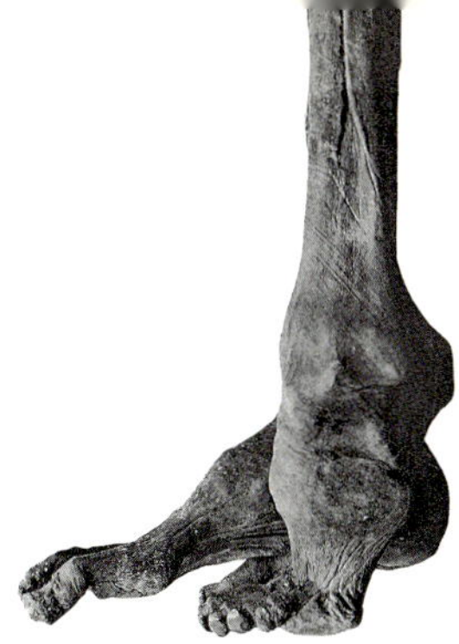

(Links) Detailansicht des Deckels von Siptahs rotem Granitsarkophag.

(Oben) Der verkümmerte rechte Fuß der Königsmumie; er wurde 1898 aus dem Versteck Amenhoteps II. geborgen.

Kurzsteckbrief

Nummer u. Lage d. Grabes:
KV47, Wadi Biban el-Muluk
Entdeckt:
18. Dezember 1905 von Edward R. Ayrton
Königsmumie:
in der Antike entfernt; entdeckt in KV35
Ausgräber/Publikationen:
E. R. Ayrton, 1905; E. R. Ayrton, PSBA 28 (1906), S. 96; H. Burton, 1912-13; H. Burton BMMA 11 (1916), S. 13–18
Wände dokumentiert in:
Theodore M. Davis u. a., »The Tomb of Siptah ...«, London 1908

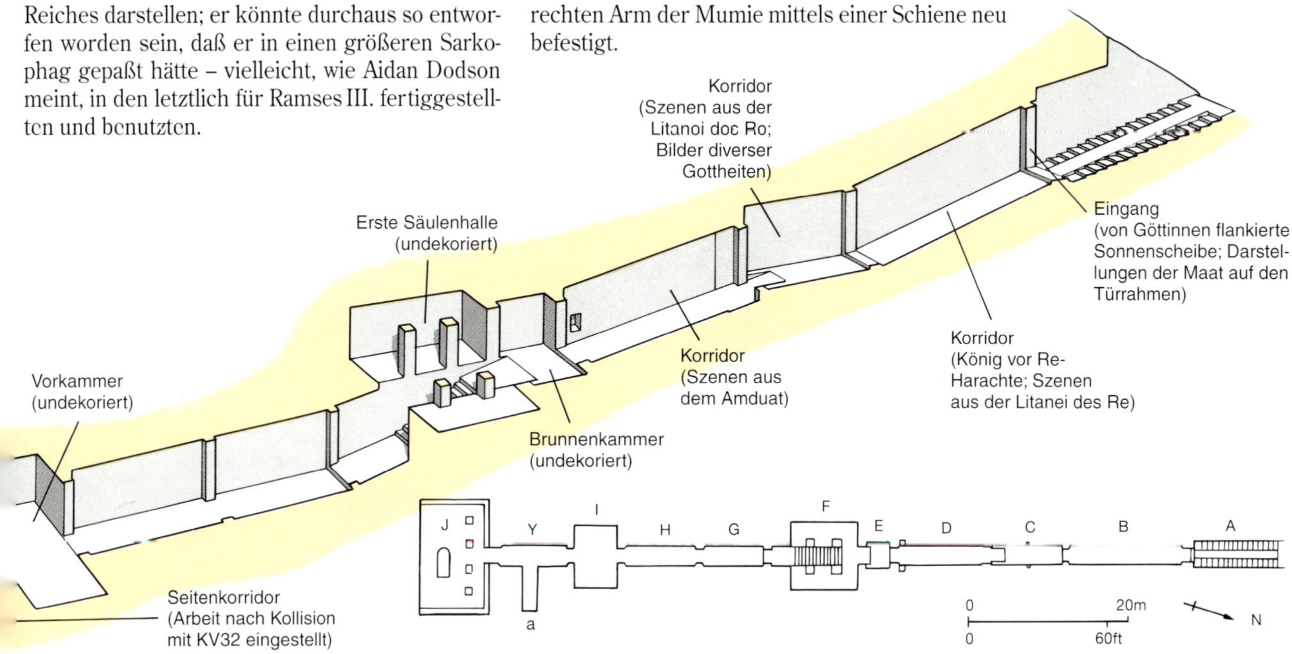

Jugendlicher Siptah vor Re-Harachte – das Frontispiz der Litanei des Re im ersten Korridor von KV47. Links davon ist im Anschnitt das Motiv der über der heraldischen Pflanze Oberägyptens thronenden, geflügelten Maat zu erkennen.

Detail des ruhenden Anubis-Schakals aus dem zweiten Korridor von KV47; Aquarell von Harold Jones.

Architektur und Ausschmückung

Im äußeren Bereich folgt die Anlage zwar recht eng dem Plan von KV15, dem Grab Setoys II., doch das Innere von Siptahs Monument ist in vieler Hinsicht ungewöhnlich. Jenseits der Säulenhalle wurden anstelle eines Korridors und einer Treppe zwei Korridore angelegt; einmalig ist der seitliche Durchgang auf der linken Seite der Passage hinter dem Vorraum, dessen Vortrieb allerdings eingestellt wurde, als man ins nahegelegene KV32 durchbrach. Auch die verwüstete Grabkammer ist außergewöhnlich, denn sie besitzt keine Vorratsnebenräume.

Nur die äußeren Passagen des Siptah-Grabes wurden verputzt und verziert; die Motive sind die üblichen, aber die Ausführung ist ausgezeichnet. Abgesehen vom üblichen Eingangsmotiv finden sich auf der Eingangslaibung die vielleicht schönsten Darstellungen der Maat, die auf den heraldischen Pflanzen des Nordens und Südens sitzt. Die erste Passage und den Beginn der zweiten ziert die Litanei des Re, ihr folgen mehrere Szenen mit besonderer Betonung von Unterweltgottheiten, darunter auch Anubis vor der Bahre des Osiris.

Die Grabausstattung

Der Sarkophag Siptahs wurden von Harry Burton 1912 in der Grabkammer entdeckt. Die Kastenseiten sind abwechselnd mit dreifachen *checher*-Ornamenten und ruhenden Schakalen über einem Register von Unterweltdämonen versehen – ein Design, das mehrere Siptah-Nachfolger übernahmen. Die Kartuschen sind wie viele andere im Grab nachgeschlagen, doch das muß nicht notwendigerweise heißen, daß das Monument eines früheren Königs usurpiert wurde.

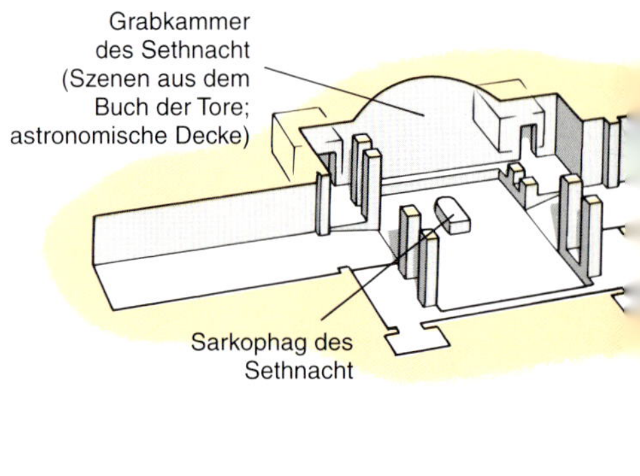

(Links) Die Schlußszene des Buchs der Höhlen in der Grabkammer der Tausret mit dem Sonnengott in seinen Gestalten als Käfer, Scheibe und widderköpfiger Vogel.

Das Grab Tausrets und Sethnachts (KV14)

»Einen Menschenschädel[,] Menschenknochen sowie Knochen eines Stiers[,] Holzsarkophag usw. gefunden.«

James Burton

Geschichte und Ausgrabung

Mit dem Aushauen von KV14 scheint Königin Tausret, die Frau Setoys II., für sich und ihren Ehemann begonnen zu haben, doch fertiggestellt wurde das Grab von Sethnacht, der offenbar die früheren Bestattungen ausräumen und das Grab für sich selbst herrichten ließ. Wahrscheinlich geschah die Entfernung Tausrets aus KV14 durch Sethnacht zur gleichen Zeit wie die offenkundige Wiederbestattung Setoys II. durch ihn in KV15.

Von der Mumie der Königin ist keine gesicherte Spur vorhanden. Die Überreste der Bestattung von Sethnacht selbst – sein Pappsarg, vielleicht sogar seine Leiche – wurden aus KV35 geborgen. Die Leichenreste im Sarkophag der Grabkammer von KV14 stammen wahrscheinlich von einer Nachbestattung, vermutlich aus der Dritten Zwischenzeit.

Das Grab stand seit der Antike offen und scheint zu Beginn unseres Jahrhunderts in begrenztem Rahmen erforscht worden zu sein, denn 1909 wurde vom Ägyptischen Museum in Kairo ein Truhenknopf des Haremhab registriert, von dem es ausdrücklich heißt, er stamme aus KV14. Vor kurzem hat Hartwig Altenmüller das Doppelgrab im Detail untersucht.

Architektur und Ausschmückung

Bei der Vollendung der für Tausret begonnenen und für sie als Regentin erweiterten Anlage ließ Sethnacht eines der größten Gräber im Königstal

Kurzsteckbrief

Nummer u. Lage d. Grabes:
KV14, Wadi Biban el-Muluk
Entdeckung:
seit der Antike zugänglich
Königsmumien:
Mumie der Tausret, in KV11 beigesetzt und vielleicht in der Antike entfernt; unidentifiziert; Mumie des Sethnacht, in der Antike entfernt und in KV35 gefunden (Zuschreibung ungewiß)
Ausgräber/Publikation:
Hartwig Altenmüller, 1983–1987, für die Universität Hamburg; H. Altenmüller, in C. N. Reeves (Hg.), »After Tut'ankhamun«, London 1992, S. 141–164.
Wände dokumentiert in:
Eugène Lefébure, »Les Hypogées royaux de Thèbes II«, Paris 1889, S. 123–145

Das von Tausret begonnene und von Sethnacht vollendete KV14 weist die inzwischen zur Norm gewordene gerade Achse auf und enthält zwei Grabkammern – ein im Tal der Könige einmaliges Merkmal.

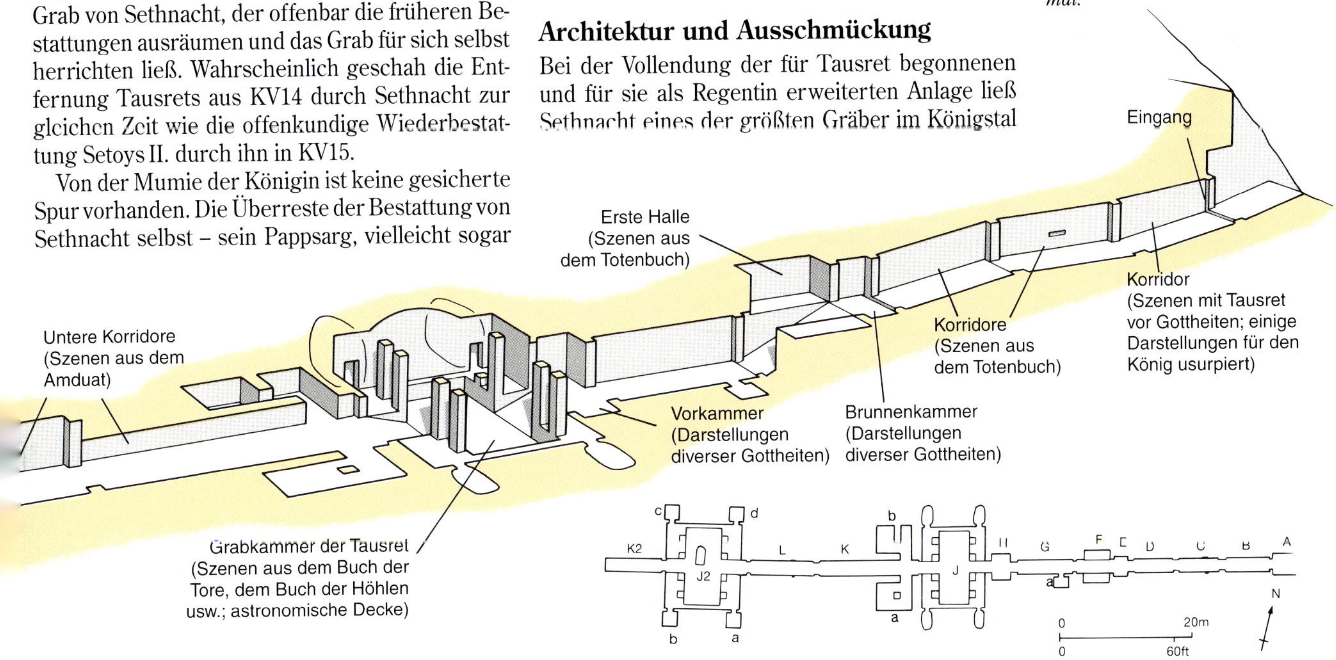

Detail des fragmentarisch erhaltenen Sarkophagdeckels Sethnachts. Das Monument ähnelt von der Gestaltung her stark dem des Siptah: Die mumienförmige Gestalt des Königs wird zur Linken und Rechten von Darstellungen der Isis und Nephtys und dazwischenliegenden Schlangengöttinnen flankiert.

(die Länge beträgt über 112 Meter) ausschachten. Die Korridore im ersten (für Tausret als Königsgemahlin angelegten) Teil des Grabes scheinen den für diese Zeit typischen Königskanon von gut 2,6 Metern Breite sorgsam vermeiden zu wollen; sie sind in der Tat eine ganze Elle schmäler. Auch die Säulen der ersten Grabkammer bleiben mit einer Breite von nur 0,6 Metern deutlich hinter den königlichen Maßen (0,7 Meter) zurück, die sich dann in den kaum begonnenen Nebenkammern (Ka/Kb) finden – Tausret hatte inzwischen den Thron bestiegen.

Diese Säule aus der Grabkammer des Sethnacht zeigt den König mit der Roten Krone. Die Kombination aneinanderstoßender Einzeldarstellungen, die zusammen eine komplette Szene bilden, findet sich zum ersten Mal in den Gräbern Setoys II. und Tausrets/Sethnachts.

Die verschiedenen Entwicklungsphasen dieses ungewöhnlichen Grabes spiegeln sich auch in seiner Dekoration wider. Im ersten Teil der Anlage wurden mehreren männlichen Gottheiten Beinamen mit weiblichen Endungen verliehen (so in der Inschrift über dem Osiris-Schrein); dies zeigt den Versuch, sie mit der Person der Königin zu verschmelzen. Die Eingangspassagen waren ursprünglich mit nichtköniglichen Motiven geschmückt, wobei allerdings die erste Grabkammer Königsmaterial wie etwa die Schlußszene des Buches der Höhlen enthält und die aufgegebenen Seitenkammern (Ka/Kb) möglicherweise vollständig in Königsmanier dekoriert werden sollten. Das übrige, für Sethnacht angelegte Grab (die Räume K, L, J2, K2) weist natürlich eine rein königliche Ausschmückung auf. Wie schon im Grab Setoys II. (KV15) werden König und Gottheit nicht mehr zusammen auf denselben Säulenflächen der Grabkammer gezeigt, sondern auf getrennten Seiten; im Falle Sethnachts ersetzen nur flüchtig ausgeführte Bilder des Königs die früheren Tausret-Darstellungen auf den Pfeilern.

Die Grabausstattung

Der Sarkophag Sethnachts wurde in der Antike zerschmettert. Der Deckel ähnelt sehr jenem aus dem Grab des Siptah, dasselbe gilt für die fragmentierte Verzierung der Sargwände. Zumindest der Sargkasten scheint von einem früheren Besitzer – vielleicht Setoy II. – übernommen worden zu sein.

Ein aus dem Depot im Grab Amenhoteps II. (KV35) geborgener, zerschlagener anthropoider Sarg wurde für Sethnacht beschriftet und könnte trotz seiner bescheidenen Qualität Teil der ursprünglichen Grabausstattung gewesen sein.

Alle neun Nachfolger Sethnachts in der 20. Dynastie trugen den Namen Ramses, und mit Ausnahme des fünften (vielleicht), des achten und des elften von ihnen steht eindeutig fest, wo sie begraben waren. Der erste in der Reihe, Ramses III. (1194–1163 v. Chr.), suchte es seinem Namensvetter Ramses II. auch in den Taten gleichzutun. Es gelang ihm, die Angriffe aus Libyen im Westen und die »Seevölker« im Norden abzuschlagen, und er behielt die Kontrolle über einen Großteil Südpalästinas. Doch allmählich ging die große Zeit zu Ende, und unter den Nachfolgern Ramses' III. setzte der Niedergang Ägyptens ein.

Einen ersten Vorgeschmack bot schon der im königlichen Harem ausgeheckte Mordversuch an Ramses III.; er schlug zwar fehl, doch er machte deutlich, daß der Pharao an Status verloren hatte. Während die im Norden regierenden Ramessiden-Könige – von denen einer farbloser war als der andere und keiner ein bemerkenswerteres Andenken als sein Grab hinterließ – in endloser Folge kamen und gingen, entwickelte sich im südlich gelegenen Theben eine rivalisierende Dynastie von Amun-Hohenpriestern. Zur Zeit Ramses' XI. war die Priesterlinie schließlich stark genug, um den Status quo anfechten und sich zu guter Letzt selbst den verblaßten Königsmantel überstreifen zu können.

Die späten Ramessiden

Ein von Sethnacht begonnenes und von Ramses III. beendetes Grab (KV11)

»Knochen eines Ochsen – Sarkophag stand in der Mitte. Yanni [d'Athanasi – *sic!*, in Wirklichkeit handelte es sich um Belzoni] nahm ihn.«

James Burton

KV11 gehört zu den Gräbern, die zumindest in ihren äußeren Bereichen schon in griechisch-römischer Zeit für Touristen zugänglich waren, und ist es bis heute geblieben. Seit dem 18. Jahrhundert ist es (nach dem schottischen Forschungsreisenden James Bruce, der eine armselige Kopie der Szene mit den blinden Harfnern im Raum Cd anfertigte) allgemein als »Bruces Grab« bekannt. Begonnen wurde es von Sethnacht, der es dann jedoch aufgab und sich KV14 zuwandte, wo er begraben wurde. Sethnachts Sohn Ramses III. nahm die Arbeit an KV11 wieder auf und wurde in ihm bestattet.

Kurzsteckbrief

Nummer u. Lage d. Grabes:
KV11, Wadi Biban el-Muluk
Entdeckung:
seit der Antike offen
Königsmumie:
in der Antike entfernt; entdeckt in DB320
Ausgräber/Publikation:
unbekannt, 1895, für den »Service des Antiquités«; J. de Morgan, BIE (3 série) 6 (1895), S. 140.
Wände dokumentiert in:
M. Marciniak, *Etudes et Travaux* 12 (1983), S. 295–305

Die Architektur

Die ersten drei Korridore wurden zwar unter Sethnacht angelegt, aber die nischenartigen Nebenkammern in den beiden ersten Durchgängen (von denen nach J. G. Wilkinson jede eine Grube ungewisser Zweckbestimmung enthielt) soll Ramses III. hinzugefügt haben. Damals wurde der dritte Korridor, der die Decke von KV10 (Amenmesse) durchstoßen hatte, in einen kleinen Raum umgewandelt, von dem aus das übrige Grab mit verschobener Achse in den Fels geschlagen wurde. Somit ergab sich das einmalige Merkmal, daß der vierte

Osiris-Schrein über der in die tieferliegenden Bereiche von KV11 führenden Treppe. Die Säulen zu beiden Seiten zeigen den König, wie er Osiris und anderen Unterweltgottheiten Opfer darbringt.

Detail einer der Säulenszenen von S. 159: Ramses III. bringt ein Weihrauchopfer dar.

Korridor *ansteigt*, um die darunterliegende Kammer von KV10 zu überwinden, und der Grabbau erst danach wie geplant zur Brunnenkammer und zur Säulenhalle mit ihrer Seitenkammer abfällt, die der in KV10 ähnelt und seitdem nicht mehr verwendet wurde. Sodann führt ein weiterer Gang in die beiden Vorkammern und die Grabkammer hinunter, in der der Sarkophag offenbar zum ersten Mal entlang der Grabhauptachse aufgestellt wurde. Wie im Merenptah-Grab (KV8) sind die vier Nebenkammern symmetrisch an den vier Ecken angeordnet, und auch die Erweiterung jenseits dieser Halle entspricht einem ziemlich regelmäßigen Plan.

Krüge (darunter solche mit »steigbügelförmigem« Henkel und andere Gefäße ägäischen Typs) unter in einem der Nebenräume des zweiten Korridors von KV11 dargestellten Alltagsgegenständen.

Die Ausschmückung

»Als ich der Gemälde ansichtig wurde, stand ich wie angewurzelt. Auf einem Paneel waren mehrere Musikinstrumente über den Fußboden verstreut zu sehen. Auf drei anschließende Paneele waren [...] drei Harfen aufgemalt, die höchste Aufmerksamkeit verdienten ...«

James Bruce

Die Tiefreliefs lassen technisch zwar einiges zu wünschen übrig, aber ihre Farben sind gut erhalten, und ihre Vielfalt ist außergewöhnlich. Die den Eingang zu KV11 flankierenden Zwillingssäulen mit Hathor-Kopf sind einmalig; zwischen ihnen steht allerdings die übliche Sonnenscheibe mit den Göttinnen. Die ersten drei Korridore sind für Sethnacht dekoriert (was zeigt, daß die Künstler bereits ans Werk gingen, während das Grab noch vorgetrieben wurde), wobei die beiden ersten Durchgänge die Litanei des Re tragen. Die Wände der von Ramses III. hinzugefügten Nebenkammern sind mit einzigartigen weltlichen Motiven bemalt, darunter dem königlichen Waffenarsenal, Darstellungen von Booten und Bruces berühmten blinden Harfnern; in den Szenen mit dem Königsschatz finden sich viele, zum Teil eindeutig aus der Ägäis importierte Luxusgegenstände. Der dritte Korridor zeigt Sethnacht vor diversen Gottheiten, und von da ab wechselt das Dekor zu Ramses III. über. Im vierten Korridor tauchen Motive aus dem Amduat auf, und der Brunnenraum ist mit den üblichen Götterszenen verziert. Die erste Säulenhalle enthält Bilder und Texte aus dem Buch der Tore und zeigt auf den Säulenflächen auch Ramses mit verschiedenen Gottheiten. Im abschließenden Korridor findet sich Material aus dem Mundöffnungsritual, in den beiden Vorkammern sehen wir diverse Gottheitsszenen. Die stark von Wasser beschädigte Sarkophagkammer war offenbar mit Auszügen aus dem Buch der Tore und dem Buch der Erde geschmückt. Die Decke trug anscheinend keine »Himmelsdekoration«, aber in den Seitenräumen stehen verschiedene Texte und ein Stück aus dem Buch der Himmelskuh. Am Ende der Erweiterung der Sarkophaghalle war ein Teil des Osiris-Urteils abgebildet, wiederum aus dem Buch der Tore.

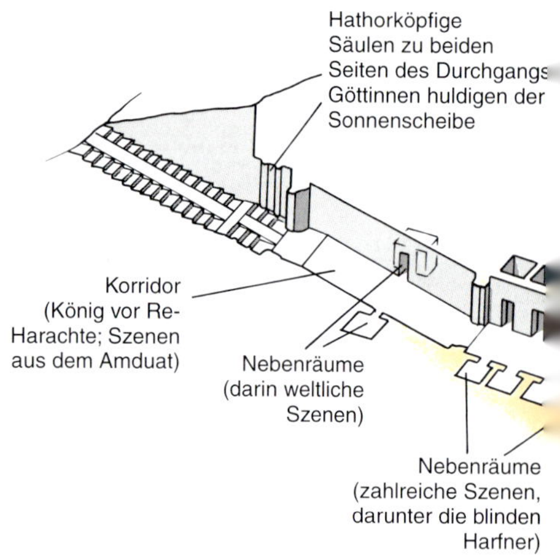

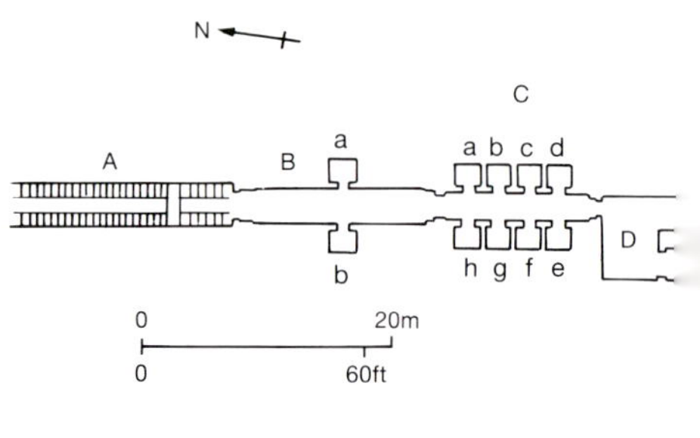

Ein Grab für einen Sohn Ramses' III.

Kurzsteckbrief

Nummer u. Lage d. Grabes:
KV3, Wadi Biban el-Muluk
Entdeckung:
seit der Antike offen
Ausgräber/Publikation:
Harry Burton, 1912,
für Theodore M. Davis;
unpubliziert

KV3, das wahrscheinlich schon Pococke bemerkt hatte, wurde in den 20er oder 30er Jahren des vorigen Jahrhunderts von James Burton betreten, der in den Eingangskorridoren Spuren der Kartuschen Ramses' III. registrierte. Erstmals freigelegt wurde das Grab 1912 von Harry Burton, obschon Quibell und Ayrton in seiner Umgebung bereits zuvor diverse Ausgrabungen vorgenommen hatten.

Der Grundriß ist ungewöhnlich und spiegelt die halbkönigliche Natur des Grabes wider. Einige Elemente des Standardplans der Königsgräber fehlen; das Ganze ist geradeaus in den Fels gehauen und verläuft nach dem Eingang praktisch horizontal. Ein einziger Korridor führt zu einer viersäuligen Halle; sowohl diese als auch der Durchgang besitzen auf beiden Seiten Nebenräume (die zur Linken sind unvollendet). Drei weitere Räume – darunter eine Grabkammer mit Gewölbedecke – liegen unmittelbar hinter der Säulenhalle.

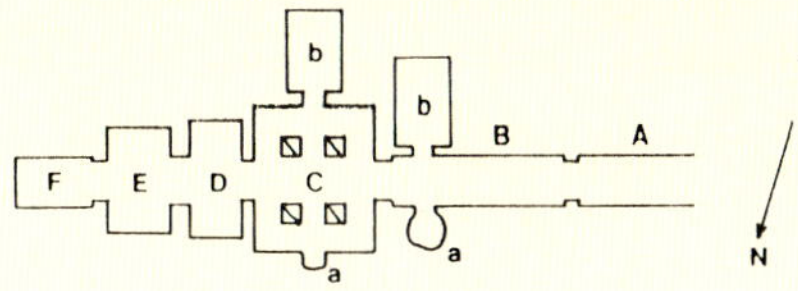

Von der Ausschmückung sind nur Spuren im Eingang und im ersten Korridor erhalten, obschon sie ursprünglich das ganze Grab umfaßt haben dürfte, da Lepsius in den 1840er Jahren Farbreste an der Decke des Gewölbes und darüber hinaus zwei Reihen von Kartuschen Ramses' III. und Darstellungen des Königs auf den Wänden des ersten Korridors bemerkte. Wie in allen Königsgräbern dieser Periode dürften die Motive auf der Litanei des Re basiert haben.

Ein heute in Berlin befindliches hieratisches Ostrakon hält fest, daß sich im Jahr 28 des Ramses III. ein Arbeitstrupp ins Königstal begab, »um [das Grab] eines Prinzen Seiner Majestät zu begründen«. Dieses Grab ist wahrscheinlich KV3, obschon der Namen des Prinzen unbekannt ist – wir wissen auch nicht, ob er jemals dort begraben wurde. KV3 wurde später als christliche Kapelle benutzt.

Die Grabausstattung

Aidan Dodson hat die Meinung geäußert, der Sarkophag Ramses' III. sei ursprünglich als Außenbehältnis für Setoy II. bestimmt gewesen, aber nicht benutzt worden. Der – wie Sethnachts Pappsarg mit Göttinnen und den vier Söhnen des Horus verzierte – Holztrog des zweitinnersten Sarges Ramses' III. wurde 1898 im Königsversteck KV35 gefunden und enthielt die Mumie Amenhoteps III. Der Sargdeckel ist verlorengegangen; er war in der Antike gewaltsam entfernt worden, und dabei wurden die Zapfenlöcher im Trogrand beschädigt.

Ansonsten sind nur wenige zuordnungsfähige Funde zu verzeichnen, zu denen aber offenbar fünf *uschebtis* aus massiver Bronze gehören, die jetzt im British Museum, in Turin, im Louvre (2) und im Oriental Museum in Durham stehen.

Graffiti, die Neueinwicklung der Mumie und anderer menschlicher Überreste

Champollion hielt drei undatierte Graffiti im Grab fest, von denen keines vollständig lesbar ist. Eines scheint sich auf eine Inspektion zu beziehen, während das zweite und dritte Graffito in der Grabkammer unter anderem den Namen des Nekropolisschreibers Butehamun erwähnt, der im Jahr 13 der Herrschaft Smendes' I. die »Osirifizierung« Ramses' III. leitete. Diese Arbeit ist in einer Notiz auf den neuen Mumienbinden des Königs verzeichnet. Die Mumie selbst wurde im Versteck DB320 in einem einst vergoldeten Pappmachésarg gefunden, der im massiven Mumienbehältnis von

Die teilausgewickelte Mumie Ramses' III. aus dem Depot von Deir el-Bahari.

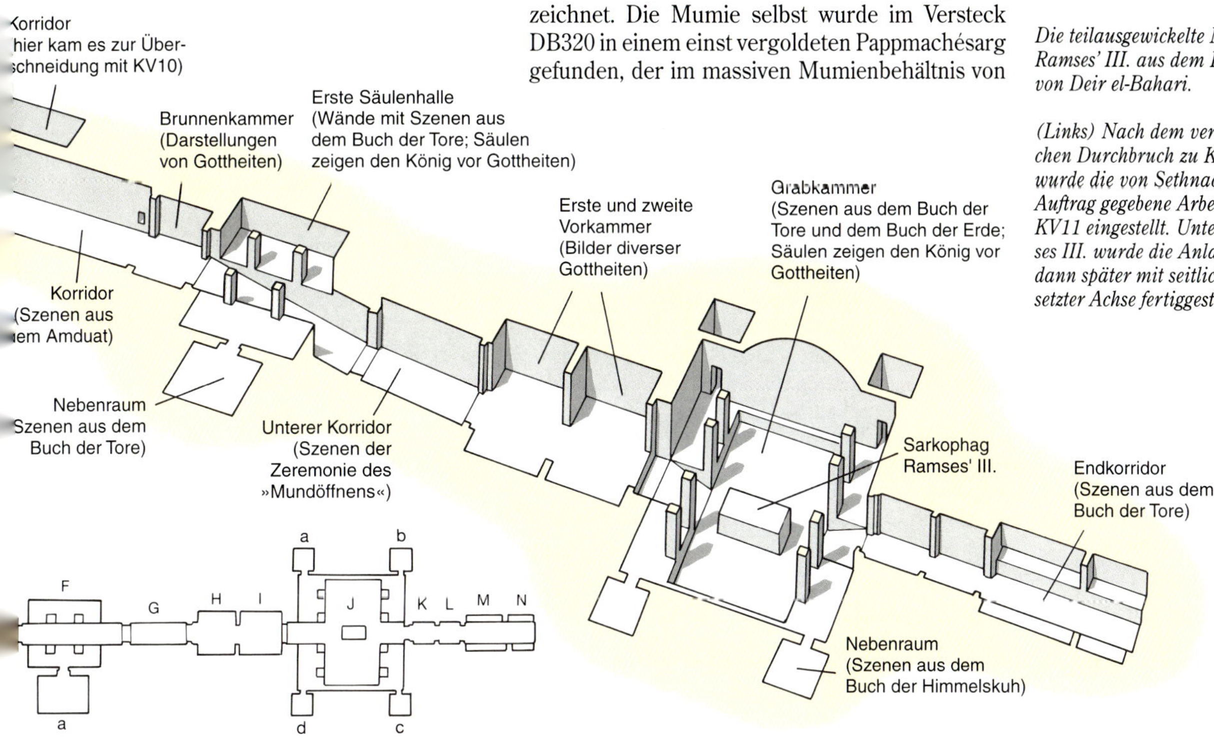

(Links) Nach dem versehentlichen Durchbruch zu KV 10 wurde die von Sethnacht in Auftrag gegebene Arbeit an KV11 eingestellt. Unter Ramses III. wurde die Anlage dann später mit seitlich versetzter Achse fertiggestellt.

Kurzsteckbrief

Nummer u. Lage d. Grabes:
KV2, Wadi Biban el-Muluk
Entdeckung:
seit der Antike offen
Königsmumie:
in der Antike entfernt; entdeckt in KV35
Ausgräber/Publikationen:
Edward R. Ayrton, 1905/06, für Theodore M. Davis; Th. M. Davis u. a., »The Tomb of Siphtah; the Monkey Tomb and the Gold Tomb«, London 1908; N. Reeves, MDAIK 40 (1984), S. 228–230 (Funde); Howard Carter, 1920, für den Earl of Carnarvon, unpubliziert.
Epigraphische Dokumentation: Erik Hornung, »Zwei ramessidische Königsgräber: Ramses IV. und Ramses VII.«, Mainz 1990

Königin Ahmose Neferati steckte. Maspero hat sie 1886 ausgewickelt. Die Gesichtszüge waren so abstoßend, daß sie als Vorlage für Boris Karloffs Maske im Horrorfilm »The Mummy« zu Berühmtheit gelangten.

Die menschlichen Überreste, die sowohl die französische Expedition als auch James Burton in einer der Seitenkammern (J2) entdeckten, stammten offenbar von Nachbestattungen in der Dritten Zwischenzeit.

Das Grab Ramses' IV. (KV2)

Geschichte und Archäologie

»[Jahr 2, zweiter Überschwemmungsmonat], Tag 17. [...] Der Stadtgouverneur Neferrenpet kam in die Stadt [Theben], desgleichen der Königsdiener Hori und der Königsdiener Amencha, Sohn des Techy, [...] und sie begaben sich ins Tal der Könige, um nach einem Platz zu suchen, an dem ein Grab für User-maat-re Setep-en-amun [Ramses IV.] geschlagen werden konnte ...«

Hieratisches Ostrakon

KV2 scheint in der Antike (wie die vielen Graffiti zeigen) und im 18. Jahrhundert (als Pococke vom Grab und Bruce vom massiven, 2,5 Meter hohen Sarkophag Planskizzen fertigten) mehr Aufmerksamkeit gegolten zu haben als in neuerer Zeit. Von einer Freilegung des Innern wird nirgends berichtet; die einzigen Funde aus dem Innern sind die »Leichen«, die J. G. Wilkinson in den »Nischen« hinter der Grabkammer sah. Dabei handelte es sich wahrscheinlich um Nachbestattungen aus der Dritten Zwischenzeit. Viel mehr weiß man über die Umgebung des Grabeingangs, die 1905/06 Edward Ayrton und später (1920) Howard Carter freilegten. Beide Archäologen fanden eine Menge Grabbeigaben, die in der Antike aus dem Grab geworfen worden waren – Ostraka mit figürlichen Darstellungen, *uschebtis* (aus Holz, Calcit und Fayence), Fayence-, Glas- und Holzfragmente und eine Gruppe von Tonscherben »mit Gips- und Farbresten«, die zum Teil den Namen Ramses' II. trugen und eindeutig als improvisierte Paletten genutzt worden waren.

Ayrton arbeitete sich »zur Grabmündung [...] im Norden« vor und fand dort die »Trümmer grober koptischer und römischer Hütten« (möglicherweise Tierställe), ein zerbrochenes, aber außergewöhnlich schönes, koptisches Tranchierbrett,

(Rechts) Die Korridore von KV2 (ganz im Hintergrund der Sarkophag) weisen den flachen Neigungswinkel der späten Ramessiden-Gräber auf.

(Gegenüberliegende Seite) Obschon etwas vereinfacht, schließt der fertige Grundriß von KV2 eine Reihe kleiner Nischen und andere Merkmale ein.

Ostrakafragmente und einen ungeöffneten Brief auf Papyrus. Herbert Winlock bezeichnete KV2 als eine der bedeutendsten Koptensiedlungen im Tal.

Die Architektur

»Der erste große Eingang ...«

Elizabeth Thomas

Vor dem eindrucksvollen, felsbedeckten Eingang waren neun »Grundstein«-Depots angelegt worden, von denen Ayrton eines noch in Überresten fand, Carter weitere fünf intakt. Eingang und erster Korridor sind beide mit der Kombination aus Treppen und Rampe versehen, die ab Ramses II. gelegentlich vorkommt. Die Nischen im zweiten Korridor, die bei mehreren früheren Gräbern weggelassen oder verändert worden waren, tauchen hier ebenfalls wieder auf und setzen sich in den nachfolgenden Gräbern fort. Der ursprüngliche Plan war, vermutlich aus Zeitnot, vereinfacht worden. Diese Abänderung brachte es mit sich, daß eine abfallende Rampe sowie die Grabkammer im ursprünglich dem Brunnen und der ersten Säulenhalle zugedachten Bereich angelegt werden mußten.

Zwei Planskizzen des Grabs Ramses' IV. sind bekannt. Die berühmteste und vollständigste befindet sich auf einem jetzt in Turin aufbewahrten Papyrus; die zweite ist ein Detail des äußeren Zugangsweges auf einem Kalksteinostrakon, das Ayrton unter dem Schutt am Grabeingang fand. Beide zeigen das Grab im Endzustand, wobei der Papyrus die vereinfachte Endform darstellt; auf beiden sind die Türen verschlossen und verriegelt. Die Skizze auf dem Ostrakon ist vermutlich nur das beiläufige Gekrakel eines Arbeiters, während der Papyrusplan ernsthafteren Zwecken gedient haben dürfte und vielleicht bei der Weihezeremonie anläßlich der Arbeitsbeendigung benutzt wurde. Solche »Modelle« finden sich gewöhnlich eher im Zusammenhang mit Tempelgründungen, wo sie dann normalerweise dreidimensionale Form besitzen.

Die Ausschmückung

»Auf den Wänden von [Raum Gb] befinden sich Darstellungen eines Bettes, eines Stuhls, zweier Truhen sowie der üblichen vier Kanopenvasen. Vielleicht standen diese Gegenstände zur Begräbniszeit tatsächlich in dem Raum, obwohl das etwas den früheren Gebräuchen widerspricht.«

Arthur Weigall

Die Dekoration von KV2 ist praktisch unversehrt und weist eine Reihe ganz neuer Elemente auf. Die ersten zwei Gänge enthalten die übliche Litanei des Re, aber im dritten tauchen erstmals Texte aus dem Buch der Höhlen auf. Die Vorkammer enthält Teile des Totenbuchs, die Grabkammer eine Mischung alter und neuer Werke. Auf den Wänden stehen Auszüge aus dem Amduat und dem Buch der Tore, aber ab diesem Grab ersetzen die Bücher des Himmels die früheren »astronomischen« Darstellungen auf der Gewölbedecke. An den Seiten erscheinen Dekanatslisten, welche die wie einen Baldachin über dem Königsbegräbnis ausgestreckten Zwillingsgestalten der Himmelsgöttin Nut einrahmen.

(Oben) Der Pharao vor dem Sonnengott; Szene aus KV2.

Großes hölzernes uschebti *Ramses' IV. (Bemalung restauriert).*

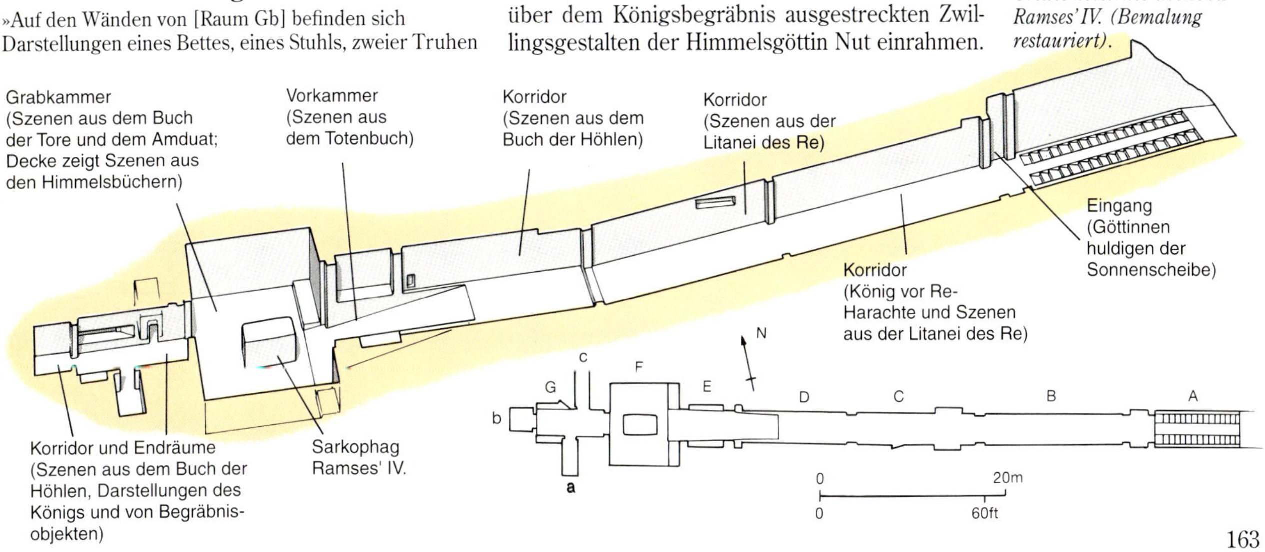

Kurzsteckbrief

Nummer u. Lage d. Grabes:
KV9, Wadi Biban el-Muluk
Entdeckung:
seit der Antike offen
Königsmumie:
Mumien Ramses' V. und Ramses' VI. in der Antike entfernt; beide entdeckt in KV35
Ausgräber/Publikation:
James Burton, 1820–1830; unpubliziert;
Georges Daressy, 1888, für den »Service des Antiquités«; G. Daressy, ASAE 18 (1919), S. 270–274
Wände dokumentiert in:
Alexandre Piankoff u. N. Rambova, »The Tomb of Ramesses VI«, New York, 1954

(Oben rechts) Maske vom Deckel des inneren anthropoiden Sarkophags Ramses' VI.

(Unten) KV9 – begonnen von Ramses V. und vollendet von Ramses VI. – ist das am vollständigsten ausgeführte Grab der späten Ramessiden-Zeit.

Die Kammern jenseits der Sarkophaghalle sind mit Szenen aus dem Buch der Höhlen und bildlichen Darstellungen der in diesen Endräumen des Grabes lagernden Gegenstände verziert.

Räumung und Aufgabe

Der Sarkophag wurde in der Antike an einem Ende durchbrochen, der Deckel weggenommen. Das Entfernen der Königsmumie – die schließlich in KV35 auftauchte – dokumentiert vielleicht ein Graffito des Schreibers Penamun, des gleichen Mannes, der im Herrschaftsjahr 16 von Smendes I., im 4. Monat der Jahreszeit *peret*, am Tage 11, auch die zweite Restaurierung der Mumie Amenhoteps I. vornahm.

Das Grab Ramses' V. und Ramses' VI. (KV9)

»Ich [...] fand eine Reihe Fragmente von Kleinfiguren ähnlich denen in Belzonis Grab, die aber aus [Calcit] anstatt Holz bestanden[;] sie trugen Hieroglyphen in Schwarz und Grün – Teile von Vasen aus dem gleichen Material, die mit Pech bestrichen waren ...«

James Burton

Die Römer kannten KV9 als »Grab des Memnon«, die Gelehrten der französischen Expedition nannten es »La Tombe de la Métempsychose«. Die früheren Teile des Grabes vor E sind für Ramses V. beschriftet und lassen auf keine Usurpierung schließen. Ein Fragment eines Holzkastens und möglicherweise ein hölzerner Sargnagel aus Davis' Arbeit im Tal sind die einzigen bekannten Begräbnisobjekte Ramses' V. Alles übrige, was in KV9 gefunden wurde, galt Ramses VI. Ramses V. scheint das Grab nicht nur begonnen zu haben, sondern hier in einem Doppelbegräbnis mit Ramses VI. auch bestattet worden zu sein. Das Datum (allerdings leider nicht den Ort) der Beisetzung Ramses' V. im Jahr 2 seines Nachfolgers bezeugt ein Ostrakon.

Architektur und Ausschmückung

Die während der Herrschaft beider Könige in den Fels geschlagenen Teile stellen sich als ein einziges Ganzes dar. Die Korridore sind breiter und höher als bei Ramses IV., enthalten aber nicht die Treppen-Rampen-Konfiguration von KV2. Die Passage H ist insoweit einmalig, als sie eine horizontale Decke mit einem abfallenden Fußboden kombiniert, weil die Steinmetzen, die von oben nach unten arbeiteten, hier tiefer gehen mußten, um an KV12 vorbeizukommen. Die Grabkammer selbst ist unvollendet, wie auch das Fehlen irgendwelcher Nebenräume – abgesehen von der verkürzten Erweiterung jenseits der Sarkophaghalle – beweist (obwohl diese auch bei allen anschließenden Königsgräbern weggelassen wurden).

Die farbigen Tiefreliefs sind zwar gut erhalten, im Vergleich zu jenen der vorhergehenden 19. Dynastie, jedoch stilistisch minderwertig. Die Ausschmückung unterscheidet sich von dem seit dem Grab Setoys I. geltenden Programm und läßt die letzte größere Entwicklungsstufe im Tal der Könige erkennen. Einen starken Schwerpunkt bilden astronomische Texte und Darstellungen. Der Gott Re nimmt einen größeren Platz ein; in den äußeren Korridoren ersetzen das Buch der Tore (links) und das Buch der Höhlen (rechts) die Litanei des Re, und in jeder Passage finden sich Himmelsdecken. Der dritte Korridor und die Brunnenkammer sind in der gleichen Weise verziert; hinzu kommen – wie

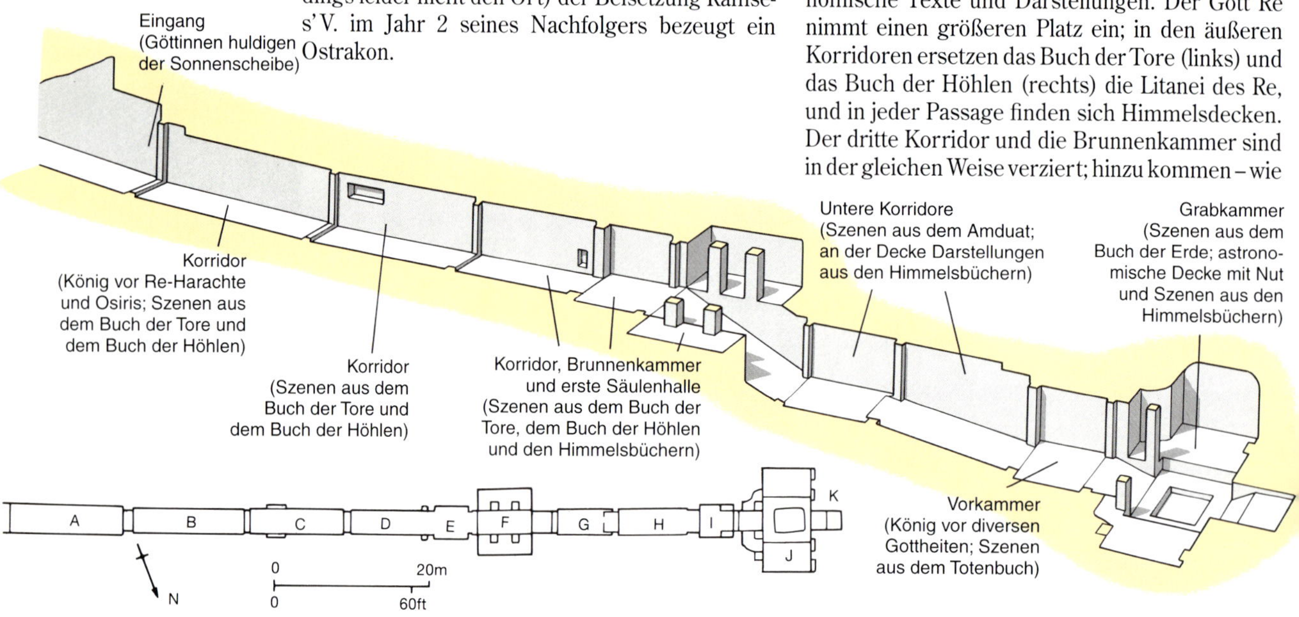

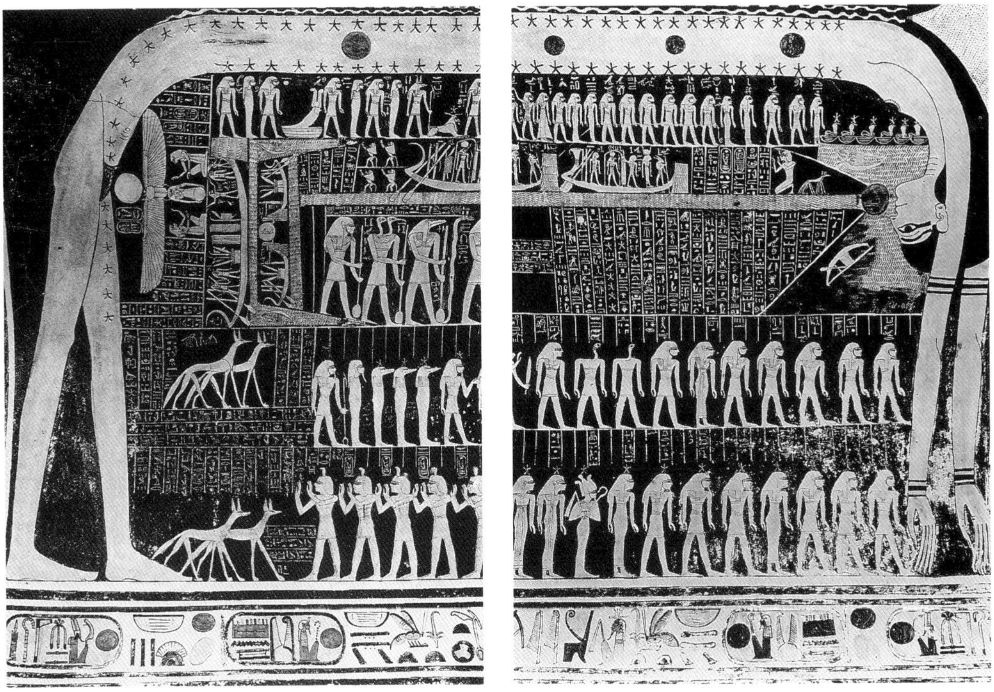

Die Göttin Nut mit Texten aus dem Buch des Tages, einem der sogenannten Himmelsbücher; Detail der Grabkammerdecke in KV9. Die metaphorische Darstellung kombiniert unterschiedliche Ebenen: Zum einen zeigt sie die Sonne als Scheibe, die vom Körper der Göttin verschluckt und wiedergeboren wird, zum andern als Gott, der in der Sonnenbarke über die Gewässer des Himmels segelt.

auch in der ersten Säulenhalle, die jedoch das Motiv des Osiris-Schreins beibehält – Auszüge aus den Himmelsbüchern. Aber auch hier ist der erhöhte Einfluß des Gottes Re erkennbar, denn durch Hinzufügung einer Sonnenscheibe und eines Sonnenpektorals wird Osiris mit dem Sonnengott identifiziert. In den unteren Durchgängen und der Vorkammer zeigen die Decken Passagen aus den Büchern des Himmels sowie diverse kryptische Texte, während auf den Wänden Auszüge aus dem Amduat und in der Vorkammer Szenen mit Gottheiten und aus dem Totenbuch zu sehen sind. Auf den Wänden der Sarkophaghalle taucht zum ersten Mal das Buch der Erde auf, und die »astronomische« Decke dieser Kammer vereinigt Bilder aus den Büchern des Himmels mit den ausgestreckten Tages- und Nachtgestalten der Göttin Nut.

Die Grabausstattung

Bei der Freilegung der einzigen »Sarkophaggrube« im Grabkammerboden durch Edwin Brock im Jahre 1985 zeigte sich, daß die Ecken zurückgeschnitten worden waren, vielleicht, um den Sockel einer äußeren Sarkophagkiste aus Granit aufzunehmen, von der jedoch keine Spur gefunden wurde. Der unvollendete innere, anthropoide Sarg aus grünem Trümmergestein ist in der Antike zerschmettert worden; das beste bekannte Fragment davon ist die große Gesichtsmaske Ramses' VI., die jetzt im British Museum liegt. Deckel und Seiten des Sargs waren leicht graviert und mit Figuren und Texten aus dem Buch der Erde bemalt, die sich erstmals am Sarkophag Siptahs fanden. Vielleicht besaß der König noch einen anthropoiden innersten Calcitsarkophag, aber die von Brock entdeckten Fragmente sind unbeschriftet und könnten von Nachbestattungen stammen.

Sarkophage für Ramses V. sind nicht bekannt; wenn es denn je welche gab, wurden sie möglicherweise von seinem Nachfolger usurpiert. Zu Brocks weiteren Funden gehören Tonwaren, Fragmente von Holz- und Calcit-*uschebtis* – und eine Münze des römischen Kaisers Maximian.

Die Grabkammer von KV9. Zum ersten Mal taucht hier unter den an die Decke gemalten Darstellungen der Nut und der Himmelsbücher das spätramessidische Buch der Erde auf.

Edwin Brock leitet Arbeiten am Eingang von KV1.

Das Grab Ramses' VII. (KV1)

Die Archäologie

»Bis zur kürzlichen Aufbereitung des Grabes für touristische Zwecke war der *wadi*, in dem es liegt, von der früheren archäologischen Forschung relativ unangetastet geblieben und bot weitgehend dasselbe Erscheinungsbild wie vermutlich seit der Antike.«

Edwin Brock

Das Grab Ramses' VII. gehört zu den seit der Antike zugänglichen Gräbern. Abgesehen von einer nichtdokumentierten Freilegung in den späten fünfziger Jahren (vielleicht zu der Zeit, als Alexandre Piankoff die Dekoration fotografierte) widmeten ihm die Archäologen nur wenig Aufmerksamkeit, bis dann Edwin Brock 1983/84 die Grube in der Grabkammer freilegte und ein Jahrzehnt später Grabungen am Eingang vornahm.

Kurzsteckbrief

Nummer u. Lage d. Grabes:
KV1, Wadi Biban el-Muluk
Entdeckung:
seit der Antike zugänglich
Königsmumie:
nicht identifiziert
Ausgräber/Publikation:
Edwin C. Brock, 1983/84, 1994, für das Royal Ontario Museum; E. C. Brock, in R. Wilkinson (Hg.), »Valley of the Sun Kings«, Tucson 1995, S. 47–67
Epigraphische Dokumentation:
Erik Hornung, »Zwei ramessidische Königsgräber: Ramses IV. und Ramses VII.«, Mainz 1990

Grabräuber und Mumien

In einem der als »Papyrus Mayer B« bekannten (undatierten) Grabraubdokumente ist ein einzigartiger Bericht über einen Diebstahl aus dem Grab Ramses' VI. erhalten geblieben. Davon ausgehend, daß dieser Diebstahl Anlaß zu dem Besuch war, der auf dem (von Champollion entdeckten) Graffito verzeichnet ist, datierte Cyril Aldred den Grabraub vor das Jahr 9 von Ramses IX.

Die Mumien Ramses' V. und Ramses' VI. wurden beide 1898 im Versteck KV35 entdeckt. Die Mumie Ramses' V. lag im Unterteil eines weißbemalten Holzsargs, die Ramses' VI. in einem ursprünglich einem Hohenpriester des Re namens Mencheperre gehörenden Ersatzsarg. Bei der Mumie Ramses' VI. fand sich jedoch ein ähnlich wie der Trog Ramses' III. verziertes Fragment eines Holzsargs, das durchaus Teil der ursprünglichen Grabausstattung gewesen sein könnte. Die Mumie selbst war offenkundig zur selben Zeit behandelt worden wie jene Setoys II., denn der rechte Unterarm und die rechte Hand dieses Königs waren versehentlich zusammen mit dem schwerbeschädigten Leichnam Ramses' VI. verpackt worden.

Architektur und Ausschmückung

Außerhalb des Grabes förderte Brock bei seiner »Rettungs«-Arbeit »zu beiden Seiten des Zugangs zwei niedrige [...] aus Bauschutt bestehende [... und] leicht an Pylonen gemahnende [...] Trümmerplattformen« zutage; sie waren bald nach dem Bau von Überschwemmungen unterspült worden. Spuren von »Grundstein«-Depots wurden nicht gefunden.

Das Grab selbst besteht nur aus dem Eingang, einem ersten Korridor und der Grabkammer mit kleinem Erweiterungsraum und Nische. Gelegentlich wurde argumentiert, die saubere Steinmetzarbeit und die gute Qualität der Reliefs zeigten, daß ein Kleingrab geplant und ausgeführt worden sei, vielleicht in der Erkenntnis, daß dem König bis zur Vollendung des Baus nur wenig Zeit blieb. Andererseits setzt die Gangbreite (3,1 Meter) und -höhe (4,1 Meter) die Vergrößerungstradition der Königsgräber fort und könnte zusammen mit der unvollendeten und auf den Kopf gestellten Sarkophagkiste und dem Fehlen jeglicher Nebenmerkmale darauf hindeuten, daß ein vollgültiges Grab beabsichtigt war.

Schnittzeichnung des Grabes von Ramses VII.

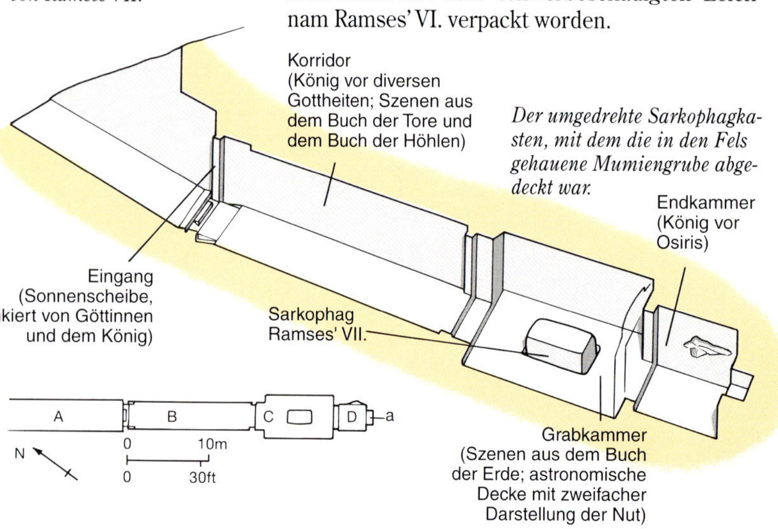

Der umgedrehte Sarkophagkasten, mit dem die in den Fels gehauene Mumiengrube abgedeckt war.

Die Dekoration folgt im großen und ganzen dem im Grab Ramses' VI. (KV9) gesetzten Präzedenzfall, behält aber noch eine Reihe traditionellerer Merkmale bei, darunter eine fast atavistische Betonung des Osiris, dessen ikonographische Anwesenheit hier vielleicht stärker hervorgehoben ist als in irgendeinem anderen Ramessiden-Grab. Der Eingangskorridor zeigt auf der Linken den König vor Horachte-Atum-Chepri in Sonnengestalt, auf der Rechten mit dem Unterweltgott Ptah-Sokar-Osiris, gefolgt von Auszügen aus dem Buch der Tore und dem Buch der Höhlen sowie Zwillingsdarstellungen der Wiedergeburt des Königs als Osiris. In der Grabkammer sieht man die Göttin Weret-hekau und am Eingang die Kombination Sechmet/Bubastis/Weret-hekau, wodurch sich ein weiteres der komplementären Symbolpaare ergibt, die das Dekor des Grabes beherrschen. Auf den Innenwänden stehen Auszüge aus dem Buch der Erde, deren Textauswahl der Ramses' VI. sehr nahe verwandt ist; die Decke vereinigt indessen das Doppelbild der ausgestreckten Nut mit Sternkonstellationen, wie sie von Setoy I. bis Ramses III. in den Königsgräbern zu sehen sind. Der kleine Raum jenseits der Grabkammer enthält Szenen des Königs vor Osiris, der an der Schlußwand über der Nische bei der Urteilsverkündung zu sehen ist. Die zu ihren Seiten aufgemalten kleinen *djed*-Säulen setzen das Osiris-Motiv bis zum hintersten Ende des Grabes fort.

Die Grabausstattung

Der Sarkophag besteht aus einer Felsaushöhlung, die ein massiver, grob kartuschenförmiger Steinblock (genaugenommen ein umgedrehter Sarkophag) überdeckt, der am Fußende und den Innenflächen mit leicht eingemeißelten und grün ausgemalten Figuren von Isis, Nephtys, Selkis und den vier Söhnen des Horus verziert ist. Dieser »Deckel« liegt noch auf; den Zugang zur Königsmumie hatte man sich über ein ins Fußende geschlagenes Loch verschafft. Zwei auf Fußbodenhöhe in jede der Längsseiten geschlagene runde Aushöhlungen mögen, wie Brock meint, zur Aufnahme der Kanopenkrüge gedacht gewesen sein.

Zu den Überresten der Grabausstattung gehören einige *uschebtis* (darunter Stücke aus Holz, Calcit und Fayence aus der Grabkammergrube) sowie Tonamphorenfragmente aus der 20. Dynastie. »Sonstiges [Grabkammergruben-]Material unbekannten Datums enthielt Holzfragmente und Stoffreste verschiedener Art, wobei erstere anscheinend Teile von Holzsärgen sind, die hier von Grabräubern aufgebrochen wurden.« Desgleichen fand Brock hier von den Arbeitern zurückgelassenes Material – Künstlerskizzen auf Kalksteintäfelchen – und Tonscherben aus einer Zeit, in der die Kopten das Grab wiederverwendeten. Aus dem Schutt einer früheren Grabung am Eingang barg Brock außerdem Material ähnlich dem aus der Grabkam-

(Oben) Die von dienstbaren Göttern gezogene Barke des Sonnengotts im Grab Ramses' VII. Die offene Kabine ist umgeben von der spiralförmig gewundenen mehen-*Schlange, die den Sonnengott auf seiner Reise durch die Unterwelt beschützen hilft.*

*Kopf eines Fayence-*uschebti, *das Edwin Brock aus der Grabkammer barg.*

Kurzsteckbrief

Nummer u. Lage d. Grabes:
KV6, Wadi Biban el-Muluk
Entdeckung:
seit der Antike offen
Königsmumie:
in der Antike entfernt; entdeckt in DB320
Ausgräber/Publikation:
Henry Salt, ca. 1817; unpubliziert; Georges Daressy, 1888, für den »Service des Antiquités«; G. Daressy, ASAE 18 (1919), S. 270–274
Wände dokumentiert in:
F. Guilmant, »Le tombeau de Ramsès IX«, Kairo 1907

(Rechts) Der erste Korridor im Grab Ramses' IX; man sieht die Eingänge der Seitennischen und die Darstellung des knienden Königs in Anbetung der Sonnenscheibe auf dem Türsturz des Durchgangs zur zweiten Passage.

mergrube, sowie Korbfragmente, eine Blumengirlande und Fragmente einer Amphore mit einem fünfzeiligen hieratischen Text auf der einen und der Karikatur einer Servierszene auf der anderen Seite.

Die Mumie des Königs

»Den Priestern, die die Königsmumien in ihre Verstecke verlegten, war das Grab möglicherweise unbekannt, und es kann später entdeckt und ausgeraubt worden sein.«

Arthur Weigall

Arthur Weigalls Meinung ist unwahrscheinlich; dennoch bleibt als Tatsache, daß die Mumie Ramses' VII. noch nicht identifiziert worden ist. Vier in der Nähe des DB320-Verstecks gefundene Fayencebecher des Königs könnten auf die dem Leichnam zugedachte Endstation hindeuten, aber wenn dem so ist, muß erst noch festgestellt werden, welche der dort deponierten Mumien die seine ist.

Kurzsteckbrief

Nummer u. Lage d. Grabes:
KV C, Wadi Biban el-Muluk
Entdeckt:
Januar 1907, von Edward R. Ayrton
Ausgräber/Publikation:
E. R. Ayrton, 1907; Th. M. Davis, »The Tomb of Queen Tiyi«, London 1910

Das Balsamierungsdepot

Gelegentlich wurde vermutet, daß der Inhalt dieser Grube – »mehrere beieinanderliegende große Krüge vom Typus der XX. Dynastie« – mit KV55 in Zusammenhang stehen könnte. Lyla Pinch-Brock hält es jedoch für wahrscheinlicher, daß die (bislang unpublizierten) Krüge zur Beisetzung Ramses' IX. im unmittelbar nördlich gelegenen KV6 gehörige Balsamierungsbehältnisse sind .

Das Grab Ramses' VIII.

Der Bestattungsort Ramses' VIII., der nur ein Jahr regierte, ist unbekannt, und bislang sind weder die Mumie noch irgendwelche Grabbeigaben aufge-

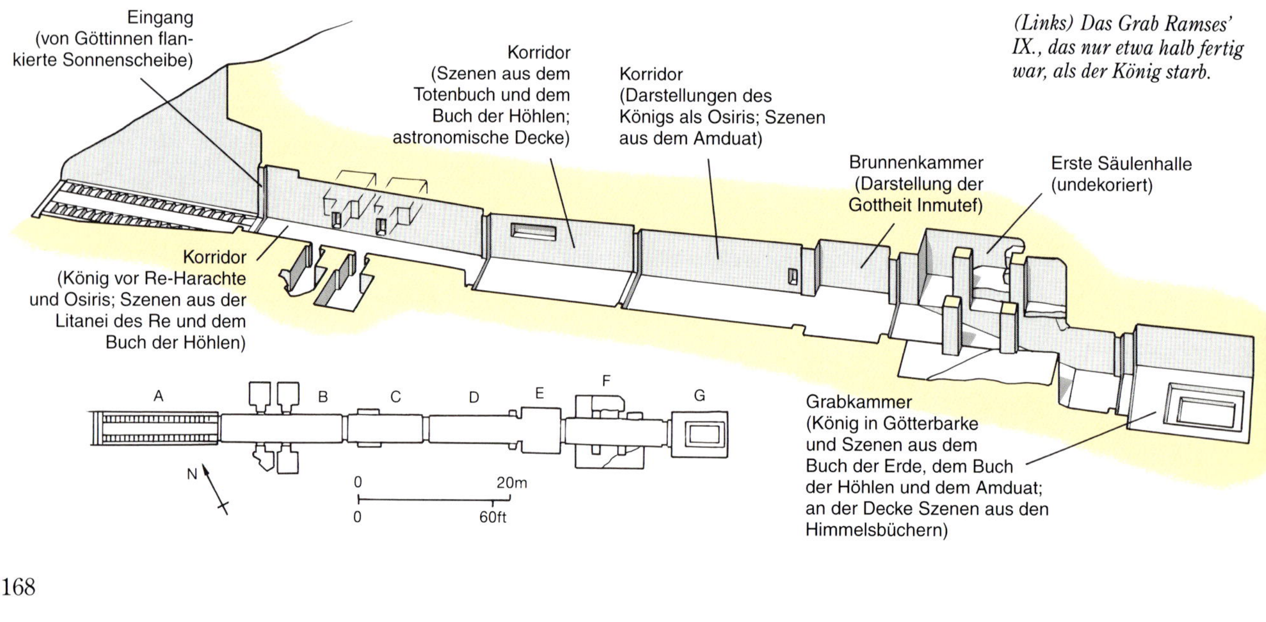

(Links) Das Grab Ramses' IX., das nur etwa halb fertig war, als der König starb.

(Links und unten) Zwei Holzfiguren aus Henry Salts Arbeit im Grab Ramses' IX.: eine lebensgroße ka*-Statue des Königs und eine unbekannte Unterweltgottheit mit einem verschließbaren Fach, in dem sich eine Papyrusrolle verbarg.*

Blick von der Brunnenkammer in die Säulenhalle von KV6. Die leopardenfellbekleideten Figuren mit den Seitenlocken stellen die Gottheit Inmutef (»Stier seiner Mutter«) dar, die oft in den königlichen Grabstätten auftaucht.

taucht. Es hat den Anschein, daß er (wie Edwin Brock vor kurzem anregte) noch als Prinz – Ramses Set-hir-chopch-ef – mit dem Aushauen und Verzieren von KV19 begann, aber bei seiner Thronbesteigung gab er gewiß jeglichen Gedanken auf, sich dort beisetzen zu lassen.

Das Grab Ramses' IX. (KV6)

Die Archäologie

Das Grab Ramses' IX. stand seit der Antike offen und veranlaßte rund 46 damalige Touristen, ihre Kommentare auf die Wände zu kritzeln. Offenkundig gehörte es zu den von Henry Salt erforschten Gräbern, und in der Salt-Kollektion im British Museum findet sich heute eine Reihe von Objekten aus KV6: hölzerne *uschebtis*, Ostraka mit figürlichen Darstellungen, Holzstatuetten und eine hölzerne

(Unten) Diese höchst symbolträchtigen Szenen aus dem dritten Korridor des Grabes von Ramses IX. enthalten Darstellungen aus einem ansonsten unbekannten Jenseitsbuch und rätselhafte verschlüsselte Inschriften.

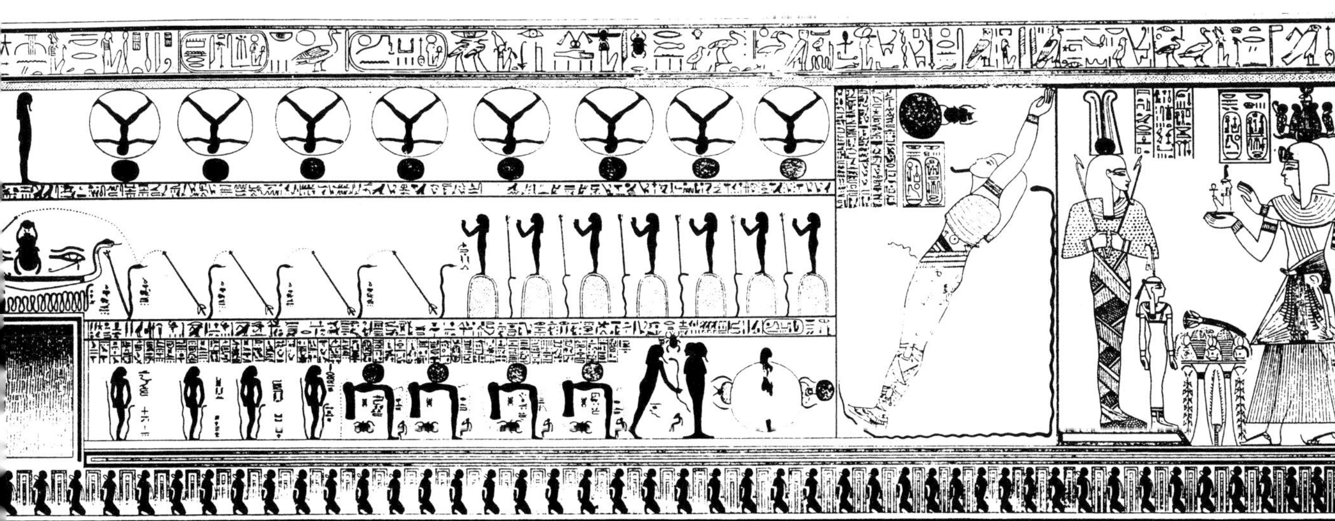

Ein Beispiel der detailliert ausgeführten Hieroglyphen, die sich im Wandschmuck des Grabes von Ramses IX. finden. Der Text bezieht sich auf die »Große Katze«, eine Gestalt des Sonnengotts.

ka-Figur in Lebensgröße, die einer der beiden im Tutanchamun-Grab gefundenen ähnelt. 1888 legte Georges Daressy das Grab frei; seiner Arbeit verdanken wir nicht weniger als hundert Ostraka und die Kufen eines großen Holzschreins, den Daressy als Schlitten identifizierte, der beim Herunterlassen des (fehlenden) Sarkophags verwendet worden war.

Architektur und Ausschmückung

»Die Gesichtszüge des Königs sind eigenartig, und nach der Form der Nase zu urteilen, die so gar nicht jener der üblichen ägyptischen Gesichter ähnelt, scheint es sehr wahrscheinlich, daß seine Skulpturen wirklichkeitsgetreue Porträts darstellen…«

John Gardner Wilkinson

Beim Tode Ramses' IX. scheint erst etwas mehr als die Hälfte seines Grabs fertig gewesen zu sein. Hinter dem Treppen-Rampen-Eingang wurden drei sauber gearbeitete Korridore geschlagen, deren erster vier nischenähnliche Seitenkammern ähnlich denen im ersten und zweiten Korridor des Grabes Ramses' III. aufweist (die über KV55 liegende blieb unvollendet). Auch die Brunnenkammer und die Säulenhalle waren fertiggestellt, der anschließende Durchgang wurde so erweitert, daß er das Königsbegräbnis aufnehmen konnte. Ein Kalksteinostrakon, das Daressy 1888 fand, wird gewöhnlich für den Plan des Grabes gehalten.

Das Grab des Prinzen Mentuhirkhopshef

Als Belzoni 1817 das unfertige Grab KV19 entdeckte, enthielt es eine Reihe von Nachbestattungen, die wahrscheinlich aus der 22. Dynastie stammten. Wie die Wandbeschriftungen zeigen, hatte es in der 20. Dynastie Ramses Mentuhirkhopshef gehört, einem Sohn Ramses' IX., der anscheinend in der Regierungszeit Ramses' X. hier beigesetzt wurde. Davor war das Grab allerdings, wie Edwin Brock festgestellt hat, als königliches Geschenk für einen Prinzen namens Ramses Sethirchopchef vorgesehen gewesen – der dann als Ramses VIII. den Thron bestieg. Das wirkliche Grab dieses Herrschers ist nie gefunden worden.

Fragmente vom Sarg des Mentuhirkhopshef sind möglicherweise in den Perückenintarsien (?) aus Fayence zu erblicken, die Ayrton 1905/06 zusammen mit Fragmenten von Perlenarbeiten barg; von den sterblichen Überresten des Prinzen fehlt jedoch jede Spur.

Der Hauptkorridor von Mentuhirkhopshefs Grab zeigt den Prinzen beim Opfer vor Gottheiten wie Ptah, Osiris und Khonsu. Die Szenen haben seit Belzonis Tagen erheblichen Schaden genommen.

Die Architektur

»Beim Betreten des Grabes bemerkt man … die Zeichnungen der Schwingtüren, die – wie die Zapfenlöcher an der Oberseite zeigen – hier tatsächlich standen.«

Arthur Weigall

Sowohl die Lage (die jener der Gräber Ramses' IV.–VII. ähnelt) als auch der Grundriß lassen vermuten, daß KV19 für einen König bestimmt war; die Breite des Eingangs (3,60 m) und der Korridore (3 m) wird nur noch in den Gräbern der gerade genannten Herrscher übertroffen. Spuren am Fuß der Türpfosten legen jedoch nahe, daß der vorgesehene Inhaber lediglich Prinz war.

Die Steinmetzarbeiten waren kaum über den ersten Korridor hinausgekommen, als sie auch schon eingestellt wurden. Die flache Grube mit Abdeckplatten und die Nischen zu beiden Seiten des ange-

Ramses IX. in einer Pose der Huldigung oder Anbetung vor der Sonnenscheibe; Wandgemälde aus dem Grab des Königs.

Anscheinend wurde zu Lebzeiten Ramses' IX. nur der erste Korridor dekoriert, und den Rest der Grabausschmückung stellte man – mit weit weniger Sorgfalt und Geschick – erst nach dem Tod des Königs fertig. Die ersten Korridore sind vollständig verputzt, danach nur noch die diversen Türdurchgänge, die rückwärtige Wand der Brunnenkammer sowie Wände und Decke der Grabkammer. Das Dekorationsprogramm folgt im wesentlichen dem von Ramses VI. begründeten, weist aber interessante Ausnahmen auf. Die übliche Sonnenscheibe mit den Göttinnenmotiven erhielt zusätz-

fangenen zweiten Korridors sind offensichtlich für Mentuhirkhopshef angelegte Erweiterungen.

Die Ausschmückung

»Die gemalten Figuren auf den Wänden sind so vollkommen, daß sie von allen, die ich je sah, am besten geeignet sind, eine wahre und klare Vorstellung vom ägyptischen Geschmack zu vermitteln.«

Giovanni Battista Belzoni

Abgesehen davon, daß Mentuhirkhopshef als erwachsener Sohn alleine statt in Begleitung seines Vaters dargestellt ist, ähnelt das Dekor von KV19 stark jenem der Gräber anderer Königssöhne. Auf die Türpfosten waren Zwillingsschlangen gemalt; dahinter, am Anfang des ersten Korridors, wurden die mit Schutzformeln aus dem Totenbuch versehenen offenen Türflügel abgebildet.

Hinter dieser symbolischen Schwelle waren die Wände des ersten Korridors zu beiden Seiten jeweils mit Szenen geschmückt, die Mentuhirkchopshef betend und opfernd vor diversen Göttern zeigen.

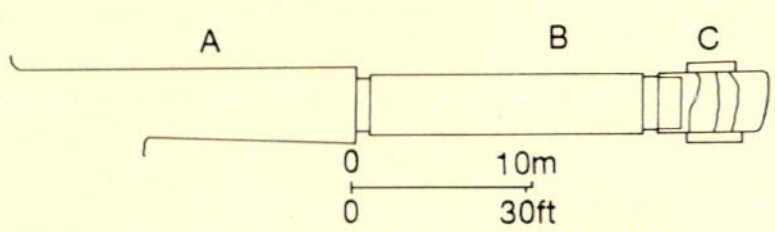

Der elegante Mentuhirkhopshef. Die Gesichtszüge des Prinzen, seine Haartolle und sein Gewand sind sorgfältig detailliert und im schönsten Ramessiden-Stil gezeichnet.

Kurzsteckbrief

Nummer u. Lage d. Grabes:
KV19, Wadi Biban el-Muluk
Entdeckt:
1817, von G. B. Belzoni
Königsmumie:
nicht gefunden
Ausgräber/Publikationen:
G. B. Belzoni, 1817, für Henry Salt; G. B. Belzoni, »Narrative of the Operations ...«, London 1820, S. 227; Edward R. Ayrton, 1905/06, für Theodore M. Davis; Th. M. Davis u. a., »The Tomb of Siphtah; the Monkey Tomb and the Gold Tomb«, London 1908; C. N. Reeves, MDAIK 40 (1984), S. 233–234 (Funde)

Der Kopf des Sonnengottes Re-Harachte – eine der wenigen Darstellungen, die in den äußeren Korridoren von KV18 noch zu erkennen sind.

lich auf beiden Seiten eine Abbildung des Königs und über der eigentlichen Scheibe eine weitere aufgemalte Göttin. Erstmals seit Ramses IV. erscheint in den Eingangskorridoren wieder die Litanei des Re, allerdings neben dem Buch der Höhlen (das Ramses VI. an derselben Stelle eingeführt hatte). Im zweiten Korridor werden Himmelsszenen – Sternkonstellationen und eine Dekanatsliste – gezeigt; er und der dritte Korridor waren auch mit Szenen aus dem Totenbuch und dem Amduat ausgemalt. Szenen mit dem König und den Göttern treten in diesem Bereich ebenfalls auf, was keineswegs durchgehend üblich war.

Wie bei Ramses VII. war im Boden der Grabkammer von KV6 eine rechteckige, umrandete Einlassung für den Leichnam ausgeschachtet, doch von dem dafür benötigten riesigen Deckel ist keine Spur gefunden worden.

Die Mumie Ramses' IX. wurde im Versteck von Deir el-Bahari (DB320) in einem ursprünglich für Neschon, die Gemahlin Pinodjems II., vorgesehenen Sarg entdeckt. Nach dem Etikett auf den Bandagen war die Mumie in Medinet Habu, dem Verwaltungssitz des Distrikts, im Jahre 7 des Siamun mit Leinen, das ebendiese Neschon gestiftet hatte, neu eingewickelt.

Das Grab Ramses' X. (KV18)

Kurzsteckbrief

Nummer u. Lage d. Grabes:
KV18, Wadi Biban el-Muluk
Entdeckung: seit der Antike teilweise offen
Königsmumie:
nicht identifiziert
Ausgräber/Publikation:
weder freigelegt noch publiziert

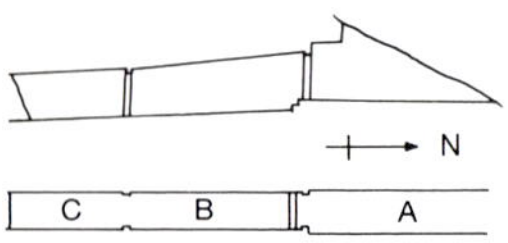

Querschnitt und Grundriß von KV18, dem Grab Ramses' X.

Die Archäologie

KV18 ist noch immer nicht über den ersten Korridor hinaus freigelegt, und keinerlei authentisches Begräbnismaterial des Besitzers ist je ans Licht gekommen. Howard Carter entdeckte 1901/02 Stücke aus einem »Grundstein«-Depot beim Eingang, aber diese waren nicht beschriftet. Die Mumie Ramses' X. ist in keinem der beiden Hauptverstecke DB320 und KV35 aufgetaucht.

Architektur und Ausschmückung

Über dieses Grab ist wenig bekannt, so daß wir uns auf den Eingangsbereich beschränken müssen. Der Eingang selbst setzt den unter den Ramessiden gängigen Trend zur konstanten Vergrößerung fort, ist aber simpel geformt, nahezu eben und weist keine Treppen auf. Ungewöhnlicherweise finden sich zwei Stufen am Eingang zum ersten Korridor, der zum zweiten weiterführt, von dem ab das Grab noch versperrt ist. Die neunjährige Regierungszeit dieses Königs läßt ein recht umfangreiches Grab erwarten, aber die Einzelheiten könnte erst eine vollständige Freilegung klären.

In den äußeren, zugänglichen Bereichen ist nur sehr wenig vom Dekor übriggeblieben. Das schöne Beispiel des ramessidischen Eingangsmotivs mit Bildern des zu beiden Seiten der Sonnenscheibe knienden und von Göttinnen umgebenen Königs war gut erhalten, als es 1862 von Champollions Künstlern abgezeichnet wurde, doch die Farbe und der größte Teil des Gipses sind – wie auch bei anderen Motiven – seither Überschwemmungen zum Opfer gefallen. Ein Teil der linken Hälfte des Entwurfs ist noch sichtbar, dasselbe gilt für Spuren anderer Motive wie etwa den Re-Harachte-Kopf auf der linken Wand des ersten Korridors.

Das Grab Ramses' XI. (KV4)

Kurzsteckbrief

Nummer u. Lage d. Grabes:
KV4, Wadi Biban el-Muluk
Entdeckung:
seit der Antike offen
Königsmumie:
Ramses XI., vermutlich außerhalb Thebens begraben
Ausgräber/Publikation:
John Romer, 1978-1980, für das Brooklyn Museum; M. Ciccarello u. J. Romer, »A Preliminary Report of the Recent Work in the Tombs of Ramesses X and XI ...«, Brooklyn 1979
Wände dokumentiert in:
The Brooklyn Museum Theban Expedition, »A Report on the First Two Seasons, Introduction«, Brooklyn 1979 (nur Details)

Die Archäologie

»Das Grab Ramses' [XI.] wies eine Eigenheit auf, die uns faszinierte: In der herrlichen, gewölbten Grabkammer [...] befand sich über 250 Fuß weit im Fels anstelle des üblichen Granitsarkophags [...] ein riesiger, etwa 14 auf 10 Fuß messender Schacht, der senkrecht hinabführte ins undurchdringliche Dunkel ... Ihn freizulegen würde höchst mühsam sein. Doch wenn wir es erst einmal geschafft hatten, wer weiß, was wir dann vorfinden würden? Eine verborgene Tür zu einem weiteren Korridor und weitere Räume?« John Romer

Das seit der Antike offenstehende Grab Ramses' XI. traf erst 1979, als John Romer für das Brooklyn Museum dort grub, bei den Archäologen auf nennenswerte Aufmerksamkeit.

Linke Wand des Eingangs von KV4. Die Türpfosten zeigen die sitzende Göttin Maat, die Wand den König vor Re-Harachte – die ramessidische Standardeinleitung der Litanei des Re.

(Oben) Bei John Romers Freilegung von KV4 gefundene uschebti-*Figur aus Calcit.*

Seine »verborgene Tür« fand Romer nicht, denn Ramses XI. hatte das Grab unvollendet aufgegeben und sich zu einer Bestattung an anderem Ort, vielleicht im Norden, entschlossen. Nach einem Bereich des Wanddekors zu schließen, dem er seine Kartusche hinzugefügt hatte, übernahm später Pinodjem I. das Grab für sich selbst – ließ dann aber diesen Gedanken anscheinend auch fallen.

Was Romer wirklich entdeckte, waren drei von ursprünglich vier »Grundstein«-Depots an den Ecken der Schachtmündung sowie zahlreiche Gegenstände, die gegen Ende des Neuen Reiches und danach in den Schacht gekippt worden waren. Unter den unberührten Schichten am Schachtboden fand Romer zu seiner Überraschung »Bruchstücke der Grabausstattung mehrerer Pharaonen des Neuen Reiches«: »zwei Fragmente eines äußerst großen Fayencegefäßes mit den gemeinsamen Horusnamen Thutmosis' I. und Ramses' II.«; vergoldete Gipsfragmente, die vielleicht teilweise vom Sarg Thutmosis' III. stammten; die zerhauenen Überreste königlicher Begräbnisstatuetten aus KV34, zwei davon mit dem Thronnamen Thutmosis' III.; Fragmente eines Pharaoninnensarges, der vermutlich Hatschepsut gehörte; und drei »konturlose« Calcit-*uschebtis* Ramses' IV.

Architektur und Ausschmückung

KV4 ist zwar etwas verkürzt worden, aber ansonsten im wesentlichen vollendet, denn es weist alle Hauptelemente eines Königsgrabes auf. Es enthält diverse einmalige Merkmale, darunter die steilere Neigung des zweiten Ganges und, deutlicher noch, der Rampe hinter der ersten Säulenhalle. Die Innenkorridore sind so merklich verkürzt, daß wie bei Ramses IX. (KV6) zwischen der ersten Säulenhalle und der Sarkophaghalle nur ein kurzer Gang liegt; letztere wirkt ungewöhnlich durch ihre vier rechteckigen Säulen und den über 10 Meter tiefen Bestattungsschacht im Zentrum, der vielleicht als zusätzliche Sicherheitsmaßnahme gedacht war.

(Unten) Das Grab Ramses' XI., die letzte im Tal der Könige für einen Herrscher angelegte Begräbnisstätte, war nahezu fertig, als es schließlich ungenutzt aufgegeben wurde.

(Gegenüberliegende Seite, unten) Blick durch den Korridor von KV4 in Richtung der Grabkammer.

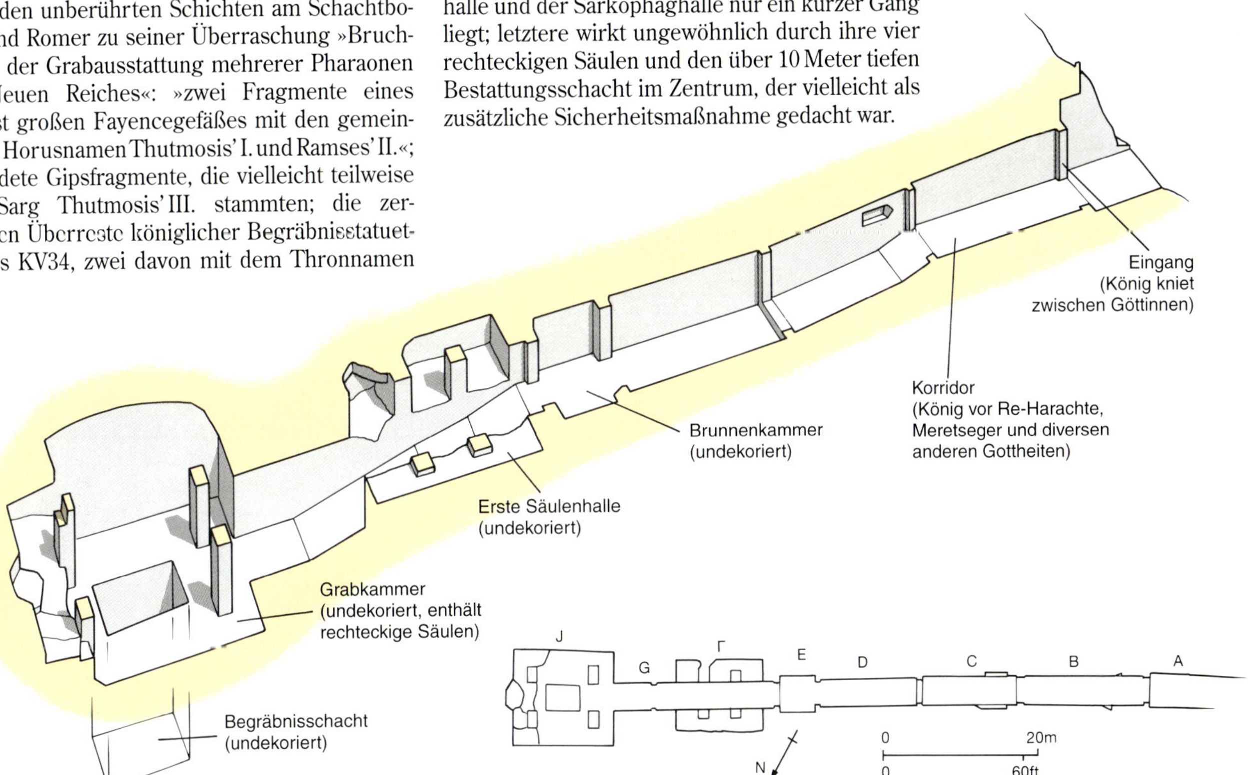

Die Gräber der Adligen

Kurzsteckbrief

Nummer u. Lage d. Grabes: KV46, Wadi Biban el-Muluk
Entdeckt: 5. Februar 1905, von James E. Quibell
Ausgräber/Publikationen: J. E. Quibell und Arthur Weigall, 1905, für Theodore M. Davis; Th. M. Davis u. a., »The Tomb of Ioiya and Touiyou«, London 1907; J. E. Quibell, »The Tomb of Youia and Thuiu«, Kairo 1908

Neben den Gräbern für die Pharaonen und ihre unmittelbaren Familienmitglieder gab es im Tal der Könige auch mehrere unverzierte und unbeschriftete Gräber für hochgestellte Höflinge und einflußreiche Adlige – gelegentlich anscheinend sogar für verhätschelte Lieblingstiere des Königs. Unter den wenigen Menschen, denen das Privileg einer Beisetzung in den königlichen Wadis zuteil wurde, sind der königliche Fächerträger Maherpra (KV36) und Juja und Tuja (KV46) zu nennen, die Eltern von Königin Teje. Diese beiden Gräber sind durch reinen Zufall nicht ernstlich ausgeraubt worden, während alle anderen nichtköniglichen Grabstätten in der Antike so vollständig ausgeplündert wurden, daß selbst die Identität ihrer Besitzer nicht mehr zu ermitteln ist.

Fast alle diese Gräber scheinen während der 18. Dynastie angelegt worden zu sein. Es lassen sich zwei Grundtypen unterscheiden: Treppengräber, die gewöhnlich etwas größer sind und vom Entwurf her den viel umfangreicheren Königsgräbern ähneln, und Schachtgräber, die – wie der Name schon sagt – durch eine Grube oder einen senkrechten Schacht zugänglich sind und größtenteils nur eine einzige Kammer besitzen. Beide Typen wurden, wie ja auch die Königsgräber selbst, in der Dritten Zwischenzeit häufig für Familienbestattungen wiederverwendet.

Mit wachsender Erkenntnis ihrer Bedeutung stoßen diese minderen Gräber auf zunehmendes Interesse, werden aufgespürt und sorgfältig ausgegraben. Besondere Verdienste hat sich dabei in neuerer Zeit Donald P. Ryan erworben. Doch es bleibt noch viel zu tun, und derzeit wissen wir über die meisten dieser Grabstätten noch herzlich wenig.

Das Grab von Juja und Tuja

»M. Maspero und Mr. Davis zwängten sich zwischen Wand und Felsendecke durch und standen bald inmitten eines solchen Gewirrs von Grabgegenständen, daß ihnen im Schein der Kerzen zunächst die Augen übergingen. Doch aus der schimmernden Masse trat nach und nach ein Objekt nach dem anderen deutlich hervor und erstrahlte staubfrei und golden in der kühlen Luft …«

Henry Coply Greene

Entdeckung und Ausgrabung

»… das Silber war so hervorragend erhalten, daß es noch hell glänzte, aber binnen drei Tagen, noch ehe irgend etwas bewegt werden konnte, wurde es schwarz.«

James Quibell

Bis zur Entdeckung Tutanchamuns war das Grab von Juja und Tuja einer der gefeiertsten Funde der

Carters Zeichnung eines aus dem Grab Jujas und Tujas stammenden Holzkästchens, das mit Einlegearbeiten und blauen Fayencekacheln mit den Namen Amenhoteps III. und Tujas verziert ist.

Ein Keramikkrug (oben Mitte) und Gefäßattrappen aus gipsgrundiertem und bemaltem Holz, das Glas nachahmen soll (erstes und drittes Beispiel), sowie aus Stein. Aus KV46, gezeichnet von Carter.

Ägyptologie. Gemacht hat ihn, wie sollte es anders sein, Theodore Davis.

Das Grab selbst liegt etwa auf halbem Weg zwischen dem Fürstengrab KV3 und dem für Ramses XI. begonnenen, aber nie von ihm benutzten KV4 und war völlig überlagert mit Felsabschlägen aus diesen späteren Gräbern. Damit waren der antiken Aktivität im Grab beträchtliche Grenzen gesetzt.

Der äußere Eingang war »bis in eine Höhe von achtzehn Zoll unter dem Türsturz mit flachen, etwa zwölf auf vier Zoll großen und mit Nilschlamm vermörtelten Steinen verschlossen ...« Diese »mit Schlamm verputzte und an vielen Stellen [mit dem Siegel des Schakals und der neun Gefesselten] gestempelte« Wand wies in der oberen rechten Ecke etwa in Kinnhöhe eine Öffnung auf – unangetastet war das Grab also eindeutig nicht. Dahinter lag ein Korridor, der bis auf wenige versehentlich liegengebliebene Gegenstände leer war und zu einer zweiten Sperre führte, die den Stempel der Nekropolisverwaltung trug, aber ebenfalls am oberen Ende durchgebrochen worden war. Am Fußende der Wand standen zwei Tongefäße mit vertrocknetem Schlamm auf dem Boden (die auf kleine Reparaturarbeiten nach den ersten Grabräubereien hindeuten könnten) sowie die zum Zuschmieren verwendeten Stöcke. Als die Archäologen durch die Wand spähten, bot sich ihnen ein unheimlicher Anblick:

»Es war, als betrete man ein Stadthaus, das den Sommer über verschlossen gewesen ist; man stelle sich die stickige Luft und das steife, schweigende Mobiliar vor, das Gefühl, irgendwelche gespensterhaften Bewohner seien eben von den leeren Stühlen

Der zweite Sarg des Juja ist reich mit Gold- und Silberblech belegt und überreich mit gläsernen Intarsien verziert.

(Links) Vergoldete Pappmachémaske der Fürstin Tuja, der Mutter von Königin Teje.

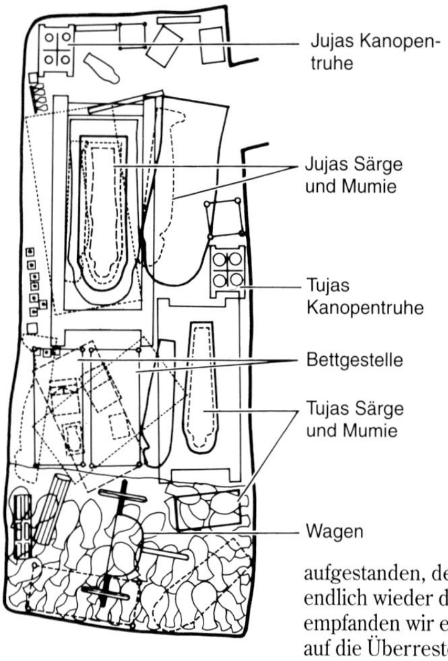

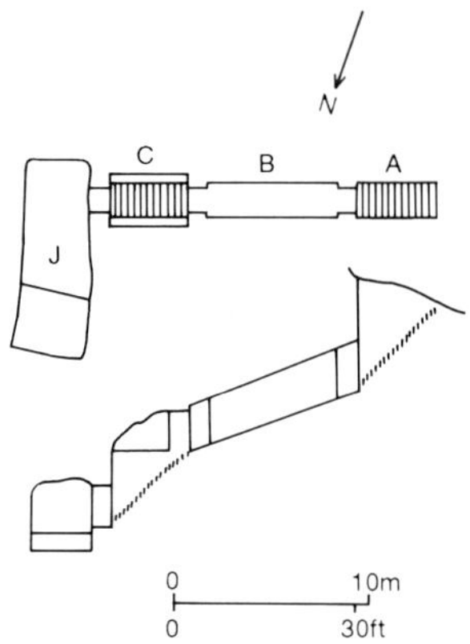

Grundriß und Querschnitt von KV46; daneben ein die Lage der Begräbnisobjekte zeigender Plan der Grabkammer.

aufgestanden, den Drang, alle Fenster aufzureißen und endlich wieder das Leben hereinzulassen. So etwa empfanden wir es, als wir im wahrsten Sinne sprachlos auf die Überreste des Lebens vor mehr als dreitausend Jahren starrten ...«

Arthur Weigall

Die Architektur

KV46 ist zwar nicht ganz so entwickelt wie einige der größten Privatgräber, liegt aber architektonisch zwischen KV55 und KV21, denn es besitzt einen Korridor mehr als ersteres und einen weniger als letzteres. Die Eingangstreppe führt zu einem sauber gearbeiteten, etwa 1,76 Meter breiten und 2,05 Meter hohen Korridor – immerhin respektable Abmessungen für ein Grab dieser Art (zumal im Vergleich zu den 1,68 x 2 Metern bei Tutanchamun). Ein zweiter Gang mit Stufen und Nischen ist insoweit etwas ungewöhnlich, als die Decke nicht flach, sondern grob gerundet ist. Zusammen mit der ähnlich grob gehauenen, unregelmäßig geschnittenen Grabkammer hat man dies der Qualität des Felsens zugeschrieben; eine andere mögliche Erklärung wäre, daß die Arbeit am Grab hastig beendet werden mußte.

Die Grabausstattung

»Die Frau [Kaiserin Eugénie, die Witwe Napoleons III.] sagte: ›Erzählen Sie mir, wie Sie das Grab entdeckt haben.‹ ›Mit Vergnügen‹, erwiderte Quibell, ›aber ich kann Ihnen leider keinen Stuhl anbieten.‹
Wie aus der Pistole geschossen kam die Antwort: ›Ach, der da ist doch ganz passabel.‹ Und vor unseren entsetzten Augen trat sie auf den Kammerboden und setzte sich auf einen Stuhl, auf dem seit dreitausend Jahren niemand mehr gesessen hatte ...!
Die Besucherin wandte sich um [...] und sagte: ›Jetzt weiß ich auch, woher der Empirestil kommt. Schauen Sie mal, diese geschnitzten Köpfe.‹«

Joseph Lindon Smith

»Eines der Gefäße, die wir entkorkten, enthielt verdicktes Öl, ein anderes fast flüssigen Honig, der noch sein typisches Aroma hatte. Hätte man es unverschlossen auf eine Stufe in der Nähe des Korridoreingangs gestellt, dann wäre eine beutelustige Wespe, die sich ins Tal der Könige verirrt hätte, gierig um den Krug geschwirrt.«

Gaston Maspero

Die Mumien

»Wieder ließ sich Masperos Stimme vernehmen, der diesmal sagte, Mrs. Smith solle zu ihm ins Grab herunterkommen. [...] Er half ihr über die Mauer und sagte: ›Sie sind zweifelsohne die erste Frau, die lebend in diese Grabkammer kommt – eine tote liegt dort drüben.‹«

Joseph Lindon Smith

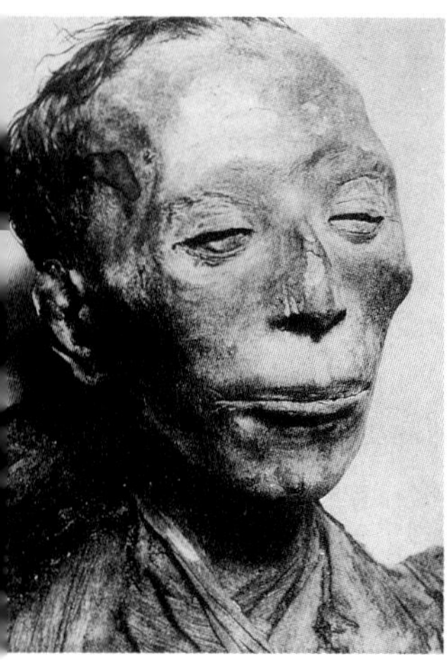

Die hölzerne Sarghülle des Juja.

(Unten) Die gefledderte Mumie der Tuja.

(Oben) Tuja, die Schwiegermutter Amenhoteps III. Ihre Mumie und die ihres Gemahls waren teilweise ausgewickelt, als man sie fand.

Die beiden Mumien waren hervorragend erhalten; insbesondere die des Juja ist ein Musterbeispiel für die Kunstfertigkeit der antiken Einbalsamierer.

Aus den unterschiedlichen Techniken, die beim Mumifizieren der beiden Leichname verwendet wurden, läßt sich schließen, daß Juja und Tuja zu verschiedenen Zeiten starben. Untermauert wird diese Meinung durch Unterschiede in der jeweiligen Grabausstattung, insbesondere bei den Kanopenkrügen. Wer von den beiden zuerst starb, ist beim heutigen Stand der Erkenntnis schwer zu sagen. Maspero tippte auf Juja und begründete das mit der Position, die der größere hölzerne Kanopenschrein des Mannes einnimmt, doch der Stil von Jujas Pappmachémaske deutet auf das Gegenteil.

Grabräubereien

Die Ausgräber glaubten, das Grab sei nur einmal geplündert worden. Tatsächlich scheint in KV46 jedoch mindestens zweimal, vermutlich sogar dreimal eingebrochen worden zu sein. Außerdem war das Grab weit gründlicher geplündert worden als zunächst angenommen. *Alle* leichter tragbaren Wertgegenstände waren verschwunden: die Metallarbeiten (samt des nicht in die Mumien eingewickelten Schmucks) und der größte Teil der nicht unmittelbar an den Leichnamen befindlichen Leintücher. Auch Parfums und Kosmetika waren entwendet worden – dies weist gewöhnlich auf einen Grabraub kurz nach der Beisetzung hin, denn diese Dinge blieben nicht lange frisch; einzig übrig waren drei Behälter mit ranzigem Rizinusöl, Natron und »einer dunkelroten Substanz«, die die Diebe offenbar als wertlos zurückgelassen hatten.

Als Davis 1905 das Grab betrat, fand er ein wildes Durcheinander vor. Die Mumien lagen verquer in den Särgen, von vielversprechend wirkenden Behältern waren die Deckel abgerissen. Mehrere im Korridor gefundene Gegenstände – einen Herzskarabäus, ein Wagenjoch und einen vergoldeten Holzstab – hatten die Diebe entweder gerade wegschleppen wollen, als sie verhaftet wurden, oder aber weggeworfen, als sie feststellten, daß sie nur geringen Wert besaßen. Nach diesem Einbruch scheint versucht worden zu sein, im Grab wieder etwas Ordnung zu schaffen: Tujas Mumie war mit einem Leichentuch bedeckt, einige Truhen wahllos mit Gegenständen gefüllt und das von den Räubern geschlagene Einstiegsloch wieder grob mit Steinen versperrt worden.

KV46: die Raubzüge

Datum	Anlaß	Indizien
Zeit Amenhoteps III.	Kenntnis des Grabes?	Fehlen von Öl und Parfums; erneut verschlossen; zwei Schüsseln voll Lehmputz
Zeit Ramses' III.	Ausschalung von KV3	Kleine Siegel Ramses' III. (aus Nachbestattung?)
Zeit Ramses' XI.	Aushauen von KV4	Kleine Siegel Ramses' III. verschoben; Grab aufgeräumt und Tür erneut blockiert

Hölzerne uschebti-*Figur des Juja und ihr schilderhäuschenähnlicher Kasten; aus einem Aquarell von Howard Carter.*

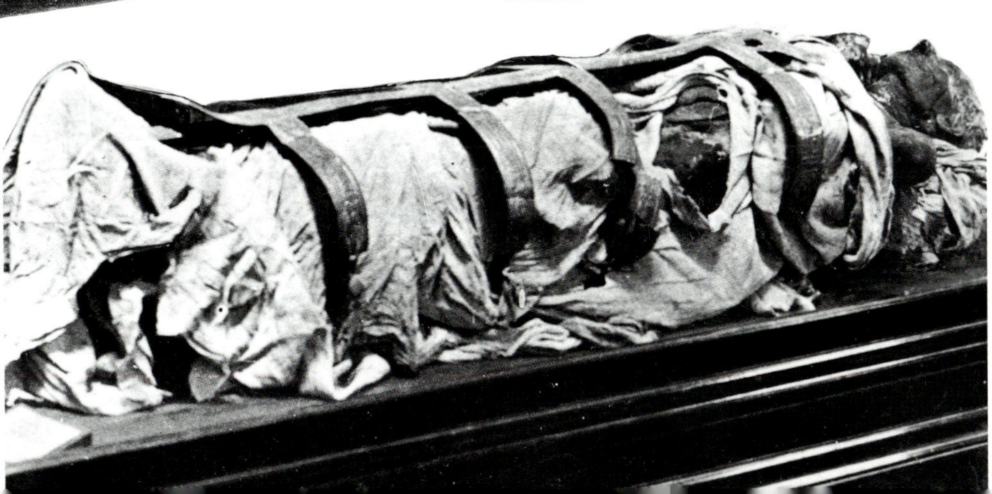

(Unten) Die Mumie des Juja war, wie die seiner Gemahlin, von einem Gitterwerk aus vergoldetem Pappmaché umschlossen.

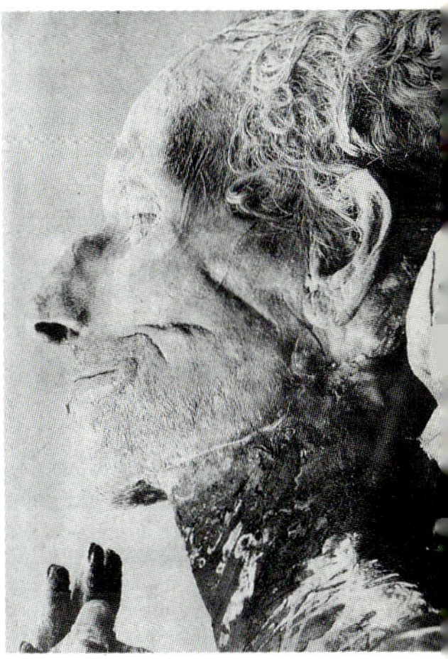

(Oben) Das Profil Jujas, des Befehlshabers der königlichen Streitwagen. Seine Mumie ist eine der besterhaltenen, die je gefunden wurden.

Funde aus dem Grab von Juja und Tuja

Rasselgriff der Tuja; vergoldetes Holz. Die metallenen Schellen fielen Räubern zum Opfer.

Elegantes, mit einer »dunkelroten Substanz« gefülltes Calcitgefäß.

J. E. Quibell, Inspekteur für Altertümer, beschreibt den Inhalt

»Juja wurde in vier ineinandersteckende Särge gebettet. Der äußerste ist eigentlich kaum Sarg zu nennen; er ist ein viereckiger Kasten ohne Boden, der auf Kufen steht, eine Art Schutzhülle oder Zelt über dem Rest bildet ... [und] aus mit Bitumen bestrichenem und mit als Gipsrelief ausgeführten Schriftbändern verziertem Holz besteht. Der zweite Sarg hat die Form einer Mumie, ist ebenfalls mit glänzendem Pech bedeckt und mit vergoldeten Schriftbändern verziert. Im dritten Sarg sind die Schriftbänder ebenfalls vergoldet, aber der Hintergrund besteht aus Blattsilber. Der vierte ist durchgehend vergoldet und weist in das Gold eingelegte Hieroglyphen aus Glas auf. Dieser Sarg war auf der Innenseite versilbert und enthielt die Mumie, ... [die] gründlich durchsucht worden war; offensichtlich war bekannt, daß Juja mit seinem Schmuck beigesetzt worden war.

Die Mumie selbst ist wundervoll erhalten, vielleicht besser als jede andere aus Biban el-Moluk; die Züge sind nicht verzerrt; das kraftvolle und würdige Antlitz des alten Mannes besticht mit seinen zutiefst menschlichen Zügen – ein Gesicht, das man auf einem Porträt wiedererkennen würde.

Die Kanopengefäße der Tuja sind interessant: Jedes davon enthält, in Sägespäne verpackt, eines der Körperorgane, die so in Tücher eingewickelt wurden, daß sie wie Miniaturmumien aussehen, über deren Kopf jeweils eine kleine Maske aus vergoldetem Gips gestülpt ist. Die Vasen des Juja sind weit schlichter.

Eines der eindrucksvollsten Objekte ist ein Streitwagen; seine Reliefs sind zwar nicht mit denen auf dem Wagen Thothmes' IV. vergleichbar, aber er ist praktisch vollständig und wirkt dank seiner Verzierung mit Spiralen und Rosetten aus vergoldetem Gips äußerst ansehnlich.

Es gibt zwei Osiris-Betten wie bei Mahirpra; es gibt einen Schmuckkasten, der mit Mosaiken aus Elfenbein, Ebenholz und Fayence und goldenen Inschriften dekoriert ist; einige andere, nicht so aufwendig verzierte Kästen und daneben eine Menge mit Pech bestrichener Holzkisten, die verschiedene Sorten getrocknetes Fleisch, Gänse, Enten und diverse Kalbs(?)haxen enthalten.

Und schließlich haben wir noch drei Betten und drei Stühle. Die Stühle sind vielleicht die beeindruckendsten Objekte der ganzen Sammlung und lassen sich in ein paar Worten nicht beschreiben. [...] Einer davon, ein kleiner, ist rundum vergoldet und trägt auf der Rückseite die Darstellung eines Bootsausflugs; ein anderer besitzt durchbrochene Armlehnen in Form einer Gazelle; der dritte und größte besteht aus lackiertem Holz mit vergoldeten Ornamenten und Texten; zwei plastisch dargestellte Frauenköpfe über den Vorderbeinen dienen als Handauflagen.«

Objekt	Juja	Tuja	unbeschr.	Sonst.
Kanopenbehälter/Sarg	1	1		
Anthropoide Särge	3	2		
Kopfbedeckungen	1	1		
Mumienbänder/Rahmenwerk	1	1		
Mumien	1	1		
Skarabäen		2	1	
Amulette	[2]	[4]		
Kegelstümpfe			2	
Kanopentruhen	1	1		
Kanopenkrüge	4	4		
Osiris-Betten			2	
Uschebtis	14	4	1	
Uschebti-Kästen	5		10	
Uschebti-Werkzeuge			50	
Magische Statuette	1			
Papyrus	1			
Sargmodell	1			
Schreiber(?)-Palette			1?	
Osiris-Kenotaph			1	
Ba-Vogel	1			
Streitwagen			1	
Peitschenstiel	1			
Betten			3	
Stühle			2	1
Kästen	2			3
Perücke			1	
Perückenkorb			1	
Spiegel			1	
Griff einer Rassel		1		
Röhrchen mit *kuhl*				1
Matte			1	
Sandalen (einzelne)			24	
Stäbe	1			
Kleine Siegel			3	2
Gefäßattrappen			24	
Gefäßattrappen auf Untersätzen	2			
Steingefäße			2	1
Keramikgefäße				1
Krüge mit Balsamierungsabfall			52	
Kisten mit Fleisch			18	
Pflanzenreste			1	

(Links) Der guterhaltene Streitwagen des Juja.

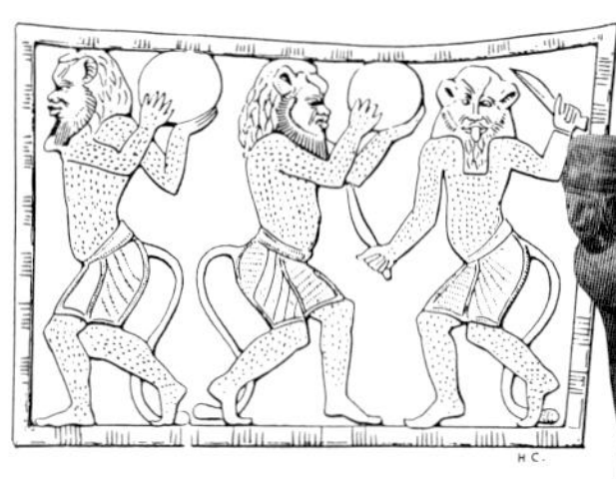

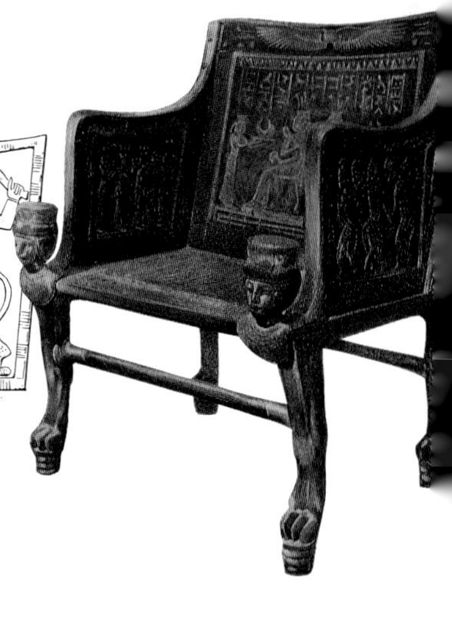

(Rechts) Der von Kaiserin Eugénie benutzte Stuhl der Prinzessin Sitamun und (Mitte) ein Detail einer der Armlehnen.

Das Grab des Maherpra

Geschichte und Ausgrabung

Das Grab des Maherpra, bei Hofe erzogen und königlicher Fächerträger, förderte Victor Loret bei seiner zweiten Grabungssaison im Tal der Könige 1899 zutage; es war auf halbem Wege zwischen KV35 (Amenhotep II.) und KV13 (Baja) in den Felsboden gehauen. Obwohl KV36 (wie es jetzt genannt wird) das erste weitgehend intakte Grab war, das in der Neuzeit entdeckt wurde, hat es aus irgendwelchen Gründen nie die Aufmerksamkeit erregt, die es verdient – vielleicht wie so vieles, weil es nie wissenschaftlich publiziert worden ist. Als einzige Vor-Ort-Beschreibung besitzen wir die halbpopulär gehaltene Darstellung des Ägyptologen Georg Schweinfurth. Immerhin kann man anhand seines recht allgemein gehaltenen Berichts die Anlage zu rekonstruieren versuchen, wie sie Loret erstmals antraf.

Wer war Maherpra?

»... auf dem im Grab gefundenen Exemplar des Totenbuchs [...] ist Maherpra mit schwarzem anstatt wie üblich rotem Gesicht abgebildet, und eine genauere Untersuchung der Mumie ergab nicht nur, daß er mit etwa 24 Jahren starb, sondern zeigte auch, daß er zwar negroid, aber kein wirklicher Neger war.«

Reginald Engelbach

Kurzsteckbrief

Nummer u. Lage d. Grabes:
KV 36, Wadi Biban el-Muluk
Entdeckt:
März 1899, von Victor Loret
Ausgräber/Publikationen:
V. Loret, 1899, für den »Service des Antiquités«; Georges Daressy, »Fouilles de la Vallée des Rois 1898–1899«, Kairo 1902, S. 1–62 (Funde); vgl. Georg Schweinfurth, *Sphinx* 3 (1900), S. 103–107

Das Antlitz der guterhaltenen Mumie des Maherpra. Der Leichnam war in der Antike gefleddert worden, aber die vergoldete Maske aus Pappmaché befand sich noch an Ort und Stelle, als man ihn fand.

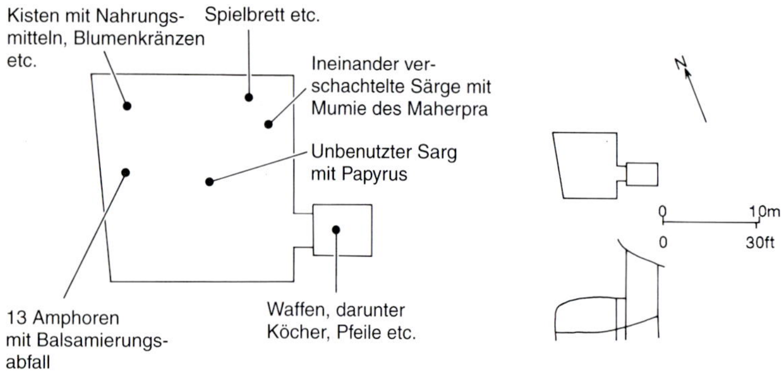

(Oben) Grundriß und Querschnitt von KV36; daneben eine Rekonstruktion der Lage, in der die Objekte gefunden wurden.

(Ganz rechts) Der Eingang des Grabes.

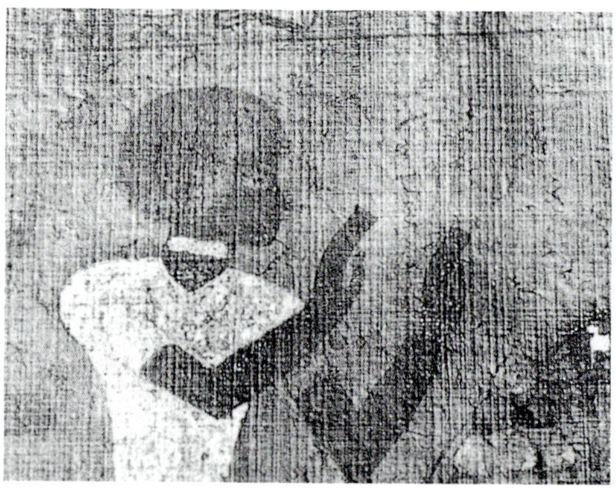

(Rechts) Der Inhaber des Grabes; Ausschnitt aus Maherpras Begräbnispapyrus.

Maherpras Mumie wurde am 22. März 1901 untersucht, und das Ergebnis dieser Autopsie ließ Maspero die Vermutung äußern, der Tote sei der Sohn eines Königs und einer schwarzen Gemahlin gewesen. Da Maherpra indessen durchweg als »Kind des *kap*«, der königlichen Kinderanstalt also, bezeichnet wird, war er wohl eher ein besonders naher Spielgefährte eines Königs der frühen 18. Dynastie. Ein leinenes Einwickeltuch aus dem Grab trägt die Kartusche Hatschepsuts, aber die meisten heutigen Kommentatoren legen seine Bestattung anhand der Grabinhalte auf einen späteren Zeitpunkt, vielleicht in die Zeit Thutmosis' IV.

KV36: Die Funde

Kistenförmiger Sarg
Anthropoide Särge (3)
Kopfbeckungen
Mumie
Geschmeide (Ohrringe, Armbänder, Schmuckperlen und Teile von Halsketten, Amulette, Balsamierungsplakette)
Kanopentruhe
Kanopenkrüge (4)
Osiris-Bett
Papyrus
Behälter mit Spiel und Spielsteinen
Köcher (2)
Pfeile (75)
Armschutz (2)
Hundehalsbänder (2)
Kleine Siegel (4)
Gefäße aus Glas/Fritte (2)
Fayenceschale
Steingefäße (2)
Keramikgefäße (39)
Geflochtener Deckel
Fleischstücke (11)
Brot
Pflanzenreste

(Links) Maherpras Kanopentruhe aus harzbestrichenem Holz mit vergoldeten Dekorationen.

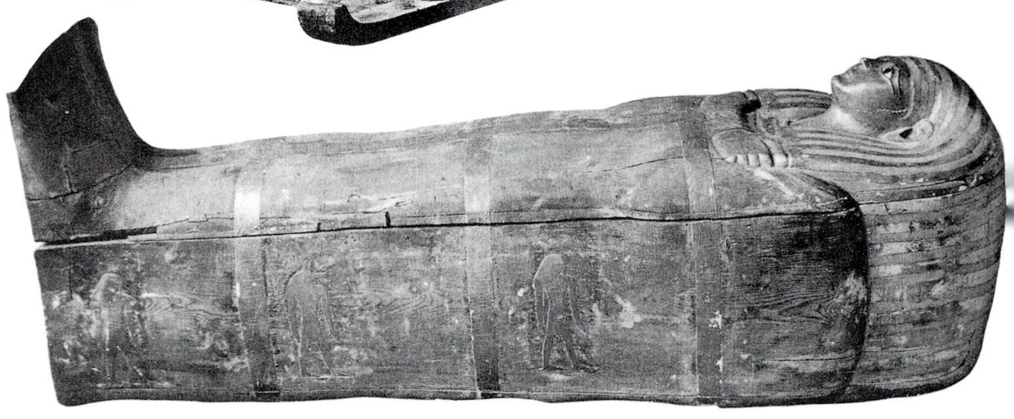

(Rechts) Maherpras Innensarg – er paßte nicht in den zweiten und wurde unbenutzt mitten in der Grabkammer zurückgelassen.

Das Problem des »Zusatzsarges«

Die Mumie Maherpras lag in zwei anthropoiden Särgen und einem rechteckigen Außensarg aus Holz. Ein dritter, kleinerer, lag unbenutzt inmitten der Kammer. Masperos Erklärung (»wenn er es satt hatte, in dem einen zu liegen, konnte er in den anderen überwechseln«) hat natürlich ihren eigenen Reiz, aber wahrscheinlich war der »Zusatzsarg« ursprünglich als innerster Teil des Ganzen gedacht. Nachdem man Maherpras Mumie bei der Leichenprozession darin transportiert hatte, stellte man bei der Ankunft in der Grabkammer fest, daß er nicht in den zweiten und dritten Sarg paßte, die schon ineinandergeschachtelt im Grab standen. Interessanterweise hatten sich die Arbeiter, die den zweiten Sarg des Tutanchamun in dessen ersten und äußeren einpassen mußten, dem gleichen Problem gegenübergesehen. Sie hatten es durch ein paar gekonnte Schläge mit der Krummaxt rasch aus der Welt schaffen können, aber bei Maherpras falsch dimensioniertem Innensarg war nichts zu machen. Nach viel erfolglosem Schieben und Drücken scheint die Mumie eilig aus ihrem übergroßen dritten Sarg geworfen und in den kleineren der beiden verschachtelten Särge gelegt worden zu sein, um den dann das große Holzgestell für den Begräbnisbaldachin errichtet wurde. Den unbenutzten dritten Sarg ließ man einfach liegen.

Maherpras Mumie und die Plünderung des Grabes

Als Loret das Grab betrat, lag Maherpras Mumie noch immer in den beiden Außensärgen, aber die verzapften Deckel waren schon in der Antike aufgebrochen und die Mumie durchsucht worden – insbesondere an den Armen waren die Bandagen brutal mit einer Krummaxt weggehackt worden. Den größten Teil des Bestattungsschmucks hatten die Diebe mitgenommen.

Die Plünderung wird auch dadurch bestätigt, daß nicht nur fast aller Schmuck, sondern auch sämtliche transportablen Metallobjekte sowie nicht zur Leiche gehörenden Stoffe und Kleidungsstücke fehlten. Von den Behältern mit *ben*-Öl waren die versiegelten Stoffverschlüsse abgerissen worden; aber dann hatte man sie stehenlassen: Das Öl war offenbar schon zu alt, um von Interesse zu sein. Nach der Plünderung scheint KV36 – ähnlich wie das Grab Jujas und Tujas – von halbamtlicher Seite hastig wiederhergerichtet und erneut verschlossen worden zu sein.

Alles deutet darauf hin, daß es sich bei den Tätern sowohl hier als auch in KV46 um Nekropolisarbeiter handelte, die bei ihrer (durch eine Reihe von Ostraka aus der 19.–20. Dynastie belegten) Tätigkeit in unmittelbarer Umgebung des Schachteingangs über das Grab gestolpert waren; die »Restauratoren« dürften ihre Vorgesetzten gewesen sein, die einen Skandal vermeiden und einer Untersuchung und Anklage entgehen wollten.

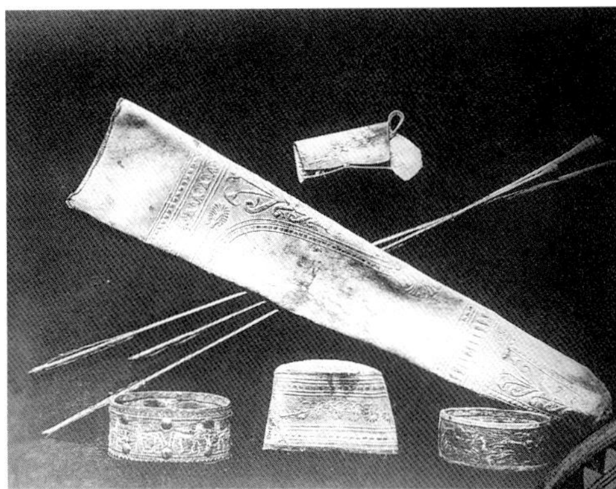

(Oben) Maherpras Kanopenkrüge und eine Auswahl bemalter Keramikgefäße aus seinem Grab.

(Links) Köcher, Pfeile, Armschutz und zwei Halsbänder für die Hunde des Grabinhabers, gefunden in KV36.

Blaue, mit Fischen und Lotusblüten verzierte Schüssel aus Fayence.

(Links) Calcitamphore auf ringförmigem Untersatz.

(Oben) Henkelkrug aus Calcit; der Leinenverschluß wurde von antiken Grabräubern aufgerissen, um zu sehen, was darin war.

Andere Treppen- und Schachtgräber von Adligen im Tal der Könige

Grab Nr.	Inhaber	Treppe	Schacht
KV26	?		●
KV28	?		●
KV29	?		●
KV30	?		●
KV31	?		●
KV32	?	●	
KV33	?	●	
KV36	Maherpra		●
KV37	?	●	
KV40	?		●
KV41	?		●
KV44	?		●
KV45	Userhet		●
KV46	Juja und Tuja	●	
KV48	Amenemope		●
KV49	?	●	
KV50	Tiere		●
KV51	Tiere		●
KV52	Tiere		●
KV53	?		●
KV58	?		●
KV60	Sitre In	●	
KV61	?		●
WV A	Vorratskammer	●	

Grab WV24

Entdeckt: vor 1832
Ausgräber/Publikationen: Otto J. Schaden, 1991/92, für die University of Arizona; O. J. Schaden, KMT 2/3 (Herbst 1991), S. 53–61

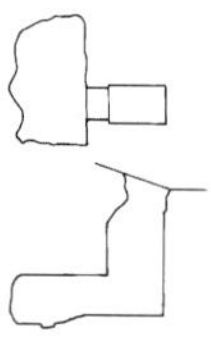

»Es war, als enthielte praktisch jeder Korb *turab* [Schutt], den wir herausholten, zerfetzte Mumienbinden, ein paar Knochen und etwas Material aus der späten Römerzeit …«

Otto J. Schaden

WV24 stand 150 Jahre lang offen, ohne daß sich jemand darum kümmerte; in dieser Zeit haben es Robert Hay und John Gardner Wilkinson bemerkt und vermutlich Emile Chassinat, Davis' Ausgräber, Howard Carter und einige weitere Ägyptologen betreten. Die Freilegung unternahm dann Otto Schaden 1991/92.

Unterer Teil des Schachtes von WV24. Der brunnenartige Zugang ist einer der größten der Gräber dieses Typs im Königstal.

Das Grab besteht aus einem tiefen und sauber gehauenen Schacht, auf dessen Grund sich an einer Seite eine unregelmäßige und offenkundig unfertige Kammer auftut. Sie ist zwar einigermaßen rechteckig, aber an der Ostwand abgerundet, was möglicherweise auf mangelnde Vollendung hinweist (im Grab wurde ein unbeschädigter Steinmetzhammer gefunden, desgleichen mehrere Fragmente abgebrochener Kupfermeißel). Von den sehr ähnlichen KV44, KV50, KV61 und weiteren Gräbern im Haupttal unterscheidet sich dieses Grab nur durch einen groben, niedrigen Sims entlang einer Kammerseite.

Die Ausgrabung des Schachts förderte Überreste zutage, die möglicherweise von Nachbestattungen in der 22. Dynastie stammen, darunter Fragmente eines hölzernen Kindersargs, Pappmachéfragmente, massenhaft Mumienbinden sowie die Überreste von mindestens fünf menschlichen Leichnamen (darunter dem eines Kindes). Zum Material aus späterer Zeit gehörten Fragmente spätrömischer Amphoren mit Bandkeramik sowie Kochtöpfe vermutlich koptischen Ursprungs. Außerdem wurden eine antike Seilrolle, das Bein eines kleinen Kastens oder Stuhls und mehrere Glasfragmente aus der 18. Dynastie gefunden – darunter Intarsienfäden und ein zerbrochenes Schmuckkügelchen, das sich vielleicht aus dem nahegelegenen Aja-Grab (WV23) hierher verirrt hatte. Ebenfalls aus WV23 könnte ein interessantes Elfenbeinfragment mit Goldeinfassung stammen.

Nach allen Anzeichen zu schließen, stammt WV24 aus der späten 18. Dynastie und wurde höchstwahrscheinlich für einen Gefolgsmann des Inhabers von WV25 angelegt. Es könnte aber auch als Nebenlager für letzteres gedacht gewesen sein (ähnlich wie WV A für WV22, das Grab Amenhoteps III.). Aus WV24 und WV25 scheint ungefähr gleich viel Gesteinsmasse herausgeholt worden zu sein, möglicherweise, weil die beiden Gräber mehr oder weniger zur selben Zeit begonnen und aufgegeben worden sind.

Grab KV26

Entdeckt: vor 1835 von James Burton(?)
Ausgräber/Publikation: James Burton, vor 1835(?); unveröffentlicht

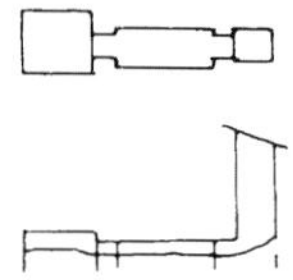

Über dieses Grab ist praktisch nichts bekannt; erstmals erforscht wurde es möglicherweise von James Burton in den 20er und 30er Jahren des 19. Jahrhunderts. Später, 1898, hielt Loret seine Lage fest, doch von einer Freilegung des Innern ist nirgendwo die Rede.

Hinsichtlich der möglichen späteren Verlegung der Grabinhaber nach KV42 vgl. S. 103.

Grab KV28

Entdeckt: vor 1832
Ausgräber/Publikationen: Donald P. Ryan, 1990, für die Pacific Lutheran University; D. P. Ryan, KMT 2/1 (Frühjahr 1991), S. 30

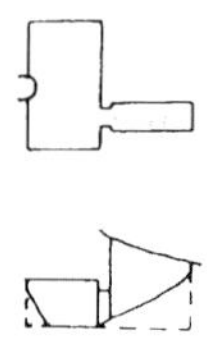

»Das Grab war zuvor von Unbekannten ›ausgegraben‹ worden, so daß wir letztlich die Überbleibsel durchwühlten.«

Donald P. Ryan

KV28, dessen Schacht in einen einzigen, kleinen rechteckigen Raum hinunterführt, wurde erstmalig in den 30er Jahren des 19. Jahrhunderts von Wilkinson bemerkt und 1889 von Lefébure als – abgesehen von ein paar Mumienknochen und -binden – fast völlig leer beschrieben. Diese Überreste lagen noch da, als Donald Ryan 1990 das Grab neu untersuchte; sie stammen von mindestens zwei Personen. Weitere Funde waren unter anderem »Fragmente eines Kanopenkrugs aus Kalkstein, zahlreiche Stücke von Holzgegenständen und ein herrenloser Begräbniskonus aus der thebanischen Nekropolis«.

Tonscherben könnten nahelegen, daß die Begräbnisse etwa aus der Zeit Thutmosis' IV. stammen, dessen Grab ganz in der Nähe liegt, und KV28 vielleicht einem hohen Beamten dieses Königs gehörte.

Grab KV29

Entdeckt: vor 1832
Ausgräber/Publikation: unbekannt; unveröffentlicht

Sowohl James Burton als auch Wilkinson erwähnen die Lage von KV29; ansonsten ist über seinen Grundriß und Inhalt nichts bekannt.

Grab KV31

Entdeckt: Oktober 1817 von Giovanni Battista Belzoni
Ausgräber/Publikation: G. B. Belzoni, 1817, für den Earl of Belmore; unveröffentlicht

»Ihre [der Belmores] Bewunderung beim Anblick von alledem war Musik in Giovannis Ohren. Vor allem erwärmte er sich für Lord Belmore und zeigte ihm sogar ein paar aussichtsreiche Stellen im Tal, wo er vielleicht graben mochte. Der adlige Reisende fand nur zwei kleine Mumiengruben [KV31 und KV32] ...«

Stanley Mayes

KV31 ist mittlerweile fast völlig versandet. Weder über seine Form noch über irgendwelche Inhaltsreste ist Näheres bekannt; allerdings ist KV31 oder KV30 die Fundstelle des aus der 18. Dynastie stammenden, privaten anthropoiden Sarkophags aus Quarz und Sandstein, den Lord Belmore später dem British Museum vermachte.

Grab KV32

Entdeckt: 1898 von Victor Loret
Ausgräber/Publikation: V. Loret, 1898, für den »Service des Antiquités«(?); unveröffentlicht

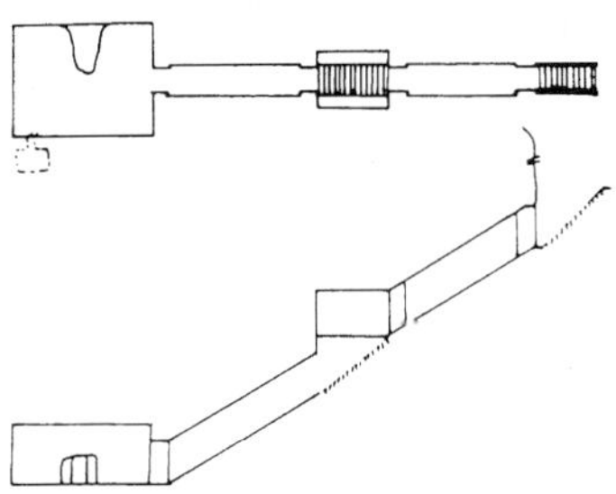

»Vielleicht wurde es als Begräbnisstätte eines Familienangehörigen [Thutmosis' III.] oder für einen Wesir wie etwa Rechmara benutzt, dessen Grabkapelle in Shêkh abd' el Gûrneh zu sehen, dessen Begräbnisplatz jedoch unbekannt ist.«

Arthur Weigall

Über dieses – offenbar unfertige – Grab weiß man sehr wenig. Georg Steindorff hat es im Baedeker von 1902 so beschrieben: »wahrscheinlich ein Königsgrab der 18. Dyn., [das] noch nicht völlig erforscht ist«. Tatsächlich scheint nie eine förmliche Freilegung stattgefunden zu haben, und von Funden ist nichts bekannt. Nach Harry Burton brachen die Steinmetzen, die das Grab Siptahs (KV47) anlegten, versehentlich in dieses ein – und zweifellos wurden eventuelle Beisetzungen in KV32 zu diesem Zeitpunkt untersucht.

Grab KV33

Entdeckt: 1898 von Victor Loret
Ausgräber/Publikation: V. Loret, 1898, für den »Service des Antiquités« (?); unveröffentlicht

Auch über KV33 ist kaum etwas bekannt. Der Baedeker von 1902 beschreibt es als »kleines Grab mit zwei leeren Kammern, in die man über eine Treppe gelangt«. Offenbar wurde es nie vollständig freigelegt.

Grab KV37

Entdeckt: 1899 von Victor Loret
Ausgräber/Publikationen: V. Loret, 1899, für den »Service des Antiquités«; Georges Daressy, »Fouilles des la Vallée des Rois 1898–1899«, Kairo 1902, S. 299–301, passim (Funde)

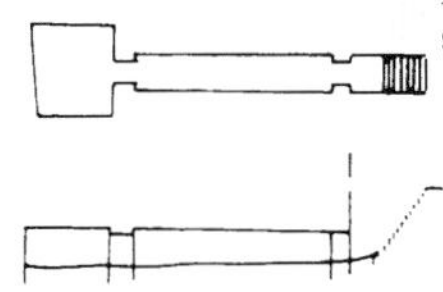

Die von Elizabeth Thomas in den 60er Jahren hier entdeckten Knochenfragmente und Stücke großer weißgetünchter Vorratskrüge deuten darauf hin, daß das aus der 18. Dynastie stammende KV37 ursprünglich für eine Bestattung benutzt worden ist. Die von Loret geborgenen Fragmente – eine mumienförmige Holzstatuette und Sockelfragmente Thutmosis' IV., ein Reibholz zum Feueranzünden, rund 33 Ostraka und ein Gefäßfragment Setoys I. – scheinen aus Nachbestattungen zu stammen, könnten aber auch darauf hindeuten, daß das Grab in einer bestimmten Phase ähnlich wie KV4 (Ramses XI.) als »Werkstatt« benutzt wurde.

Wegen einer möglichen Verlegung der Grabinhaber nach KV42 vgl. S. 103.

Grab KV40

Entdeckt: 1899 von Victor Loret
Ausgräber/Publikation: V. Loret für den »Service des Antiquités«; unveröffentlicht

Weder über den Grundriß noch über erhalten gebliebenen Inhalt ist Näheres bekannt.

Grab KV41

Entdeckt: 1899 von Victor Loret
Ausgräber/Publikation: V. Loret, 1899, für den »Service des Antiquités«; unveröffentlicht

KV41 war das letzte Grab, das Victor Loret 1899 entdeckte, und nach Georg Steindorff war es drei Jahre später (1902) immer noch nicht wissenschaftlich erforscht.

Die Lage des bislang nicht freigelegten Grabes KV29.

Der Eingang des Schachtgrabs KV37, das ein ganzes Sortiment von königlichem Begräbnis-Abfall barg.

1901 von Carter aus KV44 geborgene und aus einer Nachbestattung in der 22. Dynastie stammende Kartonage der Fürstin Tentkerer.

Oberteil eines hölzernen Sargdeckels, den Donald Ryan 1991 im Schutt von KV45 fand.

Grab KV44

Entdeckt: 26. Januar 1901 von Howard Carter
Ausgräber/Publikationen: H. Carter, 1901, für Theodore M. Davis; H. Carter ASAE 2 (1901) S. 144–145; Donald P. Ryan für die Pacific Lutheran University, 1991; KMT 3/1 (Frühjahr 1992), S. 45–46

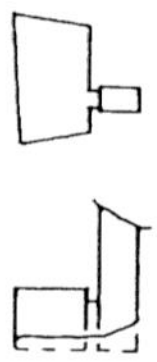

»Da dieses Grab dem *reis* von Westtheben schon bekannt war, beschloß ich, es zu öffnen; das dauerte nur rund zwei Tage. Als wir den Schutt bis in eine Tiefe von fünfeinhalb Metern weggeräumt hatten, erreichten wir die Tür zu einer Kammer, die ich am 26. Januar 1901 betrat; drinnen fand ich an einer Seite der Kammer drei nebeneinander aufgereihte Holzsärge, die mit Blumenkränzen bedeckt waren ...«

Howard Carter

Unter dem »Schutt« dieses Grabes, dessen Eingang grob mit einer Trockensteinmauer verschlossen worden war, bemerkte Carter »Überreste früherer Mumien ohne Särge oder Grabbeigaben«. Als Ryan KV44 1990/91 erneut freilegte, kamen die Überreste dieser ursprünglichen Bestattung ans Licht: sieben Personen, drei davon Kinder (eines von ihnen wurde nur zwei Jahre alt). Auch das Endstück eines Kindersarges wurde gefunden, desgleichen ein blaues, zylinderförmiges Schmuckkügelchen und das unbeschriftete Fragment eines Kanopenkrugs. Die Keramikfragmente waren zu klein, um aussagekräftig zu sein, aber das Grab dürfte fast sicher (wie das nahegelegene KV45) auf die Mitte der 18. Dynastie zu datieren sein.

Grab KV45: Das Grab Userhets

Entdeckt: 25. Februar 1902 von Howard Carter
Ausgräber/Publikationen: H. Carter, für Theodore M. Davis; H. Carter, ASAE 4 (1903), S. 45–46; Donald P. Ryan, 1991/92 für die Pacific Lutheran University; D. P. Ryan, KMT 3/1 (Frühjahr 1992), S. 46–47

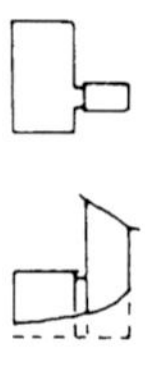

»25. Feb. [1902]: Nach der Rückkehr von Mr. Davis aus Assuan wurde [diese] Grube in seiner Gegenwart geöffnet. Es zeigte sich, daß es lediglich einen etwa 3 Meter tiefen, senkrechten Schacht und auf dessen Grund an der Ostseite eine kleine Kammer mit einem Begräbnis der XXII. Dynastie enthielt, welches das Regenwasser vollkommen zerstört hatte.«

Howard Carter

Die einzige Kammer von KV45 fand Carter »zu einem Drittel mit Schutt gefüllt«, auf dem die Überreste von zwei jeweils in einem Doppelsarg liegenden Mumien aus der 22. Dynastie, zwei hölzerne *uschebti*-Kästen (mit grob geformten, zwei unterschiedlichen Typen zuzuordnenden, kleinen Lehm-*uschebtis,* von denen Ryan später insgesamt 44 Stück barg) und die »verstreuten Überreste von Kränzen« lagen. Das Grab war wegen des Wassers so verrottet, daß Carter »praktisch nichts herausholen konnte als die Oberseite des Mumienkastens des Mannes« (später wurde sie von Miss Jeannette R. Buttles im Beisein von Davis außerhalb des Grabes »modelliert«) und »einen kleinen Herzskarabäus aus Kalkstein«, der für den Türwächter des Hauses Merenkhons beschriftet war. »An der Frau«, schreibt Carter weiter, »war nichts zu finden.«

Aus dem Schutt unter den Nachbestattungen barg Carter Fragmente eines Kanopenkruges, der für einen Aufseher über die Felder des Amun namens Userhet aus der 18. Dynastie beschriftet war – offenbar den ursprünglichen Inhaber des Grabes.

Donald Ryan entdeckte bei seiner kürzlichen Neufreilegung »menschliches Skelettmaterial und die Überreste vom Wasser überspülter Begräbnisse, darunter Hunderte von Fragmenten stark verrotteter Särge. [...] Desgleichen fanden wir achtundachtzig *uschebti*-Fragmente, die von mindestens vierundvierzig Figuren stammen« – für ihre grobe Herstellung wurde einfach Lehm in eine Form gepreßt. Die menschlichen Überreste stammten von vier Personen – vermutlich den zwei Nachbegräbnissen aus der Dritten Zwischenzeit und den ursprünglichen Grabinhabern aus dem Neuen Reich. Die bei Ryans Arbeit gefundenen Keramikstücke sind vermutlich auf die Periode zwischen der Regierung Thutmosis' IV. und der frühen Zeit Amenhoteps III. zu datieren.

Grab KV48: Das Grab Amenemopes

Entdeckt: Januar 1906 von Edward R. Ayrton
Ausgräber/Publikationen: E.R. Ayrton, 1906, für Theodore M. Davis; Th. M. Davis u.a., »The Tomb of Siptah, the Monkey Tomb and the Gold Tomb«, London 1908; C. N. Reeves, MDAIK 40 (1984), S. 232 (Funde)

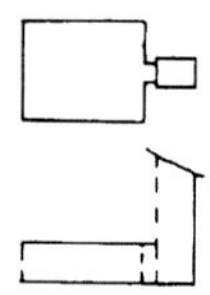

»Der Schacht war etwa 20 Fuß tief und 6 Fuß breit und hatte nach Südwesten eine relativ große Kammer, die 16–17 Fuß auf 10–11 Fuß maß und 6 Fuß hoch war. Das Grab war im Altertum ausgeraubt worden, aber die Kammertür war mit einer groben Mauer wieder verschlossen worden. Der Boden war ungefähr sechs Zoll hoch mit Schutt bedeckt, und darauf lagen die Trümmer der Beisetzung.«

Theodore Davis und Edward Ayrton

Der Inhaber dieses Grabes war »ein großer und gutgebauter Mann«, dessen Mumie »ausgewickelt und beiseite geworfen worden war«. Auf dem »Schutt« befanden sich Fragmente des – mit schwarzem Harz bestrichenen und gelb dekorierten – Sargs sowie Teile eines »groben Holzstuhls« und Stücke weißgestrichener Vorratskrüge aus Ton. Aus deren Füllung wurden vier »Zauberziegel«, die Lehmversiegelung eines Papyrus (»mit der Inschrift ›Amun erhört aufrichtige Gebete‹«) sowie »einige gelb auf Pechgrund bemalte Holz-*uschebtis* mit den Titeln des Amonmapt, Wesir und Stadtgouverneur«, geborgen. Damit war der Inhaber der Grabstätte identifiziert: Amenemope, genannt Pairy, Bruder des Sennufer und Bürgermeister von Theben sowie Wesir unter Amenhotep II.

Die Grabkammer selbst war undekoriert und »besaß nicht einmal eine Stuckschicht zum Ebnen der Unregelmäßigkeiten des Gesteins«. Die Position des Grabes geriet über viele Jahre in Vergessenheit, bis Kent Weeks es mit Hilfe geophysikalischer Geräte 1985/86 wiederentdeckte. Offenbar wurde es bislang jedoch nicht wieder betreten.

Grab KV49

Entdeckt: Januar 1906 von Edward R. Ayrton
Ausgräber/Publikation: E. R. Ayrton, für Theodore M. Davis, 1906; Th. M. Davis u. a., »The Tomb of Siptah, the Monkey Tomb, and the Gold Tomb«, London 1908, S. 16–17

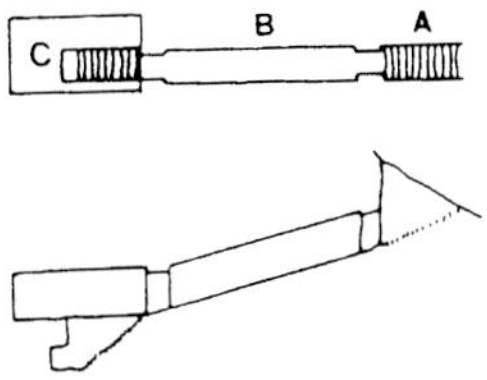

»Die einzigen Gegenstände im Raum waren ein paar Mumientuchfetzen und Fragmente der großen, geweißelten Krüge, wie man sie in Gräbern der XVIII. Dynastie antrifft. Grabräuber hatten in die zweite Treppe eine kleine Grube gehauen, um nach einer weiteren Tür zu suchen ...«

Theodore Davis und Edward Ayrton

KV49 nimmt sich wie ein typisches Korridorgrab der mittleren 18. Dynastie aus. Im Durchgang sind immer noch die Überreste einer »mit brüchigem weißem Gips bedeckten Trockensteinmauer« zu sehen; diese Mauer, die Scherben der obenerwähnten, großen weißgetünchten Krüge und ein paar von Davis und Ayrton gefundene Tuchfetzen stehen vielleicht mit den beiden hieratischen Graffiti in Verbindung, die Ayrton über dem Eingang bemerkt hat und die geschrieben wurden, als das Grab gegen Ende des Neuen Reiches als Vorratsraum für Tempellinnen benutzt wurde. Derselben Epoche sind vermutlich auch das von Ayrton gefundene Ostrakon und mehrere grobe Spielbretter mit eingeritztem Raster zuzuordnen.

Zur wahrscheinlichen Rolle dieses Grabs bei der Restaurierung der Königsmumien s. S. 206.

Hieratische Beschriftung eines zerbrochenen Holzetiketts aus KV49; sie lautet »Leichenöl«.

Die Tiergräber

Grab Nr./Ort: KV50, KV51, KV52, Wadi Biban el-Muluk
Entdeckt: Januar 1906 von Edward R. Ayrton
Ausgräber/Publikation: E. R. Ayrton, 1906 für Theodore M. Davis; Th. M. Davis u.a., »The Tomb of Siptah, the Monkey Tomb, and the Gold Tomb«, London 1908, S. 17–18

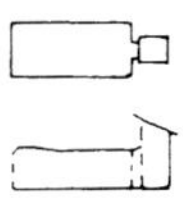

KV50

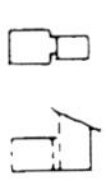

KV51

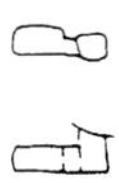

KV52

»Den Kindern blieb ihre Fahrt ins Tal der Könige und der Besuch in Davis' Tier-Gräbern unvergeßlich. Man führte sie den Schacht von [...] [KV50] hinunter in eine Kammer, die sehr niedrig und extrem heiß war.

Beim Anblick eines gelben Hundes in normaler Lebensgröße, der sie auf seinen Pfoten stehend und den kurzen Schwanz über den Rücken geringelt, aus weit offenen Augen ansah, brachen sie beide in entzücktes Lachen aus. Das Tier wirkte, als sei es lebendig.«

Joseph Lindon Smith

Das Tal der Könige diente offenbar nicht nur der Familie und den bevorzugten Beamten des Königs, sondern auch seinen Schoßtieren als letzte Ruhestätte. Eine von Edward Ayrton im Januar 1906 für Theodore M. Davis entdeckte Gruppe von drei Gräbern scheint den »Tierfriedhof« eines einzigen tierliebenden Pharaos darzustellen – vielleicht Amenhoteps II., denn sie liegen dicht bei seiner eigener Ruhestätte (KV35). Alle Tiere wurden anscheinend ursprünglich genau wie menschliche Leichen einbalsamiert, eingewickelt (manchmal mit Schmuckbeigaben) und in den meisten Fällen auch eingesargt. Ayrton hat aus KV51 eine Kanopenverpackungsmaske aus Stuck und aus KV52 eine leere Kanopentruhe geborgen. Sämtliche Gräber waren schon in der Antike betreten und geplündert worden; der Eingang zur Grabkammer von KV51 war (vermutlich nach einer offiziellen Inspektion) »mit Steinsplittern und Teilen des nicht mehr benutzten Deckels eines Mumiensarges« wieder verschlossen worden.

	Hund	Affe	Pavian	Ente	Ibis
KV50	1	1			
KV51		3	1	3	1
KV52		1			

»Das bizarrste Schaustück [in KV51] war ein perfekt erhaltener, großer und völlig uneingewickelter Affe, der ein Halsband aus kleinen blauen Schmuckscheiben trug.«

Joseph Lindon Smith

(Oben) Einer der drei mumifizierten Affen, die Ayrton während der Grabungssaison 1905/06 in KV51 fand.

(Links) Affe und einbalsamierter gelber Hund wie in KV50 vorgefunden: aus einem Gemälde von Harold Jones.

Grab KV53

Entdeckt: 1905/06 von Edward R. Ayrton

Ausgräber/Publikationen: E. R. Ayrton, 1905/06 für Theodore M. Davis; Th. M. Davis u. a., »The Tomb of Siptah, the Monkey Tomb, and the Gold Tomb«, London 1908, S. 18–19; C. N. Reeves, MDAIK 40 (1984), S. 232–233 (Funde)

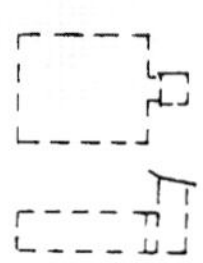

Bei dem mittlerweile nicht mehr zugänglichen KV53, von dem nie ein ordnungsgemäßer Plan angefertigt wurde, handelt es sich offenbar um ein kleines, einkammriges Schachtgrab. Seine Freilegung durch Edward Ayrton führte zur Entdeckung einer Reihe von Kalksteinostraka und einer Kalksteinstele, die der Chefschreiber Hori aus Deir el-Medina der Schlangengöttin Meretseger (»Die das Schweigen liebt«) geweiht hatte. Ähnliche Ostraka waren auch in eine der Arbeiterhütten der 20. Dynastie eingebaut, die später über der Mündung des Grabes errichtet wurden; damals dürfte das Grab auch betreten worden sein.

Grab KV58

Entdeckt: Januar 1909 von E. Harold Jones

Ausgräber/Publikationen: E. H. Jones, Januar 1909, für Theodore M. Davis; Th. M. Davis u. a., »The Tombs of Harmhabi and Touatânkhamanou«, London 1912, S. 2–3, 125–134; C. N. Reeves, GM 53 (1982), S. 33–45

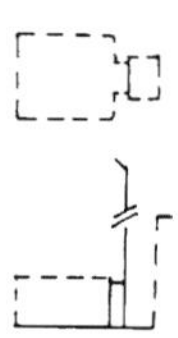

Goldblechfragmente aus KV58 (oben); Rücken an Rücken stehende nubische und orientalische Gefangene; (unten) Aja vor dem Thronnamen des Tutanchamun.

»... am nächsten Tag begannen wir mit dem Abstieg in die Grube und fanden kunterbunt im Schutt verteilt hochinteressante Fragmente von Mobiliar aus einer interessanten Zeit – dem Ende der XVIII. Dynastie; die Objekte trugen Kartuschen des Pharao Aja sowie eines weiteren mit Namen Tut-ankh-Amon, welch letzterer bislang noch nicht entdeckt worden ist, ebensowenig sein Grab ...«

Harold Jones

KV58 war die einzige große Entdeckung, die Harold Jones Anfang Januar 1909 für Davis im Tal machen sollte. Es ist daher recht betrüblich, daß Davis sie in seiner Publikation Edward Ayrton 1907 zuschrieb.

Das aus einem Schacht mit einer von dessen Boden wegführenden einzigen Kammer bestehende Grab war eindeutig ein Satellitengrab zu KV57 (Haremhab). Die Masse der von Jones geborgenen Funde hatte – eventuell mit Ausnahme eines sehr schönen Calcit-*uschebti* – mit dem ursprünglichen Grabinhaber nichts zu tun. Es handelt sich um Fragmente eines Streitwagengeschirrs, die wohl eher aus dem Grab Ajas im Westtal stammen und erst später in den halbgefüllten Schacht geworfen wurden. Näheres über die Funde in KV58 findet sich auf S. 129.

Grab KV60

Entdeckt: Frühjahr 1903 von Howard Carter

Ausgräber/Publikationen: H. Carter, 1903, und Edward R. Ayrton, 1906, für Theodore M. Davis; H. Carter, ASAE 4 (1903), S. 176–177; Donald P. Ryan, 1989 für die Pacific Lutheran University: D. P. Ryan, KMT 1/1 (Frühjahr 1990), S. 34–39, 53–54, 58

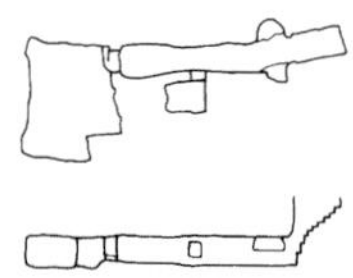

»Ein kleines, unbeschriftetes Grab gleich am Eingang von Nr. 19 (Grab des Ment-hi-khopesh-ef). Es besteht aus einer sehr holprigen Treppe, die zu einem 5 Meter langen Durchgang führt, der in einer niedrigen und rohbehauenen Kammer von etwa 4 auf 5 Metern endet, welche Überreste einer stark beschädigten und geplünderten Beisetzung enthielt. In diesem Grab befanden sich lediglich zwei schlimm entblößte Frauenmumien und ein paar mumifizierte Gänse.«

Howard Carter

Howard Carter scheint das Grab nach flüchtiger Prüfung wieder geschlossen zu haben; später stolperte Edward Ayrton bei seiner Freilegung von KV19 (Mentuhirkhopshef) 1906 wieder darüber, wobei eine der Mumien – die von Hatschepsuts Amme Sitre In – in das Kairoer Museum gebracht wurde. Bei seiner erneuten Freilegung von KV60 hat Donald Ryan kürzlich das Grab weitgehend in dem Zustand vorgefunden, in dem Carter und Ayrton es zurückgelassen haben müssen – überall waren mumifizierte Nahrungsvorräte verstreut, und etwa in der Mitte der Grabkammer befand sich die zweite Mumie, deren linker Arm in der Pose einer Königin quer über der Brust lag. Die Frau hatte langes Haar gehabt (es lag unter dem inzwischen kahlen Kopf auf dem Boden) und war zu Lebzeiten recht beleibt gewesen; die Zähne waren ziemlich abgenutzt (was auf eine ältere Person hindeutet). Wegen ihrer Korpulenz waren die Eingeweide nicht wie üblich durch die Bauchdecke, sondern durch das Becken entfernt worden. Elizabeth Thomas war der Meinung, es könne sich bei der Mumie durchaus um Hatschepsut selbst handeln – eine Möglichkeit, der die Position des Arms ganz gewiß nicht widerspricht.

Ryan barg mehrere Fragmente der Begräbnisausstattung, darunter auch Sargoberflächen, die in der Antike mit der Krummaxt weggeschlagen worden waren, um an den Goldblechbesatz heranzukommen. Interessanterweise läßt sich keines der im Grab gefundenen Keramikfragmente auf einen Zeitpunkt vor der 20. Dynastie datieren. Vielleicht dürfen wir annehmen, daß man KV60 beim Ausschachten von KV19 zufällig entdeckt und als Vorratsraum benutzt hat. Wenn dem so ist, wurden eine oder beide Mumien vielleicht erst später dorthin verbracht, als gegen Ende des Neuen Reiches die Begräbnisse im Tal »rationalisiert« wurden (s. S. 194).

Dank Ryans Freilegung wissen wir inzwischen, daß der Grundriß des Grabes unregelmäßiger und etwas komplexer ist, als zunächst vermutet. Steile und uneben gehauene Stufen führen in einen einzigen Korridor mit nur roh ausgemeißelten Nischen hinunter, von denen jede mit einem grob gezeichneten *wedjat*-Auge verse-

(Links) Der Eingang von KV60 nach der kürzlich erfolgten, erneuten Freilegung des Grabes.

(Oben) Die von Carter entdeckte, von Ayrton aufgegebene und von Ryan 1989 wieder untersuchte, anonyme Mumie aus KV60. Der linke Arm ist am Ellbogen eingewinkelt und liegt quer über der Brust – die Pose einer Königin.

hen ist; das eine blickt nach innen zur Grabkammer, das andere hinaus zum Eingang. Die Grabkammer selbst ist asymmetrisch und möglicherweise unvollendet. Praktisch alle Oberflächen im Grab sind grob und ungleichmäßig behauen; schon das dürfte wohl jede ursprüngliche Verwendungsabsicht für ein unmittelbares Mitglied der königlichen Familie ausschließen.

Grab KV61

Entdeckt: Januar 1910 von E. Harold Jones

Ausgräber/Publikation: E. H. Jones, 1910, für Theodore M. Davis; unveröffentlicht

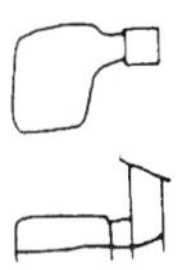

Als Harold Jones es im Januar 1910 entdeckte, ließ sich dieses kleine und unregelmäßig geschnittene Grab zunächst »in jeder Beziehung als ein Fund an; die Grubenfüllung schien unberührt, und der Boden [...] war bis zur Obergrenze mit Steinen zugebaut. Doch nach zweitägiger Arbeit hatten wir alles bis zur Oberkante der Kammertür freigelegt, und als wir hineinspähten, sahen wir nichts als eine kleine, schlecht ausgehauene Kammer, die zur Hälfte mit Schutt gefüllt war. [...] [Die] Arbeit wurde sorgfältig fortgesetzt, bis jeder Winkel des Grabes nackt und bloß lag, und nicht minder öde war auch das Ergebnis – denn wir fanden nicht einmal eine Tonscherbe.«

Es spricht alles dafür, daß Jones ein buchstäblich jungfräuliches Privatgrab entdeckt hat, das die Steinmetzen nach der Fertigstellung blockiert hatten, um zu verhindern, daß sich die Kammer vor der späteren Nutzung mit Sand füllte. Doch das erwartete Begräbnis fand nie statt.

»Angefangene« Gräber und Gruben

Das Tal der Könige ist geradezu übersät mit »angefangenen« Gräbern und Gruben, von denen nur eine Handvoll festgehalten und benannt worden sind.

Nr.	Entdeckungsdatum	Anmerkungen
KV54	Dez. 1907	Einbalsamierungsmaterial und anderes aus dem Korridor von KV62 (Tutanchamun); vgl. S. 126
KV59	—	Genau nördlich von KV37
KV B	—	Nahe den Klippen südlich von KV43 (Thutmosis IV.)
KV C	4./5. Jan. 1907	Gruppe großer Krüge, vielleicht verbunden mit KV6; vgl. S. 168
KV D	1907/08	Keine Details bekannt
KV E	1907/08	Keine Details bekannt
KV F	Jan. 1921	Fehlstart für das Grab Thutmosis' III.?
KV G	—	Anfang eines »potentiellen Korridorgrabs« östlich von KV18 (Ramses. X.), festgeh. von Elizabeth Thomas
KV H	—	Östlich von KV39, festgeh. von Elizabeth Thomas
WV I	—	Nahe WV23 (Aja), festgeh. von Nestor L'Hôte
WV J	—	Nahe WV23 (Aja), festgeh. von Nestor L'Hôte
WV K	—	Nahe WV23 (Aja), festgeh. von Elizabeth Thomas
KV L	1898	Entdeckt von Loret, freigelegt 1908 von H. Jones für Davis
KV M	1898	Entdeckt von Loret, freigelegt 1908 von H. Jones für Davis
KV N	21. Dez. 1908	Nahe KV 48 (Amenemope)
KV O	4. Feb. 1909	»Unfertige Grube mit umgebender Steinmauer«, möglicherweise eine »Arbeiterhütte« (Harold Jones)
KV P	Dez. 1909	Gefüllt mit Brandschutt – Holz, Tonscherben, Feuersteinsplitter, Stroh und Knochen. Restaurierungsabfälle; s. S. 207
KV Q	Dez. 1909	Gefüllt mit Brandschutt – Holz, Tonscherben, Feuersteinsplitter, Stroh und Knochen. Restaurierungsabfälle; s. S. 207
KV R	Dez. 1909	Gefüllt mit Brandschutt – Holz, Tonscherben, Feuersteinsplitter, Stroh und Knochen. Restaurierungsabfälle; s. S. 207
KV S	1908	Nahe KV47 (Siptah). Füllung analog zu KV P, Q, R. Gleiche Grube wie KV D/E?
KV T	1898/99?	Südlich von KV36 (Maherpra). Eine Entdeckung Lorets? Festgeh. von H. Jones

Mit der Entdeckung einer außergewöhnlichen Gruppe von Königsmumien in einem alten Grab in der Senke von Deir el-Bahari im Jahre 1881 begann ein völlig neues und unerwartetes Kapitel in der Geschichte der thebanischen Nekropolis. Die Ägyptologen mußten erkennen, daß sich zu Ende des Neuen Reiches die offizielle Haltung zu den königlichen Toten dramatisch verändert hatte.

Den Katalysator dieses Wandels hatte der Diebstahl gebildet: eine Serie dreister Grab- und Tempelplünderungen, die gezeigt hatten, daß in Theben selbst für die langverstorbenen Ahnen im Tal der Könige keine Sicherheit mehr gewährleistet war. Das Vertrauen des Pharaos war erschüttert worden. Ramses XI. ließ die Arbeit an seinem halbausgeschachteten Grab einstellen und beschloß, sich woanders bestatten zu lassen – vermutlich im Norden –, und nach dem Entzug der königlichen Patronage ging es mit Moral und Zukunftsaussichten der nunmehr beschäftigungslosen Arbeiterkolonnen am Westufer rapide bergab.

Schon drohte der Ruin – und nicht nur den Thebanern. Da Tributzahlungen ausländischer Fürsten und Kriegsbeuten der Vergangenheit angehörten und immer schwerer an elementare Rohstoffe (darunter Gold und Kupfer) heranzukommen war, trudelte der gesamte ägyptische Staat ins wirtschaftliche Aus.

Die Not war groß – doch wie ihr abhelfen?

Die Antwort darauf war einfach, pragmatisch und unausweichlich: Man bediente sich des einen Problems, um das andere zu lösen. Wenn den Behörden die Ausraubung eines Grabes zur Kenntnis gelangte, wurde die göttliche Mumie ehrfürchtig restauriert und notfalls in ein anderes, leichter zu bewachendes Versteck gebracht; gleichzeitig wurden aus dem geschändeten Grab alle noch übrigen Wertgegenstände entfernt. Damit waren die physischen Überreste der Könige bewahrt, und zugleich entfiel die Versuchung zu weiteren Räubereien; obendrein konnte der Staat aus seinen Bemühungen noch Profit ziehen.

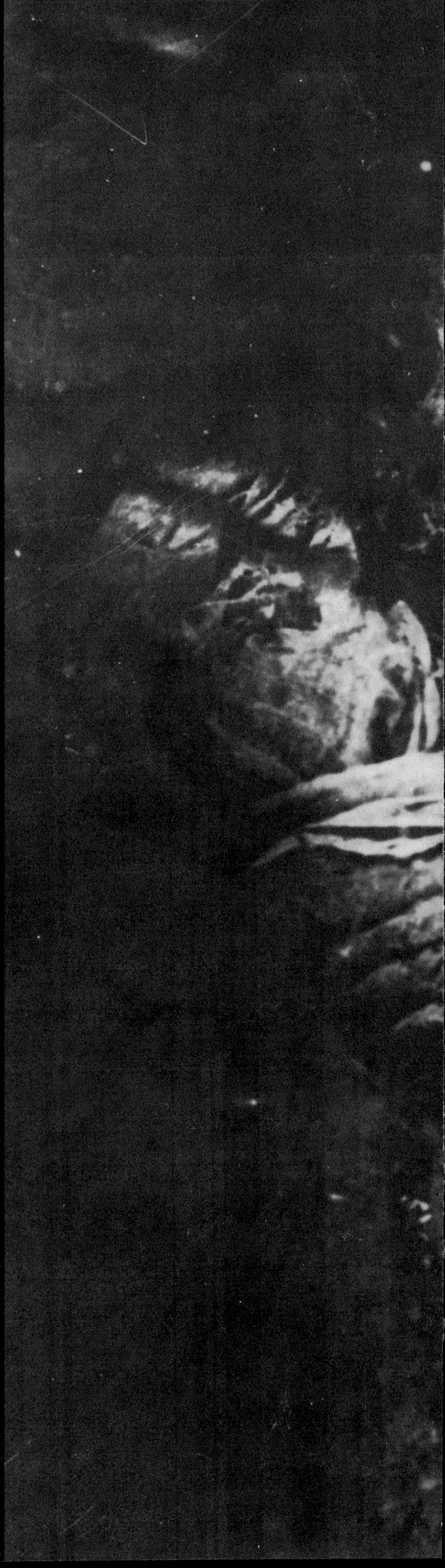

Setoy I. in seinem Sarg; das Foto wurde aufgenommen, kurz nachdem man die Mumie im Depot von Deir el-Bahari entdeckt hatte.

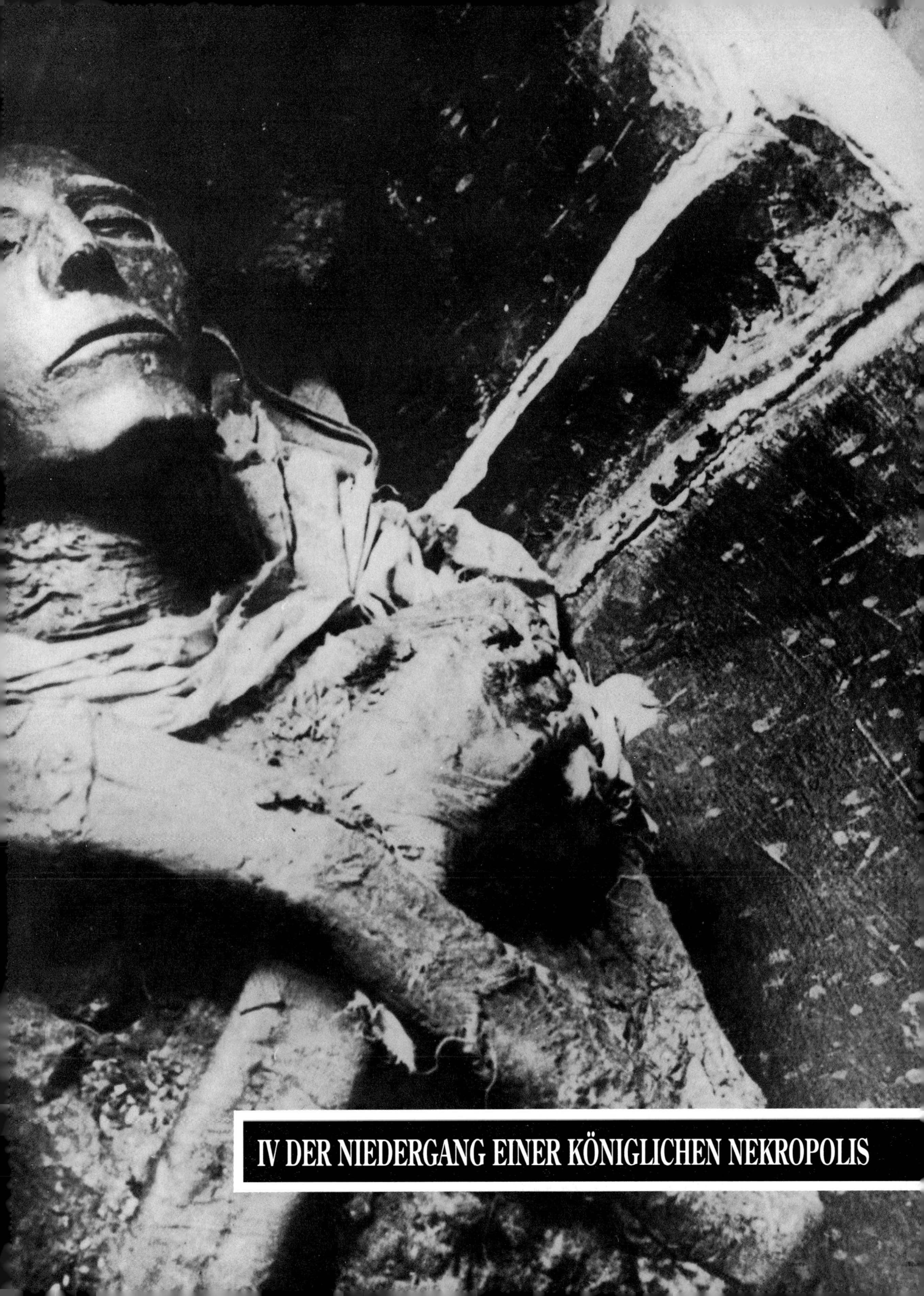

IV DER NIEDERGANG EINER KÖNIGLICHEN NEKROPOLIS

Räuber!

»Manchmal, wenn ich allein an der Arbeit saß, [...] bedrückten mich die Stille und das Geheimnisvolle [...]; und wenn man sich selbst nach dreitausend Jahren noch dieser ehrfurchtgebietenden Heiligkeit bewußt ist [...], muß man sich fragen, was wohl die antiken Diebe empfunden haben mögen, die im Schein einer flackernden Öllampe in die unmittelbare Nähe der Toten vordrangen.«

Arthur Weigall

Die Grabräuberpapyri

»Untersuchung. Der Weihrauchdiener Nesamun, genannt Tjaybay, vom Tempel des Amun wurde hereingeführt. Der Gerichtsherr nahm ihm den Eid ab und ließ ihn nachsprechen: ›Wenn ich die Unwahrheit sage, möge man mich verstümmeln und nach Äthiopien schicken.‹ Sie sagten zu ihm: ›Erzähle uns, wie du mit deinen Genossen die Großen Gräber angegriffen hast, als ihr dort das Silber herausgeholt und es euch angeeignet habt.‹ Er sagte: ›Wir gingen zu einem Grab und nahmen einige Silbergefäße heraus und teilten sie unter uns Fünfen.‹ Er wurde mit Stockhieben geprüft. Er sagte: ›Ich habe sonst nichts gesehen; was ich sagte, ist alles, was ich sah.‹ Wieder wurde er mit Stockhieben geprüft. Er sagte: ›Laßt ab, ich werde reden ...‹«

Papyrus BM 10052

Die Grabräuberei ist zwar nicht Ägyptens ältester, aber doch eindeutig zweitältester Beruf. Wie wir mit Sicherheit wissen, wurde er schon in vordynastischer Zeit ausgeübt und wuchs parallel zur Entwicklung des Begräbnisglaubens und der immer verschwenderischeren Ausstattung für das nächste Leben.

Gewöhnlich erkennt man die Grabräuberei nur an ihren Folgen für den archäologischen Befund, aber im Falle Thebens ist es gänzlich anders bestellt. Hauptquelle für das Studium der Plünderungen in der dortigen Nekropolis ist eine einzigartige Gruppe von Gerichtsakten, die »Grabräuberpapyri«. Der Großteil dieser Dokumente, die anscheinend zusammen mit anderen Berichten über Fälle von Verrat im Tempel von Medinet Habu versteckt wurden, befaßt sich mit Diebstahlserien, die während zweier nicht näher bestimmter Perioden unter Ramses IX. und Ramses XI. in den Gräbern und Tempeln von Theben begangen wurden.

Diese Texte werfen ein außergewöhnliches Licht auf das Thema – die beteiligten Personen, das bevorzugte Diebesgut und die Einzelheiten der offiziellen Verhöre und Strafen. Allerdings befaßt sich nur ein einziger Text des grundlegenden Grabraubarchivs unmittelbar mit den Plünderungen im Tal der Könige: der bedauerlicherweise beschädigte Papyrus Mayer B – ein Gerichtsdokument, das detailliert den Raub von Bronze- und Kupferutensilien und Textilien aus dem Grab Ramses' VI. (KV9) behandelt. Der Text selbst ist nicht datiert, stammt aber, nach einem Graffito aus dem Grab zu schließen, wahrscheinlich aus dem Jahr 9 Ramses' IX. Der Papyrus läßt sich durch zwei Nebendoku-

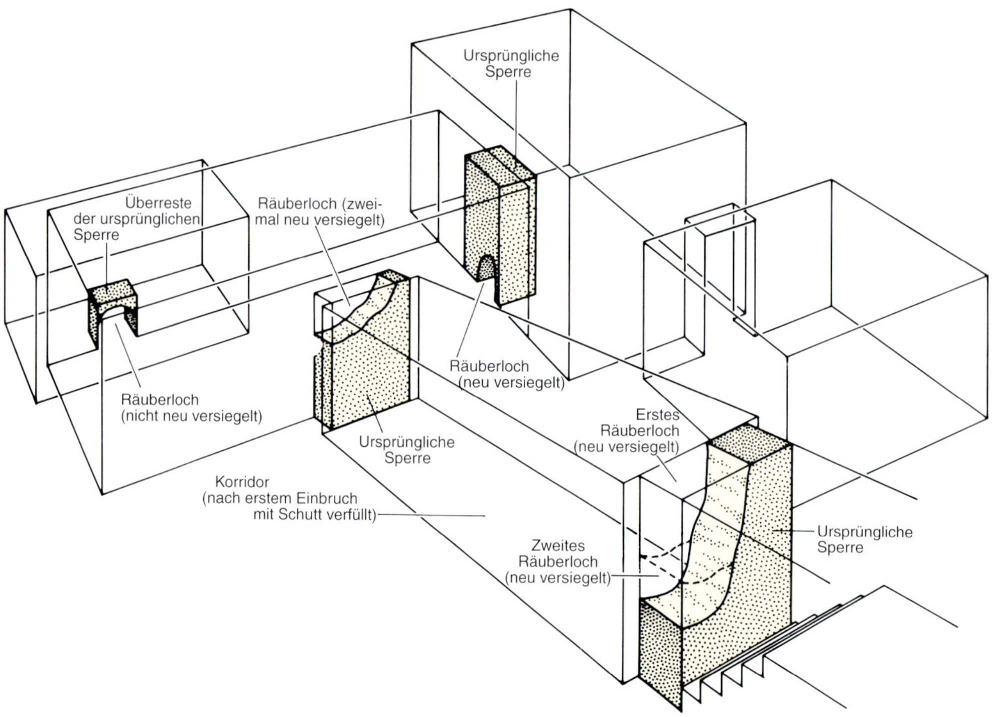

Dank seines hervorragenden Zustands und Howard Carters akribischer Freilegungsarbeit gibt das Grab des Tutanchamun wichtige Aufschlüsse über das Treiben der antiken Grabräuber – wie sie vorgingen, wohinter sie her waren und wohinter nicht. Da es mehrfach von Räubern aufgesucht wurde, zeigt es auch, wie man von Amts wegen darauf reagierte.

mente ergänzen: Papyrus Salt 124 (die Aussage eines Grabarbeiters über einen vom Vormann Paneb begangenen Gelegenheitsdiebstahl von Gegenständen aus dem Grab Setoys II. [KV15] einige Zeit nach dessen Beisetzung) und der Turiner »Verhaftungspapyrus«, der beiläufig den Einbruchsversuch in das Grab Ramses' II. (KV7) und in das Mausoleum seiner Kinder (KV5) im Jahr 29 von Ramses III. erwähnt.

Archäologisches Beweismaterial

Die Papyri lassen sich durch archäologisches Beweismaterial ergänzen und auch in gewissem Maße gegenprüfen. Wie erwähnt, weisen mehrere Gräber im Tal deutliche Anzeichen einer »Räuberaktivität« vor und nach der Ramessiden-Zeit auf. In Verbindung mit dem schriftlichen Beweismaterial ergibt sich folgende Übersicht:

Grab	Eigentümer	Einbruchsdatum	Beweisart
KV46	Juja/Tuja	Amenhotep III.	archäol.
KV62	*Tutanchamun*	*Aja/Haremhab*	*archäol.*
KV43	*Thutmosis IV.*	*Jahr 8 Haremhab*	*Inschrift*
WV22	*Amenhotep III.*	*Aja/Haremhab?*	*archäol.*
KV15	*Setoy II.*	*bei der Beisetzung*	*Papyrus*
KV36	Maherpra	Ramessiden	archäol.
KV46	Juja/Tuja	Ramses III.	archäol.
KV7	Ramses II.	Jahr 29 Ramses' III.	Papyrus
KV12	*Kinder Ramses' II.?*	*Ramses V./VI.*	*archäol.*
KV35	*Amenhotep II.*	*Jahr 8 Ramses' VI.*	*Inschrift*
KV9	*Ramses VI.*	*Jahr 9 Ramses' IX.*	*Inschr./Pap.?*
KV55	*Teje/Echnaton*	*Ramses IX.*	*archäol.*
WV23	*Aja*	*Ramses IX.*	*Inschrift*
KV60	*In*	*Ramses IX./X.*	*archäol.*
KV46	*Juja/Tuja*	*Ramses IX.*	*archäol.*

Zwei klare Zeitgruppen (*kursiv*) sind zu erkennen:

– eine erste Phase parallel zu den dynastischen Wirren Ende der 18. Dynastie, nach denen die Grabstätten Tutanchamuns, Thutmosis' IV. und vielleicht Amenhoteps III. der offiziellen Aufmerksamkeit bedurften;

– eine zweite, schon von den Papyri belegte, ausgedehnte Phase in der 20. Dynastie; die Verwaltung war nun schon durch Korruption, Inflation, Hungersnöte und die libyschen Einfälle geschwächt.

Alles in allem lassen die archäologischen Befunde den Eindruck aufkommen, daß bei den meisten Räubereien im Tal sich gerade bietende Gelegenheiten ausgenutzt wurden und Kleindiebstähle – die vielfach von Mitgliedern der Bestattungsmannschaft begangen wurden – an der Tagesordnung waren. So ist zum Beispiel das Grab Jujas und Tujas bei weitem nicht so intakt, wie man manchmal behauptet; es wurde wahrscheinlich gleich dreimal geplündert, und das ziemlich gründlich – zunächst nach der Beisetzung, dann erneut, als die an KV3 und später KV4 (Ramses XI.) Arbeitenden zufällig darüber stolperten.

Wohinter waren die Diebe her?

Räuber!

Die Papyri veranschaulichen recht hübsch die praktischen Details der Grabräuberei, angefangen mit der Freilegung des Eingangs bis hin zum Durchsuchen der Mumien. Hier das (im Papyrus Leopold-Amherst überlieferte) außergewöhnliche Geständnis, das der Steinmetz Amun-pnufer, Sohn des Inhernacht, nach hinreichender »Überredung« im Jahr 16 Ramses' IX., im 3. Monat des *achet*, Tag 23, vor dem königlichen Gerichtshof ablegte:

»Wir begaben uns wie gewohnt auf Grabraub und fanden das Pyramidengrab von König Sech-em-re Sched-taui, Sohn des Re, Sobekemsaf [II.], das ganz und gar nicht den Pyramiden und Gräbern der Adligen glich, die wir üblicherweise ausraubten. Wir nahmen unsere Kupferwerkzeuge und erzwangen den Weg ins Innerste der Pyramide dieses Königs. Wir fanden die unterirdischen Kammern, nahmen unsere angezündeten Kerzen und gingen hinunter. Dann bahnten wir einen Weg durchs Geröll [...] und fanden diesen Gott hinten auf seiner Grabstatt liegen. Und wir fanden die Grabstätte seiner Königin Nubhka-es neben ihm. [...]

Wir öffneten ihre Sarkophage und Särge und fanden die edle Mumie dieses Königs mit einem Schwert ausgerüstet. [...] Wir sammelten das Gold, das wir auf der edlen Mumie dieses Gottes fanden, sowie seine Amulette und Juwelen an seinem Hals. [...] Ebenso sammelten wir alles ein, was wir auf [der Mumie der Königin] finden konnten, und setzten ihre Särge in Brand. Wir nahmen die Grabbeigaben, die wir bei ihnen fanden ...«

Tutanchamuns säuberlich im Eingang zur Schatzkammer aufgereihte Schmucktruhen. In der Antike waren ihre Siegel erbrochen und der Inhalt durchwühlt worden. Der Restaurierungstrupp hatte wieder hineingepackt, was noch übrig war, und die Deckel geschlossen, um einen Anschein von Ordnung zu schaffen.

Die wichtigsten Grabräuber-papyri

Datum	Dokument	Beschreibung
Ungewiß, wahrscheinl. Jahr 9 des Ramses IX.	P. Mayer B	Gerichtsakte; Raub aus dem Grab Ramses' VI.
Jahr 16–18 Ramses' IX.	P. Abbot P. BM 10053 P. BM 10054 P. BM 10068 P. Leopold-Amherst Teile des Turiner Nekropolis-Journals	Gerichtsakten, Listen von Dieben u. Beute, Bericht über eine Inspektion von Gräbern; Diebst. aus Gräbern u. Tempeln, dar. Grab Sobekemsafs II. (17. Dyn.): Tal der Königinnen inspiziert und intakt befunden
Jahr 19–20 Ramses' XI.	P. BM 10052 P. Mayer A P. BM 10383 P. BM 10403 Abbott Etiketten P. Rochester 51.346.1	Gerichtsakten, Listen von Verdächtigen, Diebst. aus Gräbern von Königinnen und Adligen, Tempeln und Palästen

Papyrus Mayer B

»Der Ausländer Nesamun nahm uns und zeigte [uns] das Grab des Königs Neebmatre Meriamun [Ramses VI.], Leben! Reichtum! Gesundheit!, des großen Gottes [...] Und ich verbrachte vier Tage damit, dort einzubrechen, wir waren alle fünf [dabei]. Wir öffneten das Grab, und wir betraten es. Wir fanden einen Korb (??), der auf sechzig [...] Truhen(?) lag. Wir öffneten ihn. Wir fanden [...] aus Bronze, einen Kessel(?) aus Bronze, drei Waschbecken aus Bronze, ein Waschbecken, eine Kanne, mit der man sich Wasser über die Hände gießt, zwei bronzene *keb*-Gefäße, zwei bronzene *pewenet*-Gefäße, ein *keb*-Gefäß, ein bronzenes *inker*-[...-]Gefäß, drei bronzene *irer*-Gefäße, acht Betten aus verziertem Kupfer, acht *bas*-Gefäße aus Kupfer. Wir wogen das Kupfer der Objekte und der Vasen und fanden es [500 *deben* (ca. 45,5 kg)] schwer; auf den Anteil [jedes Mannes?] kamen 100 *deben* (9,1 kg) Kupfer. Wir öffneten zwei Truhen voller Kleider; wir fanden *daiw*-Gewänder aus gutem oberägyptischem Tuch [...], 35 Gewänder aus *ideg*-Tuch, auf jeden Mann entfielen [sieben Gewänder aus] gutem oberägyptischem Tuch. Wir fanden dort einen Korb(?) mit Kleidern liegen; wir öffneten ihn und fanden 25 *rewed*-Schals aus farbigem(?) Tuch darin ...«

Ausschnitt aus dem Papyrus Mayer B

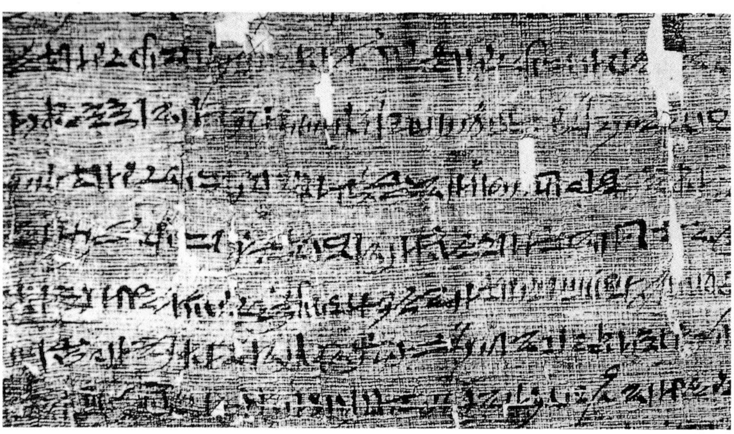

Über die Grabräubereien im Tal der Könige selbst ist außer dem fragmentarischen Papyrus Mayer B nichts vergleichbar Beredtes erhalten geblieben. Aber aus den Lücken im Inventar der teilgeplünderten Gräber KV62 (Tutanchamun), KV36 (Maherpra) und KV46 (Juja und Tuja) ist zu ersehen, welche Dinge die Diebe interessierten. Wie sowohl die archäologischen Befunde als auch die Papyri zeigen, war die ersehnte Beute (die in den Texten euphemistisch als »Brot« bezeichnet wird) im wesentlichen zweierlei Art: zum einen schwer zurückzuverfolgende Dinge, die die Räuber leicht und mit relativ geringem Risiko loswerden konnten; zum andern Gegenstände aus Materialien wie Gold und Silber, die sich »recyceln« ließen.

Zur ersten, anonymen Gruppe gehörten Textilien, die es beispielsweise im intakten Privatgrab des Architekten Kha in Deir el-Medina in Hülle und Fülle gibt; sie werden in den Listen der gestohlenen Güter häufig erwähnt und fehlen in den geplünderten Gräbern Maherpras, Jujas und Tujas fast völlig. Frische Parfums und Kosmetika waren ebenfalls begehrt und wurden nahezu immer gestohlen, wenn in ein Grab kurz nach der Beisetzung eingebrochen wurde – so bei Tutanchamun. Lag zwischen Bestattung und Plünderung ein längerer Zeitraum wie etwa bei Maherpra, dann ließen die Diebe sie meist stehen, vermutlich wegen ihrer begrenzten Haltbarkeit.

Ganz oben auf der Liste stand natürlich alles Metallene, ob edel oder nicht, das selbst in nur höchst oberflächlich beraubten Gräbern kaum jemals zurückblieb: Aus Tutanchamuns Grab verschwanden Gold und Silber als erstes. Zumindest während der 18. Dynastie war auch Glas für die Räuber interessant, doch (nach der in KV35, dem Grab Amenhoteps II., zurückgelassenen Glasmenge zu schließen) hatte es gegen Ende des Neuen Reiches an Anziehungskraft verloren. Als weitere Rohmaterialien nennen die Papyri gewöhnlich wertvolle Hölzer und Elfenbein; auch sie trifft der Archäologe nur noch selten an, und das läßt sich nicht immer nur mit ihrer schlechten Erhaltungsfähigkeit begründen.

Die Wiederherstellung der Gräber

Wie wurden Grabräubereien entdeckt? Über die Lage der (vielleicht durch Steinhaufen markierten) Gräber wurden mit Sicherheit zentral aufbewahrte Geheimaufzeichnungen geführt, und in der kühleren Jahreszeit fanden (wie wir aus datierten Dokumenten wissen) periodisch Inspektionen der Nekropolis statt – vor allem, als im späten Neuen Reich die Diebstahlsgefährdung wuchs, zweifellos aber routinemäßig auch schon früher.

Rückschlüsse auf die Art der Wiederherstellungsarbeiten nach einem Einbruch läßt das Grab Thutmosis' IV. (KV43) zu. Die dort im Jahr 8 von Haremhabs Herrschaft notwendig gewordene Restaurierung scheint bemerkenswert gründlich gewesen zu sein: Zerbrochene Fayencegefäße wurden repariert, sonstige Schäden und Unordnung vermutlich bereinigt, durchbrochene Türblockaden wiederhergestellt und neu versiegelt, vielleicht auch die Holztür zur Grabkammer durch eine Mauerwand ersetzt (oder ergänzt) – letzteres ist auch in WV22, dem Grab Amenhoteps III., zu sehen. In KV62 (Tutanchamun) scheint man weniger sorgfältig vorgegangen zu sein: Die durcheinandergeworfenen oder beschädigten Grabbeigaben wurden nur oberflächlich in Ordnung gebracht und die herausgebrochenen Türsperren vervollständigt und neu versiegelt, während der Eingangskorridor (der zur Zeit des Begräbnisses als zusätzliches Vorratslager zweckentfremdet worden war) ausgeräumt, der Inhalt in einer flachen Grube (KV54) vergraben und der Gang mit Geröll gefüllt wurde, um weitere Räuber abzuschrecken. Die Beschreibung des Grabs Sobekemsafs II. durch die Grabräuber und der Zustand nach der Beisetzung Königin Tejes in KV55 lassen vermuten, daß diese Technik in den thebanischen Korridorgräbern üblich war.

Wer war zuständig?

Im Falle von Tutanchamun und auch Thutmosis IV. dürfte für die Neubeisetzung und Wiederherstellung offiziell die Nekropolisverwaltung zuständig gewesen sein – wie anscheinend auch für die Erstbestattung nichtköniglicher Personen wie Juja und Tuja im Tal der Könige. Das geht nicht nur aus den an der Restaurierung des Grabs Thutmosis' IV. beteiligten Verwaltungsbeamten hervor (der hier auftretende Schreiber Djehutimose taucht auch bei der späteren Wiederherstellung des Tutanchamun-Grabes nach dem zweiten Diebstahl wieder auf), sondern auch aus den Siegeln an den Türblockaden von Privatgräbern, die durchweg das Motiv des auf neun Gefesselten ruhenden Schakals tragen. Die zahlreichen Priester, die bei Tutanchamuns Beisetzung ihre Siegel an den Türsperren hinterließen, waren an den späteren Neuversiegelungen dieses Grabes oder am Verschließen nichtköniglicher Gräber offenbar nicht beteiligt.

Entdeckten die Arbeitskolonnen der Nekropolis ein Grab durch Zufall, so ließen sie etwaige, zum Erkunden des Inhalts in die Grabsperren geschlagene Durchbrüche entweder offen, oder sie wurden (wenn es sich um eine amtliche oder halbamtliche Untersuchung handelte) eiligst mit einer Trockensteinmauer verschlossen – so ging man gemeinhin auch bei den Königsgräbern vor, nachdem die Mumien zur Wiederbestattung an einem anderen Ort entfernt worden waren. Im Falle von KV47 (Juja und Tuja) scheinen zwei Beamte, die an der Untersuchung einer Störung des Grabfriedens zur Zeit Ramses' III. beteiligt waren, einen Teil der angetasteten Grabbeigaben mit ihrem persönlichen Petschaft neu gesiegelt zu haben. Das war sehr ungewöhnlich und findet sich bei keinem anderen Grab im Tal – die Beamten, die nach den beiden Diebstahlserien das Tutanchamun-Grab oder auch das Grab Thutmosis' IV. wieder in Ordnung brachten, taten es jedenfalls mit Sicherheit nicht.

Räuber!

Deir el-Medina: Aus Wilddieben werden Wildhüter

Haremhabs Restaurierung der Diebstahlschäden in den Gräbern Tutanchamuns und Thutmosis' IV. gegen Ende der 18. Dynastie hatte im Rahmen seiner Reorganisation der Westuferverwaltung stattgefunden, die ihrerseits nur ein Teil der umfassenden Verwaltungsreform war, die der neue König dem ganzen Land verordnet hatte.

Mit diesen Umwälzungen veränderte sich auch gründlich das Wesen der in Deir el-Medina stationierten Arbeitskolonnen: Die vor Haremhab von einer ständig wechselnden Mannschaft von besseren Gelegenheitsarbeitern bewohnte Siedlung war etwas gänzlich anderes gewesen als die straff durchorganisierte und streng kontrollierte Gemeinschaft, die sich in der späten Ramessiden-Zeit entwickeln sollte. Es könnte durchaus sein, daß diese Neuorganisation der Arbeiterschaft eine Reaktion auf die Diebstähle der jüngsten Vergangenheit darstellte – an denen die mit dem Ausschachten und Ausstatten der Gräber Beauftragten fast mit Sicherheit beteiligt gewesen waren. Wenn das stimmt, hatte die Umstellung die gewünschte Wirkung und machte während des größten Teils der 19. und 20. Dynastien der ernsthaften Grabräuberei – wenn nicht gar den Kleindiebstählen – ein Ende.

Aus dem Grab von Juja und Tuja (KV46) stammender Henkelkrug aus Calcit. Der Leinenverschluß der Tülle war von Dieben abgerissen worden; als sie feststellten, daß das Gefäß nur wertloses Rizinusöl enthielt, ließen sie es liegen.

Wer steckte hinter den Räubereien?

In den erhaltenenen Grabraubdokumenten läßt sich zumindest ein ramessidischer »Pate« ausmachen – kein Geringerer als Paweraa, der Bürgermeister von Westtheben. Bei einer im Jahr 16 Ramses' IX. von Parer, dem Bürgermeister des Ostufers, in Gang gesetzten Untersuchung war es gelungen, einem der Grabräuber das Geständnis abzuringen, daß er vier Jahre zuvor ins Grab König Sobekemsafs II. eingedrungen war. Daraufhin wurde ein Inspektionstrupp unter Leitung des (mit Paweraa unter einer Decke steckenden) Wesirs Chaemwaset losgeschickt, der jedoch vermeldete, das Grab Sobekemsafs sei als einziges der zehn überprüften Königsgräber angetastet worden. Das Verfahren wurde eingestellt.

Paser mißtraute der Sache und schaffte es, eine zweite Verhandlung ansetzen zu lassen. Der Wesir wies erneut alle Anklagepunkte Pasers zurück – doch zwölf Monate später sollten sie sich bestätigen. Wie die Angelegenheit ausging, ist nicht überliefert, aber sowohl der Wesir Chaemwaset als – ominöserweise – auch Paser verschwinden danach von der Bildfläche; ebenso die Räuber selbst, unter denen sich mehrere Mitglieder der für die Gräber zuständigen Arbeitskolonnen befanden.

Die Königsmumien

Kurzsteckbrief
Nummer u. Lage d. Grabes:
DB320, Deir el-Bahari
Entdeckt:
vor 1881, von Abd el-Rassul Ahmed
Ausgräber/Publikation:
Émile Brugsch, 1881; E. Brugsch und G. Maspero, »La trouvaille de Deir-el-Bahari«, Kairo 1881

Das Versteck von Deir el-Bahari (DB320)

Die Entdeckung

»Seit mindestens zehn Jahren wurde vermutet, daß die thebanischen Araber (die hauptsächlich der Grabplünderung und dem Mumienraub frönen) ein Königsgrab gefunden hatten. Jahr für Jahr brachten Reisende sehr seltene und uralte Gegenstände nach Europa. [...] Schließlich wurde der Verdacht zur Gewißheit ...«

Amelia B. Edwards

Im Spätsommer 1881 sickerte die Nachricht nach Europa durch, in den thebanischen Klippen von Deir el-Bahari am Westufer des Nils sei eine große Entdeckung gemacht worden: Die ägyptischen Behörden hätten endlich ein altes Grab gefunden, das seit einem Jahrzehnt immer wieder bestohlen worden sei. Es enthielt die mumifizierten Überreste und die Grabbeigaben von über 50 Königen, Königinnen, niedrigeren Angehörigen königlicher Familien und Adligen, darunter so legendären Gestalten wie Thutmosis III., Setoy I. und Ramses II. Zum ersten Mal konnten die Ägyptologen nun den Pharaonen selbst ins Antlitz schauen.

Die genauen Umstände der Erstentdeckung sind ungewiß und widersprüchlich. Eine Version besagt, die Mumien seien ans Licht gekommen, als eine verirrte Ziege gestolpert und in einem halbverdeckten Grabschacht verschwunden sei. Sie gehörte einem ägyptischen Dragoman und Grabräuber namens Abd el-Rassul Ahmed, dessen Flüche durchs halbe Tal gehallt haben müssen, während er auf der Suche nach dem unglücklichen Geschöpf hinunterkletterte. Doch bald vergaß Abd el-Rassul seine Ziege und erkundete seinen Fund. Sein Blick fiel auf Dutzende von Särgen, *uschebtis*, *uschebti*-Kästen, Kanopenkrügen und anderen Grabbeigaben. Doch dies war keine gewöhnliche Mumiengrube: Als Abd el-Rassul die Königskobra erblickte, die mehrere Sargränder zierte, müssen ihm die Augen übergegangen sein.

Eine Zeitlang lebte die Familie Abd el-Rassul bequem von den Erlösen ihres Grabfundes, bis man ihr Mitte der siebziger Jahre des 19. Jahrhunderts auf die Sprünge kam, als immer mehr wichtige Begräbnispapyri in den Westen gelangten und auf dem Antiquitätenmarkt vor Ort weitere Gegenstände auftauchten. Um die Herkunft dieser antiken Stücke zu klären, wurde eine Untersuchungskommission eingesetzt, und bald schon fiel der Verdacht auf Abd el-Rassul Ahmed und seinen jüngeren Bruder Hussein Ahmed. Trotz brutaler Verhöre durch den gefürchteten *mudir* von Qena, Daud Pascha, hielten die beiden den Mund, und nach ein paar Monaten wurde Ahmed aus der Haft entlassen; von Hussein hörte man nichts mehr – vielleicht läßt das Schlimmes ahnen. Mohammed Ahmed Abd el-Rassul, älterer Bruder und Familienoberhaupt, war intelligent genug zu erkennen, daß die Chancen für eine weitere erfolgreiche Ausbeutung des Grabes gering waren. Entgegen den Wünschen seines Bruders beschloß er, die Verluste der Familie zu verringern und sich das für Informationen über den Fund ausgesetzte *Bakschisch* zu verdienen. Er begab sich nach Qena und erzählte alles.

Das war 1881, mitten im ägyptischen Hochsommer. Der Chef des »Service des Antiquités«, Gaston Maspero, war nach Paris gereist und hatte sich vorübergehend durch seinen Assistenten Émile Brugsch vertreten lassen. Sobald dieser von Mohammed Abd el-Rassuls Geständnis erfuhr, brach er auf, um das langgesuchte Grab zu erforschen und kam am 6. Juli in Deir el-Bahari an. Trotz Abd el-Rassuls Beschreibung des Grabes war Brugsch bei dessen Anblick sprachlos. Einige Jahre später erinnerte er sich bei einem Interview an die Szene, die sich seinen Augen bot, nachdem er sich in den Grabschacht hinuntergelassen hatte:

»Bald trafen wir auf Kisten voller Grabbeigaben aus Porzellan, Gefäße aus Metall und Alabaster, Draperien und Geschmeide, bis an der Biegung des Ganges eine ganze Traube von Mumienbehältern in solcher Zahl in Sicht kam, daß mir der Atem stockte.

Ich riß mich zusammen, untersuchte den Fund, so gut es ging, im Schein meiner Fackel und sah sofort, daß sie die Mumien königlicher Personen beiderlei Geschlechts enthielten – aber das war noch nicht alles. Ich überholte meinen Führer, rannte weiter in die [End-]

Gaston Maspero, Ahmed Kamal und die Abd el-Rassuls 1881 am Eingang des Depots von Deir el-Bahari. Das Originalfoto wurde von Émile Brugsch aufgenommen.

Kammer [...] und fand dort an der Mauer stehend oder auf dem Boden liegend eine noch größere Zahl von Mumienbehältern von horrender Größe und unglaublichem Gewicht.

Ihr Goldüberzug und die polierten Oberflächen spiegelten mein erregtes Gesicht so deutlich wider, daß es schien, als blicke ich meinen eigenen Vorfahren ins Antlitz.«

Émile Brugsch, 1887

Lange durfte sich Brugsch seinen Träumen jedoch nicht hingeben. Aus Furcht vor einem Angriff der Ortsansässigen (die das Gerücht von einem großen Schatzfund elektrisiert hatte) beschloß er, das Grab in aller Eile auszuräumen: Sein großer Arbeiterstab arbeitete rund um die Uhr, und binnen weniger Tage gingen die in Segeltuch und Stroh verpackten Mumien per Dampfer in Richtung des Museums von Bulaq ab. Mochten auch die feineren Details des archäologischen Befunds dabei auf der Strecke geblieben sein: Das Wertvollste blieb erhalten.

Brugschs Bergung von rund 40 königlichen (und nicht ganz so königlichen) Mumien aus dem Grab mitsamt ihren Särgen – sowie »etwa fünftausendneunhundert kleineren Gegenständen« – erregte einen Sturm des Interesses und eine Unmenge von Fragen. Warum hatte ein einziges Grab so erstaunlich viele Könige, Königinnen und andere Würdenträger beherbergt? Und warum waren die Särge der Größten im Lande in so erbärmlichem Zustand und ihre Bandagen so zerschlissen? Wo waren die fabelhaften Reichtümer der Pharaonen geblieben? Die Antwort ließ nicht lange auf sich warten: Die Abd el-Rassuls waren erstmals über ein antikes Versteck für die königlichen Toten Ägyptens gestolpert.

(Links) Der verborgene Eingang des Depots DB320 heute und (eingeklinkt) Abd el-Rassul Ahmed, der Entdecker des Verstecks, im Greisenalter.

Die Archäologie des Königsverstecks

Heute, nach über einem Jahrhundert Forschungsarbeit, wissen wir, daß die Geschichte des Grabes von Deir el-Bahari höchst komplex ist, aber schon Maspero erkannte, daß sich die Mumien in zwei klar unterscheidbare Gruppen einteilen lassen: Die eine ist dürftig eingesargt und datiert aus der Zweiten Zwischenzeit und dem Neuen Reich; die andere ist besser ausgerüstet und stammt aus der Dritten Zwischenzeit.

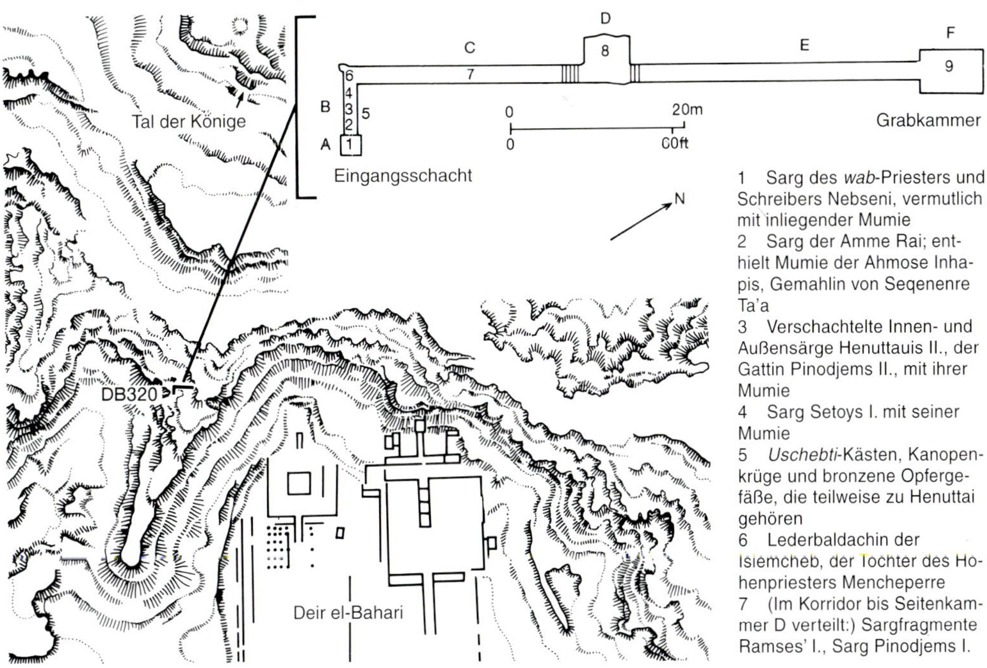

(Unten links) Die Mumien und Särge 1–8 waren en masse *aus einem Grab nach DB320 geschafft worden, in dem anscheinend Inhapis eine zentrale Position einnahm – offensichtlich das in den Sargetiketten Ramses' I., Setoys I. und Ramses' II. erwähnte* kay *(Felsengrab) der Inhapis. Die Verlegung aus Inhapis' Grab nach DB320 fand möglicherweise kurz nach der Beisetzung von Djedptahiufanch oder Nesitanebaschru statt.*

1 Sarg des *wab*-Priesters und Schreibers Nebseni, vermutlich mit inliegender Mumie
2 Sarg der Amme Rai; enthielt Mumie der Ahmose Inhapis, Gemahlin von Seqenenre Ta'a
3 Verschachtelte Innen- und Außensärge Henuttauis II., der Gattin Pinodjems II., mit ihrer Mumie
4 Sarg Setoys I. mit seiner Mumie
5 *Uschebti*-Kästen, Kanopenkrüge und bronzene Opfergefäße, die teilweise zu Henuttai gehören
6 Lederbaldachin der Isiemcheb, der Tochter des Hohenpriesters Mencheperre
7 (Im Korridor bis Seitenkammer D verteilt:) Sargfragmente Ramses' I., Sarg Pinodjems I. mit der Mumie »Thutmosis' I.« darin, eingesargte Mumien Amenhoteps I. und Thutmosis' II,
8 Eingesargte Mumien Ahmoses I., seines Sohnes Siamun und des Seqenenre Ta'a; Sarg Ahoteps I. mit Mumie Pinodjems I.; Sarg der Ahmose Neferati mit (a) ihrer Mumie (?) und (b) der in einen Pappmachésarg verpackten Mumie Ramses' III.; möglicherweise die eingesargten Mumien Thutmosis' III. und Ramses' II.
9 Familiengruft Pinodjems II. und seiner Hauptfrau Neschon, mit Djedptahiufanch und seiner (vermutlichen) Gemahlin Nesitanebaschru, die als letzte Mitglieder der Familie hier um 935 v. Chr. beigesetzt wurden.

Ein »Who's who« von DB320

Name	Mumie	Sarg	anderes	Anmerkungen
Aahotep I.	D			enthielt Mumie Pinodjems I.
Ahmose Hentempet		●		
Ahmose Henttimehu	●	●		
Ahmose Inhapis	B			Mumie im Sarg d. Rai
Ahmose Merietamun	●			Mumie im Sarg d. Seniu
Ahmose Nefertari	?D	D	●	Sarg enthielt auch Mumie Ramses' III.
Ahmose Sipair	●	●		Sarg mit dem des anonymen Kindes identisch?
Ahmose Sitkamose	●			Mumie im Sarg d. Pediamun
Ahmose I.	D	D		
Amenhotep I.	C	C		ursprüngl. Sarginhaber: Djehutimose
Bakt	?●	●		
Djedptahiufanch	F	F	F	
Hatschepsut			●	Holzkasten mit mumifizierter Leber oder Milz
Hennutaui	B	B	B	Innen- und Außensarg, Außendeckel fehlt
Isiemcheb	F?	F?	B/C	
Maatkare Mutemhet	F?	F?	F?	
Masaharta	F?	F?	F?	
Merimose			●	
Nebseni	?B	B		
Neschon	F	F	F	ein Sarg enthielt Mumie Ramses' IX.
Nesitanebaschru	F	F	F	
Nodjmet	●	●	●	
Paheripedjet		●		enthielt Mumie d. Rai
Pediamun		●		enthielt Mumie d. Ahmose Sitkamose
Pinodjem I.	D	C	●	usurpierte Särge d. Thutmosis I.
Pinodjem II.	F	F	F	
Rai	●	B		Mumie im Sarg d. Paheripedjet
Ramses I.		C?		enthielt Mumie d. unbek. Frau B (Tetischeri?)?
Ramses II.	D?	D?		
Ramses III.	D	D		
Ramses IX.	F??			Mumie in einem der Särge Neschons
Seniu		●		enthielt Mumie d. Ahmose Merietamun
Seqenenre (II.) Ta'a	D	D		
Setoy I.	B	B		
Siamun	D	D		
Siese			●	Kanopenkrug
Sitamun	●	●		
Sutymose			●	Kanopensärgchen
Taueret	F?	F?	F?	
Tetischeri			●	Mumienbinden; unbek. Frau B?
»Thutmosis I.«	C?			Mumie im Sarg Pinodjems I.
Thutmosis II.	C	C		
Thutmosis III.	D?	D?		
Wepmose			●	Kanopenkrug
Wepwawetmose			●	Kanopenkrug
anonym (m)	●	●		unbekannter Mann E
anonym (w)	●			unbekannte Frau B; Tetischeri? Urspr. im Sarg Ramses' I.?
anonym (w)	●	●		
anonym (m)	●	●		
anonym (m)	●	●		
anonym (m)	●	●		
anonym (?)	●	●		Kastensarg
anonym		●		Kindersarg – d. Ahmose Sipair?

Die Buchstaben bezeichnen die Position im Grab
Vorgestelltes Fragezeichen – Zuschreibung ungewiß; nachgestellte/s – Position ungewiß;
● – genaue Position unbekannt

Ahmed Kamal, Brugsch's Assistent bei der Freilegung des Depots, posiert neben dem gewaltigen Außensarg der Königin Ahmose Nefertari.

Bis vor kurzem hielt man weithin DB320 für das Grab von Königin Ahmose Inhapis, das in einer Reihe hieratischer Etiketten auf den Särgen Ramses' I., Setoys I. und Ramses' II. als Zielangabe nach dem Entfernen aus ihrem früheren Versteck erwähnt ist. Doch die inzwischen ermittelte Anordnung der eingesargten Mumien in DB320 besagt klar, daß die Mumie Inhapis' nicht im Innern von DB320, sondern in Eingangsnähe *hinter* den Leichnamen Ramses' I., Setoys I. und Ramses' II. lag – was darauf hindeutet, daß Inhapis' Grab schon vorher als Zwischenstation gedient hatte. Tatsächlich erweist sich DB320 nach heutigem Erkenntnisstand als Familiengruft des Hohenpriesters Pinodjem II., in die die königlichen Mumien erst nach dem Jahr 11 Scheschonqs I. aus der 22. Dynastie verbracht worden waren.

(Oben links) Funde aus DB320, darunter (Bildmitte) der Hatschepsut-Kasten.

(Oben) Begräbnispapyrus Pinodjems II., des eigentlichen Grabinhabers von DB320.

WN A: Das Felsengrab der Inhapis?

Kurzsteckbrief

Nummer u. Lage d. Grabes:
WN A, Deir el-Bahari
Entdeckung:
Datum nicht bekannt
Ausgräber/Publikation:
Claude Robichon, 1931/32, für das Institut français d'archéologie orientale;
B. Bruyère, »Rapport préliminaire sur les fouilles de Deir el Médineh (1931/32)«, Kairo 1934, S. 94

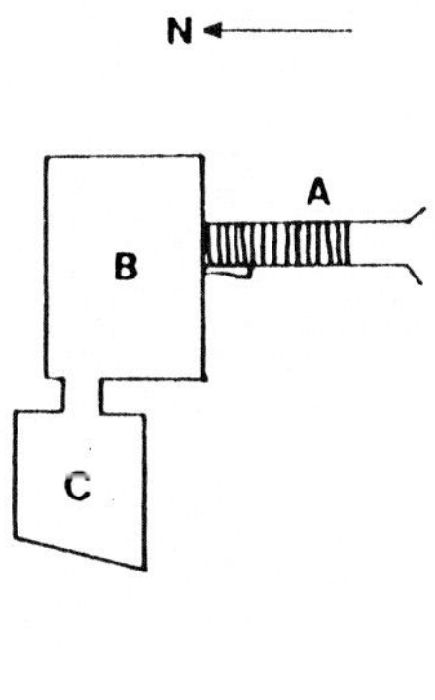

Claude Robichons Rohskizze vom Grundriß des noch nicht freigelegten Grabs WN A.

»Das höchste Grab, ganz oben im Berg, groß und geräumig; genannt *el-Maaleg,* weil es so hoch liegt, daß es in der Luft zu hängen scheint.«

Joseph Bonomi

Einige der Königsmumien in DB320 waren zuvor im Grab Königin Ahmose Inhapis', der Gemahlin des Königs Seqenenre (II.) Ta'a aus der 17. Dynastie, versteckt gewesen. Wie die Etiketten von Ramses I., Setoy I. und Ramses II. zeigen, waren die Mumien in der Regierungszeit Pinodjems I., ein Jahrhundert vor ihrer Verlegung nach DB320, ins Inhapis-Grab gebracht worden.

Das in den Etiketten zur Beschreibung von Inhapis' Grabstätte benutzte Wort lautet *kay* (»hochgelegener Ort«), und es scheint klar, daß man darunter ein Felsengrab zu verstehen hat, das dem für Hatschepsut als Königin angelegten gleicht, aber ungewöhnlich hoch angesiedelt ist. Ganze 750 Meter westlich von DB320 liegt das Felsengrab par excellence – WN A, das 1931/32 erforscht wurde und voller Mumien aus römischer Zeit war. Die einheimischen Araber nennen das Monument [Bab] el-Muallaq, »das hängende [Grab]«. Wie ein griechisches Graffito – es bezieht sich auf eine der späteren Beisetzungen in diesem Grab – bezeugt, ist der Name offensichtlich sehr alt:

»An diesem Ort wurde der *stolarch* Heraclas, Sohn des Renbuchis, von den Söhnen des Phthontes und allen, die ihn liebten, in das *khremasterios taphos* gebettet ...«

Die Begriffe, mit denen die Grabstätte des Heraclas beschrieben wird – *khremasterios taphos* –, bedeuten ebenfalls »hängendes Grab«, und wie die Bezeichnung »Bab el-Muallaq« kommen sie der Bedeutung des ägyptischen Wortes *kay* verführerisch nahe.

Könnte es also sein, daß WN A den Hort der Inhapis darstellt, aus dem die Königsmumien am Beginn der 22. Dynastie zum Wiederbegräbnis in die Familiengruft Pinodjems II. gebracht wurden? Eine faszinierende Frage, die eine erneute Untersuchung des Grabes hoffentlich zu gegebener Zeit klären wird.

Das Versteck im Grab Amenhoteps II. (KV35)

»Die Mumien der Heldenkönige und Erbauer des Reiches in der XVIII., XIX. und XX. Dynastie wurden in el-Bahari gefunden; im Grab Amenhoteps II. lagen sowohl die Leichname von Souveränen derselben Dynastien, welche die Früchte der Eroberungen ihrer Vorgänger voll auskosteten, als auch solcher, die nur schwach regierten. Alles in allem besitzen wir die Reihe der thebanischen Monarchen des Neuen Reiches jetzt fast vollständig in Person.«

Francis Llewellyn Griffith

Das Loch im Schädel der Mumie Ramses' V. aus KV35. Diverse Königsmumien weisen ähnliche Verletzungen auf, die dadurch entstanden sind, daß in antiker Zeit die Bandagen mit einer Krummaxt durchgehackt wurden, um das Auswickeln zu beschleunigen und an den Schmuck zu kommen.

Das zweite königliche Versteck sollte der französische Ägyptologe Victor Loret 1898 im Grab Amenhoteps II. (KV35) zutage fördern – und wie schon Brugsch in DB320 vermochte er kaum seinen Augen zu trauen.

In der ersten Seitenkammer zur Rechten der Grabkammer (Jc) traf Loret auf drei entblößte Leichen ohne Sarg; die erste war eine Mumie mit langem, wallendem Haar und »einem dicken Schleier [über] Stirn und linkem Auge« (Elliot Smith bezeichnete sie in seiner späteren Veröffentlichung als »die ältere Dame«); die zweite war die Mumie eines Knaben, dessen Haupt »abgesehen von einem Bereich an der rechten Schläfe, aus der ein herrlicher Haarzopf herauswuchs, kahlgeschoren« war; die dritte war der Leichnam einer jungen Frau, deren Gesicht infolge eines ausgerenkten Kiefers »schrecklich und lustig zugleich anzusehen war«. Im Schädel aller drei Leichen befand sich ein großes Loch, die Brust war geöffnet. Ihre Identität war nicht erkennbar; Loret ging ursprünglich einfach davon aus, daß es sich um Mitglieder der unmittelbaren Familie Amenhoteps II. handelte.

Die zweite Seitenkammer (Jb) enthielt weitere neun Leichen, deren Bandagen diesmal einigermaßen unberührt waren und die in allerlei stark beschädigten Särgen lagen. Zunächst nahm Loret an, auch sie seien Verwandte des Königs, aber dann sah er genauer hin.

»Die Särge und die Mumien waren einheitlich grau. Ich beugte mich über den nächstgelegenen Sarg und blies darüber, um den Namen lesen zu können. Die graue Färbung entpuppte sich als Staubschicht, die wegflog, so daß ich den Namen und Vornamen Ramses' IV. lesen konnte. Befand ich mich in einem Versteck von Königssärgen? Ich blies den Staub des zweiten Sarges weg, da trat mattschwarz auf glänzend schwarzem Untergrund gemalt eine Kartusche zutage, die ich im Augenblick nicht lesen konnte. Ich machte mit den anderen Särgen weiter – überall Kartuschen!«

Da begann ihm die Wahrheit zu dämmern: »Wir waren über ein Königsversteck ähnlich dem in Deir el-Bahari gestolpert.«

Der Totenappell war so ehrfurchtgebietend wie in DB320: Thutmosis IV., Amenhotep III. (in einem für Ramses III. beschrifteten Sarg mit einem für Se-

Dieses gespenstische, bei Kerzenlicht aufgenommene Foto zeigt die drei namenlosen Mumien aus dem Grab Amenhoteps II. so, wie sie im Nebenraum Jc entdeckt wurden. Ganz links die Mumie der von manchen Forschern für Teje gehaltenen »älteren Dame«.

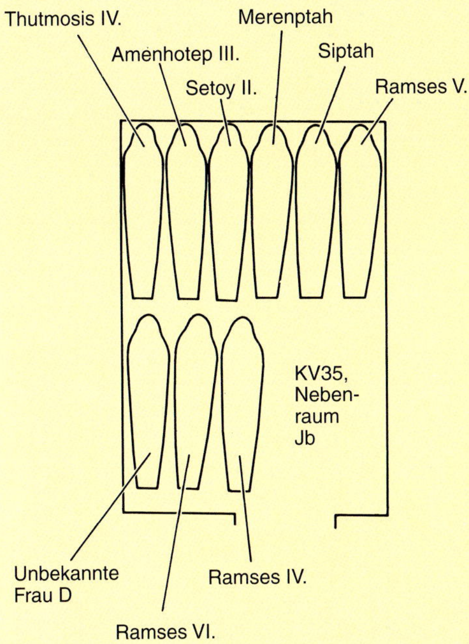

Ein »Who's Who« von KV 35

Name	Mumie	Sarg	sonst.	Anmerkungen
Amenhotep II.	J	J	passim	
Amenhotep III.	Jb			
Hatschepsut				
Meritre	?Ea		J	Stock
Merenptah	Jb			
Ramses III.		Jb		
Ramses IV.	Jb	Jb		urspr. Sarginhaber: Aha-aa
Ramses V.	Jb	Jb		
Ramses VI.	Jb	Jb		urspr. Sarginhaber: Re
Setoy II.	Jb	Jb		
Sethnacht	?F	Jb, ●		
Siptah	Jb	Jb		
Teje?	Jc			
Thutmosis IV.	Jb	Jb		
Webensenu	?Ea		FJ, ●	*Uschebtis*, Kanopenkrüge
anonym (m)	Jc			
anonym (w)	Jc			

Die Buchstaben bezeichnen die Position im Grab
Vorgestelltes Fragezeichen: Zuschreibung ungewiß; ● : genaue Position unbekannt

toy II. beschrifteten Deckel), Merenptah (im Unterteil eines für Sethnacht beschrifteten Sarges), Setoy II., Siptah, Ramses IV., Ramses V. und Ramses VI. sowie eine anonyme Frau (die »unbekannte Frau D« – Tausret? –, die auf dem umgekehrten Deckel eines für Sethnacht beschrifteten Sarges lag). Eine weitere Mumie, die in der Vorkammer auf einem Holzboot liegend gefunden wurde und wahrscheinlich zur letzteren Leichengruppe gehört, dürfte Pharao Sethnacht selbst sein.

Die Interpretation des Verstecks

Eine neuere Untersuchung des Grabs Amenhoteps II. läßt darauf schließen, daß die im Raum Jb zur Ruhe Gebetteten aus verschiedenen Gräbern und früheren Verstecken eingesammelt und alle zur gleichen Zeit in die Kammer eingemauert worden waren, wobei dieser Zeitpunkt mit dem der Neueinwicklung der Mumie Amenhoteps II. selbst zusammenfiel (sie war genau gleich etikettiert wie die Toten in Jb). Das Datum läßt sich nicht präzise festlegen, aber es kann eindeutig nicht vor der Restauration der Beisetzung (*wehem keres*) Amenhoteps III. gelegen haben, die nach einem Etikett auf den Mumienbandagen im Jahr 12 oder 13 des Smendes in WV22 stattgefunden hatte.

»Auf der Rückseite des Kopfes [der Mumie Siptahs] befindet sich ein Loch [...] im rechten Scheitelbein [...], das mit Schlägen eines scharfen Instruments absichtlich herbeigeführt wurde [und] Öffnungen [entsprach], die ich an den Mumien Setoys II., Ramses' IV. und Ramses' VI. (möglicherweise auch Ramses' V.) fand. [...] Ich neigte zu der Annahme, daß es sich um Wunden handelte, [...] die von Plünderern stammten, die [...] die Bandagen durchgehackt und dabei den Schädel beschädigt hatten.«

Grafton Elliot Smith

Der Zustand der Leichname im Versteck Jc unterscheidet sich davon auffallend, was darauf hinweisen könnte, daß sie erst ins KV35 verbracht wurden, *nachdem* die Jb-Mumien »behandelt« worden waren – allerdings vielleicht durch dieselben Beamten, denn die ursprünglichen Bandagen waren auf die gleiche grobe Art von Kopf bis Fuß mit dem Krummbeil weggeschlagen worden.

Ursprünglich scheinen die drei in Raum Jd gegenüber der Grabkammer gelegen zu haben. Bei einer späteren Grabplünderung (bei der auch die Mumien in Jb bewegt wurden) dürften sie dann verlagert und schließlich zu unbestimmter Zeit in die Kammer gestopft worden zu sein, in der sie Loret 1898 antraf.

(Oben links) Das Depot im Nebenraum Jb des Grabes von Amenhotep II. Position der Mumien nach Lorets Publikation des Fundes rekonstruiert.

Der in der Vorkammer des Grabes gefundene Leichnam auf dem Boot ist vermutlich Pharao Sethnacht aus der 20. Dynastie.

Das Antlitz der Pharaonen

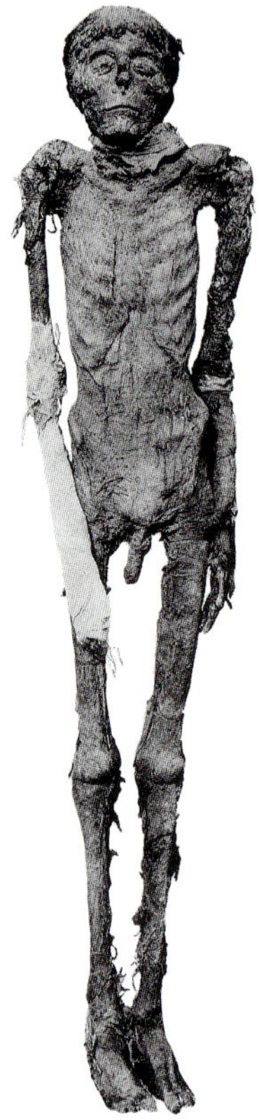

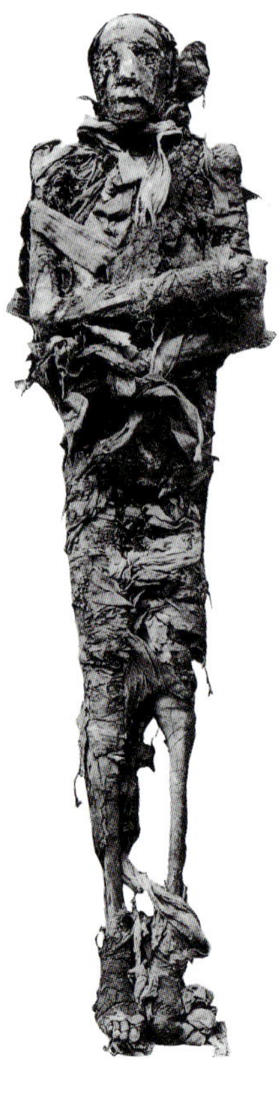

(Oben) Die »ältere Dame« – möglicherweise Teje – aus KV35.

(Mitte) Setoy I.; aus DB320.

(Rechts, obere Reihe) Ahmose und die Mumie aus dem Sarg Thutmosis' I./Pinodjems; aus DB320.

(Rechts untere Reihe) Siptah mit seinem verkümmerten Fuß (aus KV35) und Ramses III. aus DB320.

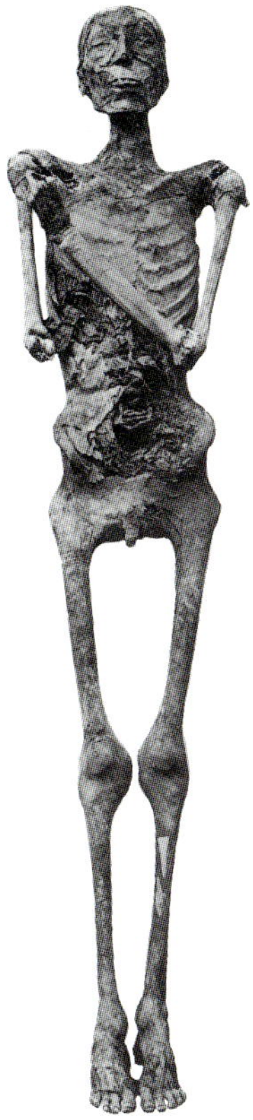

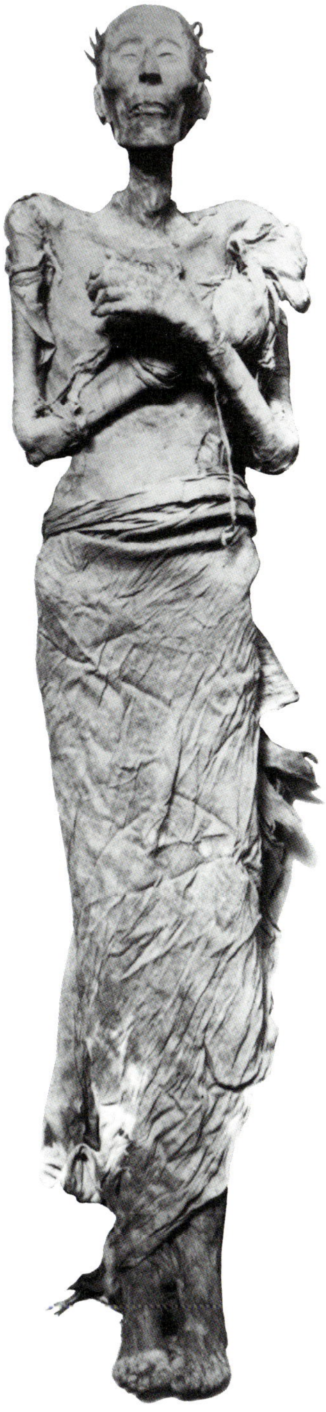

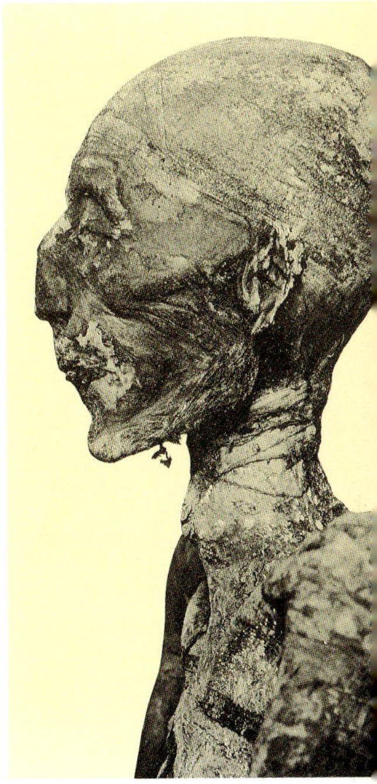

(Oben) Merenptah; aus KV35.

(Mitte) Ramses II., »der Große«; aus DB320.

(Links, obere Reihe) Thutmosis II. (aus DB320) und Setoy II. (aus KV35).

(Links, untere Reihe) Ramses IV. und Ramses V.; beide aus KV35.

Das Entziffern der Etiketten

Die Entdeckung der Königsmumien im Jahr 1881 vermittelte einen ersten wirklichen Einblick in das, was am Ende des Neuen Reiches im Tal der Könige geschehen war. Die Ägyptologen erkannten rasch, wie wertvoll das Verständnis des historischen Prozesses war, der hinter den hieratischen Etiketten stand, die mit Tinte auf die Särge und verschiedenen Bandagenschichten der Mumien aus DB320 geschrieben waren. Maspero sah sich die Texte aus Deir el-Bahari sehr genau an und veröffentlichte schon bemerkenswert bald nach dem Fund, nämlich 1889, einen ausführlichen Kommentar. Wie die meisten Ägyptologen seither war er der Ansicht, Diebe hätten auf der Suche nach Gold und Juwelen die Mumien pietätlos in Stücke gerissen; danach seien die geschundenen sterblichen Überreste von frommen thebanischen Priestern wieder eingesammelt, liebevoll neu eingewickelt und heimlich in alten und längst vergessenen Grabstätten beigesetzt worden, wo sie in Sicherheit waren. Doch diese ursprüngliche Motivation sollte sich im Lauf der Zeit dramatisch wandeln.

Etikettenschwindel oder Wer sind die Königsmumien wirklich?

Bevor wir uns dem zuwenden, was die Etiketten besagen, ist eine kurze Bemerkung über ihre Zuverlässigkeit als historische Quellen angebracht. Erste Zweifel keimten auf, als im Sommer 1881 die Mumien aus DB320 im Museum von Bulaq anlangten und man feststellte, daß mehrere Leichname von ihren ursprünglich vorgesehenen Särgen getrennt und in Behältnisse gelegt worden waren, auf die sie keinen Anspruch hatten. 1898 entdeckte Loret, daß auch die Mumien im Versteck KV35 in dieser Weise durcheinandergebracht worden waren. Damit stand fest, daß sich aus der formellen Beschriftung der Särge nicht zuverlässig auf die Identität der darin liegenden Mumien schließen ließ. Zuverlässig war da schon eher die Beschriftung unmittelbar auf den Mumienbandagen.

Unseligerweise trübte kurze Zeit später Maspero die Wasser ganz erheblich mit der Behauptung, eine der Mumien von DB320 sei nicht die Dame, die sie zu sein vorgebe. Zwar stand auf den Brustbandagen deutlich »Merietamun, Tochter des Königs und Schwester des Königs, möge sie leben!«, aber Maspero erklärte, in Wirklichkeit handele es sich um eine als Ersatz für das in der Antike zerstörte Original aus der 18. Dynastie neu eingewickelte Mumie aus dem Mittleren Reich! Daß es sich hierbei um einen Irrtum Masperos handelte, hat der Anatom Elliot Smith 1912 nachgewiesen. Aber es war zu spät: Inzwischen galt es als ausgemacht, daß man die antike Zuordnung bedenkenlos als falsch ansehen durfte, sobald die anatomischen Daten dem Etikett zu widersprechen schienen.

Herbert Winlock, einer der klarsten Denker der ganzen Ägyptologie, wies schon 1932 auf die Gefahren dieses Beiseitewischens grundlegenden Beweismaterials hin:

> »... wenn nicht äußerst starke Indizien dagegen sprechen, muß das von den antiken Beamten geschriebene Etikett akzeptiert werden ...«

Die Warnung hat offenbar wenig gefruchtet, denn obwohl sich kein einziger etikettierter Leichnam als fehlidentifiziert nachweisen läßt, herrscht noch

Grafton Elliot Smith beim Auswickeln der Mumie des Merenptah im Jahre 1907; hinter ihm sein Assistent Dr. Pain, ganz links Maspero.

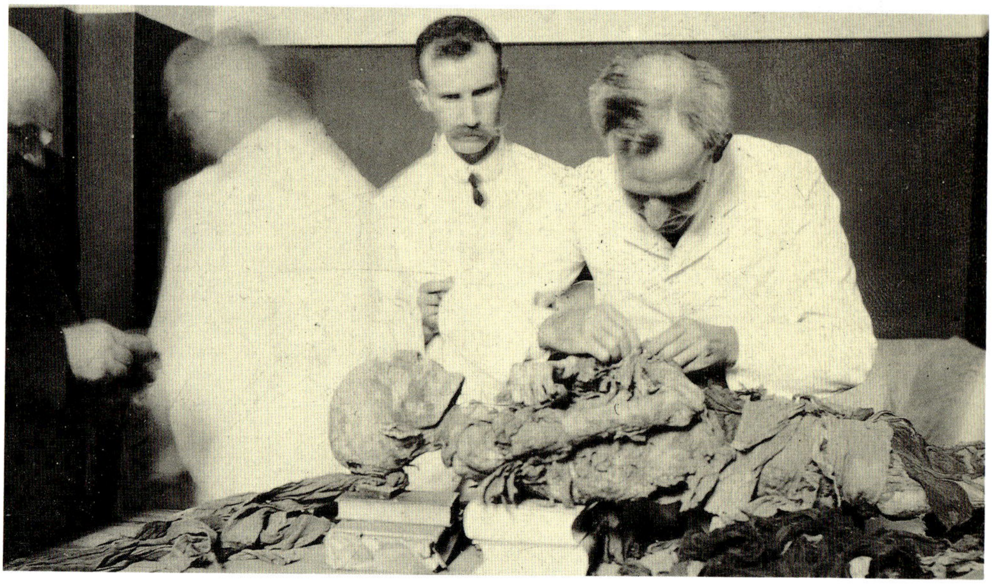

Die Sarg- und Mumienetiketten aus DB320 und KV35

Es gibt zwei Grundtypen von Etiketten. Typ 1 ist ein einfacher Identifizierungstext, der deutlich sichtbar auf dem Sargdeckel oder dem Brusttuch der Mumie angebracht ist und den Namen, oft auch Einzelheiten über den Status des Verstorbenen nennt; Typ 2 ist aufschlußreicher und enthält gewöhnlich ein Datum, Näheres über die geleistete Arbeit sowie Namen und Titel des beteiligten Personals: »Jahr 12 [oder 13] [des Smendes], 4.(?) Monat der Jahreszeit peret, Tag 6(6). An diesem Tag wurde das Begräbnis(?) des Königs Nebmaatre, Leben! Reichtum! Gesundheit! durch den Hohenpriester des Amun-Re, Königs der Götter, Pinodjem [I.], Sohn des Hohenpriesters des Amun-Re, Königs der Götter, Pianchi [... durch? ...] Wennufer(?) erneuert.« (Etikett auf der Mumie Amenhoteps III.)

Bei den zum Einwickeln der Mumien benutzten Tüchern handelt es sich zum Teil um frühere Tempelgaben, die hieratische Inschriften (Leintuchnotierungen) etwa folgenden Inhalts tragen: »Dieses Linnen ließ der Hohepriester des Amun-Re, Mencheperre, für seinen Vater Amun [im] Jahr 6 anfertigen.« (Leintuchnotierung von der Mumie Setoys I.)

Name	Grab	Ort	Typus
Ahmose Henttimehu	DB320	Mumie	Typ 1
Ahmose Inhapis	DB320	Mumie	Typ 1
Ahmose Merietamun	DB320	Mumie	Typ 1
Ahmose Sipair	DB320	Sarg	Typ 1
Ahmose Sitkamose	DB320	Mumie	Typ 1
		Mumie	Typ 2
Amenhotep I.	DB320	Sarg	Typ 2 (2 Etik.)
Amenhotep II.	KV35	Mumie	Typ 1
Amenhotep III.	KV35	Sarg	Typ 1
		Mumie	Typ 2
Ahmose	DB320	Mumie	Typ 1
		Mumie	Typ 2
Djedptahiufanch	DB320	Mumie	Leintuchnotierg. (3)
Merenptah	KV35	Mumie	Typ 1
Neschon	DB320	Mumie	Leintuchnotierg.
Nesitanbaschru	DB320	Mumie	Leintuchnotierg.
Nodjment	DB320	Mumie	Leintuchnotierg.
Pinodjem II.	DB320	Mumie	Leintuchnotierg. (4)
Rai	DB320	Mumie	Typ 1
Ramses I.	DB320	Sarg	Typ 1
		Sarg	Typ 2
Ramses II.	DB320	Sarg	Typ 2 (3 Etik.)
		Mumie	Typ 2
Ramses III.	DB320	Mumie	Typ 2
		Mumie	Leintuchnotierg. (2)
Ramses IV.	KV35	Mumie	Typ 1
Ramses V.	KV35	Mumie	Typ 1
Ramses IX.	DB320	Mumie	Typ 2
		Mumie	Leintuchnotierg.
Setoy I.	DB320	Sarg	Typ 2 (3 Etik.)
		Mumie	Typ 2
		Mumie	Leintuchnotierg. (2)
Setoy II.	KV35	Mumie	Typ 1
Siamun	DB320	Mumie	Typ 1
		Mumie	Typ 2
Siptah	KV35	Mumie	Typ 1
Sitamun	DB320	Sarg	Typ 1
Thutmosis II.	DB320	Mumie	Typ 2
Thutmosis IV.	KV35	Mumie	Typ 1

(Unten) Die Mumie Ramses' III. so, wie sie gefunden wurde – neu eingewickelt und mit einem Etikett vom Typ 2 beschriftet, das Pinodjem I. und Butehamun erwähnt; (unten rechts) der renovierte Sargdeckel Setoys I. mit seinen großen Namenskartuschen und drei Etiketten vom Typ 2, die während der Amtszeit Herihors oder Pinodjems II. geschrieben wurden.

Das Entziffern der Etiketten

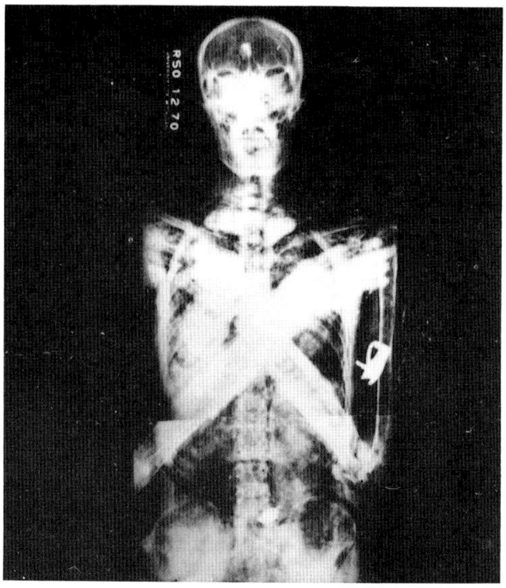

Die kürzliche Röntgenuntersuchung der Königsmumien durch das Forscherteam von James Harris erbrachte eine Unmenge wertvoller Daten. Dieses Röntgenbild der Mumie Setoys I. zeigt ein großes Amulett mit wedjat-*Auge, das sich immer noch am linken Oberarm befindet (es muß den Räubern und Restauratoren entgangen sein).*

Muster einer bei Sheikh Abd el-Qurna 1857 aus einem geplünderten Grab geborgenen Gruppe von Etiketten der 21. Dynastie mit den Namen von zehn Prinzessinnen der 18. Dynastie – offenbar ein Überbleibsel aus einem Depot von Mumien niedrigeren königlichen Ranges. Nachdem sie das Tal der Könige durchgekämmt hatten, wandten sich die Hohenpriester, als die ägyptische Wirtschaft stagnierte, auch weniger ergiebigeren Fundstellen zu.

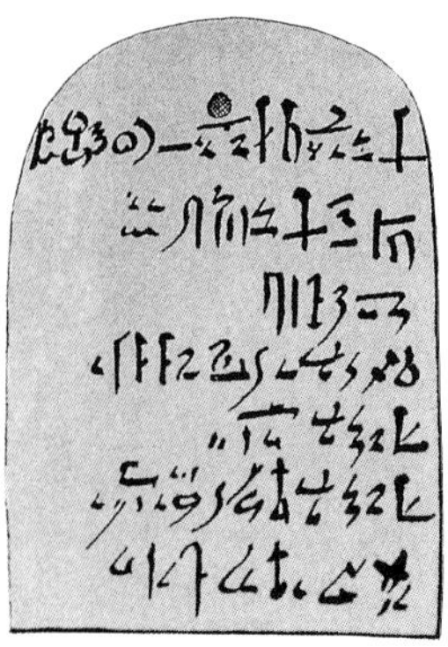

immer weithin die Meinung, die Restauratoren hätten bei der Identifizierung viele Fehler begangen. Das daraus entstandene Jonglieren mit Leichen und Identitäten, die man einmal mit dem Mumifizierungsverfahren, ein andermal mit Schädel-/Gesichtsvariationen und dann wieder mit Schätzungen des Sterbealters zu belegen versucht, hat mehr mit Lotteriespiel als mit Wissenschaft zu tun.

Ein drittes Versteck?

DB320 und KV35 sind eindeutig nicht die einzigen Gräber, die als Versteck für die königlichen Toten Ägyptens benutzt wurden, denn in der Tabelle der erhaltenen Mumien fehlen Namen wie Haremhab, Aja und Thutmosis I. Was geschah mit den fehlenden Mumien?

Einige vor Jahren von dem englischen Ägyptologen Alan Gardiner am Eingang zum Haremhab-Grab (KV57) entdeckte Graffiti können vielleicht weiterhelfen. Der erste dieser Texte spricht von einem nicht näher bezeichneten »Befehl«, den der Armeeschreiber Butehamun in einem keiner Herrschaft zugeordneten Jahr 4 auf Anordnung des Amun-Hohenpriesters Herihor im *per djet* (der Grabkammer?) von KV57 ausgeführt habe. Das zweite und dritte Graffito nennt die Namen eines gewissen Kysen und (wiederum) Butehamuns; das vierte bezeugt eine weitere Aktivitätsphase im Grab in einem nicht näher bezeichneten Jahr 6. Worum es sich dabei genau handelte, ist ebenfalls unklar, da sich Gardiner hinsichtlich der Transkription des Verbs des ursprünglichen hieratischen Textes nicht sicher war. Es gibt zwei Möglichkeiten: Der Text kann die Entfernung (*fai*) des Königs aus dem Grab zur Neubeisetzung an anderem Ort festhalten, oder die Inschrift spricht von einer offiziellen »Untersuchung« (*sheni*) mit allem, was dazugehört.

Die zweite Möglichkeit ist wahrscheinlicher, denn als Theodore Davis und seine Leute KV57 im Jahr 1908 zum ersten Mal betraten, fanden sie mehrere zerstückelte und im Grab verstreute Skelette sowie zahlreiche Überreste von Grabgirlanden vor. Da die Ausgräber nirgends Hinweise auf private Nachbestattungen der 22. Dynastie antrafen, spricht vieles dafür, daß es sich dabei um die Überreste von mindestens vier »restaurierten« Königsmumien handelt. Wie dem auch sei – auf der Liste der »fehlenden« Pharaonen steht Haremhab zweifellos ganz oben. Ein weiterer ist Aja; wäre er in KV57 versteckt worden, dann würde das weitgehend die Anwesenheit von Fragmenten seiner Grabausstattung im nahegelegenen KV58 erklären.

Das historische Umfeld der Verstecke

Unter Ramses XI. war Ägypten nicht nur bettelarm; es war auch ein Land kurz vor dem Siedepunkt, in dem die Beziehungen zwischen Nord und Süd immer gespannter wurden. In den Jahren 17 bis 19 kam es zu gewalttätigen Konfrontationen zwischen dem Vizekönig von Kusch, Pinhasi, und dem Amun-Hohenpriester Amenhotep. Ramses XI. entsandte den Feldherrn Pianchi zur Klärung der Lage. Was darauf folgte, lief praktisch auf einen Bürgerkrieg hinaus.

Die Geschichte dieser wirren Zeit muß erst noch geschrieben werden, aber es hat doch den Anschein, als habe Pianchi, indem er den Ramessiden-Emporkömmling Pinhasi zurückschlug, immerhin so viel Macht erlangt, daß er dem Pharao praktisch eine Teilung des Landes aufzwingen konnte, bei der er und seine Hohenpriester-Nachfolger den Süden kontrollierten, während der Norden (und nominell die Oberherrschaft über das ganze Land) bei Ramses XI. und nach seinem Tode bei Pharao Smendes verblieb. Mit dieser Machtteilung ging ein alternatives Datierungssystem einher, die sogenannte »Renaissance«-Zeit (*wehem mesut*, wörtlich: »Geburtenwiederholung«).

Pinhasi wurde zwar aus Theben verjagt, blieb aber ein Dorn im Fleisch der Thebaner. Lebhaft spiegelt sich die Verwirrung in den »Späten Ramessiden-Briefen« – einer hauptsächlich zwischen Pianchi während des Krieges gegen Pinhasi im Süden und dem Nekropolisschreiber Djehutimose sowie dessen Sohn, dem Schreiber Butehamun, geführten Korrespondenz. Und ebendiese Briefe enthalten den Schlüssel zu dem, was schließlich mit den Gräbern im Wadi Biban el-Muluk geschah.

Die neue Politik: Aufspüren und Ausräumen

»[An] den Fächerträger zur Rechten des Königs, königlichen Schreiber, Feldherrn, Hohenpriester des Amun-Re, Vizekönig von Kusch [...] Pianchi; [von] den beiden Chefarbeitern, dem Nekropolisschreiber Butehamun und dem Wächter Kar und [den Arbeitern am Grabe]. [...]

Wir haben alles zur Kenntnis genommen, was unser Herr uns schrieb, [nämlich]: ›Geht und erfüllt für mich eine Aufgabe, wie ihr sie nie zuvor begonnen habt, und sucht danach, bis ich zu euch komme‹ – so spricht unser Herr; ›Was ist aus [dem Ort] geworden, den ihr bereits kennt und wo ihr schon wart? Laßt ihn [in Ruhe], rührt ihn nicht an‹ – so spricht unser Herr. Dieser Schreiber [Tjaroi, auch bekannt als Djehutimose], der uns [früher] hier vorstand, er ist es, der [Rat?] geben [kann], [...] aber er ist bei euch [in Nubien]. Sobald er uns sagt, was er weiß, brauchen wir 10–20 Tage. [...]

Nun seht, Ihr schriebet: ›Deckt ein Grab auf inmitten der Gräber der Einstigen und wahret sein Siegel, bis ich wiederkehre‹ – so sprach unser Herr. Wir führen Befehle aus. Wir lassen es [unberührt] für Euch und lassen es Euch bereitet finden ...«

»... eine Aufgabe, wie ihr sie nie zuvor begonnen habt«. Dieser im Jahr 10 der »Renaissance«-Ära geschriebene Brief fixiert genau den Zeitpunkt, zu dem die Politik der Hohenpriester des Amun von der Restaurierung und Rettung in rücksichtslose Ausbeutung umschlug.

Grabräubereien kleineren oder größeren Stils hatte es in der Nekropolis seit jeher gegeben – nun aber verübten sie nicht mehr gewöhnliche Diebe. Pianchi hatte den unwiderruflichen Schritt getan, die Gräber auszurauben, um seinen Feldzug gegen Pinhasi im Süden zu finanzieren und sein eigenes Regime abzustützen. Nachdem dieser Raubbau erst einmal begonnen hatte, fanden sich schnell und unvermeidlich weitere Verwendungen für die verborgenen Schätze. Das Tabu war gebrochen.

Weit über das Tal der Könige hinaus durchstreiften die Männer des Hohenpriesters die thebanischen Hügel, »um die Berge zu sehen«, sprich: an jedem erdenklichen Ort nach alten (privaten wie königlichen) Gräbern Ausschau zu halten; sie markierten – oft mit einem großen *wedjat*-Auge oder mit *nefer*-Zeichen –, wohin sie gegangen waren und was sie gefunden hatten. Derartige Graffiti sind in riesiger Zahl (rund 4000) entdeckt worden; über 130 davon stammen allein aus der Hand eines der Hauptbeteiligten an dieser Aktion – des Nekropolisschreibers Butehamun.

Das Graben nach Gold im Tal der Könige hielt offenbar während der gesamten Amtszeit der Hohenpriester Herihor und Pinodjem I. an. Letzterer begann es als »Restaurierung« darzustellen; kurz vor seiner Übernahme des »Königsstatus« und danach nahm es merklich zu. Tatsächlich mag der Reichtum, den Pinodjem anhäufte, sehr wohl die Stärke seiner Position zu dieser Zeit erklären. Herihor hatte vielleicht den Ball ins Rollen gebracht, indem er im Grab Haremhabs (KV57) ein Versteck anlegte. Zu den Arbeiten zur Zeit der »Regentschaft« Pinodjems I. gehörte die Einrichtung eines Verstecks in KV17 und die Verlegung der ersten Mumien ins Grab Amenhoteps II. (KV35). Die »Osirifizierung« und Wiederbeisetzung Ramses' III. und der Leichengruppe Amenhoteps I. im *kay* (Felsengrab) Königin Inhapis' schloß sich offenkundig an, desgleichen die analoge Verlegung von Amenhotep I., Ahmose Neferati und Thutmosis II. sowie der Überreste Hatschepsuts, Thutmosis' III. und vermutlich Thutmosis' I.

Als Pinodjem I. um 1030 v. Chr. starb, war in der Nekropolis offensichtlich eine gewisse Stabilität eingekehrt: Die Mumien waren (häufig sehr achtlos) um ihre Wertgegenstände erleichtert worden

Einen Blick auf die Aktivitäten eines »Bergungsteams« bietet die Beisetzung von Königin Merietamun, die genau so angetroffen wurde, wie die »Restauratoren« sie im Grab DB358 bei Deir el-Bahari zurückgelassen hatten. Die Särge (von denen einer oben abgebildet ist) waren aufgebrochen worden, die Mumie hatte man aufgeschlitzt, gefleddert, neu eingewickelt und mit einem Etikett versehen, das Grab saubergefegt.

Die Nekropolisschreiber Djehutimose und Butehamun

Butehamuns Beweihräucherung von Amenhotep I., Aahotep, Ahmose Nefertari, Sitamun, Merietamun und Sipair, an deren Restaurierung und Neubestattung er vermutlich mitwirkte. Ansicht des jetzt im Turiner Museum ausgestellten Außensargs.

Die Schlüsselrolle, welche die beiden »Grabschreiber« Djehutimose und sein Sohn Butehamun bei der Restaurierung der Königsmumien und dem Ausräumen der thebanischen Nekropolis spielten, wurde schon zu ihren Lebzeiten offen eingestanden. Auch in den Titeln und der Dekoration der Särge Butehamuns wurde ihrer gedacht.

Butehamun rangiert unter Bezeichnungen wie »Öffner der Tore in der Nekropolis«, »Öffner der Tore der Unterwelt« (Rosetjau), »Aufseher über die Arbeiten im Haus der Ewigkeit« usw. Diese außergewöhnlichen Titel unterstreichen, daß Ende der 20., Anfang der 21. Dynastie ausschließlich Butehamun (und vermutlich vor ihm schon Djehutimose) das Recht hatten, die Gräber zu betreten und über die darin Ruhenden und den gesamten Inhalt zu verfügen. Die Namen dieser Schreiber finden sich überall in der Nekropolis, und eine Inschrift auf den Mumienbinden Ramses' III. besagt konkret, daß Butehamun an der Restaurierung dieses Königs beteiligt war. Die Dekoration des Deckels seines in Turin befindlichen Außensargs zeigt Butehamun beim Weihrauchopfer vor mehreren anderen Mitgliedern der alten Königsfamilie – Amenhotep I., Aahotep, Ahmose Nefertari, Sitamun, Merietamun und Sipair. Dies läßt vermuten, daß er auch an der Restaurierung dieser früheren Grabstätten beteiligt war.

Wo fanden die Restaurierungen statt?

Der Tempel von Medinet Habu, dem Verwaltungssitz Thebens gegen Ende des Neuen Reiches; dort wurde die Mumie Ramses' IX. »restauriert«.

Es steht fest, daß die königlichen Mumien an einer Reihe verschiedener Orte neu eingewickelt und restauriert wurden. Nach einem auf den Binden Ramses' IX. gefundenen Etikett zu schließen, wurde sein Leichnam im Verwaltungssitz der Nekropolis, Medinet Habu, neu verpackt; vielleicht nicht nur er, denn von derselben Fundstelle wurden auch andere königliche Bestattungsobjekte geborgen. Die – im Grab DB358 entdeckte – Mumie von Königin Merietamun aus der frühen 18. Dynastie scheint hingegen *in situ* neu eingewickelt worden zu sein.

Zwei über dem Eingang von KV49 entdeckte Graffiti erwähnen große Mengen von Tempellinnen, die von dem Schreiber Butehamun und seinen Arbeitern zu dem Grab gebracht wurden. Diese Texte könnten bedeuten, daß das Grab als Lagerraum für Leintücher benutzt wurde, die bei der Restaurierung einiger königlicher Mumien Verwendung fanden; gestützt wird diese Vermutung durch ein Fragment eines Mumienetiketts mit der hieratischen Beschriftung »Leichenöl«. Bei dem fraglichen Leichnam handelt es sich höchstwahrscheinlich um Ramses III., dessen Grab ganz in der Nähe liegt und auf dessen Mumie eine Reihe von »Schals« ähnlich den in den Graffiti von KV49 genannten gefunden wurden. Interessanterweise verzeichnet ein Etikett auf der Mumie dieses Königs die spätere Beteiligung Butehamuns bei ihrer »Restaurierung«.

Die Wiederverwendung königlichen Begräbnismaterials

Wiederbenutztes Begräbnismaterial: (oben) in Tanis entdecktes Goldgefäß Ahmoses, möglicherweise aus seinem noch nicht entdeckten Grab in Theben; (rechts) zu einer privaten Osiris-Figur umgestaltetes uschebti *Ramses' II.*

Ein interessanter Aspekt des Leerräumens des Tals der Könige ist das Entfernen und Wiederverwenden königlichen Begräbnismaterials. Das bekannteste Beispiel ist die Wiederverwendung von zwei Särgen, die Thutmosis III. für das neue Grab Thutmosis' I. bereitgestellt hatte, durch »König« Pinodjem I. Letzterer ließ sie völlig umarbeiten, so daß nicht mehr erkennbar war, wem sie ursprünglich gehört hatten.

Ein weiteres bemerkenswertes Exempel ist eine – jetzt im British Museum befindliche – hölzerne *uschebti*-Figur Ramses' II., an der in der späten 21. oder frühen 22. Dynastie so lange herumgehackt und -lackiert worden ist, bis eine geschwärzte Osiris-Figur herauskam. Auch hier war im Endstadium der ursprüngliche Eigentümer nicht mehr zu erkennen. Es ließen sich weitere Beispiele nennen – darunter vermutlich auch ein Großteil des Schmucks, den Pierre Montet aus den Königsgräbern der Dritten Zwischenzeit in Tanis geborgen hat.

Zumindest eine Teilerklärung für diese Umwidmungen könnten eine Reihe von Begräbnispapyri aus dem Versteck der Amun-Priester in Bab el-Gasus liefern. Sie enthalten Zaubersprüche, deren Wirksamkeit Texte wie dieser gewährleisten sollten: »Das Buch, das am Hals der Mumie von König Ramses II. in der Nekropolis gefunden wurde.«

Ähnliches dürfte für jene Papyri der Dritten Zwischenzeit gelten, die von den Wänden der Königsgräber (insbesondere jenem Amenhoteps II.) beeinflußt oder kopiert worden sind. Den königlichen Begräbnismaterialien wohnte offenkundig aufgrund ihrer Herkunft eine allgemein akzeptiert magische Kraft inne, die nach dem Leerräumen der Gräber umfassend genutzt wurde.

(Rechts) Deckel des ursprünglichen zweitinnersten Sargs Thutmosis' III.; die eingelegten Augen sind von den »Restauratoren« herausgenommen worden, die zudem vor der Wiederbestattung die Oberfläche so lange mit der Krummaxt bearbeitet hatten, bis auch der letzte Vergoldungsrest entfernt war.

und lagen nun sicher, zum größten Teil neu eingewickelt und mit Etiketten versehen in einer Handvoll leicht zu bewachender Verstecke – KV17, WN A(?), KV35 und (vielleicht) KV57. Ihre ursprünglichen Gräber waren nun leer – ihres Goldes und Silbers, ihrer Leintücher und Parfums und aller handlichen Holz- und Steinstücke beraubt –, und einen Großteil der Trümmer hatte man verbrannt.

Der Status quo scheint weitere 60 Jahre lang gehalten zu haben, bis dann im Jahr 10 des Siamun (etwa 968 v. Chr.) eine weitere Rationalisierung – nach den Jahren der offiziellen Ausplünderung möchte man gerne glauben, daß sie ausschließlich frommen Zwecken diente – notwendig wurde, bei der die Mumien von KV17 in das Felsengrab Inhapis' verlegt wurden. Gut 40 Jahre später wurde dieses Versteck, wiederum aus unbekannten Gründen, gegen die Familiengruft Pinodjems II. (Grab DB320) eingetauscht. Hier sollten die Mumien in ihren billigen Särgen beschämt, aber ungestört liegen, bis sie irgendwann vor 1881 einer weniger rücksichtsvollen Diebesbande in die Fänge gerieten – den Abd el-Rassuls.

Die königlichen Mumien: Wer kam wohin?

Betrachtet man die Etiketten in Verbindung mit den in den Königsgräbern und ihrer Umgebung gefundenen Graffiti und anderem archäologischem Beweismaterial, erkennt man, auf welchen Wegen die Mumien zu ihrem Endziel gelangten.

Name	Urspr. Bestattungsort	DEPOTS KV57	KV17	KV35	AN B	Inhapis *kay* (WN A?)	DB320
Tetischeri	?					⇒ ●	⇒ ●
Seq. (II.) Ta'a	?					⇒ ●	⇒ ●
Aahotep I.	?					⇒ ●	⇒ ●
Ahmose Inhapis	WN A?					●?	⇒ ●
Ahmose I.	?					⇒ ●	⇒ ●
Ahmose Nefert.	AN B?				●?	⇒ ●	⇒ ●
Ahm. Hentempet	?					⇒ ●	⇒ ●
Ahmose Henttimehu	?					⇒ ●	⇒ ●
Rai	?					⇒ ●	⇒ ●
Ahm. Sitkamose	?					⇒ ●	⇒ ●
Siamun	?					⇒ ●	⇒ ●
Sitamun	?					⇒ ●	⇒ ●
Merietamun I.	?					⇒ ●	⇒ ●
Seniu	?					⇒ ●?	⇒ ●?
Amenhotep I.	AN B?/KV39?				●?	⇒ ●	⇒ ●
Ahm. Sipair	?					⇒ ●	⇒ ●
Thutmosis I.	*KV20+38*					⇒ ●?	⇒ ●?
Thutmosis II.	DB358?				⇒ ●	⇒ ●	⇒ ●
Thutmosis III.	*KV34*					⇒ ●	⇒ ●
Hatschepsut	*KV20*					⇒ ●	⇒ ●
Amenhotep II.	*KV35*			●			
Thutmosis IV.	*KV43*			⇒ ●			
Amenhotep III.	*WV22*			⇒ ●			
Teje?	?			⇒ ●?			
Aja	*WV23*	⇒ ●?					
Haremhab	*KV57*	●?					
Ramses I.	*KV16*		⇒ ●			⇒ ●	⇒ ●
Setoy I.	*KV17*		●			⇒ ●	⇒ ●
Ramses II.	*KV7*		⇒ ●			⇒ ●	⇒ ●
Merenptah	*KV8*			⇒ ●			
Setoy II.	*KV15*			⇒ ●			
Siptah	*KV47*			⇒ ●			
Frau D	?			⇒ ●			
Sethnacht	*KV14*			⇒ ●			
Ramses III.	*KV11*					⇒ ●	⇒ ●
Ramses IV.	*KV2*			⇒ ●			
Ramses V.	*KV9*			⇒ ●			
Ramses VI.	*KV9*			⇒ ●			
Ramses IX.	*KV6*					⇒ ●	⇒ ●
Merimose	TT383?					⇒ ●?	⇒ ●?
Bakt	?					⇒ ●?	⇒ ●?
Nebseni	?					⇒ ●?	⇒ ●?
Siese	?					⇒ ●?	⇒ ●?
Sutymose	?					⇒ ●?	⇒ ●?
Wepmose	?					⇒ ●?	⇒ ●?
Wepwawetmose	?					⇒ ●?	⇒ ●?
Paheripedjet	?					⇒ ●?	⇒ ●?
Nodjmet	WN A?					⇒ ●	⇒ ●
Pinodjem I.	WN A?					⇒ ●	⇒ ●
Duat. Henttawy	WN A?					⇒ ●	⇒ ●
Maat. Mutemhet	DB320?						●?
Masaharta	DB320?						●?
Tayuheret	DB320?						●?
Pinodjem II.	DB320						●
Neschon	DB320						●
Isiemcheb	DB320						●
Djedptahiufanch	DB320						●
Nesitanebaschru	DB320						●

Kursiv: im Tal der Könige Ruhende
● Ursprünglicher Bestattungsort ⇒ ● Spätere Verlegung

Epilog

»Die Ägypter entwickeln ein neues Interesse an ihrer Geschichte und Archäologie, und sie werden nicht mehr lange zulassen, daß ausländische Ägyptologen dort, wie früher, mehr für ihre eigenen Museen und ihre eigene Öffentlichkeit als für die Interessen Ägyptens arbeiten.«

Arthur Weigall

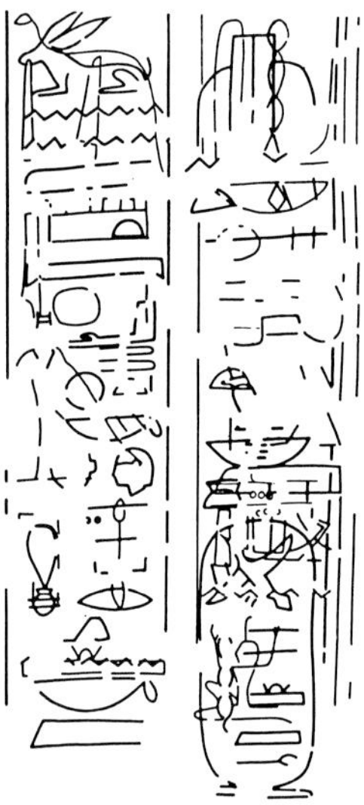

Verblaßter und komplexer Palimpsesttext Pinodjems I. in KV4. Die Dekoration seit langem offenstehender Gräber wird immer eingehender untersucht und zeitigt erstaunliche Ergebnisse.

Das neue Ziel: Informationen statt Objekte

Nach der Entdeckung und Freilegung des Tutanchamun-Grabes dämmerte das archäologische Interesse am Tal der Könige eine Zeitlang vor sich hin. Das war nicht nur eine Folge der politischen Spannungen, die Howard Carters Entdeckung nach sich gezogen hatte – man war sich auch weithin einig, daß nach Tutanchamun nichts Neues mehr zu finden sei.

Die Freilegung des geheimnisvollen Korridors, der von der Grabkammer Setoys I. (KV17) schräg abwärts in die Tiefe führt, durch Ali Abd el-Rassul gegen Ende der fünfziger Jahre war hoffentlich die letzte Schatzsuche im Tal der Könige. Heute sehen die Prioritäten anders aus. Im Zentrum der Aufmerksamkeit stehen jetzt die rund 80 schon bekannten Gräber, die vielfach offenstehen und vom Verfall bedroht sind, und das Hauptziel ist es, statt weiterer Objekte neue Informationen zutage zu fördern, die uns zu einem besseren Verständnis der bereits vorhandenen Funde verhelfen.

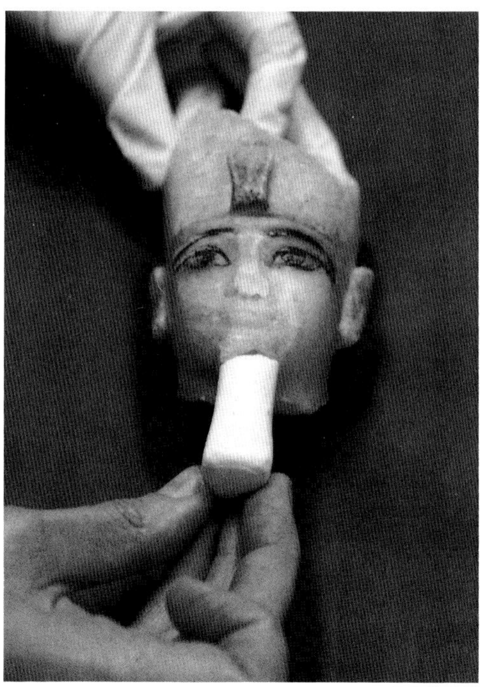

Dem uschebti-*Kopf der französischen Expedition (s. S. 55) wird ein Abguß seines lange verloren geglaubten Bartes angefügt, den die Archäologen der Waseda-Universität kürzlich in WV22 entdeckten.*

Die Neuorientierung der archäologischen Arbeit im Tal der Könige ist weitgehend einer einzigen Frau zu verdanken: der verstorbenen Elisabeth Thomas, deren Werk »The Royal Necropoleis of Thebes« 1966 erschien. Diese Arbeit hat fast bei allem, was seit ihrer Veröffentlichung im Tal geschah, mehr oder weniger Pate gestanden.

Ging es nach Tutanchamun mit der Archäologie auch nur langsam voran, so schritt die Forschung in anderen Bereichen doch kräftig aus. Zwischen 1930 und 1966 verbrachte der russische Gelehrte Alexandre Piankoff den größten Teil seiner Zeit in Ägypten und studierte die Texte und Darstellungen in den Königsgräbern. Teils allein, teils zusammen mit anderen, hat Piankoff seit 1939 bahnbrechende Studien veröffentlicht, die das Interesse an der Ausschmückung der Königsgräber neu entfachten.

Die Archäologie und Gelehrtenarbeit von heute

Auf Piankoff folgte der Schweizer Ägyptologe Erik Hornung, der heute als Nestor der Königstalstudien gilt. Zu Hornungs zahlreichen – alles andere als abgeschlossenen – Beiträgen zu unserem Verständnis des Tals gehören seine Veröffentlichungen zu den religiösen Texten in den Gräbern sowie eine detaillierte Untersuchung der Kunst und Inschriften bestimmter Gräber. Ein polnisches Team unter Leitung von T. Andrzejewski und M. Marciniak hat zwischen 1959 und 1981 mit mehrfachen Unterbrechungen eingehend die Szenen im Grab Ramses' III. (KV11) untersucht. 1972 unternahm Otto Schaden im Westtal archäologische Grabungen im Grab des Aja (WV23) und im nahegelegen, unvollendeten WV25. Ab 1974 bis zu seinem Tode zwanzig Jahre später hat der deutsche Gelehrte Friedrich Abitz eine Reihe wichtiger Bücher und Artikel veröffentlicht, die unser Verständnis der symbolischen Aspekte der Königsgräber erheblich erweitert haben.

Zwischen 1977 und 1979 bauten die Mitglieder einer Expedition des Brooklyn Museum unter John Romer am Eingang zum Westtal das Haus Theodor Davis' wieder auf und benutzten es als Stützpunkt für ihre eigene Arbeit. Diese hatte 1975 mit geologischen und hydrologischen Untersuchungen der Gräber und der Täler begonnen, in denen sie liegen; dem folgten epigraphische und fotografische Bestandsaufnahmen des Grabes von Ramses X. (KV18) und eine wichtige Freilegung des Grabs Ramses' XI. (KV4) – des letzten im königlichen Wadi geschlagenen Grabes. Gleichzeitig wandte sich der damals noch an der University of California in Berkely arbeitende Kent Weeks mit dem »Theban Mapping Project« einer seit langem bestehenden Lücke zu und erstellte mit modernen kartografischen Methoden eine detaillierte Übersicht nicht nur über das Tal der Könige, sondern über das ganze Westufer. Im Verlauf seiner Arbeit konnte Weeks mit fachkundiger Unterstützung durch Catharine Roehrig vom Metropolitan Museum of Art in New York und eine Unzahl von Spezialisten drei zuvor »verlorene« Gräber aufspüren – darunter insbesondere den riesigen Begräbniskomplex (KV5), den Ramses II. für seine Söhne einrichten ließ und an dem immer noch gegraben wird.

Eine umfassende radiographische Untersuchung der ursprünglich im Tal der Könige ruhenden und später in DB320 und dem Grab Amenhoteps II. versteckten Königsmumien wurde 1966 von James E. Harris in Zusammenarbeit mit Kent Weeks und neuerdings Edward F. Wente eingeleitet. Die Ergebnisse sind eindrucksvoll, umstritten und regen zum Nachdenken an. 1982 begann der frühere Leiter des kanadischen Instituts in Ägypten, Edwin C. Brock, mit seiner grundlegenden Studie der königlichen Sarkophage der 19. und 20. Dynastie. Dabei nahm er gezielte Freilegungen in den Gräbern Merenptahs (KV8), Ramses' VI. (KV9) und Ramses' VII. (KV1) vor und erweiterte unsere Kenntnis dieser Grabstätten beträchtlich. 1983 setzte Hartwig Altenmüller von der Universität Hamburg zu seiner archäologischen und epigraphischen Einzeluntersuchung des Grabs von Tausret und Sethnacht (KV14) an, an die sich 1987 eine entsprechende Behandlung des Baja-Grabs (KV13) anschloß.

1989 machte sich ein Team japanischer Ägyptologen von der Tokioter Waseda-Universität unter Leitung der Professoren Sakuji Yoshimura und Jiro Kondo an die Ausgrabung und Konservierung des Grabs Amenhoteps III. (WV22) und dehnte seine Arbeit auf die nahegelegene Vorratskammer WV A und das zwischen den beiden liegende Tal aus; außerdem hat das Waseda-Team beide Täler neu kartografiert. Ebenfalls 1989 begann John Rose KV39 freizulegen, das dabei erstmals seinen ungewöhnlichen Plan offenbarte. Im selben Jahr verwirklichte Donald P. Ryan seinen langgehegten Wunsch einer näheren Erkundung der kleineren Gräber im Tal mit der sehr ergebnisträchtigen Untersuchung von KV60, KV21, KV27, KV28, KV44 und KV45.

Otto Schaden kehrte 1991 ins Tal zurück, legte WV24 frei und begann im Jahr darauf mit der Arbeit im Grab des düsteren Amenmesse (KV10). 1992/93 unternahm Lyla Pinch Brook eine Detailstudie des Amarna-Verstecks (KV55) und wies nach, daß selbst die leersten und am wenigsten versprechenden Gräber bei näherem Hinschauen noch wertvolle Informationen liefern können. Und Christian Leblanc machte sich, kaum war seine Arbeit im Tal der Königinnen abgeschlossen, 1995 an die Freilegung des mehrfach überschwemmten Grabs Ramses' II. (KV7), die man lange Zeit als völlig unpraktikabel abgeschrieben hatte.

Neuere archäologische und epigraphische Arbeiten im Tal der Könige

Zeitraum	Grab	Inhaber	Wissenschaftl. Leitung
1959–81	KV11	Ramses III.	T. Andrzejewski; M. Marciniak, E
1972	WV23	Aja	Otto J. Schaden, Univ. Minnesota, A
1972–73	WV25		Otto J. Schaden, Univ. Minnesota, A
1978–80	KV18	Ramses X.	John Romer, The Brooklyn Museum, später Theban Foundation, E; A, E
	KV4	Ramses XI.	
1982–	KV8	Merenptah	Edwin C. Brock, Kanadisches Institut in Ägypten, A
	KV9	Ramses VI.	
	KV1	Ramses VII.	
1983–87	KV14	Tausret	Hartwig Altenmüller, Univ. Hamburg, A, E
1987–	KV5	Söhne Ramses' II.	Kent R. Weeks, Amerik. Univ. Kairo, A, E
1987–94	KV13	Baja	Hartwig Altenmüller, Univ. Hamburg, A, E
1989–	WV22	Amenhotep III.	Sakuji Yoshimura und Jiro Kondo, Waseda-Univ., A, E
1989–	KV39		John Rose, Pacific Western University, A
1989	KV60		Donald P. Ryan, Pacific Lutheran University, A
1990	KV21		Donald P. Ryan, Pacific Lutheran University, A
	KV27		
	KV28		
1991	KV44		Donald P. Ryan, Pacific Lutheran University, A
	KV45		
1991–92	WV24		Otto J. Schaden, Univ. Arizona, A
1992–	KV10	Amenmesse	Otto J. Schaden, Univ. Arizona, A
1992–93	KV55	Echnaton?	Lyla Pinch Brock, ARCE, A
1993–	div.		Richard H. Wilkinson, Univ. Arizona, E
1993–94	WV A		Sakuji Yoshimura und Jiro Kondo, Waseda-Univ., A
1995–	KV7	Ramses II.	Christian Leblanc, CEDAE, A, E

A: archäologische Freilegung; E: epigraphische Dokumentierung

Ursachen der Zerstörung

»... seien Sie beruhigt, Monsieur; eines Tages werden Sie das Vergnügen haben, einige der schönsten Basreliefs aus dem Grab des Osirei [Setoys I.] im Französischen Museum sehen zu können. Nur so lassen sie sich vor der drohenden Zerstörung retten, und in der Durchführung dieses Vorhabens werde ich als wahrer Liebhaber der Antike handeln, denn ich nehme sie nur mit, um sie zu erhalten, und nicht, um sie zu verkaufen.«

Jean François Champollion, Brief an Joseph Bonomi

Zerstörungen und Beschädigungen sind im Königstal seit Jahrhunderten an der Tagesordnung. Ganz abgesehen von der Schändung durch Grabräuber wurden zahlreiche Gräber, darunter die Ajas (WV23) und Amenmesses (KV10), durch

Die doppelte Bedrohung durch Natur und Mensch fügt den Königsgräbern seit langem schwere Schäden zu. Diese Säule im Grab Amenhoteps III. zeigt die Zerstörung durch Wasser (untere Hälfte) und durch frühe Souvenirjäger (das Antlitz des Königs ist völlig, das der Göttin teilweise entfernt worden).

offizielle *damnatio memoriae* und Usurpierung beschädigt. In der griechisch-römischen, christlichen und islamischen Zeit zerkratzten Reisende, Mönche und Eremiten mit ihren Graffiti die Wände und verrußten sie mit dem Feuer, das sie in den Grabeingängen machten. Bemerkenswerterweise haben die Christen, die in vielen ägyptischen Tempeln die Darstellungen der alten Götter so methodisch beseitigten, dieselben Bilder im Tal der Könige offenbar ignoriert oder verschont.

Die Ankunft der europäischen Forscher brachte neue und noch beklagenswertere Verluste mit sich, denn Champollion, Rosellini und Lepsius entfernten beispielsweise aus dem Grab Setoys I. (KV17) gewaltsam Reliefs. Die Herstellung von »Abdrücken« (mit Wachs oder feuchtem Papier) unmittelbar auf den Wänden durch Belzoni und andere beschädigte die delikat gemalten Oberflächen zahlreicher Reliefs ebenfalls schwer. Eine nicht mindere Bedrohung geht von den heutigen Touristenmassen im Tal der Könige aus. In letzter Zeit haben bis zu zwei Millionen Menschen pro Jahr die Gegend besucht, und der durch Unachtsamkeit und die Sucht, die gemalten Reliefs mit der Hand zu betatschen, entstehende Schaden ist enorm. Zudem schleppen die Touristen schon durch ihren bloßen Atem große Mengen schädlichen Wasserdampf in die Gräber ein.

Die verheerenden Überschwemmungen

Ganz abgesehen von der Bedrohung durch Menschen unterliegen die königlichen Monumente periodischen Sturzflutüberschwemmungen, die starke Regenfälle auf dem darüberliegenden Wüstenplateau verursacht haben. Fast alle Gräber sind irgendwann im Lauf ihrer Geschichte einmal überschwemmt worden. Bis zum Ende des letzten Jahrhunderts funktionierte das Tal als relativ wirkungsvolle natürliche Dränage, so daß die Wasserfluten abfließen konnten, ohne allzuviel Schaden anzurichten. Im 20. Jahrhundert haben jedoch die archäologischen Arbeiten und der Bau von Pfaden und ebenen Bereichen für Touristen die Topographie verändert. Der Eingang zum Grab Ramses' II. zum Beispiel liegt heute etwa 2 Meter unter dem jetzigen Talboden, wodurch sich die Überschwemmungsgefahr erhöht.

In der Umgebung des Tals der Könige kommt es etwa einmal pro Jahrzehnt, meist im Frühwinter mehrerer aufeinanderfolgender Jahre zu Überschwemmungen, wobei mindestens ein Wolkenbruch besonders heftig ist. Dieses Muster hat John Gardner Wilkinson schon 1835 erkannt; auch Howard Carter erlebte zwischen 1915 und 1918 mehrfach solche schweren Regenstürme. Hier seine eindrucksvolle Schilderung:

> »Drei Oktober hintereinander hatten wir jetzt heftige Niederschläge, und diesmal zeigte sich ein außergewöhnliches Phänomen. [...] Das Tal der Königsgräber und das anschließende große Westtal verwandelten sich binnen weniger Augenblicke nahezu in reißende Gebirgsströme, [...] die breite Furchen ins Talbett schnitten und etwa zwei Fuß große Steine vor sich herrollten.«

Die physikalischen Wirkungen, die diese Fluten anrichten, wenn sie in die Gräber eindringen und Felsstücke und Sandmassen gegen deren Wände schleudern, werden noch durch die Probleme der örtlichen Geologie verschärft. Unter dem Kalkstein, in den die meisten Gräber gehauen sind, befinden sich Schichten aus porösem Schiefer, die bei der Berührung mit Wasser aufquellen und den darüberliegenden Kalkstein reißen lassen. Neben der strukturellen Schädigung der Wände, Decken und Säulen aufgrund der Quellung haben Jahrhunderte abwechselnder Überflutung und Trocknung zur Zerstörung vieler verzierter Oberflächen im ganzen Tal geführt.

Die Konservierung der Königsgräber

Heute liegt das Tal der Könige in der Obhut des Ägyptischen Obersten Altertumsrates (SCA) und seiner Inspektoren, die die gesamte Konservierungs-, Forschungs- und Grabungsarbeit beaufsichtigen. Nach den schweren Überschwemmungen im Oktober und November 1994 reagierte der SCA schnell und ließ an mehreren Gräbereingängen kleine Schutzmauern sowie entlang der Grab-

Die Konservierung von Gemälden im Grab Amenhoteps III. Die Mitarbeiter der ägyptischen Altertumsverwaltung und ausländische Fachleute bemühen sich gemeinsam um die Erhaltung der archäologischen Schätze im Tal.

seiten soweit möglich Abflußkanäle bauen. In den der Öffentlichkeit zugänglichen Gräbern sind hölzerne Geländer installiert worden, die verhindern, daß die Besucher im Gedränge an die Wände stoßen, und die empfindlichen Malereien an den verzierten Wänden und Säulen wurden vielfach mit Plexiglasscheiben geschützt. Daß zu einem bestimmten Zeitpunkt jeweils nur ein (ständig wechselnder) Teil der Monumente geöffnet wird, hilft ebenfalls den Druck auf die populären Gräber zu vermindern.

Ein Kommentator hat angedeutet, möglicherweise seien die in den Königsgräbern auftretenden Risse die Folge neuerer archäologischer Arbeiten in der Umgebung. Dem ist entgegenzuhalten, daß sich in der Nekropolis aufgrund gelegentlicher seismischer Aktivitäten und der Langzeitwirkung der Felsquellung und -kontraktion seit jeher Risse gebildet haben. Bei der Arbeit im Amenmesse-Grab haben sich jüngst zahlreiche Beispiele von Bruchstellen gefunden, die schon von den antiken Arbeitern ausgebessert wurden, die das Grab ursprünglich anlegten. Viele dieser Spalten klafften vermutlich schon seit Jahrtausenden im Fels, und andere könnten sich beim Aushauen eines Grabes gebildet haben. Da jeder Riß zum Eindringen von Wasser und damit zur weiteren Zerstörung der Gräber und ihrer Ausschmückung führen kann und dieser Vorgang noch immer anhält, sehen praktisch alle Ägyptologen aktive Freilegungs- und Konservierungsmaßnahmen für dringend geboten an. Die Arbeit im Amenmesse-Grab hat darüber hinaus gezeigt, daß fast die gesamte Dekoration auf Putz – die Lefébure gegen Ende des letzten Jahrhunderts flüchtig festgehalten hatte – mittlerweile verschwunden ist. Wenn man sie nicht so bald wie nur möglich freilegt, dokumentiert und konserviert, werden die wenigen Dekorationen, die in diesem und anderen Gräbern noch erhalten sind, für immer verlorengehen.

In Zusammenarbeit mit Geologen, Ingenieuren und Hydrologen befassen sich die Ägyptologen auch mit vielen anderen Erhaltungsaspekten wie etwa der detaillierten Kartografierung der Topographie – und der Wasserscheiden – des Königstals, um die Erstellung hydrologischer Karten zu erleichtern, mit der Beobachtung und Analyse der Niederschlagsmuster und der seismischen Aktivitäten wie auch des Tourismus und anderer von Menschen verursachter Probleme. Ein kürzlich über das Amerikanische Forschungszentrum in Ägypten vergebenes Stipendium der US-Regierung wird diese Arbeit erleichtern, aber dennoch bleibt noch viel zu tun, um das Tal der Könige – einen der größten archäologischen Schätze der Welt – für künftige Generationen zu erhalten.

Tips für Besucher

Ein Ausflug ins Tal der Könige kann zum überwältigenden Erlebnis werden, aber es setzt auch Planung voraus. Die schiere Zahl der Gräber und die verwirrende Vielfalt der Eindrücke kann selbst den erfahrensten Touristen überfordern. Es mag zwar durchaus hilfreich sein, eine Gruppenführung mitzumachen, aber befriedigender ist es natürlich, sein eigenes Besichtigungsprogramm zusammenzustellen.

Eine für alle zugänglichen Monumente auf dem Westufer (einschließlich der Totentempel) gültige Eintrittskarte erhält man an einem Schalter an der Anlegestelle der Touristenfähre sowie gleich neben dem Büro des Altertumsinspektors bei den Memnons-Kolossen. Einzelkarten werden manchmal vor Ort angeboten, und für die Königsgräber sind Tickets am Taleingang erhältlich. Der Fußmarsch zum Aja-Grab im Westtal ist ziemlich lang; der Reisende sollte also vorher erfragen, ob das Grab auch geöffnet ist, und eine Eintrittskarte erwerben. Derzeit werden die Karten in Dreierblocks verkauft, die (mit Ausnahme des Tutanchamun-Grabs, für das ein eigenes Billett benötigt wird) für jedes beliebige Grab gelten, das geöffnet ist.

Was mitnehmen?

An erster Stelle steht Wasser. Eine große Flasche Wasser ist unbedingt erforderlich, denn in der Talmitte gibt es zwar einen schattigen Rastplatz, aber das eigentliche Rasthaus, das Essen und Getränke anbietet, befindet sich mehrere hundert Meter entfernt am Taleingang. Ebenso wichtig sind Hut, Sonnenbrille und Sonnenschutzmittel, denn oft muß man genauso lange anstehen, wie die Besichtigung selbst dauert. Ratsam ist auch die Mitnahme einer guten Taschenlampe, denn die Beleuchtung in den Gräbern fällt nicht selten aus. Kräftige Schuhe sind zu empfehlen. Im Tal und auf dem Wüstenplateau ist die Mückenplage zwar relativ gering, aber auf der Hin- und Rückfahrt sind gute Insektenmittel nützlich (vor allem während der Wartezeit an der Fähre nach Luxor).

Gegen Erwerb eines zusätzlichen Fotoscheins ist das Fotografieren in den Gräbern erlaubt, jedoch nur ohne Blitzlicht. Bei Videokameras (für die oft ein weiteres Ticket gelöst werden muß) ist die Sache etwas komplizierter; man sollte sich deshalb bei seinem Reisebüro nach der aktuell geltenden Regelung erkundigen. Am Filmmaterial sollte keinesfalls gespart werden, denn es wimmelt nur so von spektakulären Motiven. Man braucht unterschiedliche Filme: hochempfindliche für das Innere der Gräber und weit weniger empfindliche für Außenaufnahmen in der gleißenden Wüstensonne. Hierbei können sich eine Gegenlichtblende und ein Polfilter als überaus nützlich erweisen; mit letzterem lassen sich auch Reflexionen auf den jetzt in vielen Gräbern angebrachten Plexiglasabdeckungen ausschalten.

Besuchszeiten

In der angenehmsten Jahreszeit – Spätherbst, Winter und frühes Frühjahr (im November schwankt die Durchschnittstemperatur in Luxor zwischen 31 und 15 °C) – ist natürlich auch die Reisetätigkeit am intensivsten, so daß sich erhebliche Wartezeiten ergeben können. Für Reisende, die Hitze gut vertragen, sind daher die Sommermonate oft günstiger; allerdings kommen mittlerweile auch im Sommer viele Besucher. Am besten bricht man frühmorgens auf; in den frühen Morgenstunden ist es im Tal meist kühler und ruhiger, zudem kommt das weiche Morgenlicht der Fotografie zugute. Die populärsten Gräber schaut man sich sicherlich am besten morgens als erstes an, während es an den weniger bekannten und entfernteren Gräbern auch später noch relativ ruhig sein kann. Als Faustregel mag gelten, daß man mit der Besichtigung in der Talmitte beginnt, wo die meisten bekannten Gräber liegen; von dort kann man sie zu den Rändern hin ausdehnen.

Einige Gräber sind an manchen Stellen sehr steil und eng; das gilt aber vor allem für die früheren Monumente. Wer leicht an Platzangst leidet, sollte sich die späteren (nach Ramses I. angelegten) Ramessiden-Gräber vornehmen, da sie geräumiger und heller sind und der Eingang auch von den rückwärtigen Teilen her noch in Sicht ist.

Planung

Zur Schadensminderung geben die ägyptischen Behörden die Gräber abwechselnd für die Öffentlichkeit frei; jeder Plan muß daher auch Alternativen enthalten. Beim ersten Besuch sollte man sich wohl am besten je eines der Gräber aus den drei Bau- und Anlagephasen vornehmen, die im wesentlichen den drei im Tal vertretenen Dynastien (18., 19. und 20.) entsprechen. Bei der ausgiebigen Besichtigung nur eines Grabes jeder Gruppe lernt man über die Spannweite und Vielfalt der Gräber erheblich mehr, als wenn man sämtliche Gräber in einen einzigen Besuch hineinzuquetschen versucht.

Empfohlene Gräber aus der 1. Phase:
KV34 Thutmosis IV. oder
KV35 Amenhotep II. oder
KV43 Thutmosis IV.

Empfohlene Gräber aus der 2. Phase:
KV57 Haremhab oder
KV17 Setoy I. oder
KV8 Merenptah oder
KV14 Tausret/Sethnacht oder
KV11 Ramses III.

Empfohlene Gräber aus der 3. Phase:
KV2 Ramses IV. oder
KV9 Ramses VI. oder
KV1 Ramses VII. oder
KV6 Ramses IX.

Die meisten Besucher werden auch das Tutanchamun-Grab (KV62) sehen wollen. Man sollte aber bedenken, daß es sich bei diesem Grab trotz seines aufsehenerregenden Inhalts (der zum größten Teil im Kairoer Museum steht) architektonisch im wesentlichen um ein umgewidmetes Privatgrab handelt und es nicht ins generelle Entwicklungsschema der Königsgräber paßt.

Bei der Besichtigung eines bestimmten Grabes sollte man auf die geologische und topographische Lage sowie auf Entwurf und Ausschmückung achten. Zwar ist keines der kleineren, unverzierten Gräber der allgemeinen Öffentlichkeit zugänglich, aber die nicht vollständig dekorierten Gräber der ersten und der frühen zweiten Phase erlauben das Studium der Steinbehauungs- und -bearbeitungstechniken der damaligen Zeit. In einigen Gräbern sieht man Hindernisse, welche die Arbeiterkolonnen nicht beseitigen konnten (so zum Beispiel den großen Felsbrocken, der in einen Korridor des Merenptah-Grabes KV8 hineinragt), in anderen versehentliche Durchbrüche in nahegelegene andere Gräber.

Anhand der Übersicht der Jenseitsbücher auf S. 37 und der Beschreibung der Einzelgräber in Teil III kann der Besucher die verschiedenen Werke vergleichen, die zum Ausschmücken des Grabes benutzt wurden. Wer sorgfältig die Darstellungen der Könige und die Gestaltung ihrer Kartuschen betrachtet, wird die nachträglichen Veränderungen und Zusätze erkennen, welche die antiken Künstler anbrachten, wenn spätere Könige ein Grab usurpierten (zum Beispiel KV14, Tausret/Sethnacht), ein Grab zur Aufnahme weiterer Bestattungen verändert wurde (z.B. KV9, Ramses V./VI.) oder man das Dekor entfernte, um das Andenken an einen als Häretiker oder Usurpator angesehenen König auszulöschen (zum Beispiel WV23, Aja). Für jene, die längere Zeit im Tal der Könige verweilen können, lohnt sich oft auch die Besichtigung atypischer Gräber wie KV16 (Ramses I.), das ein ausgezeichnetes Beispiel dafür ist, wie mitunter der ursprüngliche Plan verkürzt und das Grabinnere hastig modifiziert wurde, um eine plötzlich akut gewordene Bestattung aufzunehmen.

Zur Namensschreibung und Datierung

Weil die Hieroglyphen lediglich das Konsonantengerüst der altägyptischen Sprache bewahrt haben, läßt sich die antike Aussprache meist nicht eindeutig ermitteln. Infolgedessen gibt es für die ägyptischen Namen eine Vielzahl moderner Schreibweisen, die oft eher auf ihrer gräzisierten Form beruhen als auf der ägyptischen. So heißt es in diesem Buch beispielsweise durchgängig »Amenhotep« und »Setoy«, aber in der Literatur finden sich auch andere Versionen dieser Namen wie etwa »Amenophis« bzw. »Sethos« oder »Seti«. Bei der Nennung von Titeln anderer Werke wurde natürlich die dort jeweils benutzte Schreibweise beibehalten.

Auch die genaue Datierung der einzelnen Regierungszeiten und sogar ganzer Dynastien ist vielfach recht umstritten. Die gelegentlich eklatanten Abweichungen gegenüber anderen Werken (etwa dem im gleichen Verlag erschienenen Band »Die Pharaonen« von Peter A. Clayton) stellen also kein Versehen dar, sondern entsprechen dem Wunsch der Autoren.

Die ägyptischen Jahreszeiten:
achet – Überschwemmung;
peret – Winter;
shemu – Sommer.

Zitatquellen

Die Zitate sind nachstehenden Werken entnommen: [in eckigen Klammern jeweils die Seiten, auf denen die aus dem betreffenden Werk stammenden Zitate stehen; sämtliche Zitate sind aus dem Englischen übersetzt].

Altenmüller, H.: »Der Begräbnistag Sethos' II.«. *Studien zur altägyptischen Kultur* Nr. 11 (1984) [S. 32].

Ayrton, E.R.: »Recent discoveries in the Bibân el Molûk at Thebes«. *Proceedings of the Society of Biblical Archaeology* Nr. 30 (1908) [S. 131].

Bacon, E. (Hg.): *The Great Archaeologists*. London 1979 [S. 174; 194; 195].

Baedeker, K. (Hg.): *Egypt and the Sudan*. 8. Aufl., Leipzig 1929 [S. 50; 137; 183].

Bataille, A.: »Quelques graffiti grecs de la montagne thébaine«. *Bulletin de l'Institut français d'égyptologie* Nr. 38 (1939) [S. 197].

Belzoni, G.B.: *Narrative of the Operations and Recent Discoveries within the Pyramids, Temples, Tombs, and Excavations, in Egypt and Nubia*. London 1820 [S. 33; 56; 58; 59; 60; 115; 116; 128; 134; 137; 171].

Berkeley Theban Mapping Project: »Preliminary Report 1979« [S. 137].

Breasted, C.: *Pioneer to the Past*. London 1948 [S. 73].

Brodrick, M.: *Egypt. Papers and Lectures by the late May Brodrick*. London 1937 [S. 103].

Browne, W.G.: *Travels in Africa, Egypt, and Syria, from the Year 1792 to 1798*. London 1799 [S. 25; 53].

Bruce, J.: *Travels to Discover the Source of the Nile*. Edinburgh 1805 [S. 53; 160].

Burton, H.: unpublished excavation journal [S. 140; 142].

Burton, J.: Unveröffentlichte Papiere. British Library, London [S. 109; 115; 138; 152; 153; 157; 159; 164].

Capart, J., Gardiner, A.H., und van de Walle, B.: »New light on the Ramesside tomb-robberies«. *Journal of Egyptian Archaeology* Nr. 22 (1936) [S. 191].

Carter, H.: »Report of work done in Upper Egypt (1902–1903)«. *Annales du Service des Antiquités* Nr. 4 (1903) [S. 71; 72; 73; 74; 184; 186].

Ders.: »Report on the tomb of Zeser-ka-ra Amenhetep I, discovered by the Earl of Carnarvon in 1914«. *Journal of Egyptian Archaeology* Nr. 3 (1916) [S. 90].

Ders.: »A tomb prepared for Queen Hatshepsuit and other recent discoveries at Thebes«. *Journal of Egyptian Archaeology* Nr. 4 (1917) [S. 94].

Ders.: »Report on the tomb pit opened on the 26th January 1901...«. *Annales du Service des Antiquités* Nr. 2 (1901) [S. 102; 103].

Carter, H., und Gardiner, A.H.: »The tomb of Ramesses IV and the Turin Plan of a royal tomb«. *Journal of Egyptian Archaeology*, Nr. 4 (1917) [S. 27].

Carter, H., und Mace, C.: *The Tomb of Tut.ankh.Amen*. 3 Bde., London 1923–1933 [S. 8; 94; 100; 108; 110; 124; 125].

Černý, J.A.: *The Valley of the Kings*. Kairo 1973 [S. 22; 28; 31; 44; 152; 162].

Ciccarello, M., und Romer, J.: *A Preliminary Report of the Recent Work in the Tombs of Ramesses X and XI in the Valley of the Kings*. San Francisco 1979 [S. 172].

Clayton, P.: *The Rediscovery of Ancient Egypt*. London 1982 [S. 65].

Curelly, C.T.: *Brought the Ages Home*. Toronto 1956 [S. 119].

Daressy, G.: *Cercueils des cachettes royales*. Kairo 1909 [S. 203].

Davis, T.M. et al.: *The Tombs of Harmhabi and Touatánkhamanou*. London 1912 [S. 80; 133].

Ders.: *The Tomb of Hátshopsítú*. London 1906 [S. 93].

Ders.: *The Tomb of Siptah, the Monkey Tomb and the Gold Tomb*. London 1908 [S. 77; 153; 162; 184; 185].

Ders.: *The Tomb of Thoutmôsis IV*. London 1904 [S. 105; 108].

Ders.: *The Tomb of Queen Tiyi*. London 1910 [S. 78; 117; 168].

Dawson, W.R., Uphill, E.P., und Bierbrier, M.L. (Hg.): *Who Was Who in Egyptology*. 3. Aufl., London 1995 [S. 68].

Denon, V.: *Travels in Upper and Lower Egypt*. London 1803 [S. 54; 55].

Edgerton: »The strikes in Ramses III's twenty-ninth year«. *Journal of Near Eastern Studies* Nr 10 (1951) [S. 146].

Engelbach, R.: *Introduction to Egyptian Archaeology*. Kairo 1946 [S. 179].

Faulkner, R.O. (hg. v. C.A.R. Andrews): *The Ancient Egyptian Book of the Dead*. London 1990 [S. 38].

Ders.: *The Ancient Egyptian Pyramid Texts*. Oxford 1969 [S. 44].

Greener, L.: *The Discovery of Egypt*. London 1966 [S. 52; 54; 66].

Halls, J.J.: *The Life and Correspondence of Henry Salt, Esq. FRS &c.* London 1834 [S. 61].

Hamilton, W.R.: »Remarks on Several Parts of Turkey«. Bd. I, in: *Aegyptiaca.* London 1809 [S. 56].

Hayes, W.C.: *The Royal Sarcophagi of the XVIII Dynasty.* Princeton 1935 [S. 97; 98].

Henniker, F.: *Notes During a Visit to Egypt, Nubia, the Oasis, Mount Sinai and Jerusalem.* London 1823 [S. 56].

Hornung, E.: *The Valley of the Kings. Horizon of Eternity.* New York 1990 [S. 12; 25].

Hoskins, G.A.: *Travels in Ethiopia above the Second Cataract of the Nile.* London 1835 [S. 62].

Ders.: *A Visit to the Great Oasis of the Libyan Desert.* London 1837 [S. 63].

Hoving, T.: *Tutankhamun. The Untold Story.* New York 1978 [S. 80].

James, T.G.H.: *Howard Carter. The Path to Tutankhamun.* London 1992 [S. 210].

Jansen-Winkeln, K.: »Die Plünderung der Königsgräber des Neuen Reiches«. *Zeitschrift für ägyptische Sprache und Altertumskunde* Nr. 122 (1995) [S. 103; 204; 205].

Jollois, P.: *Journal d'un Ingénieur attaché à l'Expédition d'Egypte.* Paris 1904 [S. 54].

Lefébure, E.: *Les Hypogées royaux de Thèbes.* Paris 1886–1889 [S. 109].

Ders.: »Le puits de Deir el Bahari«. *Annales du Musée Guimet* Nr. 4 (1882) [S. 68].

Legh, T.: *Narrative of a Journey in Egypt and the Country Beyond the Cataracts.* London 1816 [S. 56].

Lepsius, C.R.: *Letters from Egypt, Ethiopia and the Peninsula of Sinai.* London 1853 [S. 66; 113; 140].

Lichtheim, M.: *Ancient Egyptian Literature.* Bd. II, Berkeley 1978 [S. 16].

Loret, V.: »Le tombeau d'Amenophis II et la cachette royale de Biban el-Molouk«. *Bulletin de l'Institut de l'Égypte* (3. Reihe) Nr. 9 (1898) [S. 198].

Ders.: »Le tombeau de Thoutmès III à Biban el-Molouk«. *Bulletin de l'Institut de l'Égypte* (3. Reihe) Nr. 9 (1898) [S. 97; 98; 100].

Mariette, A.: *Itinéraire de la Haute-Égypte.* 3. Aufl., Paris 1880 [S. 67].

Maspéro, G.: *Guide to the Cairo Museum.* 4. Aufl., Kairo 1908 [S. 99; 100; 181].

Ders.: *Les momies royales de Déir el-Baharî.* Kairo 1889 [S. 202; 203].

Ders.: *New Light on Ancient Egypt.* London 1908 [S. 78; 176].

Mayes, S.: *The Great Belzoni.* London 1959 [S. 56; 58; 60; 183; 209].

Newberry, P.E.: »Topographical notes on western Thebes collected in 1830 by Joseph Bonomi«. *Annales du Service des Antiquités de l'Égypte* Nr. 7 (1906) [S. 197].

Peet, T.E.: *The Great Romb-Robberies of the Twentieth Egyptian Dynasty.* Oxford 1930 [S. 88; 190].

Ders.: *The Mayer Papyri A and B.* London 1920 [S. 192].

Petrie, W.M.F.: *Seventy Years in Archaeology.* London 1933 [S. 68].

Pococke, R.: *A Description of the East, and some other countries.* London 1743–1745 [S. 20; 53; 59].

Quibell, J.E.: *Egypt Exploration Fund Archaeological Report 1904–1905.* [S. 174; 178].

Ders.: *The Tomb of Yuaa and Thuiu.* Kairo 1908 [S. 177].

Reeves, C.N.: *Valley of the Kings. The Decline of a Royal Necropolis.* London 1990 [S. 79; 80; 96; 108; 148; 174; 187; 202; 203].

Reeves, C.N., und Taylor, J.H.: *Howard Carter Before Tutankhamun.* London 1922 [S. 70; 71; 72; 73; 74; 75; 81; 90; 91; 105; 205].

Rhind, A.H.: *Thebes: its Tombs and their Tenants.* London 1862 [S. 61; 64; 66; 67].

Richardson, R.: *Travels along the Mediterranean and parts adjacent, in company with the Earl of Belmore, during the years 1816, 1817 and 1818.* London 1822 [S. 60].

Romer, J.: *Ancient Lives. The Story of the Pharaohs' Tombmakers.* London 1984 [S. 23].

Ders.: »The Tomb of Thutmosis III«. *Mitteilungen des Deutschen Archäologischen Instituts, Abteilung Kairo,* Nr. 31 (1975) [S. 97; 98].

Ders.: *Valley of the Kings.* London 1981 [S. 14; 109; 184].

Ryan, D.P.: »Return to Wadi Biban el Moluk. The 2nd (1990) season of the Valley of the Kings Project«. *KMT, A Modern Journal of Ancient Egypt* Nr. 2/1, Frühjahr 1991 [S. 109; 182].

Ders.: »The Valley Again«. *KMT, A Modern Journal of Ancient Egypt* Nr. 3/1, Frühjahr 1992 [S. 184].

Ders.: »Who is buried in KV60? A field report«. *KMT, A Modern Journal of Ancient Egypt* Nr. 1/1, Frühjahr 1990 [S. 115].

Schaden, O.J., in: *KMT. A Modern Journal of Ancient Egypt,* Nr. 1/2, Herbst 1991 [S. 182].

Sethe, K., und Helck, W.: »Urkunden der 18. Dynastie«. in: *Urkunden des ägyptischen Altertums,* Leipzig/Berlin 1906–1958 [S. 91].

Smith, G.E.: *The Royal Mummies.* Kairo 1912 [S. 99; 199; 203].

Smith, J.L.: *Tombs, Temples and Ancient Art.* Norman 1956 [S. 73; 76; 79; 81; 176; 185].

Thomas, E.: *The Royal Necropoleis of Thebes.* Princeton 1966 [S. 96; 117; 162; 187; 203].

Tillett, S.: *Egypt Itself. The Career of Robert Hay, Esquire of Linplum and Nunraw, 1799–1863.* London 1984 [S. 64].

Tyndale, W.: *Below the Cataracts.* London 1907 [S. 117].

Weeks, K.: »Clearing KV5«. *Minerva* 6/6 (1995) [S. 146].

Weigall, A.: *The Glory of the Pharaohs.* London 1936 [S. 120].

Ders.: *A Guide to the Antiquities of Upper Egypt from Abydos to the Sudan Frontier.* London 1910 [S. 108; 163; 166; 170; 183].

Ders.: *The Life and Times of Akhnaton, Pharaoh of Egypt.* London 1923 [S. 121].

Ders.: *The Treasury of Ancient Egypt.* Edinburgh/London 1911 [S. 48; 130; 174].

Ders.: *Tutanhhamen and Other Essays.* New York 1924 [S. 50; 51; 190; 208].

Ders.: Unveröffentlichte Papiere [S. 78; 79].

Wente, E.F.: *Late Ramesside Letters.* Chicago 1967 [S. 204; 205].

Ders.: »A prince's tomb in the Valley of the Kings«. *Journal of Near Eastern Studies* Nr. 32 (1973) [S. 161].

Wilkinson, J.G.: *Topography of Thebes, and General View of Egypt.* London 1835 [S. 50; 62; 91; 128; 162; 168].

Ders.: *Handbook for Travellers in Egypt.* London 1847 [S. 62].

Wilkinson, R.H. (Hg.): *Valley of the Sun Kings. New Explorations in the Tombs of the Pharaohs.* Tucson 1995 [S. 115; 166].

Winlock, H.E.: *Materials Used at the Embalming of King Tut-'ankh-Amun.* New York 1941 [S. 126].

Ders.: *The Tomb of Queen Meryet-Amun at Thebes.* New York 1932 [S. 202].

Winlock, H.E., und Crum, W.E.: *The Monastery of Epiphanius at Thebes.* New York 1926 [S. 50].

Weiterführende Literatur

Literatur zum Tal der Könige, zumeist hochwissenschaftlicher Art, gibt es natürlich in Hülle und Fülle. Im Sinne einer übersichtlichen Orientierung des Lesers wird nachstehend nur eine kleine Auswahl deutschsprachiger Werke genannt, die auch allgemeiner gehaltene Darstellungen einschließt.

Abitz, Friedrich: *Baugeschichte und Dekoration des Grabes Ramses' VI.* Freiburg/Göttingen 1989.
– *König und Gott.* Wiesbaden 1984.
– *Pharao als Gott in den Unterweltsbüchern des Neuen Reiches.* Freiburg/Göttingen 1995.
– *Ramses III. in den Gräbern seiner Söhne.* Freiburg/Göttingen 1986.
– *Die religiöse Bedeutung der sogenannten Grabräuberschächte in den ägyptischen Königsgräbern der 18. bis 20. Dynastie.* Wiesbaden 1974.
– *Statuetten in Schreinen als Grabbeigaben in den ägyptischen Königsgräbern der 18. und 19. Dynastie.* Wiesbaden 1979.
Aldred, Cyril: *Echnaton – Gott und Pharao Ägyptens.* Bergisch Gladbach 1968.
– *Die Juwelen der Pharaonen. Ägyptische Juwelen der dynastischen Zeit.* Herrsching 1980.
Bacher-Göttfried, Ilona: *Totenkult und Jenseitsvorstellungen im Alten Ägypten.* München 1994.
Barta, Winfried: *Die Bedeutung der Jenseitsbücher für den verstorbenen König.* München 1985.
Baines, John, und Málek, Jaromir: *Ägypten.* München 1980 (= Weltatlas der Alten Kulturen).
Belzoni, Giovanni, und Nowel, Ingrid: *Entdeckungsreisen in Ägypten 1815–1819. In den Pyramiden, Tempeln und Gräbern am Nil.* Köln 1990.
Brackman, Arnold C.: *Sie fanden den goldenen Gott. Das Grab des Tutenchamun und seine Entdeckung.* Bergisch Gladbach 1995.
Breasted, Charles: *Vom Tal der Könige zu den Toren Babylons. Der Lebensbericht des Ägyptenforschers James Henry Breasted.* Stuttgart 1950.
Brier, Robert: *Zauber und Magie im alten Ägypten. Geheimes Wissen und Totenkult im Pharaonenreich.* Frankfurt a. M. 1991.
Carter, Howard, *Das Grab des Tutenchamun,* 6. Aufl., Wiesbaden 1981.
– *Ein ägyptisches Königsgrab. Entdeckt von Earl of Carnarvon und Howard Carter.* Leipzig 1924.
Clayton, Peter A.: *Das wiederentdeckte Ägypten. In Reiseberichten und Gemälden des 19. Jahrhunderts.* Bergisch Gladbach 1983.
– *Die Pharaonen. Herrscher und Dynastien im alten Ägypten.* Düsseldorf 1995.
Courtalon, Corinne: *Ägypten zur Zeit der Pharaonen.* Ravensburg 1995.
Friedell, Egon: *Kulturgeschichte Ägyptens und des Alten Orients.* Neuaufl., München 1992.
Germer, Renate: *Das Geheimnis der Mumien.* Reinbek 1994.
– *Mumien: Zeugen des Pharaonenreiches,* Frankfurt a.M. 1993.
Helck, Wolfgang, und Otto, Eberhard (Hg.): *Lexikon der Ägyptologie.* Wiesbaden 1975–1992.
Hodel-Hoenes, Sigrid: *Leben und Tod im Alten Ägypten: Thebanische Privatgräber des Neuen Reiches.* Darmstadt 1991.
Hornung, Erik: *Der ägyptische Mythos von der Himmelskuh. Eine Ätiologie des Unvollkommenen.* Freiburg/Göttingen 1982.
– *Ägyptische Unterweltsbücher.* 2. Aufl., Zürich/München 1984.
– *Das Amduat. Die Schrift des verborgenen Raumes.* Wiesbaden 1963–1967.
– *Das Buch der Anbetung des Re im Westen (Sonnenlitanei).* Genf 1974–1976.
– *Das Grab des Haremhab im Tal der Könige.* Bern 1971.
– *Die Nachtfahrt der Sonne. Eine altägyptische Beschreibung des Jenseits.* Zürich/München 1991.
– *Sethos – ein Pharaonengrab.* Basel 1991.
– *Tal der Könige.* Bielefeld 1994.
– *Das Totenbuch der Ägypter.* Zürich/München 1979.
Hornung, Erik, Brodbeck, Andreas, und Staehelin, Elisabeth: *Das Buch von den Pforten des Jenseits.* Genf 1979–1980.
Hoving, Thomas: *Der goldene Pharao: Tut-Ench-Amun.* 3. Aufl., Bern 1980.
Kees, Hermann: *Der Götterglaube im alten Ägypten.* 7. Aufl., Berlin 1990.
Kolpaktchy, Grégoire: *Das Ägyptische Totenbuch.* 7. Aufl., München 1981.
Lepsius, Carl Richard (Hrsg.): *Auswahl der wichtigsten Urkunden des ägyptischen Altertums.* Leipzig 1842.
– *Denkmäler aus Ägypten und Äthiopien.* Berlin 1849–1859.
Montet, Pierre: *Das Leben der Pharaonen.* Frankfurt a.M./Berlin/Wien 1970.
Naville, Édouard: *Das ägyptische Totenbuch der 18.–20. Dynastie.* Graz 1971.
Peck, William H.: *Ägyptische Zeichnungen aus drei Jahrtausenden.* Bergisch Gladbach 1979.
Reeves, Nicholas: *Das Grab des Tutenchamun.* Nürnberg 1993.
Romer, John: *Sie schufen die Königsgräber. Die Geschichte einer alt-ägyptischen Arbeitersiedlung.* Bergisch Gladbach 1988.
Saleh, Mohamed, und Sourouzian, Hourig: *Ägyptisches Museum Kairo.* Mainz 1986.
Schlögl, Hermann A., und Brodbeck, Andreas: *Ägyptische Totenfiguren aus öffentlichen und privaten Sammlungen der Schweiz.* Göttingen 1990.
Schmitz, Franz J., *Amenophis I.* Hildesheim 1978.
Schott, Siegfried: *Die Schrift der verborgenen Kammer in Königsgräbern der 18. Dynastie.* Göttingen 1958.
– *Zum Weltbild der Jenseitsführer des neuen Reiches.* Göttingen 1965.
Siliotti, Alberto: *Ägypten: Götter, Tempel, Pyramiden.* Erlangen 1994.
Vandenberg, Phillip: *Der vergessene Pharao. Unternehmen Tut-ench-Amun: Das größte Abenteuer der Archäologie.* München 1978.
Spiegel, Joachim: *Die Idee vom Totengericht in der ägyptischen Religion.* 2. Aufl., Glückstadt 1976.
Vandersleyen, Claude: *Das alte Ägypten.* Propyläen Kunstgeschichte, Band 15, Berlin 1975.
Vercoutter, Jean: *Ägypten – Entdeckung einer alten Welt.* Ravensburg 1990.
Winstone, Victor: *Howard Carter und die Entdeckung des Grabmals von Tut-ench-Amun.* Köln 1993.

Register

Kursiv gesetzte Seitenzahlen verweisen auf Abbildungen. Verweise auf Grabnummern (KV=Kings' Valley; QV=Queens' Valley; WV=West Valley) stehen unter dem jeweiligen Anfangsbuchstaben. Abkürzungen hinter den Namen: (g) Gott; (gn) Göttin; (k) König; (kn) Königin.

In den »Kurzsteckbriefen« verwendete Abkürzungen:

ASAE	Annales du Service des Antiquités de l'Égypte
BIE	Bulletin de l'Institut d'Égypte, Kairo
BIFAO	Bulletin de l'Institut français d'archéologie orientale
BMMA	Bulletin of the Metropolitan Museum of Art, New York
EEFAR	Egypt Exploration Fund Archaeological Report
GM	Göttinger Miszellen
JARCE	Journal of the American Research Center in Egypt
JEA	Journal of Egyptian Archaeology
KMT	KMT. A Modern Journal of Ancient Egypt
MDAIK	Mitteilungen des Deutschen Archäologischen Instituts, Abteilung Kairo
NARCE	Newsletter of the American Research Center in Egypt
PSBA	Proceedings of the Society of Biblical Archaeology
SAK	Studien zur altägyptischen Kultur

Bildnachweis

Abkürzungen l=links; m=Mitte; o=oben; r=rechts; u=unten

Birmingham City Library 73
Museum of Fine Arts, Boston 62ul, 63
Edwin Brock 166o, 166ur
Lyla Pinch Brock 117u, 120ol, 167u
The Brooklyn Museum 69or (Wilbour Library), 173or (John Romer), 205o, 208o (John Romer)
É. Brugsch und G. Maspero: *La trouvaille de Deir-el-Bahari* 143l
Fitzwilliam Museum, Cambridge 8
John Carter 71l
Peter Clayton 31u, 54, 56u, 58, 88ur, 106ul, 121u, 142o, 148o
Comptes rendus de l'Académie des Inscriptions et belles-lettres 25 (1921–22), 65ur
Martin Davies 108o
Aidan Dodson 100ol, 106o, 128ul, 128ur, 129o, 142u, 163mr, 167o, 181o
Egypt Exploration Society 120m
L.V. Grinsell 165u
F. Guilmant: *Le tombeau de Ramsès IX* 47, 169u
Kestner-Museum, Hannover 103ul
Robert Harding 41ur
J.E. Harris und K.R. Weeks: *X-Raying the Pharaohs* (m. frdl. Genehm.) 204o
Signor Guglielmo Hay (m. frdl. Genehm.) 62ur
Highclere Castle 28, 110ur, 111ul, 202
Hirmer Fotoarchiv 17o, 18o, 127l
George B. Johnson 1, 22ul, 26ur, 29o, 30or, 33r, 34ol, 34or, 82l, 93ml, 97ur, 104, 121or, 125o, 159, 162
Ägyptisches Museum, Kairo 118o, 178ul
Kodansha Ltd 6, 100ur
E. Lefébure: *Les Hypogées royaux de Thèbes* 68or, 151ol
Copyright British Museum, London 23u, 50o, 109u, 132ul, 134ur, 135ul, 164o, 169ol, 188, 189, 206ur
Image Bank London/G.A. Rossi 15o, 146o
Sir John Soane's Museum, London 59u
Metropolitan Museum of Art, New York 44m, 44ur, 45o, 78mr, 90ol, 118ml, 127u
New York Public Library, Oriental Division 64u
Margaret Orr 79
Griffith Institute, Ashmolean Museum, Oxford 41ol, 41or, 41mr, 42ol, 43or (4 Abb.), 45u, 48, 49, 84, 85, 122or, 122ul, 123or, 123ul, 123ur, 126ol, 126or, 127or, 148ul, 191
R. Pococke: *A Description of the East* (m. frdl. Genehm. M. Duigan) 52ul
Miles Prescott 26ul
Princeton University Press 165o
Eigenarchiv Nicholas Reeves 21ol, 27, 30ol, 30ul, 40, 41mr, 42u, 50u, 51ol, 51r, 52ur, 53o, 53r, 55or, 55m, 55u, 56o, 57, 59or, 59um, 60, 62ol, 66, 68u, 71or, 71ur, 72, 74, 75, 76, 77or, 77ml, 78ml, 78u, 81, 88, 90om, 90or, 91, 92ul, 92ur, 94or, 94ur, 96ur, 98ur (4 Abb.), 99o, 101or, 102, 103um, 106ur, 107o, 107l, 107m, 107r, 107u, 108u, 109ur, 114ol, 114m, 114ul, 119, 120um, 121m, 124u, 125u, 126u, 130o, 131o, 132ml, 132m, 132mr, 132um, 132ur, 133ul, 135um, 137u, 138ul, 140o, 153ml, 154ul, 155ol, 155or, 156ol, 161mr, 168o, 174, 175or, 176ml, 176mr, 176u, 177, 178ol, 178ur (3 Abb.), 179, 180om, 180um, 180u, 181m, 181u (4 Abb.), 184ol, 185o, 185mr, 185u, 186ml, 186ul, 192, 193, 194, 195or, 196, 197ol, 197or, 198, 199u, 200l, 200m, 201m, 203, 204u, 205u, 206o, 206ul, 207
J. Rose 89o, 89mr
I. Rosellini: *I Monumenti dell'Egitto e della Nubia* 64o
John G. Ross 6, 7, 29u, 33l, 35o, 38, 39, 46, 65ul, 69u, 83, 86, 87, 97ul, 100ul, 114um, 121mr, 124o, 134ul, 137o, 138o, 139o, 141o (R. Fazzini), 156or, 169or, 170u, 171o, 171ur, 172u, 173ol, 175u
John Rutherford 21u
Donald Ryan 115ul, 115ur, 184ul, 187ol, 187or
T.H. Shepherd: *Metropolitan Improvements* (1829) 59ol
Albert Shoucair 68ol, 153o
Edwin Smith 169m
G. Elliot Smith: *The Royal Mummies* 44ol, 96ur, 114ul, 155or, 161mr, 200, 201
Frank Teichmann 97o, 101ol, 133ur, 135o, 136, 157o, 163o
David Wallace 144ul, 145
Waseda-Universität Tokio 2, 3, 77ur, 90ur, 92or, 95ul, 109or, 110ul, 111ol, 112u, 113ml, 113ur, 114or, 114m, 114mr, 114ur, 115o, 116r, 128o, 180or, 183or, 183ur, 195ol, 208u, 211
Peter Webb 22ur, 132ol, 132or, 149, 152, 158o, 160, 170o
J.G. Wilkinson: *Manners and Customs of the Ancient Egyptians* 24l, 61
Richard W. Wilkinson 12, 13, 17ur, 19o, 21om, 21or, 29mr, 30ul, 32u, 34u, 41om, 41ul, 42or, 43ol, 116l, 148ur, 150, 151or, 151ul, 158u, 172o, 182ul, 210
E.L. Wilson: *Century Illustrated Monthly Magazine* (Mai 1887) 194

Zeichnungen und Karten
nach H. Altenmüller: *Studien zur altägyptischen Kultur* Nr. 11 (1984) 32o
H. Altenmüller: *Studien zur altägyptischen Kultur* Nr. 21 (1994) 154o
Ian Bott 122, 123m
Sue Cawood 190
J. Černý und A.A. Sadek: *Graffiti hiéroglyphiques et hiératiques* (1969–1974) 31o
Robin Cook 16, 17ul, 18, 19u
Garth Denning 14, 15u, 25, 26o, 30ur
ML Design 10, 11
Annick Petersen 65or
C.N. Reeves: *Valley of the Kings* 96ul, 103ur, 113o, 161o, 172ml, 182m, 182r, 183l, 183m, 184m, 184r, 185l, 186o, 186m, 187m, 197u
Donald Ryan 186or
Troy Sagrillo 35u, 36or, 98o, 112o (nach N. L'Hôte)
Otto Schaden: *Annales du Service des Antiquités de l'Égypte* Nr. 63 (1979) 117ol, 117m
Noelle Soren (nach J. Vandier d'Abbadie, 1963) 24or
Tracy Wellman 4–5 (nach Carter), 20o, 20u (nach Rutherford), 36ol, 36ul, 37m, 44mr, 44ul (nach Carter), 82ur (nach Carter), 90ul, 92ol (nach *KMT*), 94ol, 94ul, 109, 113mr, 117or, 120or, 140u, 146ul, 153mr, 154m, 171ul, 176ol, 176or, 180ol, 195m, 199o
Philip Winton 88u, 93r, 93u, 95m, 95r, 99u, 101u, 105, 111r, 118u, 129u, 130, 131m, 131u, 135ur, 139m, 139u, 141u, 144ur, 146, 147, 151ur, 153u, 155u, 156, 157u, 160, 161u, 163u, 164u, 166ul, 168u, 173u

Danksagung

Für den großzügig, oft vor der Veröffentlichung gewährten Einblick in ihre laufende Arbeit danken die Autoren den derzeit im Tal der Könige tätigen Archäologen – insbesondere (in alphabetischer Reihenfolge): Prof. Dr. H. Altenmüller, Edwin und Lyla Brock, Ian Buckley, Prof. Dr. Erik Hornung, Nozomu Kawai, Jiro Kondo, Dr. Catharine Roehrig, Dr. John Rose, John Rutherford, Dr. Donald P. Ryan, Dr. Otto J. Schaden, Dr. Kent Weeks und Prof. Dr. Sakuji Yoshimura. Besondere Dankbarkeit schulden sie dem Ägyptischen Kulturzentrum der Waseda-Universität in Tokio und der Abteilung für Ägyptische Altertumskunde des British Museum in London. Ebenfalls dankbar zu erwähnen sind die Hilfe und Unterstützung durch unsere ägyptischen Kollegen Dr. Mohammed A. Nur el-Din und den Ständigen Ausschuß des Ägyptischen Obersten Altertumsrates, den Chefinspektor für Oberäygpten, Dr. Mohammed el-Saghir, den Direktor der Altertümer des Westufers, Sabry Abd el-Aziz Khater, sowie den Chefinspekteur des Tals der Könige, Ibrahim Suleiman. Informationen, Kommentare, Bemerkungen und viele gute Ratschläge erhielten wir von Dr. Morris L. Bierbrier, Peter Clayton, Dr. Aidan Dodson, Dr. Peter Lacovara, Dr. Stephen Quirke, Dr. John H. Taylor, Yumiko Ueno und Anna Wilkinson. Zu den Illustrationen haben außerdem vor allem beigetragen: Michael Duigan, George Johnson, John Rosse, Noelle Soren, Frank Teichmann und Peter Webb. Ohne die sanften Mahnungen, den Takt und den ungemeinen Fleiß der Graphiker und Hersteller des Verlages Thames and Hudson hätte das Buch nie erscheinen können.

Die Autoren haben sich die Arbeit wie folgt geteilt: Nicholas Reeves war verantwortlich für die Einleitung, Teil II (»Die Entdecker«), den größten Teil der historischen und archäologischen Abschnitte des Teils III (»Die Gräber der Könige«), Teil IV (»Der Niedergang einer königlichen Nekropolis«); die historischen und archäologischen Kastentexte der Teile II, III und IV und einen Großteil der Quellen- und Literaturhinweise. Richard Wilkinson schrieb Teil I (»Vorbereitungen für das Leben nach dem Tode«) die architektonischen und ikonographischen Abschnitte des Teils III (»Die Gräber der Könige«) und trug zur Beschreibung der Königsgräber der späten 19. Dynastie bei; ebenfalls von ihm stammen die meisten architektonischen und ikonographischen Kastentexte von Teil III, die Tips für Besucher und das Register. Den Epilog haben Reeves und Wilkinson gemeinsam verfaßt.